云岭旅游经济丛书

边境旅游影响研究

Research on Border Tourism System

田里　王桀　主编

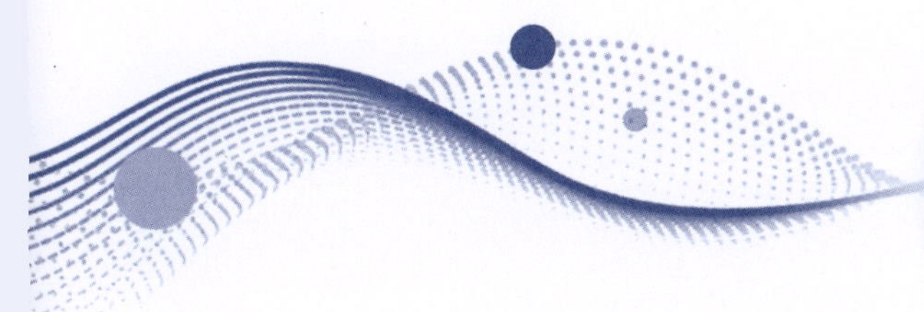

中国旅游出版社

《云岭旅游经济丛书》编委会

总序

《云岭旅游经济丛书》是近年来我领衔的学术团队对旅游经济研究所沉淀的系列成果。旅游经济研究以旅游产业作为研究领域，以旅游经济效应作为研究导向，关注的是旅游经济发展所产生的各类经济、社会、文化、生态、管理等所带来的影响。团队开展旅游经济研究的学术范式遵循三个逻辑：

一是确立研究对象。选择旅游经济作为研究对象基于下属因素：一是产业边界相对清晰，旅游经济属于部门产业经济，综合性产业经济，辐射性产业经济，具有鲜明的产业边际；二是产业要素明确，包含了整个旅游业的产业要素，涉及旅行社、酒店、旅游交通、餐饮、景区、娱乐等要素；三是统计数据可获得性，包括产业统计数据（旅游经济指标）、要素统计数据（经济部门指标），数据支撑以保证研究结论的可信度。

二是选定研究方向。在确立旅游经济研究对象基础上，研究主题涵盖旅游经济波动、旅游经济极化、旅游经济扩散三大发展态势的各类旅游现象。旅游经济波动方向，可选择增长态势、路径依赖、经济脆弱性、增长质量、旅游反弹力等研究选题；旅游经济极化方向，可选择孤岛效应、虹吸效应、回流效应、涟漪效应、拥挤效应等研究选题；旅游经济扩散方向，可选择空间扩散、产业扩散、扩散机理、溢出效应等研究选题。

三是确定研究选题。研究选题必须是一个具体的、具有研究价值的真实问题，不仅理论上具有创新研究价值，而且实践上具有探究意义，这是应用型学科研究选题必须遵循的原则。选题研究开展包括三个部分内容：一是理论构建，浅层次理论构建包括概念、类型、特点、作用等内容，多层次的理论构建包括动力、演化、机理、影响等内容；二是实证分析，包括指标、模型、计量、结论；三是管控对策，包括原则、路径、措施、建议。

正是基于上述考量，将近年来我指导完成的关于旅游经济研究成果汇集出版，这既是对以往研究过程的追忆，也是将研究结果呈现给社会。学术让我们心情宁静，研究让我们有缘相识。

是为序。

田里

2021 年 7 月

前言

这是我们团队近几年关于边境旅游系列研究的成果汇聚。在2个国家社科基金项目（边境旅游对国家安全影响及治理研究、边界效应转化与边境旅游失衡调控研究）、2个省部级基金项目（跨境旅游合作与国家文化安全研究、疫情防控常态化背景下的云南旅游业转型升级研究）支持下，团队部分成员用三年时间完成沿中国陆路边境国道旅游调研，对我国东部边境、西北边境、西南边境三大边境旅游区域进行系统调研，在此基础上完成的关于边境旅游若干问题的专题研究。

这是将我国边境旅游研究提升到学理层面所进行的探索性研究。从入境旅游、出境旅游、国内旅游、边境旅游四大形态来说，边境旅游研究是四大旅游形态研究的薄弱环节。之前我国关于边境旅游研究还停留在案例地状况描述水平，以个别边境旅游案例地为研究对象，以边境发展状况描述为特征，以解决边境旅游发展中存在问题的对策与建议为研究归属，缺乏对边境旅游本质特征、边境旅游与边界效应、边境旅游与国家安全、边境旅游影响效应等核心问题的研究。本次研究是将边境旅游提升到学理研究水平的努力与探索。

本书研究聚焦边境旅游关联性问题与边境旅游影响两方面内容。关于边境旅游关联性问题主要聚焦于边境旅游与口岸贸易、边境旅游与边界效应、边境旅游与突发事件、边境旅游与旅游体验四个方面；关于边境旅游影响主要聚焦于边境旅游对边境文化影响、边境旅游对边境社会影响、边境旅游对边境经济影响三个方面。在研究思路上是从关联性问题与影响性问题两个方面开展研究的。

我国关于边境旅游研究的学术成果不多，关于边境旅游研究的学术著作更为稀缺，本书算是对边境旅游研究领域所做出的努力与贡献。尽管该书关于各个问题的研究还存在不足与遗憾之处，只有先抛砖引玉，期待将来有更多学者关注边境旅游，有更多关于边境旅游研究的成果得以呈现。

田里

2023 年 6 月

目录

第一章
我国边境口岸贸易与边境旅游关系研究

贾晨昕

一、选题背景与意义

（一）选题背景

贸易与旅游作为对外开放的重要抓手和经济发展的重要增长点，一直以来备受各国各地区的重视。近年来，国家对边境地区的发展尤为重视，支柱产业在边境地区的发展地位突出。2016 年国务院印发《关于支持沿边重点地区开发开放若干政策措施的意见》，重点建设沿边国家级口岸、边境城市、边境经济合作区和跨境经济合作区，加大放权力度提高投资、贸易和人员往来的便利化水平，调整贸易结构、支持对外贸易转型升级、引导贸易服务和边民互市贸易。同时支持有条件的地区研究设立跨境旅游合作区，研究设立边境旅游试验区，提高旅游开放水平。2018 年，以改革为指向，为了解决边境旅游面临的困境和问题，国务院同意设立内蒙古满洲里、广西防城港边境旅游试验区为发展边境旅游的重点区域。

边境口岸贸易与边境旅游之间有何关系需要弄清。边境口岸作为丝绸之路上连接中国周边 14 个邻国的交通要塞和重要商贸通道，为人类文明和经贸通商贡献巨大。目前，我国边境口岸中旅游发展具备一定基础、贸易量持续稳定上升的口岸分别是中俄满洲里口岸、中哈霍尔果斯口岸、中缅瑞丽口岸、中越东兴口岸。在边境地区发展的契机下，搞清楚中国主要边境口岸贸易与边境旅游之间存在何种关系，是相互促进还是互不相关、是协调发展还是发展失调，该问题值得进一步探讨。

（二）选题意义

1. 理论意义

以多个典型边境口岸为研究案例的相对较少，同时以口岸贸易为基础，研究其与边境旅游之间发展关系的较为鲜见。本研究探究在对我国主要陆路口岸贸易与边境旅游发展历程进行分析的基础上，利用 Granger（格兰杰）因果检验与协整检验方法验证口岸贸易与边境旅游之间的互动关系，再利用灰色关联模型分析了四大陆路口岸贸易与边境旅游发展协调水平，总结出边境旅游发展模式，此举不仅补充了边境旅游管理的研究内容，同时能够丰富边境旅游研究理论与方法。

2. 现实意义

为边境地区“两区”建设提供理论支撑和现实指导。本研究以瑞丽口岸、东兴口岸、满洲里口岸及霍尔果斯口岸为例，通过实证分析方法对四个口岸的口岸贸易与边境旅游互动关系和协调发展水平进行客观分析，一定程度上为我国陆路边疆边境口岸提供一定的探索思路与借鉴，同时也为“边境旅游试验区”和“跨境旅游合作区”奠定了理论基础和现实指导，有利于响应“一带一路”倡议以及全面对外开放国家战略的实施。

二、国内外文献回顾

（一）国外相关研究综述

关于贸易与旅游之间的交叉研究，国外学术界的研究早于中国约 10 年。Easton（1998）提出“国际贸易与国际旅游之间是否存在某种关系”的问题，并呼吁学者关注贸易与旅游之间的内部关系。Kulendran、Wilson（2000）于 2000 年首次用定量方法研究了国际贸易与国际旅游之间的关系，作者利用计量经济学时间序列，研究对象选取澳大利亚及其贸易伙伴美国、英国、新西兰和日本。即外国的入出境旅游量与进出口贸易额之间存在因果关系，且存在长期均衡关系。因此，作者提出对旅游与贸易之间的研究应该得到更多的关注。国外关于旅游与贸易之间关系的研究主要包括以下内容。

1. 主要研究议题

国际贸易与国际旅游的因果关系。Aradhyula、Tronstad（2003）对美墨跨边境地区的墨西哥索诺拉州进行研究，发现跨境旅游对农产品综合企业的贸易具有促进作用，认为当地政府机构应当促进旅游与商贸的结合以克服贸易过程中的不完善信息。Khan（2005）研究新加坡与东盟、美国、日本、英国和澳大利亚等国的贸易与旅游之间的协整和因果关系，作者发现跨境旅游和进出口贸易之间存在密切联系。Fischer、Gil-Alana（2009）通过研究 1998 年至 2004 年 11 月这段时期，德国旅游业对德国的进口西班牙葡萄酒的影响，以揭示国际贸易与旅游业之间的关系，得出国际旅游促进国际贸易这一结论。随后 Gil-Alana、Fischer（2010）运用分数向量自回归（VAR）模型，得出国际旅游在初期会对国际贸易产生积极影响，但从长远来看这一影响会逐渐消失。

旅游与农产品贸易的因果关系。Madaleno 等（2016）通过重复协整的方法和格兰杰因果检验，分析了葡萄牙及其主要旅游和贸易市场的入境旅游与农产品出口的关系。格兰杰因果检验结果证实了旅游与出口之间的关系，但根据分析国家的不同，两者之间存在差异。这种差异可能与葡萄牙与其他经济体之间的不同联系有关。例如，葡萄牙与巴西、西班牙的数据说明入境旅游与农产品总出口之间存在双向短期的强因果关系。

贸易与旅游之间的变量及其影响。Katircioglu（2009）以塞浦路斯为例，分析了国际贸易、国际旅游和收入三者之间的关系，发现实际收入的增长刺激了国际贸易和国际旅游的增长，同时国际贸易的增长刺激了塞浦路斯国际游客的增加。Ozer Balli 等（2019）研究了新西兰国际旅游需求，航空经济座位和国际贸易与旅游 / 贸易伙伴之间的三方关系。与以往的文献不同，新西兰旅游业在某种程度上不受贸易伙伴的双边贸易量的影响。对新西兰来说，其国际旅游需求和航空公司座位容量的数量呈现出强烈的联系，而双边贸易关系在影响国际旅游需求和航空公司座位容量方面的影响力有限。

跨境旅游与双边贸易。He（2018）以金砖国家为例，利用跨境旅游和双边贸易进行实证分析，基于计量经济学方法分析跨境旅游对双边贸易的影响。结果表明，本样本中跨境旅游与双边贸易之间存在长期关系。此外，跨境旅游是双边贸易的格兰杰因果关系。也就是说，跨境旅游可以促进双边贸易的发展。

2. 主要研究方法

一是协整方程和格兰杰因果关系。Wong、Tang（2010）采用协整方程和格兰杰因果检验方法，以新加坡的综合及国家层面数据为基础，探讨新加坡旅游业与贸易开放之间的可能因果关系，结果表明：国际旅游与商品贸易开放之间存在双向因果关系。Santana-Gallego 等（2011）研究国际贸易与小岛屿地区（即在很大程度上依赖于旅游资源的领土）之间的关系，将协整和格兰杰因果检验应用于加那利群岛，结果显示旅游业与贸易之间具有长期的双向关系，短期表现为旅游促进贸易。Tsui、Fung（2016）以中国香港与其三个主要贸易伙伴（即中国大陆、中国台湾及美国）进行实证研究，运用格兰杰因果关系和 VAR 模型分析 2002—2014 年它们之间的商务旅行与贸易量之间的关系，结果显示中国香港与美国之间存在长期均衡关系（协整关系）。其次，美国与中国香港就商务旅客（商务旅行）与双边贸易量之间存在双向互惠关系，内地和香港与台湾和香港只存在单向格兰杰因果关系。

引力模型测算。Santana-Gallego 等（2016）利用 2012 年 195 个国家的数据结合引力方程，为旅游对国际贸易的重要性提供实证和理论依据，得出游客人数增加 1%，出口概率增加 1.25%，出口量增加 9% 的结论。Madaleno 等（2017）利用协整检验和因果检验探讨了葡萄牙入境旅游与当地农产品出口之间的因果关系，Granger 短期因果关系检验结果表明，两者之间存在一定的因果关系，但因果关系的意义和方向不同。

时间频率小波分析。Kumar 等（2019）采用基于小波的分析捕捉贸易，经济增长和国际旅游之间基于时间频率的超前滞后动态，得出贸易增加导致旅游流入量增加、旅游收入滞后于经济增长以及从长远来看，这些关系具有重要意义这三个结论。

（二）国内相关研究综述

国内关于旅游与贸易之间的关系最早是由孙根年（2008）提出，他认为贸易与旅游有着相互促进的密切联系。

1. 主要研究内容

入境旅游与进出口贸易的互动关系。高楠等（2012）运用耦合协调度模型，分析中国31省（区、市）的入境旅游与进出口贸易之间的耦合互动关系，发现南方协调度水平高于北方，同时东部地区优于中西部地区。王公为、乌铁红（2017）利用内蒙古12个盟市入境旅游与进出口贸易的面板数据分析两者之间关系，发现内蒙古全域呈现进出口贸易促进入境旅游，但非边境地区则是入境旅游促进了进出口贸易。刘晓佳等（2018）分析云南省入境旅游与进出口贸易互动关系，发现云南省进出口贸易对入境旅游具有促进作用。

入出境旅游与进出口贸易的推动作用。2010年，孙根年课题组运用推拉模型分析了中韩、中日旅游互动对双边贸易的作用。发现入出境旅游和贸易之间存在明显不同的推拉作用（王洁洁等，2010）。赵多平等（2011a）以满洲里市为例，分析中俄入出境旅游对双边贸易的作用。发现入出境旅游对进口贸易作用大于出口贸易，小尺度空间上入出境旅游促进了进出口贸易。石张宇等（2015a）用同样的方法，分析了中俄两国旅游与贸易之间因果关系存在一定差异关系。即俄罗斯表现为出境旅游推动进出口贸易，而中国则表现为进出口贸易促进出境旅游。

中国与主要国际贸易伙伴国之间的关系。赵多平等（2011b）运用协整分析和格兰杰因果检验法，选取了欧洲七国数据，分析旅游与进出贸易之间的关系。结论为欧洲七国入境旅游与进出口贸易额之间存在长期均衡关系，且入境旅游对进口贸易具有促进作用，而入境旅游对出口贸易影响存在一定差异。王洁洁（2012）选取美国、日本、德国和澳大利亚四个国家，运用协整分析和格兰杰因果关系检验，分析中国与其入境旅游和进出口贸易之间的关系。发现进出口贸易促进了四国入境中国旅游流量。石张宇等（2015b）以亚洲9国数据，运用协整分析和格兰杰因果关系检验及回归分析法，研究了入境旅游与进出口贸易的互动关系。林轶、段艳（2017）选取东盟5国时间序列数据，运用协整检验和格兰杰因果检验分析入境中国客流与进出口货物贸易额之间的关系，得出东盟5国的入境旅游均不是进出口货物贸易的原因其中一条重要结论。陈乔等（2017）选取中国与东盟7国数据，结合VAR模型并且利用脉冲响应函数以及预测方差分解等对中国—东盟旅游与贸易的相互关系进行实证研究。薛晨浩等（2018）选取中亚5国分析入境中国旅游与进出口贸易互动关系，并且各国入境中国旅游与进出口之间的互动关系、作用强度存在明显差异。

2. 主要研究方法

Person 相关分析法。刘珍珍、章锦河（2010）采用 person 相关分析法发现旅游流与贸易流之间关系呈现显著正相关，即国际旅游与国际贸易之间有密切关系且相互影响。朱易兰、谢春山（2011）用 person 相关分析方法研究了我国入境旅游的台湾同胞人数与两岸贸易是否存在线性相关关系，发现我国入境旅游台湾同胞人数与两岸贸易统计指标皆具有较强线性关系。

格兰杰因果检验。刘珍珍、章锦河（2010）等从计量经济学角度，运用协整分析和格兰杰因果检验方法，得出我国国际旅游与国际贸易之间存在长期均衡关系，且国际入境旅游促进了国际贸易。刘玉萍、郭郡郡（2011）利用格兰杰因果分析探索中国入境旅游与对外贸易之间的关系，得出工业产品的对外贸易可以带动入境旅游，而初级产品的对外贸易则不能引起连锁反应。方世巧等（2012）运用格兰杰因果检验分析了广西与越南入境旅游与进出口贸易关系，发现广西和越南的进出口贸易促进了入境旅游，反之不然。宋建林等（2018）通过协整检验、VECM 模型和脉冲响应分析了中国和泰国之间的旅游与贸易关系，发现中国出口泰国贸易主要影响“观光休闲”游客，而中国进口贸易影响的是“会议商务”游客。

推拉模型分析。孙根年、周露（2012）运用推拉模型以日本、韩国和东盟 8 国与我国的入境旅游和进出口贸易数据进行实证研究，得出旅游与贸易互动三阶段模型的 S 形曲线。孙根年、安景梅（2014）运用时空动态分析及推拉模型分析了内蒙古与蒙古国旅游与进出口贸易互动关系研究，发现中国出境蒙古国旅游对进口贸易的促进作用大于其对出口贸易。

耦合协调模型。赵多平等（2017）运用耦合协调模型，分析宁夏和阿拉伯国家的入境旅游和进出口贸易关系，发现阿拉伯国家入境旅游和进出口贸易的耦合协调水平较低，整体呈现“东高西低”的空间格局。陈乔、程成（2018）利用门槛回归、耦合协调度模型，分析中国与 24 个对象国之间进出口贸易对入出境旅游的门槛效应和国别差异。发现随着收入水平增加，贸易对旅游作用减弱，两者具有非线性关系。

（三）国内外文献评述

综合国内外相关研究成果，主要得出以下结果：第一，贸易与旅游互动关系的研究议题受到广泛关注。贸易与旅游作为经济发展的重要增长点，其关系引起了国内学者的关注和重视，逐渐成了经济学和管理学中的热点，相关研究成果不断涌现。第二，研究方法多集中于对二者数据的分析和检验。纵观国内国外研究成果，研究方法多集中于运用协整方程和格兰杰因果检验，偶有学者运用引力模型、耦合协调度模型等方法。贸易与旅游之间互为因果，且存在协调关系成为研究者的共识。第三，对边境地区的贸易与旅游互动关系研究较少。有关旅游与贸易之间的关系，国内外学者的研究视角大多从宏观视角，即国际贸易与国际旅游之间的关系。如今边境问题引人关注，但边境旅游与边境贸易之间关系的研究并不多见，二者之间的关系是否与国际贸易与国际旅游一致，是需要研究探讨的问题。

三、研究设计与框架

（一）研究对象

1. 中缅边境云南瑞丽口岸

瑞丽口岸位于云南省西部，德宏傣族景颇族自治州西南边，与缅甸掸邦北部城镇木姐紧邻。瑞丽口岸是 320 国道的终点，古丝绸之路的重要通道，中国与缅甸开展双边贸易的重要口岸。二战时期建成的史迪威公路则位于瑞丽市，沿国境线而行。1978 年，国务院批准瑞丽口岸开放，其是云南较早开放的国家一类口岸。1985 年德宏州政府批准瑞丽口岸为边境贸易区，1991 年 2 月，云南省政府批准瑞丽市瑞丽—姐告设立边境贸易经济区。1992 年 6 月，国务院批准瑞丽为沿边开放城市。次年，瑞丽撤县立市，国务院特区办批准瑞丽口岸设立经济合作区。2000 年，“姐告边境贸易区”设立，同时获得国务院批准成为全国唯一实行“境内关外”特殊政策的边境贸易区。2001 年，国务院批准瑞丽口岸开展跨境活动，对第三国人员开放，口岸国际化进程拉开序幕。2003 年，瑞丽口岸开通了中缅边境一日游和中国游客自驾游等边境旅游项目，口岸入出境流量持续上升。2017 年年底，中国瑞丽—缅甸木姐国际跨境马拉松赛成功举办，是德宏州主动融入和服务国家战略，加强对缅文化交流合作，加快建设面向南亚东南亚辐射中心关键节点的重要举措。特殊的区位优势和开放政策，使得瑞丽口岸创造了“中国边贸看云南，云南边贸看瑞丽”的辉煌成果。2018 年，瑞丽口岸入出境旅客达 1764 万人次，口岸日均入出境人流量为 5.3 万余人次。2019 年 8 月，中国（云南）自由贸易试验区的德宏片区挂牌仪式在瑞丽举行。瑞丽口岸作为中国与缅甸边境贸易交流最密切的陆地口岸，早已发展成为中国面向南亚、东南亚，直通印度洋的重要门户。同时也成了云南省入出境流量最大的国家一类口岸。

2. 中越边境广西东兴口岸

东兴口岸位于广西壮族自治区东兴市，北仑河与越南哥龙河交汇处，地处我国西南陆地边境线与大陆海岸线汇合处，中越边境线最东端，与越南芒街口岸相对应，是我国唯一的与越南海陆相连的一类口岸。1958 年，东兴口岸经国务院批准实行对外开放，1978 年口岸关闭后于 1994 年 4 月恢复开放。2007 年，中越两国达成一致，在各自边境范围内划定区域建设跨境经济合作区。2011 年经国务院批准，东兴开发开放试验区成立，东兴口岸与东盟各国间贸易往来和旅游交流取得进一步发展。2013 年 11 月，广西东兴口岸正式启动外国人口岸签证业务。2015 年 9 月，东兴市设立边境经济合作区，次年东兴市成为开放型经济新体制综合试点城市之一。边境贸易的快速发展推动着东兴市经济的快速增长，2013 年至 2017 年，东兴市边贸收入对本市财政收入贡献接近 60%。同时，1992 年国家旅游局就已批准东兴口岸开展边境旅游业务，随后东兴口岸凭借特殊地理优势和旅游资源吸引了大量游客前来旅游，2018 年，国务院同意设立广西防城港边境旅游试验区，边境旅游发展如火如荼。2018 年防城港市旅游消费贡献率排列广西第一位，2019 年 12 月，截至闭关时间，东兴口岸入出境旅客数量达 1229.3 万人次。东兴口岸是我国与东盟十国在经济、外交上的重要战略通道，也是“一带一路”的重要节点，是进行国际贸易的重要区域。同时，随着中国—东盟自由贸易区的建立，东兴作为国家的重点开发开放试验区，并且位于首批边境旅游试验区范围内，对沿边沿海城市实行对外开放、发展边境旅游起着重要的引领和示范作用。

3. 中俄边境内蒙古满洲里口岸

满洲里口岸是中国最大陆路口岸，位于中俄蒙三国交界处。满洲里陆路（铁路）口岸与俄罗斯贝加尔斯克铁路口岸相对应，位于中俄 41 界碑处，是我国规模最大的铁路口岸。满洲里陆路（铁路）口岸是中国与俄罗斯贸易最大的通商口岸，承担了中俄之间主要的贸易运输任务。1901 年，满洲里陆路（铁路）口岸开通。2002 年，满洲里铁路口岸被确定为重点建设优先发展的铁路口岸之一。2016 年，满洲里成功开通了“满俄欧”班列以及满洲里口岸至白俄罗斯明斯克的班列。满洲里陆路（公路）口岸于1998年投入使用，成为我国唯一实行24小时通关的公路口岸。1992年，满洲里得到国务院批准，成为首批沿边开放城市，同时设立中俄互市贸易区和边境经济合作区。2012年，满洲里被列为首批国家经济开发开放试验区，满洲里发展迎来新机遇。2016年，满洲里公路口岸进出口货运量达到147.83万吨，入出境客运量152.36万人次。2018年，国务院同意设立内蒙古满洲里边境旅游试验区，目前中俄边境旅游区已成为国家5A级旅游景区，满洲里正在全力发展旅游业。2019年，满洲里口岸入出境人员突破190万人次。

4. 中哈边境口岸新疆霍尔果斯口岸

霍尔果斯口岸位于新疆维吾尔自治区伊犁哈萨克自治州霍尔果斯市，与哈萨克斯坦阿拉木图州相邻。1881年，霍尔果斯口岸正式成为中俄两国之间的通商口岸，1950年至1962年，中苏贸易发展迅速，进入兴盛时期。1962年，中苏关系紧张，口岸除通邮以外停止了进出口贸易。1983年11月口岸恢复开放，1986年开通了地方和边境贸易，霍尔果斯口岸重新开放以后成了中苏两国陆路贸易巨大的口岸。1989年初，霍尔果斯口岸开通了中国伊宁至苏联哈萨克斯坦潘菲洛夫的国际班车，对第三国开放，因此也成了沿古丝绸之路旅游的热点。1992年8月霍尔果斯口岸已正式向第三国人员开放。2004年，中哈两国签订《关于建立中哈霍尔果斯国际边境合作中心的框架协议》，在霍尔果斯边境区建立自由贸易区。2005年，中哈两国领导人达成共识决定启动中哈霍尔果斯国际边境合作中心，作为未来跨国自由贸易区的试验项目。2010年，霍尔果斯经济开发区设立，包括霍尔果斯园区、伊宁园区、清水河配套产业园区和兵团分区。2012年4月，中哈霍尔果斯国际边境合作中心正式封关运营。国务院对合作中心赋予特殊政策，一是从中方入区建设物资和自用设备实行退税；从哈方入区的建设物资和自用设备实行免税。二是从中方入区游客每人每天可购买8000元人民币合法免税商品，从哈方入区的游客，每人每天可以购买1500欧元的商品。三为凡是入区的经营者或游客可以在区内一次合法停留30天，30天内出区查验后再次进入，即一年出入12次，同时可实现合作中心内常年居住。霍尔果斯口岸作为中国西北地区重要门户，连霍高速已全线贯通，是我国西部、亚欧大桥上唯一拥有公路、铁路、航空及管道“四位一体”的交通大枢纽，集进出口贸易，商贸旅游于一体。霍尔果斯市是与哈萨克斯坦等中亚五国及欧洲进行政治经济文化交流，扩大对外开放、经贸合作的窗口，发挥着重要的作用，具有重要的战略和区位优势。

（二）研究路线

本研究整体框架和技术路线图 1-1 所示。

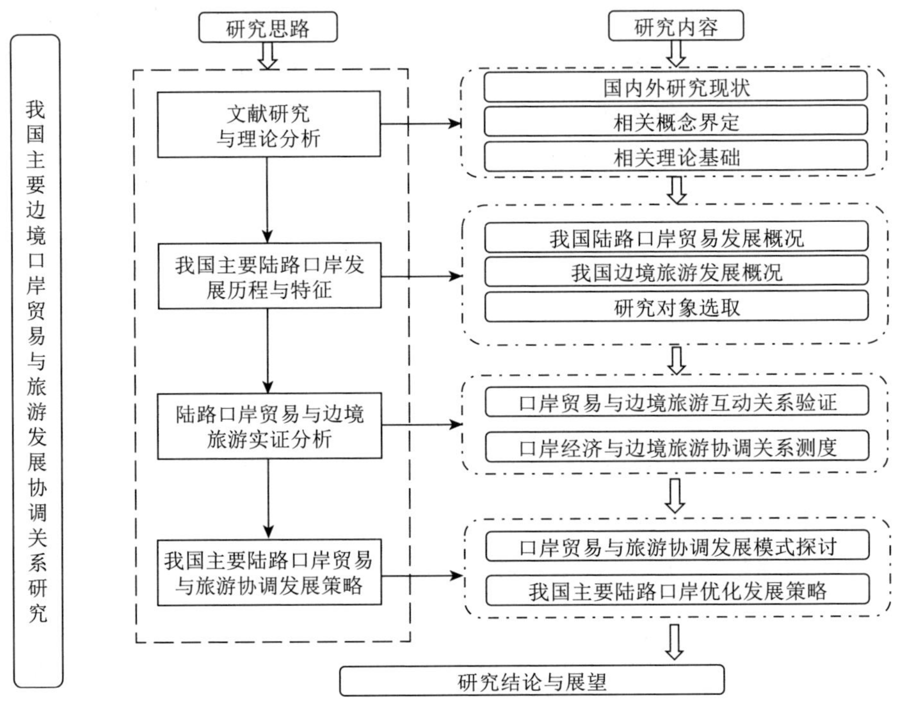

图 1–1　研究技术路线图

四、边境口岸贸易与边境旅游互动关系验证

（一）研究方法及数据说明

1. 研究方法

在过去的相关研究中，通过 Granger 因果关系检验能够更细致和深入地阐述贸易与旅游发展之间的互动关系。因此本研究采用 Granger 因果关系检验与协整检验分析口岸贸易与边境旅游之间的互动关系，计量软件采用 Eviews8.0。口岸贸易与边境旅游均为复杂系统，包含相关要素较多，若要将众多要素都纳入计量模型中进行实证研究检验两者互动关系较为困难。因此，本研究以边境口岸进出口货运量代表口岸贸易系统，以入出境旅客数量代表

边境旅游系统，从实证角度揭示瑞丽口岸、东兴口岸、满洲里口岸及霍尔果斯口岸的口岸贸易与边境旅游之间长期均衡关系和具体呈现的互动关系。

2. 数据指标

为了定量验证中国陆路口岸贸易与边境旅游之间的互动关系，针对各个口岸本研究选取了以下数据指标：口岸贸易进口货运量（Import Trade，记为 IMP）、口岸贸易出口货运量（Export Trade，记为 EXP）、出境旅客数量（Outbound Tourism，记为 OUT）和入境旅客数量（Inbound Tourism，记为 INT）。因此，瑞丽口岸的数据指标分别为瑞丽口岸贸易进口货运量（IMP1）、瑞丽口岸贸易出口货运量（EXP1）、瑞丽口岸出境旅客数量（OUT1）和瑞丽口岸入境旅客数量（INT1）。东兴口岸数据指标分别为东兴口岸贸易进口货运量（IMP2）、东兴口岸贸易出口货运量（EXP2）、东兴口岸出境旅客数量（OUT2）和东兴口岸入境旅客数量（INT2）。满洲里口岸数据指标分别为满洲里口岸贸易进口货运量（IMP3）、满洲里口岸贸易出口货运量（EXP3）、满洲里口岸出境旅客数量（OUT3）和满洲里口岸入境旅客数量（INT3）。霍尔果斯口岸数据指标分别为霍尔果斯口岸贸易进口货运量（IMP4）、霍尔果斯口岸贸易出口货运量（EXP4）、霍尔果斯口岸出境旅客数量（OUT4）和霍尔果斯口岸入境旅客数量（INT4）。

本研究数据主要来源于《中国口岸年鉴》，该年鉴是了解我国各省、自治州、直辖市口岸运营情况的重要资料。主要内容包括进边境贸易出口额及边境口岸人员入出境数据等方面。部分数据来源于《中国旅游统计年鉴》《云南省统计年鉴》《广西统计年鉴》《新疆统计年鉴》《内蒙古统计年鉴》。由于数据的可得性具有差异性，例如，新疆霍尔果斯口岸可得性较弱，因此各口岸数据的时间跨度分别为：瑞丽口岸 1999~2018 年、东兴口岸 2000~2017 年、满洲里口岸 2000~2017 年、霍尔果斯口岸 2001~2016 年。

3. 数据预处理

实际生活中，由于旅游和贸易统计存在个别的数值缺失和奇异值的产生（例如 2008 年《中国口岸年鉴》未公布某些数据），为了降低因变量数据维度及形式上等差异而造成模型产生异方差问题，本研究对统计数据进行相关预处理，对单个缺失值采用邻近点算数平均数进行代替，或通过同期增长率等指标进行推算。对于奇异值，运用 STATA15.0，导入变量，绘制图形，判断变量数值点是否落到区间内，若出现未落到区间内的点，则采用 winsor2 的命令进行缩尾处理。对于连续的缺失值借助马克威分析软件采用线性插值法进行填补。最后对各解释变量与被解释变量进行对数化处理，形成最终的统计数据（对数化处理之后变量分别为瑞丽口岸数据组代码 LNIMP1、LNEXP1、LNOUT1、LNINT1；东兴口岸数据组代码 LNIMP2、LNEXP2、LNOUT2、LNINT2；满洲里口岸数据组代码 LNIMP3、LNEXP3、LNOUT3、LNINT3；霍尔果斯口岸数据组代码 LNIMP4、LNEXP4、LNOUT4、LNINT4）。

（二）基于 VAR 模型的长期效应研究

1. 时间序列的平稳性检验

通过图示法，运用 Eviews8.0 软件绘制各口岸数据变量之间 Line&Symbol 时间趋势图。若变量为平稳序列，则在时间趋势图中则表现为时间趋势线围绕着一个常数上下波动。如图 1–2 所示，四张图的时间趋势线都没有围绕着一个常数上下波动，而是随着时间的变化有下降或增长的趋势，说明各组变量皆为不平稳变量，需要做单位根检验。

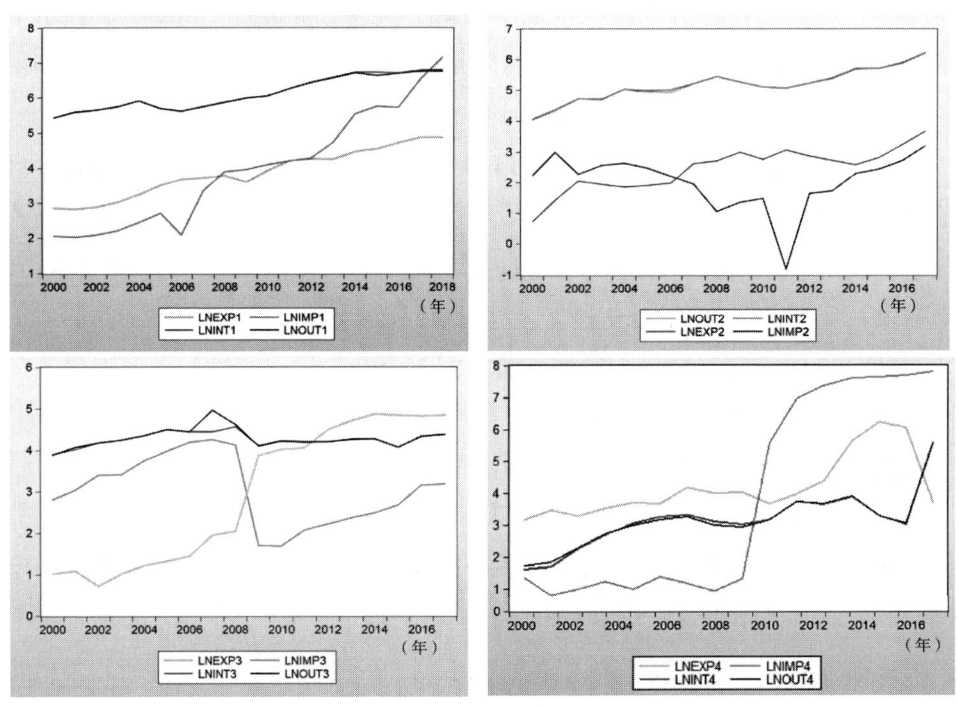

图 1–2 数据变量时间趋势图

进一步采用单位根检验 ADF，判断每个序列是否都为单整序列，若不平稳，则通过对变量进行一阶或者二阶差分，使变量序列平稳。其中 dLNIMP 代表对边境贸易出口额进行一阶差分，d2LNIMP 代表对边境贸易出口额进行二阶差分，边境贸易进口额、口岸出境人数与入境人数指标以此类推。

检验结果显示，所有变量皆在 1% 的显著性水平下，属于非平稳时间序列。在进行一阶差分以后，1% 显著性水平下，变量序列均表现为平稳序列，因此，判定所有变量为一阶协整，可进行后续检验（见表 1-1）。

表 1-1　时间序列平稳性检验结果

变量	检验形式（C,T,K）	ADF 检验值	各类显著水平下的临界值			P 值	检验结果
			1%	5%	10%		
LNEXP1	（C,T,0）	−3.782	−4.324	−3.581	−3.225	0.0330	不平稳
dLNEXP1	（C,N,1）	−4.233	−2.653	−1.954	−1.610	0.0001	平稳
LNIMP1	（C,T,0）	−1.142	−4.310	−3.574	−3.222	0.9038	不平稳
dLNIMP1	（C,N,1）	−3.728	−2.650	−1.953	−1.610	0.0006	平稳
LNOUT1	（C,T,0）	−1.286	−4.310	−3.574	−3.222	0.8716	不平稳
dLNOUT1	（C,N,1）	−3.489	−2.650	−1.953	−1.610	0.0011	平稳
LNINT1	（C,T,0）	−1.288	−4.310	−3.574	−3.222	0.8708	不平稳
dLNINT1	（C,N,1）	−3.483	−2.650	−1.953	−1.610	0.0011	平稳
LNEXP2	（C,T,0）	−2.144	−4.728	−3.760	−3.325	0.4831	不平稳
dLNEXP2	（C,N,1）	−3.032	−2.718	−1.964	−1.606	0.0049	平稳
LNIMP2	（C,T,0）	−1.910	−4.616	−3.710	−3.298	0.6054	不平稳
dLNIMP2	（C,N,1）	−6.224	−2.718	−1.964	−1.606	0.0000	平稳
LNOUT2	（C,T,0）	−2.219	−4.616	−3.710	−3.298	0.4505	不平稳
dLNOUT2	（C,N,1）	−2.605	−2.718	−1.964	−1.606	0.0128	平稳
LNINT2	（C,T,0）	−2.145	−4.616	−3.710	−3.298	0.4871	不平稳
dLNINT2	（C,N,1）	−2.601	−2.718	−1.964	−1.606	0.0130	平稳
LNEXP3	（C,T,0）	−1.889	−4.616	−3.710	−3.298	0.6162	不平稳
dLNEXP3	（C,N,1）	−3.313	−2.718	−1.964	−1.606	0.0026	平稳
LNIMP3	（C,T,0）	−1.763	−4.616	−3.710	−3.298	0.6772	不平稳
dLNIMP3	（C,N,1）	−3.452	−2.718	−1.964	−1.606	0.0019	平稳
LNOUT3	（C,T,0）	−2.540	−4.616	−3.710	−3.298	0.3074	不平稳

续表

变量	检验形式（C,T,K）	ADF检验值	各类显著水平下的临界值			P值	检验结果
			1%	5%	10%		
dLNOUT3	（C,N,1）	−4.419	−2.718	−1.964	−1.606	0.0002	平稳
LNINT3	（C,T,0）	−2.616	−4.616	−3.710	−3.298	0.2507	不平稳
dLNINT3	（C,N,1）	−5.025	−2.718	−1.964	−1.606	0.0001	平稳
LNEXP4	（C,N,0）	−0.610	−4.122	−3.145	−2.714	0.8336	不平稳
dLNEXP4	（C,N,1）	−5.754	−5.125	−0.933	−3.420	0.0046	平稳
LNIMP4	（C,T,0）	−2.159	−4.800	−3.791	−3.342	0.4731	不平稳
dLNIMP4	（C,N,1）	−2.474	−2.741	−1.968	−1.604	0.0177	平稳
LNOUT4	（C,N,0）	−1.080	−4.058	−3.120	−2.701	0.6894	不平稳
dLNOUT4	（C,N,1）	−2.316	−2.755	−1.971	−1.604	0.0249	平稳
LNINT4	（C,T,0）	−3.220	−4.800	−3.791	−3.342	0.1204	不平稳
dLNINT4	（C,N,1）	−2.185	−2.755	−1.971	−1.604	0.0327	平稳

注：表中检验形式（C,T,K）分别表示的是ADF检验中的常数项、时间趋势项和滞后阶数，N表示的是检验中不包括常数项和时间趋势项。

2. 协整检验

本研究通过分别构建瑞丽口岸出境客流量与边境贸易出口货运量（VAR11）、瑞丽口岸出境客流量与边境贸易进口货运量（VAR12）、瑞丽口岸入境客流量与边境贸易出口货运量（VAR13）、瑞丽口岸入境客流量与边境贸易进口货运量（VAR14）；东兴口岸出境客流量与边境贸易出口货运量（VAR21）、东兴口岸出境客流量与边境贸易进口货运量（VAR22）、东兴口岸入境客流量与边境贸易出口货运量（VAR23）、东兴口岸入境客流量与边境贸易进口货运量（VAR24）；满洲里口岸出境客流量与边境贸易出口货运量（VAR31）、满洲里口岸出境客流量与边境贸易进口货运量（VAR32）、满洲里口岸入境客流量与边境贸易出口货运量（VAR33）、满洲里口岸入境客流量与边境贸易进口货运量（VAR34）；霍尔果斯口岸出境客流量与边境贸易出口货运量（VAR41）、霍尔果斯口岸出境客流量与边境贸易进口货运量（VAR42）、霍尔果斯口岸入境客流量与边境贸易出口货运量（VAR43）、霍尔果斯口岸入境客流量与边境贸易进口货运量（VAR44）四大口岸共16小组VAR向量自回归模型。

在 VAR 模型中最重要的问题之一就是滞后阶数的确定。由 ADF 单位根检验已确定 LNIMP、LNEXP01、LNOUT、LNINT 皆为一阶单整序列，在检验变量间是否存在协整关系之前需要确定变量的滞后阶数，选择滞后阶数 P 时既要考虑滞后阶数对模型自由度的影响，又要使得滞后阶数足够大以反映模型的动态特征。目前确定滞后阶数的检验方法有 LR（似然比）检验法、AIC 信息准则和 SC 准则（又称 BIC 信息准则）。本研究选择 AIC 和 SC 信息准则，即其对应的值越小越好。通过 Eviews8.0 软件，分别得出以下结果，如表 1-2 所示。

表 1-2　滞后阶数检验结果

	LAG	LOGL	LR	FRE	AIC	SC	HQ
VAR11	0	（80.14052）	NA	1.90184	6.31850	6.41528	6.34637
	1	（10.58947）	123.05190	0.01231	1.27611	1.56644	1.35972
	2	0.68103	18.20619*	0.007089*	0.716844*	1.200727*	0.856185*
	3	3.43782	4.08916	0.00794	0.81248	1.48991	1.00755
VAR12	0	（97.53448）	NA	7.24969	7.65650	7.75328	7.68437
	1	（29.67592）	120.05750	0.05343*	2.744301*	3.034631*	2.827906*
	2	（25.88796）	6.11901	0.05473	2.76061	3.24450	2.89995
VAR13	0	（80.12810）	NA	1.90003	6.31755	6.41432	6.34541
	1	（10.56432）	123.07440	0.01228	1.27418	1.56451	1.35778
	2	0.57794	17.99904*	0.007145*	0.724774*	1.208657*	0.864115*
	3	3.37722	4.09125	0.00798	0.81714	1.49457	1.01221
VAR14	0	（97.50534）	NA	7.23245	7.65426	7.75103	7.68213
	1	（29.69841）	119.9661*	0.053522*	2.746032*	3.036362*	2.829636*
	2	（26.03687）	5.91481	0.05536	2.77207	3.25595	2.91141
VAR21	0	（10.22832）	NA	0.01968	1.74690	1.83820	1.73845
	1	6.57802	26.40997	0.00320	（0.08258）	0.19131	（0.10793）
	2	7.89991	1.36996	0.00494	0.30001	0.75648	0.25776
	3	19.40326	11.50335*	0.001930*	（0.77189）	（0.13284）	（0.83105）
	4	23.46347	2.90015	0.00254	（0.78050）	0.04115	（0.85655）

续表

	LAG	LOGL	LR	FRE	AIC	SC	HQ
VAR22	0	(28.73608)	NA	0.15987	3.84201	3.93858	3.84696
	1	(12.45738)	26.45289*	0.034749*	2.307173*	2.596894*	2.322009*
	2	(11.02608)	1.96805	0.04958	2.62826	3.11113	2.65299
VAR23	0	(10.24929)	NA	0.01974	1.74990	1.84119	1.74145
	1	7.31488	27.60084	0.00288	(0.18784)	0.08604	(0.21319)
	2	8.66775	1.73941	0.00443	0.19032	0.64679	0.14807
	3	21.97830	13.31056*	0.001336*	(1.13976)	(0.50070)	(1.19891)
	4	27.26635	3.77718	0.00148	(1.32377)	(0.50212)	(1.39982)
VAR24	0	(28.48091)	NA	0.154848	3.81011	3.90669	3.81506
	1	(11.84551)	27.03252*	0.032190*	2.230689*	2.520410*	2.245525*
	2	(9.94951)	2.60701	0.04333	2.49369	2.97656	2.51842
VAR31	0	(23.59723)	NA	0.10410	3.41296	3.50737	3.41196
	1	(2.49380)	33.76549	0.01076	1.13251	1.41573	1.12949
	2	8.91815	15.31415*	0.004135*	0.134425*	0.606458*	0.129397*
	3	11.54769	2.72621	0.00556	0.32697	0.98782	0.31994
VAR32	0	(10.71652)	NA	0.07869	1.69554	1.78994	1.69453
	1	(4.50503)	9.93838	0.014064	1.40067	1.68389	1.39765
	2	5.49195	13.32930*	0.006593*	0.601074*	1.073107*	0.596046*
	3	8.990058	3.731319	0.007819	0.667992	1.328839	0.660953
VAR33	0	(15.95008)	NA	0.03755	2.39334	2.48775	2.39234
	1	8.69254	39.42819*	0.002420*	(0.35901)	(0.07580)	(0.36202)
	2	9.91577	1.63098	0.00366	0.01123	0.48326	0.00620
VAR34	0	(2.08827)	NA	0.005915	0.54510	0.63951	0.54410
	1	5.46114	12.07904*	0.003724*	0.071849*	0.355069*	0.06883
	2	7.42221	2.61477	0.00510	0.34371	0.84574	0.33868
VAR41	0	(31.32915)	NA	0.57835	5.12756	5.21448	5.10970
	1	(18.21449)	20.17640	0.14464	3.72531	3.98605	3.67171
	2	(9.57859)	10.62881*	0.07575	3.01209	3.44667	2.92277
	3	(3.40758)	5.69631	0.064341*	2.678089*	3.286496*	2.553034*
VAR42	0	(28.73608)	NA	0.15987	3.84201	3.93858	3.84696
	1	(12.45738)	26.45289*	0.034749*	2.307173*	2.596894*	2.322009*
	2	(11.02608)	1.96805	0.04958	2.62826	3.11113	2.65299

续表

	LAG	LOGL	LR	FRE	AIC	SC	HQ
VAR43	0	（10.24929）	NA	0.01974	1.74990	1.84119	1.74145
	1	7.31488	27.60084	0.00288	（0.18784）	0.08604	（0.21319）
	2	8.66775	1.73941	0.00443	0.19032	0.64679	0.14807
	3	21.97830	13.31056*	0.001336*	（1.1398）*	（0.5007）*	（1.1989）*
	4	27.26635	3.77718	0.00148	（1.32377）	（0.50212）	（1.39982）
VAR44	0	（28.48091）	NA	0.154848	3.81011	3.90669	3.81506
	1	（11.84551）	27.03252*	0.032190*	2.230689*	2.520410*	2.245525*
	2	（9.94951）	2.60701	0.04333	2.49369	2.97656	2.51842

注：表中“NA”表示没有对应项，“*”表示依据准则所选择的滞后阶数，括号内的数字表示的是负数。

如表 1-2 所示，LR（似然比）检验方法、AIC 和 SC 检验准则在 16 组 VAR 模型中的同一阶级表现一致，因此分别得出滞后阶数瑞丽口岸为 2、1、2 和 1；东兴口岸为 3、1、3 和 1；满洲里口岸为 2、2、1 和 1；霍尔果斯口岸为 3、1、3 和 1。

继续对 VAR 模型进行协整关系检验。对 16 组 VAR 模型分别进行 Johansen 协整检验，得到 Johansen 协整检验结果（见表 1-3），当 P 值小于 0.05 即 P 值在 5% 水平下显著时，拒绝原假设；当 P 值不显著且 Trace Statistic 迹统计量比 5% Critical Value 临界值时，接受原假设。由表 1-3 可知，在原假设为不存在协整关系时，P 值显著，即存在协整关系，在原假设为至少存在一个协整关系时，P 值不显著，即至少存在一个协整关系，综合两种结果可判断四组 VAR 模型皆为存在并且只存在一个协整关系，即瑞丽口岸出境客流量与边境贸易出口货运量、瑞丽口岸出境客流量与边境贸易进口货运量、瑞丽口岸入境客流量与边境贸易出口货运量、瑞丽口岸入境客流量与边境贸易进口货运量两两之间存在长期的稳定均衡关系。

表 1-3　Johansen 协整检验（Trace）结果

	Hypothesized 原假设	Eigenvalue 特征值	Trace Statistic 迹统计	5% Critical Value 临界值	P 值
VAR11	None*	0.662267	33.80577	25.87211	0.0042
	At most 1	0.153433	4.497269	12.51798	0.6695

续表

	Hypothesized 原假设	Eigenvalue 特征值	Trace Statistic 迹统计	5% Critical Value 临界值	P 值
VAR12	None*	0.371311	13.31576	12.3209	0.0340
	At most 1	0.028639	0.784539	4.129906	0.4326
VAR13	None*	0.65843	33.48754	25.87211	0.0046
	At most 1	0.153019	4.48408	12.51798	0.6714
VAR14	None*	0.373173	13.38563	12.3209	0.0330
	At most 1	0.028272	0.774332	4.129906	0.4360
VAR21	None*	0.662545	15.99133	15.49471	0.0421
	At most 1	0.054381	0.782824	3.841466	0.3763
VAR22	None*	0.555527	14.12124	12.3209	0.0247
	At most 1	0.122388	1.958262	4.129906	0.1905
VAR23	None*	0.698824	17.96024	15.48471	0.0208
	At most 1	0.079477	1.159389	3.841466	0.2816
VAR24	None*	0.422348	10.57856	12.3209	0.0963
	At most 1	0.106293	1.798032	4.129906	0.2117
VAR31	None*	0.54303	11.77645	12.3209	0.0616
	At most 1	0.001958	0.0284	4.129906	0.8885
VAR32	None*	0.524504	18.41029	20.26184	0.0881
	At most 1	0.38366	7.259352	9.164546	0.1134
VAR33	None*	0.704269	22.86543	20.26184	0.0214
	At most 1	0.263656	4.590868	9.164546	0.3313
VAR34	None*	0.621415	18.87904	20.26184	0.0766
	At most 1	0.249704	4.309319	9.164546	0.3680
VAR41	None*	0.793889	25.43015	20.26184	0.0088
	At most 1	0.313963	4.898702	9.164546	0.2947
VAR42	None*	0.555527	14.12124	12.3209	0.0247
	At most 1	0.122388	1.958262	4.129906	0.1905
VAR43	None*	0.698824	17.96024	15.48471	0.0208
	At most 1	0.079477	1.159389	3.841466	0.2816
VAR44	None*	0.422348	10.57856	12.3209	0.0963
	At most 1	0.106293	1.798032	4.129906	0.2117

3. 格兰杰因果检验

协整模型说明各边境口岸入出境旅游与边境口岸进出口贸易之间存在长期均衡的关系。那么，它们之间是否有因果关系，就需要进行格兰杰因果关系检验。

在滞后期为一期、1% 显著性水平的情况下，瑞丽口岸出境旅客数量与边境贸易出口为单向 Granger 因果关系，即边境贸易出口不是出境游客量的因，而出境游客量是边境贸易出口的因；同时入境旅客数量与边境贸易出口为单向 Granger 因果关系。也就是说，在瑞丽口岸，入出境客流量是出口贸易的单向格兰杰原因。同样，在滞后期为二期、显著性水平分别为 1% 和 10% 显著性水平的情况下，瑞丽口岸入境旅客数量与边境贸易进口为单向 Granger 因果关系，出境旅客数量与边境贸易进口为单向 Granger 因果关系，即入出境旅客数量是边境贸易进口的单向格兰杰原因（见表 1–4）。

表 1–4　瑞丽口岸格兰杰因果检验结果

变量	原假设	滞后阶数	F-statistic	P 值	结论
口岸出境人数与边境贸易出口	口岸出境人数不是边境贸易出口的格兰杰原因	1	7.4174	0.0114***	拒绝
	边境贸易出口不是口岸出境人数的格兰杰原因	1	1.8057	0.1906***	接受
口岸出境人数与边境贸易进口	口岸出境人数不是边境贸易进口的格兰杰原因	2	2.6363	0.0931*	拒绝
	边境贸易进口不是口岸出境人数的格兰杰原因	2	1.5833	0.2269***	接受
口岸入境人数与边境贸易出口	口岸入境人数不是边境贸易出口的格兰杰原因	1	7.4398	0.0113***	拒绝
	边境贸易出口不是口岸入境人数的格兰杰原因	1	1.7771	0.1941***	接受
口岸入境人数与边境贸易进口	口岸入境人数不是边境贸易进口的格兰杰原因	2	2.5667	0.0986***	拒绝
	边境贸易进口不是口岸入境人数的格兰杰原因	2	1.5273	0.2383***	接受

注：“***”“**”“*”分别表示临界值在 1%、5% 和 10% 时显著。

在滞后期为三期、1% 显著性水平的情况下，东兴口岸出境旅客数量与边境贸易出口为单向 Granger 因果关系，即东兴口岸边境贸易出口不是出境游客量的因，而出境游客量是边境贸易出口的因；同时东兴口岸入境旅客数量与边境贸易出口为单向 Granger 因果关系。其余变量之间均不存在格兰杰因果关系，也就是说，在东兴口岸，入出境客流量是出口贸易的单向格兰杰原因（见表 1–5）。

表 1–5　东兴口岸格兰杰因果检验结果

变量	原假设	滞后阶数	F-statistic	P 值	结论
口岸出境人数与边境贸易出口	口岸出境人数不是边境贸易出口的格兰杰原因	3	7.417	0.0005***	拒绝
	边境贸易出口不是口岸出境人数的格兰杰原因	3	1.806	0.9930	接受
口岸出境人数与边境贸易进口	口岸出境人数不是边境贸易进口的格兰杰原因	3	0.302	0.8232	接受
	边境贸易进口不是口岸出境人数的格兰杰原因	3	0.938	0.4663	接受
口岸入境人数与边境贸易出口	口岸入境人数不是边境贸易出口的格兰杰原因	3	23.423	0.0003***	拒绝
	边境贸易出口不是口岸入境人数的格兰杰原因	3	0.033	0.9914	接受
口岸入境人数与边境贸易进口	口岸入境人数不是边境贸易进口的格兰杰原因	3	0.348	0.7918	接受
	边境贸易进口不是口岸入境人数的格兰杰原因	3	1.269	0.3487	接受

注："***""**""*"分别表示临界值在 1%、5% 和 10% 时显著。

在滞后期为二期、1% 显著性水平情况下，满洲里口岸出境旅客数量与边境贸易出口为单向 Granger 因果关系，即满洲里口岸边境贸易出口不是出境游客量的因，而出境游客量是边境贸易出口的因；同时在 5% 显著性水平下满洲里口岸出境旅客数量与边境贸易进口为单向 Granger 因果关系。也就是说，在满洲里口岸，出境旅客数量是边境贸易进出口的单向格兰杰原因。同样，在滞后期为一期，5% 显著性水平下，满洲里口岸入境旅客数量与边境贸易出口为单向 Granger 因果关系（见表 1–6）。

表 1–6　满洲里口岸格兰杰因果检验结果

变量	原假设	滞后阶数	F-statistic	P 值	结论

续表

变量	原假设	滞后阶数	F-statistic	P 值	结论
口岸出境人数与边境贸易出口	口岸出境人数不是边境贸易出口的格兰杰原因	2	23.618	0.0001***	拒绝
	边境贸易出口不是口岸出境人数的格兰杰原因	2	0.482	0.6300	接受
口岸出境人数与边境贸易进口	口岸出境人数不是边境贸易进口的格兰杰原因	2	6.893	0.0115**	拒绝
	边境贸易进口不是口岸出境人数的格兰杰原因	2	1.362	0.2962	接受
口岸入境人数与边境贸易出口	口岸入境人数不是边境贸易出口的格兰杰原因	1	5.979	0.0283**	拒绝
	边境贸易出口不是口岸入境人数的格兰杰原因	1	0.388	0.5434	接受
口岸入境人数与边境贸易进口	口岸入境人数不是边境贸易进口的格兰杰原因	1	2.734	0.1205	接受
	边境贸易进口不是口岸入境人数的格兰杰原因	1	1.486	0.2430	接受

注:“***”“**”“*”分别表示临界值在 1%、5% 和 10% 时显著。

在滞后期为四期、5% 显著性水平情况下，霍尔果斯口岸边境贸易出口与出境旅客数量为单向 Granger 因果关系，即霍尔果斯口岸边境贸易出口是出境游客量的因；同时在 5% 显著性水平下满洲里口岸边境贸易出口与入境旅客数量为单向 Granger 因果关系。也就是说，在霍尔果斯口岸，边境贸易出口是入出境旅客数量的单向格兰杰原因（见表 1-7）。

表 1-7　霍尔果斯口岸格兰杰因果检验结果

变量	原假设	滞后阶数	F-statistic	P 值	结论
口岸出境人数与边境贸易出口	口岸出境人数不是边境贸易出口的格兰杰原因	4	0.900	0.5570	接受
	边境贸易出口不是口岸出境人数的格兰杰原因	4	16.159	0.0227**	拒绝
口岸出境人数与边境贸易进口	口岸出境人数不是边境贸易进口的格兰杰原因	4	5.023	0.1079	接受
	边境贸易进口不是口岸出境人数的格兰杰原因	4	0.788	0.6022	接受

续表

变量	原假设	滞后阶数	F-statistic	P值	结论
口岸入境人数与边境贸易出口	口岸入境人数不是边境贸易出口的格兰杰原因	4	0.907	0.5544	接受
	边境贸易出口不是口岸入境人数的格兰杰原因	4	13.172	0.0302**	拒绝
口岸入境人数与边境贸易进口	口岸入境人数不是边境贸易进口的格兰杰原因	4	0.735	0.6254	接受
	边境贸易进口不是口岸入境人数的格兰杰原因	4	6.040	0.0857*	拒绝

注："***""**""*"分别表示临界值在1%、5%和10%时显著。

（三）研究结果

1. 二者之间存在长期均衡关系

口岸贸易与边境旅游之间存在长期稳定的均衡关系。尽管边境口岸的进出口贸易量和入出境旅客数量都是非平稳的时间序列，短期内表现出非一致性，且进出口贸易量的大小受经济大环境的影响，入出境旅客数量除了受到经济的影响，一定程度上与双边国家的政策及突发事件有很大关系，存在一段时间贸易量增长但游客数量反而减少的现象。但通过Johansen协整关系检验显示，长期内边境口岸进出口贸易量和入出境旅客数量形成稳定的均衡关系，即口岸贸易与边境旅游之间存在长期稳定的均衡关系。

2. 格兰杰检验结果

与相邻国别不同，口岸贸易与边境旅游之间表现出的因果关系不同，主要分为两种情况：（1）瑞丽、东兴和满洲里口岸的检验结果类似，即边境入出境旅游与口岸进出口贸易之间存在单向格兰杰关系。这就意味着在瑞丽、东兴和满洲里三个口岸，边境旅游的出境和入境对边境贸易进出口均能产生一定的促进作用，但边境口岸进出口贸易对边境旅游入出境旅客数量不具有促进作用。这一结论与陈乔、安景梅等研究的中国与东盟、内蒙古与蒙古国旅游与贸易互动关系研究中得到的入出境旅游对进出口贸易具有明显的溢出效应结论相一致。然而，研究发现中哈边境霍尔果斯口岸并不一致。（2）霍尔果斯口岸的检验结果显示，边境贸易出口与边境旅游之间存在单向格兰杰原因，即边境贸易中出口贸易对边境旅游具有一定的带动作用。霍尔果斯口岸建立了中哈霍尔果斯国际边境合作中心，口岸贸易发展火热，同时在此合作中心范围实施入出境、跨境旅游、免税购物等优惠政策，从而吸引大量游客和商人前来此处，特别是中国出口大量货物至哈萨克斯坦等中亚国家，因此霍尔果斯的特殊情况导致了边境贸易出口促进了边境旅游的发展。

3. 边境旅游促进口岸贸易特征

边境旅游促进口岸贸易，即发展边境旅游对口岸贸易产生积极的促进作用，但边境贸易对边境旅游促进作用不明显，以瑞丽、东兴和满洲里为代表。主要原因可概括为以下两方面。

（1）相邻国家人口较多。在人口数量方面，瑞丽、东兴和满洲里口岸相邻的国家分别是缅甸、越南和俄罗斯，三个国家的总人口数分别为5371万人、9554万人和1.44亿人。相比其他边境口岸，邻国口岸总人口较多。而旅游行业属于服务接待业，需要依托人来完成，人口较多则更有利于口岸边境旅游的开展和持续发展。

（2）边境口岸旅游发展水平较高。在旅游发展水平方面，瑞丽口岸、东兴口岸和满洲里口岸的旅游发展水平较高。2018年，国务院同意设立内蒙古满洲里、广西防城港边境旅游试验区，大力支持满洲里和防城港发展边境旅游，同时，瑞丽口岸目前是中缅边境口岸中人员、车辆、货物流量最大的口岸。瑞丽位于云南省西部，是一个美丽的边境小城，风景如画、四季如春，这里有蓝天白云、田园牧歌、热带雨林独树成林的独特风景，周边还有原生态的傣族村寨，以及一桥两国、一街两国、一寨两国的特殊地理景观。东兴市拥有国家4A级旅游景区屏峰雨林公园、京岛风景名胜区，是一个集滨海风光、民族风情和跨国旅游的边境城市。满洲里国门景区是国家5A级旅游景区，满洲里市标志性旅游区，是全国红色旅游重点景区。满洲里口岸融合了中俄蒙三国的文化气息，其建筑特点鲜明，穿梭在满洲里的同街道，有种别样的异域风情。

综合以上两点，旅游发展水平较高以及人口数量较多必然导致人流量基数较大，从而导致市场活跃度高，进一步促进了贸易的发展。

4. 口岸贸易促进边境旅游特征

口岸贸易促进边境旅游，即发展边境贸易对旅游发展产生积极的促进作用，但边境旅游对边境贸易促进作用不明显。以霍尔果斯口岸为代表，主要原因可概括为以下两方面。

（1）相邻国人口较少。在人口数量方面，霍尔果斯口岸相邻国哈萨克斯坦的人口数量仅为 1828 万，人口数量相对较少，发展边境旅游条件仍然较为欠缺。

（2）对应口岸旅游发展水平较低。霍尔果斯口岸位于新疆伊犁哈萨克自治州，地处中国西部边陲，交通距离偏远，与哈萨克斯坦隔霍尔果斯河相望。哈萨克斯坦阿拉木图州霍尔果斯口岸距离中方 15 千米，距离较远。同时，哈萨克斯坦霍尔果斯建立了中哈霍尔果斯国际边境合作中心，以双边经济贸易为主，产业结构单一，经济水平较为落后。目前旅游发展水平不高，主要靠一些贸易商人拉动边境旅游数量。因此表现为以口岸贸易促进边境旅游为主要特征。

综合以上两点，旅游发展水平较低人口较少，但可以通过发展贸易，提供优惠政策吸引人流来进一步地促进边境旅游的发展。

五、边境口岸贸易与边境旅游协调关系测度

（一）测度方法说明及指标体系构建

1. 测度方法说明

协调是指系统与系统或系统内部要素间互动配合运作，以此产生良性发展的关系。协调度则是用来衡量系统协调性的指标，反映了系统内部要素之间及系统与系统之间是否协调。综合国内外的研究，关于协调度的测度方法主要有耦合协调度模型、区间判断法、灰色关联度分析法、距离协调度模型及变化协调度分析法等。

由于我国边境口岸的相关统计指标统计不够完善，数据量较为匮乏，导致样本量较少。因此，本研究选用灰色关联分析法对瑞丽、东兴、满洲里、霍尔果斯口岸贸易与边境旅游之间关联度和协调度进行评估分析。灰色关联度分析法步骤如下。

（1）确定映射量。确定本研究选取的比较数列为边境口岸贸易 $Xi(t)(i=1, 2; t=2001, 2002, \ldots 2016)$ 和参考序列为口岸旅游发展 $Yj(t)(i=1, 2; t=2001, 2002, \ldots 2016)$。

（2）无量纲化处理。系统中所含数据较多并且量纲不一致，不便于进行

统计分析因此需要对原始数据进行无量纲化处理。数据无量纲化的方法主要有以下几种：极值化、标准化、均值化和标准差化。本研究采用标准化法对口岸贸易和边境旅游发展的原始数据进行无量纲化处理。其公式表示为：

$$X'_i = \frac{x_{ij} - \overline{x}_j}{s_j} \tag{1}$$

式中，表示标准化后的结果，代表原始数据，代表原始数列该列均值，代表原始数列该列标准差。

（3）计算关联序列差值绝对值，确定最大最小值。将无量纲化数列进行求差计算并取绝对值 $|Y'_j(t) - x'_i(t)|$（$x'_i(t)$ 和 $Y'_j(t)$ 分别表示边境口岸贸易和边境旅游发展在 t 时刻原始数据的无量纲化值（以下同），并设每列的最大差值为 $\Delta\max = \max_i \max_j |Y'_j(t) - x'_i(t)|$，每列的最小差值为 $\Delta\min = \min_i \min_j |Y'_j(t) - x'_i(t)|$。

（4）计算灰色关联系数。灰色关联系数计算公式如下：

$$\xi_{ij}(t) = \frac{\Delta\min + \xi\Delta\max}{|Y'_j(t) - x'_i(t)| + \xi\Delta\max} \tag{2}$$

式中，ξ 为分辨系数，取值范围［0, 1］，ξ 的引入是为了避免极值过大时的关联系数失效造成影响，通常情况下 ξ 的值取 0.5。$\xi_{ij}(t)$ 表示的是 t 时刻系统之间的关联系数，其值越大表示系统之间的关联性就越强，反之关联性越弱。

（5）计算关联度。关联系数只能表示某一时刻系统间的关联强度，由于关联系数较多且比较分散，不便于分析和比较。因此通过求得 n 个关联系数的平均值来获取系统之间的关联强度。其公式如下：

$$r_{ij} = \frac{1}{n}\sum_{j=1}^{n} \xi_{ij}(t) \tag{3}$$

式中，n 表示关联系数总量。运用该公式可求得口岸贸易与边境旅游发展之间的关联程度。关联强度可分为以下四个等级，如表 1-8 所示。

表 1-8　关联强度划分表

关联度	关联等级
0-0.35	较弱
0.35-0.65	中等
0.65-0.85	较强

0.85–1	极强

（6）计算协调度。利用公式（2）求出的关联系数，结合公式（4）求得边境口岸贸易与边境旅游发展协调度。

$$C(t)=\frac{1}{m\times n}\sum_{i=1}^{m}\ \frac{1}{n}\sum_{j=1}^{n}\xi_{ij}(t) \tag{4}$$

式中，$C(t)$ 代表口岸贸易与边境旅游发展协调度，其值越高，协调度则越高，反之则越低。根据 $C(t)$ 的值可将其分为 8 个等级，如表 1–9 所示。

表 1–9　协调度等级划分表

协调度	协调等级
0–0.3	极度失调
0.3–0.5	严重失调
0.5–0.7	中度失调
0.7–0.8	濒临失调
0.8–0.85	初级协调
0.85–0.9	中级协调
0.9–0.95	良好协调
0.95–1	优质协调

2. 指标体系构建

指标的选取需要遵循以下三个原则：一是指标的选取具备一定的科学解释，即科学性；二是选取的指标在一定程度上能反映该系统行为特征，即代表性；三是所选指标数据能够获得，即可得性。综合以上三个原则，针对边境口岸贸易系统和边境旅游发展系统选取 4 个指标，对两个系统之间的关联度和协调度进行测度。

通常情况下，贸易额是口岸贸易的直接体现，但由于边境口岸贸易额数据的可得性较差，而边境口岸贸易量也可以反映口岸贸易的发展状况。因此，针对口岸贸易系统本研究选取了边境口岸出口贸易量（X1）、口岸进口贸易量（X2）两个指标。边境口岸的进出口贸易量与贸易交往国家签订的贸易协定、关税政策以及口岸历史、地缘优势、功能定位等众多因素都有关联。

针对边境旅游发展系统，本研究选取了边境口岸出境旅客数量（y1）和边境口岸入境旅客数量（y2）两个指标，能够充分体现边境旅游发展状况。边境口岸的入出境人数通常与双边国家签证政策、友好程度、边境贸易发展状况、口岸通关条件等因素有关。

因此，本研究选取了 4 个指标来测算边境口岸贸易与边境旅游系统之间的关联度和协调度，如表 1–10 所示。

表 1–10　边境口岸贸易与边境旅游联系度和协调度指标

系统名称	指标
口岸贸易 X	口岸出口贸易量（X1）万吨
	口岸进口贸易量（X2）万吨
边境旅游 Y	出境旅客数量（Y1）万人次
	入境旅客数量（Y2）万人次

（二）口岸贸易与边境旅游关联度分析

1. 数据处理

首先，整理原始数据。其次，采用标准化法对口岸贸易和边境旅游的原始数据进行无量纲化处理。再次，运用灰色关联度计算公式，测得口岸贸易和边境旅游发展系统各指标之间的关联系数，得到关联系数矩阵。从此，通过关联系数矩阵得到系统之间的关联度。最后，运用协调度计算公式得出口岸贸易和边境旅游发展系统协调度。

运用灰色关联系数计算公式：$\xi_{ij}(t)=\dfrac{\Delta\min+\xi\Delta\max}{|Y'_j(t)-x'_i(t)|+\xi\Delta\max}$，计算得到口岸贸易与边境旅游发展关联系数矩阵，再求出各行各列的平均值，得到平均值行和列，最终求得关联度。

2. 瑞丽口岸关联度分析

根据瑞丽口岸贸易与边境旅游系统各指标之间的关联系数矩阵和关联度，可推算出瑞丽口岸贸易与边境旅游系统之间的关联系数矩阵和关联度（见表 1–11）。

表 1–11　瑞丽口岸贸易和边境旅游发展系统关联系数矩阵及关联度

	out1	int1	均值	排序
EXP1	0.8023	0.7946	0.7984	2

imp1	0.8209	0.8113	0.8161	1
均值	0.8116	0.8030	0.8073	
排序	1	2		

从表 1-11 中可看出，瑞丽口岸贸易与口岸入出境旅客数量的关联度分别为 0.7984 与 0.8161，均达到了较强的关联程度，说明瑞丽边境口岸贸易和旅游发展的关联性较强，口岸贸易的发展在一定程度上有力推动了边境口岸旅游发展。其中，第二行边境口岸进口贸易量与旅游发展的关联度相对于边境口岸出口贸易与边境旅游之间的关联度较高，说明边境口岸的进口贸易对边境旅游产生了较大贡献；第一列出境游客量与口岸贸易的关联度更高，说明出境客流量越大，参与边境旅游的人也越多，口岸贸易发展得则越好。这正与瑞丽口岸当地实际情况相吻合，瑞丽口岸是中国与缅甸之间的陆路口岸，缅甸盛产翡翠珠宝，如今随着中国对外开放不断深化和中国经济实力的增强，中国人对翡翠宝石的需求不断增强，对于缅甸的珠宝商人来说中国则是一个很大的市场，许多缅甸人会入境中国聚集瑞丽做翡翠生意。同时缅甸的水果以及农副产品也是中国的主要进口商品，进口贸易的增长提升了市场的活跃程度，促进了中缅两国的经济联系与合作，促进了人员间的交流，从而推动了边境旅游的发展。

3. 东兴口岸关联度分析

根据东兴口岸贸易与边境旅游系统各指标之间的关联系数矩阵和关联度，可推算出东兴口岸贸易与边境旅游系统之间的关联系数矩阵和关联度（见表 1-12）。

表 1-12　东兴口岸贸易和边境旅游发展系统关联系数矩阵及关联度

	Out2	Int2	均值	排序
EXP2	0.7960	0.7881	0.7920	1
Imp2	0.6184	0.6224	0.6204	2
均值	0.7072	0.7052	0.7062	
排序	1	2		

从表 1-12 中可看出，广西东兴口岸贸易与入出境游客数量的关联度均达到了较强关联水平，表示东兴口岸出口贸易经济与边境口岸旅游发展关联性

较强，说明东兴口岸的进出口贸易经济发展一定程度上促进了当地的旅游发展。同时，东兴口岸边境旅游发展与东兴口岸进出口贸易量的关联度分别为0.6204与0.7920，分别属于中等关联水平和较强关联水平，表明东兴口岸边境旅游发展有利于出口贸易的发展。

4. 满洲里口岸关联度分析

根据满洲里口岸贸易与边境旅游系统各指标之间的关联系数矩阵和关联度，可推算出满洲里口岸贸易与边境旅游系统之间的关联系数矩阵和关联度（见表1-13）。

表1-13　满洲里边境口岸贸易和旅游发展系统关联系数矩阵及关联度

	Out3	Int3	均值	排序
EXP3	0.6524	0.6618	0.6571	2
Imp3	0.6691	0.6957	0.6824	1
均值	0.661	0.679	0.6697	
排序	2	1		

从表1-13中可看出，满洲里口岸进出口贸易量与旅游发展的关联度分别为0.6571与0.6824，均达到了较强的关联程度。同时，满洲里口岸入出境旅客数量与口岸贸易的关联度分别为0.6691与0.6957，也均达到了较强的关联程度。说明满洲里口岸贸易与边境旅游的关联性较强，口岸贸易与边境旅游之间发展均衡，产生相互促进作用。

5. 霍尔果斯口岸关联度分析

根据霍尔果斯口岸贸易与边境旅游系统各指标之间的关联系数矩阵和关联度，可推算出霍尔果斯口岸贸易与边境旅游系统之间的关联系数矩阵和关联度，如表1-14所示。

表1-14　霍尔果斯边境口岸贸易和旅游发展系统关联系数矩阵及关联度

	Out4	Int4	均值	排序
EXP4	0.9279	0.9281	0.9280	1
Imp4	0.7540	0.7536	0.7538	2
均值	0.84092	0.84088	0.8409	
排序	1	2		

从表 1-14 中可看出，霍尔果斯口岸进出口贸易量与旅游发展的关联度分别为 0.9280 与 0.7538，分别达到了极强与较强的关联水平。说明霍尔果斯口岸出口贸易与边境旅游关联性最强，具有良好的促进作用。霍尔果斯口岸入出境旅客数量与口岸贸易的关联度分别为 0.7540 与 0.7536，均达到了较强的关联程度。说明霍尔果斯口岸旅游发展也促进了口岸贸易的增长。

（三）协调度分析

运用协调度公式，对各边境口岸贸易与边境旅游协调度进行测算，得到各边境口岸贸易与边境旅游协调度结果（见表 1-15），同时得出各边境口岸贸易与边境旅游协调度随时间变化趋势（见图 1-3）。

表 1-15　边境口岸贸易和旅游发展系统协调度结果

年份	协调度			
	瑞丽口岸	东兴口岸	满洲里口岸	霍尔果斯口岸
2000	0.96	0.66	0.68	0.99
2001	0.94	0.77	0.66	0.99
2002	0.90	0.74	0.64	0.99
2003	0.84	0.65	0.64	0.99
2004	0.94	0.70	0.61	0.98
2005	0.97	0.78	0.70	0.99
2006	0.93	0.89	0.59	0.97
2007	0.89	0.69	0.61	0.98
2008	0.83	0.64	0.78	0.98
2009	0.82	0.74	0.77	0.91
2010	0.74	0.55	0.80	0.76
2011	0.66	0.72	0.72	0.69
2012	0.61	0.79	0.65	0.60
2013	0.60	0.57	0.60	0.53
2014	0.64	0.65	0.62	0.54
2015	0.63	0.76	0.65	0.58
综合协调度	0.81	0.71	0.67	0.85
协调水平	初级协调	濒临协调	中度失调	中级协调
排序	2	3	4	1

如图 1–3 所示，2001—2016 年期间，新疆霍尔果斯口岸贸易与边境旅游协调度为 0.85，排在第一位，处于中级协调水平，并且有逐年下降的趋势，尤其在 2016 年呈现跌落式的下降。云南瑞丽口岸贸易与边境旅游协调度为 0.81，排在第二位，处于初级协调水平，同时也呈现逐年下降趋势。东兴口岸贸易与边境旅游协调度为 0.71，排在第三位，处于濒临协调水平。从整个观察期来看，东兴口岸贸易与边境旅游各年协调度不够稳定，于协调与失调之间来回切换。满洲里口岸贸易与边境旅游协调度为 0.67，排在最后一位，处于中度失调水平，但从 2009—2012 年满洲里口岸贸易与边境旅游处于协调状态，于 2013 年开始失调又于 2015 年开始有所好转。

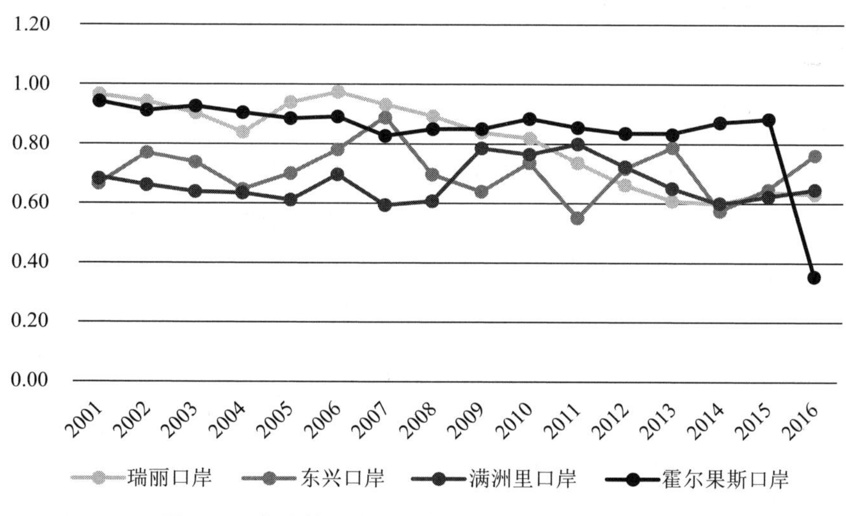

图 1–3　各边境口岸贸易与边境旅游协调度折线图

（四）研究结果

1. 边境口岸贸易与边境旅游存在协调演化关系

根据关联度计算结果显示，瑞丽、东兴、满洲里及霍尔果斯边境口岸贸易和旅游发展系统关联度分别为 0.8073、0.7062、0.6697、0.8409，依据关联强度划分表，均属于较强关联程度水平。表明我国主要边境口岸贸易与边境旅游关联性较强，口岸贸易发展与边境旅游发展之间存在相互影响。因此，口岸贸易与边境旅游之间存在关联协调演化关系，在发展口岸贸易的同时也应当注重旅游业对经济的带动效应。

2. 边境口岸贸易与边境旅游协调发展存在差异

关联协调度较高的口岸即霍尔果斯口岸，其主要特征是政策开放，目前有中哈霍尔果斯国际边境合作中心、霍尔果斯经济开发区，同时拥有公路、铁路、管道、航空、光缆、邮件“六位一体”的交通枢纽和综合性多功能口岸，虽然旅游发展水平一般，但口岸贸易对旅游拉动明显。而关联协调度不高的口岸即瑞丽、东兴、满洲里，其主要特征是旅游业发展水平较高，具有较好的旅游资源，但口岸贸易发展不足，因此，如果逐步改善交通条件、加大口岸的开放力度，将演化为较高的管理协调度。

六、边境口岸贸易与边境旅游协调发展策略

（一）我国边境口岸协调发展模式

1. 双边协调发展模式

双边协调发展模式，即促进相邻两个国家在边境地区共同划定一定的国土范围，以便利的通关政策和优惠的免税政策为支撑共同发展旅游业和口岸经济贸易的发展模式。边境旅游和口岸贸易在两国边境线两侧共同区域开展活动，人流物流可以通过便利的通关手续进入对方境内。双边政府建立了边防、边检、海关、边贸、旅游等协同机制，表现为人流双向跨境、双边旅游与贸易实现协调发展。同时，在这种模式下，当日渐增长的流动性发生后，边境地区面临既包含边界又排除边界的共同社区出现。例如，中国政府倡导建立的口岸经济合作区、边境旅游合作区、边境旅游试验区是实现旅游和贸易聚集发展模式的初始形态。可是试图将两者结合，实现跨境旅游、口岸贸易聚集协调发展模式，由政府主导，企业开发，客源支撑发展，两个国家之间互为旅游目的地，同时又是双边实现无障碍贸易的对象国。

2. 单边口岸发展模式

单边口岸发展模式是指以一国口岸为主，不受邻国政策、规模的影响，以发展边境旅游为主要。单边口岸发展模式在形态上表现为单边市场推动、旅游流聚集在一侧，贸易流较少或几乎不进入邻国。主要是由于口岸贸易会受到单边政策影响，无法实现可持续发展，不适合主导发展。而边境旅游的发展可在单边口岸得以实现，旅游流单边积聚，通过国门景区、界碑等旅游吸引物及双边经济差异等视觉冲击，旅游者的需求和偏好成为边境旅游的主

导因素，以此发展旅游业。单边口岸发展模式的影响因素包括：相邻两国经济发展水平不均衡、两国外交政治关系、文化差异等。

3. 双边贸易发展模式

双边贸易发展模式，指的是以发展双边邻国口岸贸易为主，同时以贸易发展推动边境旅游的进一步发展。例如霍尔果斯口岸，该口岸最大的意义在于贸易通道的功能，以中哈霍尔果斯国际边境合作中心（首个国际边境合作中心）为核心，辅以贸易洽谈、仓储运输、商品展示与销售等，搭配优惠关税政策，成为中哈边境处的贸易连接通道。此处应当注意贸易的发展一定是依靠双边国家共同完成的，大力发展双边贸易，同时以边境旅游的发展作为辅助力量，加快口岸经济的发展。

（二）我国边境口岸优化发展策略

1. 中缅边境瑞丽口岸优化策略

中缅边境瑞丽口岸优化策略:（1）将口岸贸易与旅游发展有机融合，大力发展双边协调发展模式。对于瑞丽口岸，贸易发展较好，同时双方边境地区的居民友好访问、互通有无，边境一日游发展已有一定的基础，可对口岸贸易与边境旅游的关联协调度进行动态调整。（2）深化跨区合作，强化口岸贸易。缅甸经济发展相对中国较为落后，中国单方面发展边境旅游进行口岸建设，其发展空间会受到较大局限性。因此应当深化跨区合作，与相对应口岸城市、国家以友好合作发展为目的签订合作协议，不带侵略性。共同改善口岸通关环境，推动贸易交流稳步增长。推行口岸通关便利措施，大幅提升物流通关、结算效率，在关税方面，双方商定优惠关税政策，可借鉴中哈霍尔果斯国际边境合作中心模式，实现合作中心免税。最终在边境地区实现互利共赢的局面。（3）针对资源禀赋，大力发展边境旅游。中缅边境一日游一直以来发展得如火如荼，已经成为当地边境旅游的一面旗帜，但开放力度仍存在一定局限性。原因包括相对国家的基础设施建设以及开发力度不够，同时旅游接待设施相对落后，边境口岸旅游景点未进行科学规范的规划，其内在旅游发展潜力没有得到挖掘。在入出境签证方面，手续办理较为烦琐，出境旅游较难。因此中方可与相对口岸城市建立合作机制，利用当地特色旅游资源进行合作开发。

2. 中越边境东兴口岸优化策略

中越边境东兴口岸优化策略：（1）推行贸易与旅游双边协调发展模式。目前东兴口岸边境旅游与口岸贸易发展协调度处于濒临协调状态，同时东兴口岸的贸易与旅游发展都已经有一定的基础，应当推行双边协调发展模式，促进邻国边境旅游与口岸贸易的协调发展。主要是大力发展边境旅游，发挥对口岸贸易的带动作用，同时强化口岸贸易的发展。（2）提高口岸贸易信息化程度，强化口岸贸易。随着电子信息、网络技术和物流运输业的快速发展，电子商务对强化口岸贸易具有十分重要的有利因素。加快完善贸易通关和边民互市的信息化管理，包括数据统计、入境审单等，实现口岸通关、物流运输、边民互市的监管信息化、网络化和数据化。最后进一步发展电子商务，构建完善的口岸贸易线上综合信息平台，实现无纸化备案、通关等。（3）大力发展边境旅游，打造特色产品。边境口岸由于其特殊的地理位置，乡村容易出现空心化，从而导致人口流失、土地闲置，直接影响到边境地区的安全与稳定。因此，以政府为主导，首先完善边境地区的交通、电力、水利、通信等基础设施，改善居民居住环境。其次大力发展边境旅游、边境特色农业等产业，让当地居民参与其中，以产业振兴边境。再次，政府领头打造边境民族特色文化节，保护及传承当地传统特色民俗、历史、饮食、宗教、节日等文化。最后，鼓励边民参与边境地区特色职业教育，培养边境地区致富能手，提供返乡优惠政策。全面建设口岸经济同时发展边境旅游。

3. 中俄边境满洲里口岸优化策略

中俄边境满洲里口岸优化策略：（1）提高边境旅游与口岸贸易发展协调度，借鉴双边协调发展模式。目前满洲里口岸边境旅游与口岸贸易发展协调度处于中度协调状态，边境旅游发展落后于口岸贸易。应当借助国家“一带一路”倡议及满洲里边境旅游试验区和跨境旅游合作区的契机，灵活运用现有国家优惠政策，助推口岸地区开发开放水平提高，共同发展旅游业和口岸经济贸易。（2）发挥少数民族文化魅力，发展国际旅游。满洲里口岸地处中俄蒙三国交界处，生活着大量蒙古族与俄罗斯族，自然风光、民族文化具有强烈的异域风情，为开展多元化、高层次的国际旅游提供了优质的资源基础，对国内外的游客产生了强烈吸引力。发挥满洲里地区少数民族文化魅力，简化游客入出境手续，挖掘草原湖泊、冬季冰雪等差异性优势，整合区域旅游资源，全方位打造自己的旅游品牌。（3）稳定中俄关系促进双边贸易有序开展。俄罗斯是中国最大的邻国，地缘上的便利和较大的经济互补性使得两国在边境贸易合作上具有一定的优势。满洲里口岸是中俄贸易的第一大口岸，其运作受中俄两国的外交关系影响较大，中俄两国关系和睦则口岸贸易往来频繁，一旦两国关系紧张则会导致贸易量立即下降，严重则会导致口岸的关闭。因此稳定中俄两国关系，发挥满洲里友好城市的作用，加强与俄方的文化交流，以跨境民族同源文化为基础促进邻国文化交往。

4. 中哈霍尔果斯口岸优化策略

中哈霍尔果斯口岸优化策略:（1）集中力量发展口岸贸易即开展双边贸易发展模式。基于口岸贸易优势，结合当地对外铁路、陆路运输以及边疆地区各类扶持发展政策，金融支持政策及财税优惠政策等，快速发展贸易。完善贸易环境，加快基础建设。基础设施建设的配套是对外贸易发展的根基。目前霍尔果斯口岸基础设施建设都相对滞后，其接壤邻国基础设施与我国差距较大，通关环境、交通运输设施等方面存在一定问题。因此需要解决公路运输条件，实现通关便利化等基础设施建设，提高硬件设施水平。（2）适度发展边境口岸旅游，优化产业结构。在集中力量发展口岸贸易的同时，适度发展边境旅游，以贸易推动旅游发展。产业结构多样化是口岸贸易发展的助推器。霍尔果斯口岸产业基础较为脆弱，产业结构不协调。对外贸易主要以服装、建材和生活日用百货为主，品种单一。并且口岸贸易仅处于中转贸易状态，口岸成为运输通道，旅游业发展没有形成规模。因此，应当鼓励口岸扩大贸易、劳务和科技等方面的合作。不仅在加工业基础上延长产业链，产生产业集聚效应。同时发展旅游观光业、现代服务业等产业，涉及国际会展、餐饮娱乐、旅游商品展销等领域，优化产业结构、推动产业升级，加快口岸发展。（3）强化物流通道辐射作用，利用区位优势，加强双方合作。霍尔果斯口岸应当发挥深入中亚乃至欧洲的通道优势，进一步整合以口岸运输为主体，公路、管道、航空等相配套的立体交通运输网络，提高物流集疏运能力，充分发挥交通的辐射作用，打造大西北黄金通道。同时，稳定的双边关系是贸易发展的镇定剂。中国与哈萨克斯坦应当不断完善合作机制，解决贸易过程中产生的不稳定不安全的因素，推动双边贸易合作形成制度化、规范化。稳定双边贸易环境，平等协商，努力达成共识，加强双方合作。

七、研究结论与讨论

（一）研究结论

通过对边境口岸贸易与边境旅游联动影响和关联协调度的实证分析，可得出以下结论：（1）边境口岸贸易与边境旅游之间存在长期稳定的均衡关系。（2）与相邻国别不同，边境口岸的旅游流与货物流之间表现出的因果关系不同，主要分为两种情况：第一，瑞丽、东兴和满洲里口岸的检验结果为边境入出境旅游与口岸进出口贸易之间存在单向格兰杰关系，即边境旅游的出境和入境对边境贸易进出口均能产生一定的促进作用，但边境口岸进出口贸易对边境旅游入出境旅客数量不具有促进作用。第二，霍尔果斯口岸的检验结果显示，边境贸易出口与边境旅游之间存在单向格兰杰原因，即边境贸易中出口贸易对边境旅游具有一定的带动作用。（3）旅游流促进货物流即发展边境旅游对边境贸易产生积极的促进作用，但边境贸易并不对边境旅游产生促进，以瑞丽、东兴和满洲里为代表。（4）货物流促进旅游流即发展边境贸易对旅游发展产生积极的促进作用，但边境旅游不对边境贸易产生促进，以霍尔果斯为代表。（5）边境口岸的旅游流与货物流之间存在关联协调演化关系。（6）关联协调度较高的口岸（霍尔果斯），其主要特征是政策开放，有跨境合作区，铁路物流发达，虽然旅游发展水平一般，但口岸贸易对旅游拉动明显。（7）关联协调度不高的口岸（瑞丽、东兴、满洲里），其主要特征是旅游业发展水平较高，具有较好的旅游资源，但口岸贸易发展不足，如果改善交通、加大开放，将演化为较高的管理协调度。

（二）研究讨论

本研究围绕我国主要陆路口岸贸易与边境旅游的互动关系，对两者协调发展问题进行研究，虽取得一定的研究成果，但由于其自身的复杂性加之本人理论水平、知识结构以及资料有限，仍存在一定的不足和进一步需要研究的问题，主要体现在以下几方面：第一，本研究注重研究四大主要陆路口岸的口岸贸易与边境旅游发展关系，今后随着对外开放的进一步扩大，边境旅游的进一步发展，可对全国的边境口岸进行口岸贸易与边境旅游发展关系进行深入研究，进一步拓展研究内容。第二，边境旅游试验区和跨境旅游合作区的建设是推动边境旅游发展的重要因素，不仅有利于边境地区的旅游发展，还带动了边境地区的经济发展，该内容的研究是笔者不断努力的方向。第三，由于最新的新疆霍尔果斯口岸相关数据无法获得，只能获取到2016年的数据，因此存在一定的数据滞后问题。

参考文献

［1］Aradhyula S，Tronstad R. Does Tourism Promote Cross-Border Trade?［J］. American Journal of Agricultural Economics，2003，85（3）.

［2］Easton S T. Is Tourism Just Another Commodity? Links between Commodity Trade and Tourism［J］. Journal of Economic Integration，1998，13（3）.

［3］Fischer C，Gil-Alana L A. The nature of the relationship between international tourism and international trade：the case of German imports of Spanish wine［J］. Applied economics，2009，41（11）.

［4］Gil-Alana L A，Fischer C. International travelling and trade：further evidence for the case of Spanish wine based on fractional vector autoregressive specifications［J］. Applied economics，2010，42（19）.

［5］He Y. The impact of cross-border tourism on bilateral trade：Evidence from BRICS countries［J］. The Journal of Economics，Marketing and Management，2018，6（4）：29-39.

［6］Katircioglu S. Tourism，trade and growth：the case of Cyprus［J］. Applied economics，2009，41（21）.

［7］Khan H. Tourism and Trade：Cointegration and Granger Causality Tests［J］. Journal of Travel Research，2005，44（2）.

［8］Kulendran N，Wilson K. Is there a relationship between international trade and international travel?［J］. Applied economics，2000，32（8）.

［9］Kumar M，Prashar S，Jana R. Does international tourism spur international trade and output? Evidence from wavelet analysis［J］. Tourism Economics，2019，25（1）.

［10］Madaleno A，Eusébio C，Varum C. International tourism and exports of agro-food products：a causality analysis［J］. Anatolia，2016，27（2）.

［11］Madaleno A，Eusébio C，Varum C. Exports and Tourism：Testing the Causality［J］. International Journal of Hospitality & Tourism Administration，2017，18（4）.

［12］Ozer Balli H，Balli F，Tsui W H K. International tourism demand，number of airline seats and trade triangle: Evidence from New Zealand partners [J]. Tourism Economics, 2019, 25 (1): 132-144.

[13] Santana-Gallego M, Ledesma-Rodríguez F, Pérez-Rodríguez J V. Tourism and Trade in Small Island Regions: The Case of the Canary Islands [J]. Tourism Economics, 2011, 17 (1).

[14] Santana-Gallego M, Ledesma-Rodríguez F J, Pérez-Rodríguez J V. International trade and tourism flows: An extension of the gravity model [J]. Economic Modelling, 2016, 52.

[15] Tsui W H K, Fung M K Y. Causality between business travel and trade volumes: Empirical evidence from Hong Kong [J]. Tourism Management, 2016, 52: 395-404.

[16] Wong K N, Tang T C. Tourism and Openness to Trade in Singapore: Evidence Using Aggregate and Country-Level Data [J]. Tourism Economics, 2010, 16 (4).

[17] 陈乔，程成. 贸易对旅游的门槛效应和国别差异——基于中国与 24 个对象国的实证 [J]. 旅游学刊，2018，33 (11): 37-47.

[18] 陈乔，程成，宋建林. 中国—东盟旅游与贸易互动关系研究 [J]. 广西社会科学，2017，No.268 (10): 72-77.

[19] 方世巧，马耀峰，李天顺. 中国边境省份的邻国入境旅游与进出口贸易关系实证分析——以广西—越南为例 [J]. 广西社会科学，2012，No.208 (10): 56-60.

[20] 高楠，马耀峰，李天顺，等. 1993—2010 年中国入境旅游与进口贸易耦合关系时空分异研究 [J]. 经济地理，2012，32 (11): 143-148+161.

[21] 林轶，段艳. 东盟 5 国入境中国旅游与进出口货物贸易关系的研究 [J]. 东南亚纵横，2017，No.289 (05): 86-92.

[22] 刘晓佳，朱晓辉，张施伟. 云南省入境旅游与进出口贸易互动关系研究 [J]. 云南农业大学学报（社会科学版），2018，12 (03): 76-82.

[23] 刘玉萍，郭郡郡. 入境旅游与对外贸易的关系——基于中国 2001—2008 年月度数据的实证分析 [J]. 经济地理，2011，31 (04): 696-700.

[24] 刘珍珍，章锦河. 中国国际旅游与国际贸易关系的协整及 Granger 因果分析 [J]. 资源开发与市场，2010，26 (07): 593-597.

[25] 石张宇，徐虹，沈惊宏. 中俄双边旅游与进出口贸易互动关系的实证研究 [J]. 人文地理，2015a，30 (02): 141-147+196.

[26] 石张宇，周葆华，沈惊宏，等. 亚洲九国入境中国旅游与进出口贸易互动关系研究 [J]. 资源科学，2015b，37 (09): 1871-1879.

[27] 宋建林，程成，周泽奇. 东南亚金融危机后中泰旅游与贸易互动关系研究

［J］. 东南亚纵横，2018，No.294（04）：75-83.

［28］孙根年 . 大国优势与中国旅游业的高速持续增长［J］. 旅游学刊，2008，No.140（04）：29-34.

［29］孙根年，安景梅 . 中国内蒙古与蒙古国入出境旅游与进出口贸易互动关系分析［J］. 干旱区资源与环境，2014，28（08）：189-195.

［30］孙根年，周露 . 日韩东盟 8 国入境我国旅游与进出口贸易关系的研究［J］. 人文地理，2012，27（06）：87-94.

［31］王公为，乌铁红 . 内蒙古入境旅游与进出口贸易关系的区域差异——基于 12 个盟市面板数据的实证检验［J］. 干旱区资源与环境，2017，31（02）：203-208.

［32］王洁洁 . 入境旅游与进出口贸易关系的实证分析［J］. 经济问题，2012，No.399（11）：99-103.

［33］王洁洁，孙根年，马丽君，等 . 中韩入出境旅游对进出口贸易推动作用的实证分析［J］. 软科学，2010，24（08）：30-35.

［34］薛晨浩，任婕，赵多平 . 中亚 5 国入境我国旅游与进出口贸易互动关系——基于 2001—2015 年数据［J］. 开发研究，2018，No.195（02）：52-59.

［35］赵多平，曹兰州，高楠 . 阿拉伯国家至宁夏入境旅游和进出口贸易耦合关系［J］. 经济地理，2017，37（12）：226-231.

［36］赵多平，孙根年，马丽君，等 . 中国对俄口岸城市入出境旅游与进出口贸易互动关系的研究——1993—2009 年满洲里市的实证分析［J］. 经济地理，2011a，31（10）：1733-1739.

［37］赵多平，孙根年，苏建军 . 欧洲七国入境中国旅游与进出口贸易的关系——1985—2009 年的协整分析和 Granger 因果关系检验［J］. 世界地理研究，2011b，20（04）：121-133.

［38］朱易兰，谢春山 . 我国入境旅游台湾同胞人数与两岸贸易相关性分析［J］. 辽宁师范大学学报（社会科学版），2011，34（01）：98-101.

第二章 我国边境旅游地边界效应测评及利用研究

张琴悦

一、选题背景与意义

（一）研究背景

在全球化背景下，边界不再是一个静态的概念。一方面，全球化背景下出现了越来越密集的跨国治理网络、新的超国家联盟和新的科学技术，传统的静态边界形式变得更加具有渗透性，边境地区的资本、商品和人员的跨境流动逐渐增多。另一方面，在经济全球化和政治一体化实践的影响下，不同类型和级别的边界之间进行功能的重新分配，出现了“去属地化（de-territorialization）”和“再属地化（re-territorialization）”。与此同时，边界的功能和其附加意义也在不断变化，政治、经济和技术发展改变了人们对领土的认识，而随着现代科技的发展和人口素质的提升，人类福祉问题、全球环境问题等逐渐成为全球关注的问题，在新时代下边界被赋予了特殊的功能和意义。

全球化背景下，国家边界正在失去部分的屏障和阻滞功能，而使边界的脆弱性和敏感性增强。边界的特殊性在于边境地区的问题不仅与边境地区有关，还与更大范围内的国家主权相关，边界开放度和渗透性的增加给国家安全带来了风险，出现了全球性的经济危机、边境摩擦、安全事件和身份认同障碍等问题。因此，在全球化的潮流下，出现了一些质疑全球化的论断和逆全球化的实践，一些国家开始重新加强边界管理，甚至一些国家脱离了超国家机构、联盟。在“全球化”与“逆全球化”“去边界化”与“再边界化”交织的浪潮中，新型全球化的概念被提出，而我国的“一带一路”倡议成为引领新型全球化的重要举措。

边境旅游是全球化时代下边界流动性的一个典型的体现，我国的边界开放为边境旅游发展创造条件。自 20 世纪 80 年代边境地区开展对外开放起，我国边境旅游实践也随之展开，最初的形态是边境地区居民的跨境探亲访友和跨境购物消费，而随着国际局势日益稳定和我国经济的迅速发展，边境交流日益密切，出现了专门的旅游产品和旅游服务，《边境旅游暂行管理办法》等一系列管理政策促进了沿边开放和边境旅游市场规范，而“一带一路”倡议更是成为边境旅游发展的新契机。

中国的边境旅游发展尚不成熟，发展道路还不清晰。中国拥有 2.28 万千米的内陆边界线，9 个边境省区、45 个边境地级行政区、多达 79 个边境口岸，与 14 个接壤国相连接。不同的边境地区自然、社会、经济、文化差异巨大，决定了我国边境地区的边境旅游发展的基础条件、发展驱动、发展方式和发展阶段的差异。然而，当前我国边境旅游发展仍然存在着盲目跟风、产品同质化高、发展与稳定的矛盾等问题，边境旅游的发展陷入了困境。在我国多样化边界形态的背景下，盲目地通过扩大边界开放促进边境旅游发展并不科学，需要首先考虑我国多样化的边境旅游发展和边界效应差异。本书通过研究我国边境旅游的发展情况与我国边境旅游地的边界效应，并在此基础上剖析边境旅游发展的逻辑基础和实践路径，提出我国边境旅游发展的启示，将更符合边境地区的现实背景。

（二）研究意义

1. 理论意义

当前边境旅游的理论研究过程中，仍然存在着研究范围广泛、研究深度不够的问题，边境旅游作为一个较新的领域，仍有广阔的研究空间。在边界和旅游关系的研究、边界效应的研究方面存在着视角单一的问题，需要从新的视角进行突破。本书从边界效应的角度出发讨论边境旅游发展，具体探究影响边境旅游流的不同类型的边界效应，即综合边界效应和长期边界效应，对边境旅游的边界效应理论进行拓展。

2. 现实意义

在全球化背景和我国“一带一路”倡议的背景下，边境旅游作为一种对外连通与合作的新兴形式，可以通过旅游合作、边境旅游配合我国的外交战略。与此同时，在国家安全考虑下，边境旅游该如何健康发展成为当前边境地区转型发展亟须突破的重要问题。本书通过研究边境旅游发展的驱动因素，立足于边境旅游地的发展差异和发展优势，揭示边境旅游的多重发展路径，在此基础上明确不同边境旅游地边界效应的类型，进一步探索综合边界效应和边境旅游流的长期边界效应，有助于从整体上认识中国边境旅游发展情况、寻找边境旅游发展的突破口。

二、国内外文献回顾

（一）边境旅游行为研究

边境旅游的研究始于对边境旅游行为的关注，自划定边界起，便出现了边境旅游行为，最初的边境旅游多是小规模的、非体系化的。学术界对边境旅游行为的关注来源于对边界认识的转变，边界由原本的地理阻断、政治分界意义转向旅游吸引物意义。在此基础上，边境旅游行为在现实中表现为丰富多样的形式，成为边境旅游研究的重要案例样本，也有一些研究通过定量方法关注边境旅游需求的变化，并分析边境旅游需求的多种影响因素。

1. 边界具有旅游吸引力

边界作为地理形态的分隔、政治主权的划分标志，具有其独特性，Ryden（1993）认为在边境地区，边境地区随处可见的边界线、边防人员、边界指示牌、两国国旗等标识通过多次重复再现，将边界的独特性不断放大，像醒目的广告牌和宣传语一样，吸引着旅游者的注意。Eriksson（1979）认为边境地区对旅游者的吸引程度取决于边境地区的自然、社会和文化环境，以及跨越边界的自由程度。Leimgruber（1989）认为边界在为流动提供阻碍的同时，也成为两侧地区的接触界面，相邻国家之间较高的开放程度成为边境旅游发展的前提，例如中欧的康斯坦茨湖地区，边界开放度较高，旅游业经常在国际范围内自由流通，以至于经常忘记该地区的政治界限。Timothy（1995）认为边境地区的旅游景点，既包括单纯的边境地区，由于其是两国语言和文化，经济、政治和社会制度差异的窗口，也包括跨边界的自然景观，如南非的维多利亚瀑布和南美的伊瓜苏瀑布每年接待大量游客，自然奇观本身具备一定的吸引力，由于边界而产生的多维视角更增强了其吸引力。

2. 跨边界的旅游活动形式多样

边境旅游活动不同于一般的旅游活动，其不仅在旅游吸引物方面有独特性，也存在着许多依托边界而产生的旅游活动，不断吸引着旅游者，最为典型的是跨境购物。边境地区的购物中心、杂货店和加油站是跨境旅游的重要目的地。Matteo、Matteo（1996）发现美国和加拿大跨境购物主要受到两国收入、汇率、税收、价格差异的影响。跨境购物的产品丰富，不仅包括价格差异驱动的商品，如享受税收、汇率优惠的实用商品、奢侈品等，也包括具有纪念意义的商品，如地方特产、手工艺品等。Paranee、Paul（2020）认为旅游消费者在跨境购物的过程中，可以逃避现实日常，获取新鲜独特的体验，因此，跨境购物不仅是一种经济活动，在许多情况下，更是一种娱乐性旅行形式，是游客体验的重要部分。

3. 边境旅游需求的变化

Webster、Timothy（2006）发现希腊塞浦路斯地区居民边境旅游动机包括探亲访友、宗教朝拜，或好奇驱动，有一半的希腊居民认为不在本国而在跨境进行住宿、赌博等消费的行为是不恰当的，与自我道德要求相悖，而随着边界的开放，塞浦路斯地区一体化程度加深，为当地居民的边境旅游提供了更丰富的选择。此外，Canally、Timothy（2007）分析了美墨边境旅游的主要结构性障碍，包括三种主要感知约束类型：人身安全、机构性和无利益性，但与对国际旅游的研究结果相反，旅游者对边境旅游地的感知障碍并不对边境旅游次数产生直接影响。此外，关于对边境旅游的影响因素的研究也较为丰富，主要包括边界两侧的文化差异、安全稳定、基础设施、经济差异、签证制度等对边境旅游的行为和满意度的影响（Bradbury，2013；Chow、Tsui，2019；Nazneen 等，2019；Park 等，2019；McKay、Tekleselassie，2018；Czaika、Neumayer，2017）。

（二）边境旅游效益研究

边境旅游行为成为一种普遍存在的现象后，学者逐渐关注到边境旅游对边境地区的社会、生态、经济的影响。边境旅游行为与边界在特定的边境空间中发生交互，成为边界流动性的一种典型体现，来往的边境旅游流带动了边境旅游经济，激活了边境地区的经济市场，对边境地区的社会文化产生着结构与重构，更对地区的生态环境、安全稳定有着系列影响。

1. 边境旅游的政治效益

关于边境旅游是否能促进地区稳定和国际和平的讨论，学术界有不同的观点。持有负政治效益的学者认为边境旅游带来的流动性威胁边界安全，且Pizam（1996）对敌对国家公民之间旅游联系的实证调查，发现边境旅游带来的旅游联系并不会自动导致更好的国家关系，还需要更多的影响因素进行支持。持有正政治效益的学者认为边境旅游促进国际和平，以边境旅游等形式为代表的边界合作，对国家间的和平稳定、避免战争存在潜在效益，如Gartzke、Li（2003）和Blanton、Apodaca（2007）认为，国家对合作成本与风险成本的考虑，将尽力避免边界冲突。

2. 边境旅游的经济效益

首先，学者们对边境旅游和边境贸易之间的关系的讨论由来已久，边境旅游和边境贸易存在一定的互动关系，边境旅游在一定程度上可以促进边境贸易，从而对边境地区带来一定的经济效益（王洁洁等，2010）。其次，旅游活动本身伴随着旅游消费活动，刺激了边境地区的市场，为边境地区带来多种收入，也为边境地区的居民创造就业，Hampton（2010）以“印度尼西亚—马来西亚—新加坡”增长三角为例，分析新加坡跨境旅游对两个地方的当地接待社区的广泛经济影响，发现跨境旅游促进边境地区的收入、就业，增强与边境地区的经济联系，为当地社区带来可观的经济利益。

3. 边境旅游的社会效益

一方面，边境旅游对边境地区的资源保护发挥着一定的影响，部分学者认为，边境旅游提升了对边境旅游资源的保护意识，如津巴布韦、南非和莫桑比克三国政府建设南非的大林波波跨境公园（the Great Limpopo Transfrontier Park），促进了跨境旅游资源的保护和管理（Ferreira，2004）；位于西孟加拉邦北部的Gorumara国家公园和Jaldapara野生动物保护区，靠近包括中国在内的五个国家的边界，旅游者慕名而来，为地区带来的收入，激发了当地村民保护犀牛免受偷猎者的侵害的热情，外地工作人员和村民相互支持在反偷猎工作中取得巨大的成功（Martin、Vigne，2012）。另一方面，边境旅游对边境地区的社区有着重构作用，影响着边境地区的居民身份和社会认同（Scott，1995）。

（三）边境旅游管理研究

边境旅游地不同于一般旅游目的地，一方面，边境旅游更具有脆弱性，受到更广阔的国际环境与邻国局势等的影响；另一方面，边境旅游的发展涉及更多的利益相关者。当前许多学者关注到边境旅游的管理问题，主要从边境旅游资源开发、边境旅游综合治理、跨境旅游合作方面进行研究，以规范边境旅游发展、最大水平发挥边境旅游的效益为目的。

1. 边境旅游资源开发

边境旅游资源开发是将边境旅游资源开发成为旅游吸引物的过程，在这个过程中，需要充分认识边境旅游地的资源特征和综合优势。如托尔尼奥河谷地区最大范围的跨境项目是托尔尼奥市和哈帕兰达市建立的新市中心，包含公园、游乐场、购物中心以及各种休闲设施，这一边境旅游项目使两个城市在功能上彼此靠近，成为“无边界”的双子城（Faby，2016）。博登堡垒（Bodens Fästning）是旅游企业和边境基础设施改造的一个典型例子，博登市的一系列军事堡垒作为瑞典军事基地，已有近百年历史，在军事堡垒不再发挥其原本的防御作用后，对堡垒遗址进行了重新装修，这一系列边界基础设施现已变成一个旅游胜地，被称为瑞典最神秘的旅游胜地（Prokkola，2010）。此外，边境旅游资源开发的主要内容还包括利用线性旅游资源开发边境旅游专线、利用边境地区温泉、医药资源开发健康旅游项目等（Nenonen、Stepanova，2018）。

2. 边境旅游综合治理

边境旅游综合治理中存在着一个普遍难题，便是利益的分配与平衡问题，具体包括地方利益与国家利益的平衡、各个地方之间利益的平衡、各个利益相关者之间利益的平衡。尽管学者们一致认为边境旅游的管理应在区域范围内协调一致。但旅游业的跨界治理在社会空间上管理其利益相关者和资源，本质上是复杂的，对于地方利益相关者如旅游部门，作为项目的直接参与者，将旅游项目放在优先位置，对旅游的战略关注相对较低，而这往往是管理者在战略制定、政策计划中最为关注的，因此，旅游业管理体系之间明显的制度失衡阻碍了战略性跨国协调和旅游业管理结构的统一（Stoffelen 等，2017）。这种失衡主要是由于主要利益相关者对边境旅游的跨边界联系的背景与延伸意义的认识不足（Blasco 等，2014；Ilbery、Saxena，2010）。从实质而言，边境旅游目的地的治理是一种“执行机制”，可以在功能上协调旅游业中的各利益相关者、目的地资源和边境旅游实践（Stoffelen、Vanneste，2016）。

3. 边境旅游跨国合作

跨国合作帮助边境旅游的科学有效管理，从而促进边境旅游发展（Jarvis、Kallas，2008）。Šerić、Vitner Marković（2011）提出了边境旅游地跨境旅游合作的三个步骤：第一，制定基本框架规范，以有效参与跨境合作的初步行动；第二，边境旅游目的地的政策从传统的营销导向向以发展为导向转变；第三，建立通用的跨境合作形式，将地方层级纳入现有对目的地的利益相关者的考虑中。基于边境地区的历史、文化和资源多样性，边境目的地通过跨境合作可以建立一个更强大的区域联合旅游品牌，成为其主要的竞争优势。旅游业集群可以作为跨境旅游地的未来合作模式，Porter（1998）等提出这一模式以说明摩尔多瓦共和国和罗马尼亚共和国等的不同跨境旅游目的地如何在跨境旅游业方面进行合作。Cankar 等（2014）提出了跨境旅游合作的障碍包括：复杂的行政和筹资系统；立法、文化、历史、语言、政治的分歧；经常更改业务规则；政治局势不稳定；腐败和安全问题；基础设施不完善；缺乏地方、区域、国家政府、商业协会等的援助；边界另一边附近市场的购买力差；本地公司的质量和生产率低下等。

（四）边境旅游研究评述

综合来看，边境旅游的研究相对起步较晚，但目前研究呈现出多样化态势，涉及政治地理学、经济地理学、空间经济学、新制度经济学等多个学科，具体包括地缘政治、国际关系、空间生产、群际接触、区域发展、区域合作、发展战略、目的地管理、组织管理、品牌形象、市场营销、博弈论、可持续发展等多方面的理论。然而，当前边境旅游的研究仍有较大的发展空间，当前研究的关注点较为分散，围绕政治、边界、经济等热点话题展开，多为碎片化的发现和研究，此外由于边界的特殊性，边境地区的数据获取存在着一定的难度，当前国内边境旅游的相关研究多局限于定性研究、个体案例研究，较少形成具有普适性的结论。基于此，本书从边界效应的角度切入，以求拓宽边境旅游研究的视角，贴近边界对边境旅游地的影响和差异化的空间表现。

三、研究设计与框架

（一）研究目标

围绕边境旅游发展及边界效应，本书的研究目标主要有：（1）讨论中国边境旅游发展的驱动机制与时空差异，对中国的边境旅游的发展情况、发展原因、发展差异形成整体认识；（2）讨论中国边境旅游地的优势基础与优势发挥现状，了解中国各个边境旅游地的基础条件、优势类型以及其优势发挥情况，进而为边境旅游发展明确方向；（3）分析边境旅游地的综合边界效应、边界效应类型及边境旅游流的长期边界效应，厘清边界效应的作用过程与中国边境旅游地边境旅游发展的理论基础，为合理利用边界效应、科学发展边境旅游提供思路。

（二）研究方法

1. 文献分析和归纳演绎法

本书的研究基于国内外大量的边境旅游与边界效应相关文献。在对文献进行搜集、整理的基础上，认识边境旅游基本概念、发展现状和当前研究方向，以及关于边界理论、边界效应理论的发展历史和有关争论，通过归纳演绎，对本书中边境旅游、边境旅游地、边界效应进行概念界定。在此基础上，通过对国内外文献中的相关案例的研究，丰富对边境旅游及边界效应的认识，总结国内外边境旅游地利用边界效应的实践经验，以作为中国边境旅游地发展的重要思路借鉴。

2. 实证研究与统计分析法

本书的研究对象是中国的边境旅游地，在对云南瑞丽、吉林延边、新疆霍尔果斯等边境旅游地的大量的观察和调查后，以中国 45 个边境地级行政区为样本，搜集相关数据材料，分析边境旅游地边境旅游经济发展的主要驱动因素，以及边境旅游地的发展差异，以归纳总结中国边境旅游发展的规律。此外，通过对边境旅游地的边界要素与边境旅游流发展规模与数量等关系的分析，认识边界和旅游的内在互动关系，解释边界综合效应的变化规律和发展趋势，对边境旅游地的边界效应进行相对合理的解释。

（三）研究框架

论文按照研究背景和基础—研究突破点—研究方法和对象—实证研究—

研究结论的框架进行设计，思路框架如图 2-1 所示。

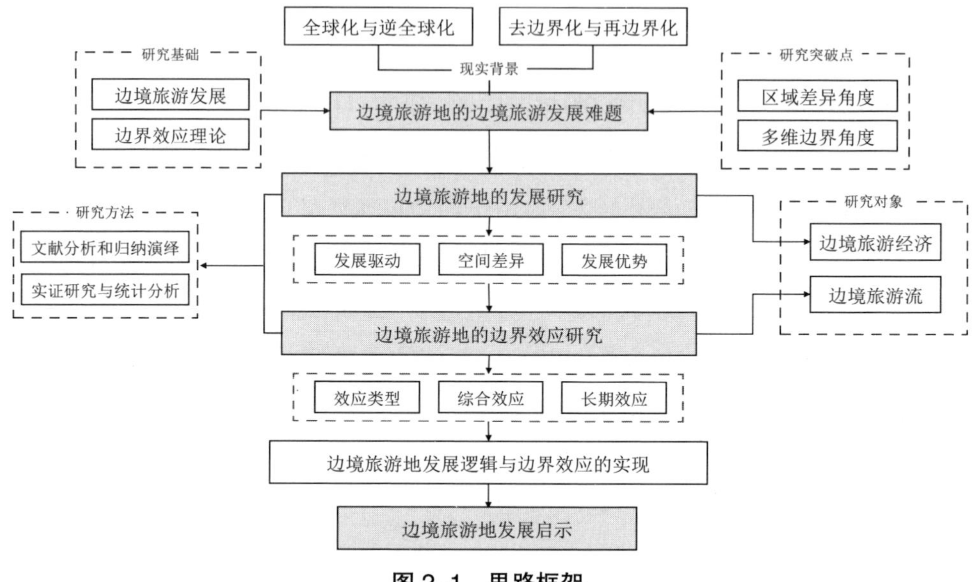

图 2-1　思路框架

四、我国边境旅游地边界效应测评研究

（一）边界效应构成与特征

1. 边境旅游地边界效应

阻滞和渗透是一般边界的基本效应，边界本身所具有的阻滞和渗透意义来源于边界的封闭与开放功能。而吸引和扩散是边境旅游中独特的边界效应，受边界开放度的限制，吸引和扩散效应来源于边界作为一种旅游吸引物对旅游者的作用。

（1）阻滞效应。

边界是“我者”与“他者”的区分。不论是国家边界、民族边界，或是内部行政边界，边界都是分隔两种差异的存在，体现着群体的局限性。同时，国家边界是区分不同司法管辖区的法律界线，但随着边界概念的泛化，逐渐表示位于边界线两侧一定范围的“边界区域”，甚至是不同社会与权力中心之间的更为广泛的“过渡区”。国家边界两侧是不同的主权和领土范围，越过边界意味着进入另一个国家，需要尊重他国的法律制度与社会制度，边界的阻滞效应是对权力行使范围的限制与约束。

边界保护差异，建立民族意识与国家认同。国家边界通常是在国家形成过程中通过武力战争或国际约定形成的，是国家主权作为外力施加的结果。国家权力积累和经济建设通常遵循从“核心”向边缘延伸的过程，边境地区虽然是国家主权的边缘，并非政治实施的主体范围，但在国际背景下，边境却是国家主权表现得最为明确的地区。主权国家通过控制一定区域内的土地、资源和人员的流动空间，对内管理、对资源进行开发和分配，并在边境地区设置明显的、易于理解的标记，作为主权范围的符号。国家主权在边境地区控制与管理形成更为强烈的国家意识，并在面对差异时得到强化，使边境地区的权力关系更为持久和稳定，最终被塑造成为民族情结。

边界限制或阻碍流动性。当前形式的边界作为权力行使范围的界限，使跨越权利主体范围的成本提升，无论是正常的跨境经济活动，还是非法的跨境犯罪行为，都存在较高的跨境成本。国家对边境地区政治稳定的关注度往往优先于其经济发展，因此，边界了增加交易成本、分割经济市场、阻断了商业规则和商业贸易，此外，关税、语言和社会风俗的差异，政治争端和军事冲突等，都抑制了跨境贸易和生产。对于旅游者而言，不仅需要考虑一般的地理距离与交通方式因素，还需要关注边境地区与另一侧国家的政治制度、汇率关税、边检手续、可停留时间等众多要素，而边境地区的环境发生变化，如邻国出现政治形势不稳定、两国关系变化，或者边境地区的其他突发事件等，都将直接影响旅游需求，阻碍旅游流动。

（2）渗透效应。

边界两侧的差异是渗透效应产生的前提。边境地区与邻国地区不对等的地位，如经济不平等、政治不相容、文化和民族特性等差异与不对称程度，都是跨界行为产生的基础。此外，跨界行为的产生更受到边界开放程度的约束。例如，资本为寻求更好的投资选择和市场机会，劳动力为寻求更优的就业机会，旅游者寻求更佳的旅游体验，从而产生劳动者、旅游者、资金、物资等的跨界流动。虽然边界两侧的差异是来自多方面的，但跨界渗透行为却表现多样，由于经济方面的资本流动、贸易流动带来的边界渗透性，将高于劳动力流动、旅游流动带来的边界渗透性，对于经济要素而言，边界是“多孔”而更易渗透的。

边界提供了交流的界面。在全球化的背景下，边界的这一功能被再次强化，开始动摇甚至重构以国家为中心的权力系统。在全球化及新出现的区域主义运动的过程中，新技术、新的超国家机构和越来越多的跨国治理网络诞生，与此同时，一些国家将部分治理权力授予超国家和次国家区域或机构。在跨界资本、商品和人员的流动过程中，边界所处的空间成为国际交流合作的接触空间，也成为国家间政策实施、改革试验的实验土壤，不断诞生出新的管理技术与管理方法，为边境地区的发展增添新的活力。

跨境民族的日常跨界行为是边界渗透效应的最基本体现。边境地区的原住民由于身份的特殊性，存在社会人口和文化特征的建立先于国家边界建设的情况，Hartshorne（1933）将这种情况定义为叠加边界（superimposed frontiers）。边界建成后，领土与主权意识才随之产生，由于领土和主权的存在和限制，原住民的日常生活成了跨界行为，而随着边界渗透性的增强，边境地区外来人口增多，原住民与外来人口频繁互动，为边境地区东道主的身份认同带来了冲击，原住民身份再次出现了转换，形成新的身份认同和文化归属感。边界的渗透效应为边境地区居民带来了身份认同的重塑，是一个从被动到主动不断调整与适应的过程（张和强、刘云刚，2017）。

（3）吸引效应。

边界的吸引效应具有独特性。由于边境旅游吸引物总体上集中分布于边境地区，而使边境旅游吸引物与一般旅游吸引物存在明显的区别。边境旅游地的口岸、边检、国门、边界标志等原本并非发挥旅游功能，但旅游者追求边境地区的特殊区位和独特氛围，赋予其独特的区域意义，成为不可复制的旅游吸引物。对于旅游者而言，感受到两国国旗、两国建筑、两国语言和文字的差异，甚至体验边境居民的生活方式等都是异于日常生活的独特旅游体验。边界线不仅仅是地理上的分界，更是不同文化、生活方式与意识形态的分界线，边界的精神意义和社会属性为边境旅游地带来了神圣和庄严。内陆地区与边境地区的根本差异不仅限于距离的差异，一方面，旅游者从内陆地区到达边境地区的过程中，是一个远离核心与常态化生活环境的过程，在这个过程中产生独特的心理变化；另一方面，边境地区作为一个独特的空间，既有别于邻国，又不同于核心空间，双重差异性使边境旅游地拥有了独特的吸引力。

边境旅游吸引物具有稳定性。边境旅游吸引物被限制在边境地区的范围内，具有边界的独特印记。一方面，边境地区的自然生态较为稳定，由于边境地区多是两个及多个国家的交界地区，在国家划定边界时，常以地理形态作为依据，形成界山、界湖、界河等，而边界线的两侧由不同的国家管理，由于涉及国家体制和经济发展水平的差异，边界地区很少有大规模的自然开发，能保留更为原始的自然形态。另一方面，边境文化发展相对稳定和原始，边境旅游吸引物的地区性较强，通常情况下，由于边界的管制与长期阻滞，以及对内的交通成本和时间成本，边境地区居民多长期处于封闭状态，与核心地区以及外界的沟通交流有限，所以受外来文化的影响较少，虽然相对稳定的内部环境使地区的发展受到限制，但也保留了地区文化和民族文化的原真性。

（4）扩散效应。

边界的扩散效应以高开放度的边界为前提。边界的扩散效应展现的是边界对旅游流的引导与疏散的功能，开放的边界有助于促进旅游者的流动。人们为了降低时间成本和交通成本，更趋向于选择开放、手续简易、通行便利的口岸，这些口岸一般位于经济发展水平较高、政治环境稳定的地区，由于边界两侧交流频繁，使国家间发动战争有更高的成本，和平稳定更利于进一步的合作，带来更高的经济效益。拥有开放边界的地区成为更好的选择，这些地区通常会有较为便利的通关条件，甚至通过政策的优惠来促进旅游者的流动。

此外，边界对旅游者的扩散效应与边境旅游地的旅游吸引物的丰富程度以及对内的流通性相关。在边境旅游发展的初期，旅游吸引物多来自边界景观转换，即边界线、国门、边检等边界设施，随着边界开放度的提升，免税店、旅游景区成为新的吸引物，而当边界开放到一定程度后，边界吸引物提供的丰富程度不足以满足广阔的客源市场，从而出现需求向内陆地区扩散的情况，随着边境地区的发展，边境地区与内陆地区的交通联系加强，将加速边界的扩散效应，边界也最终将成为旅游的集散地和过境地。

2. 旅游与边界互动特征

（1）边境旅游是边界和旅游互动的典型实践。

旅游者在旅游需求的驱动下，产生跨区域的位移，这种跨边界的流动成为旅游研究中的核心要素——旅游流。边界在旅游过程中发挥着不可忽视的作用，一方面，边界象征着差异要素，是促进旅游需求、形成旅游动机的重要吸引物；另一方面，边界拥有一定的空间意义，流动便意味着跨边界，使旅游中流动与边界密不可分。国家边界是一种涵盖了地理区位、政治关系、经济联系和文化差异等在内的空间秩序和关系，边界的功能及其附加意义随着时代背景和区域关系的变化而不断变化和升级。国家边界意味着边界效应不仅与边境地区有关，还与更大范围内的国家主权相关。此外，经济和文化的发展，以及全球化的合作使边境地区对领土控制的需求相对下降，边境旅游在这样的背景下产生，并开始引起社会的关注（Anderson，1982）。

旅游者在面对边境旅游吸引物时可能存在异质化的心理，对于偏好差异的旅游者而言，边境地区所具有的异国风情、边检口岸等边界景观，相较于一般旅游地而言更具差异特色，从而形成了惊奇刺激的感知；但也有旅游者将国家边界的差异扩大化，在陌生的场景和不熟悉的环境中形成不安、恐惧、失控的感知（Hopkins、Dixon，2006），但两种对差异的感知都是日常生活之外的独特体验，都是边界赋予旅游的独特意义。因此，相较于一般旅游活动，边境旅游活动是边界和旅游的互动最为典型的表现，更是边界效应带来的典型的社会实践。

（2）边界和旅游互动是一个综合过程。

边境是多种矛盾共存的空间。首先，边界的状态并非可以简单地由二元论中封闭和开放、阻断和接触来解释，通常情况下边界的不同状态是同时存在的，且随着时间和空间不断变化。边界具有“连通动力机制”，即边界既阻碍流动性，又积极地促进流动。具体表现为：一方面，边界为差异化的群体提供了接触的界面，创造合作与交流的机会；另一方面，边界的存在阻碍了跨境流动，为边境旅游地的稳定发展带来了风险，机会与风险的博弈中，充分展现了边界阻滞与渗透效应的矛盾性与共生性。

边界既是边境旅游的流通限制，又是边境旅游中不可或缺的吸引物和接触空间，跨越边界和限制边界同时存在、同时发生，边界与旅游互动是一个综合性发展的过程。封闭的边界成为边境地区交流的障碍，限制旅游流动，给旅游者传递风险信号，从而限制边界附近地区的旅游发展，开放的边界由于频繁交流而逐渐减小双边的经济差异、文化差异，促进边界两侧旅游业的发展。但往往边界并非完全封闭或是完全开放的，国家边界具有从开放性到完全封闭性的不同渗透程度，使吸引力量和阻滞力量同时存在、同时发生（J.P.LAINE 等，2017）。因此在确定指标衡量边界状态、反映边界的塑造过程中，必须同时考虑边界的渗透与阻碍、吸引与扩散的综合特征。从边界效应的角度来看，阻滞、渗透、吸引和扩散效应的形成与转换是多样化的边界维度与旅游活动的综合塑造的结果。

（3）边界和旅游互动是一个动态过程。

边界是动态的，不是线性的，更不是简单的地理标志的组合。边界的功能和其附加意义在不断变化，边境旅游地的边界效应主要表现为国家边界对旅游活动产生的作用和影响。边界效应带来的系列作用和影响是一个长期的、动态的过程，由于边界和旅游互动的过程极易受外部因素的影响，因此在时间的发展中不断被塑造与演进。

由于边界和旅游的双重敏感性，二者互动极易受多种外部要素的影响。边境旅游为边境地区带来了更强的流动性，更为强势的外国经济可能渗透边境地区，使边境地区的原住民权利、传统文化、生产结构受到威胁，增加边境地区动荡的可能性，从而使旅游需求迅速增长与维护边境安全稳定之间的矛盾成为边境旅游发展过程中的核心矛盾；旅游需求本身也具有敏感性，旅游者在旅游活动前对边境旅游地的环境形成一定的期望与感知，当形成不安全的感知时，将抑制旅游需求，同时，不稳定的国际环境也将对边境旅游造成严重的打击。

边界是一个动态的过程，由于边界并非作为边界线这一静态性质而单独存在的，而旅游在这个动态的边界塑造过程中发挥着重要作用。流动为边界创造了一个特殊的边界空间，在边界空间内，边界与人们的经验与故事产生共鸣。动态的边界是在共享交流的空间下的现实反映，在动态的边界空间中形成了人们的身份与认同（Eder，2006）。由于边界空间并非封闭的状态，与外界的要素交换是边界空间自我发展的动力，而旅游活动的开展加速了这一进程，使外来游客“入侵”原本的边界空间，并为边界空间带来新的要素，改变着边界空间内的生存和生产方式，使边界和旅游呈现出一个动态的发展过程。

（二）边界效应指标与测评

1. 测评指标

鉴于边界具有的复杂性质，没有任何一个或一组变量可以完全解释边界的性质和特点，边界的阻滞、渗透、吸引、扩散效应不是单独存在的，在现实中，边界是多种力量相互作用、共同发生的。因此，在对边境旅游地的边界效应评价时，必须将这些变量和各种效应综合考虑。本书以中国边境旅游地为例，对其边界效应进行判定，根据中国边境旅游发展驱动力部分的研究结果，发现经济差距、政治关系、口岸数量、旅游资源和政策支持对边境旅游经济有着显著的影响，基于此，本部分进一步分析中国边境旅游地的边界效应。经济边界、政治边界、地理边界在边境旅游地中发挥着阻碍或渗透的功能，当经济差距巨大、政治关系不良、没有口岸通道时，边界主要发挥阻滞效应，反之，则为渗透效应；资源与政策在边境旅游地对旅游流动发挥着吸引或渗透的功能，当边境地区旅游资源吸引力强、政策优惠度高时，边界主要发挥吸引效应，而当边境旅游发展到一定程度，边境地区旅游吸引力下降，政策优惠力度减弱时，边界开始发挥扩散效应。各评价指标具体如下。

经济边界。经济边界由人为促进作用和社会发展规律综合塑造而成，经济制度、商业市场等的差异最终表示形成经济边界。经济边界主要体现在边境地区与邻国的经济差距上，对边境旅游流存在着一定程度的影响，经济差距越大，越不利于边界两侧的旅游交流，则边界的阻滞作用越强。

政治边界。政治边界是边界设定最初也是最直接的目的，两国的政治权力范围通过边界线来区分，相邻两国的政治关系直接影响着边界地区。国家权力在边界地区有着重要影响，主要体现在两国的合作基础与两国关系上。两国的政治关系越良好，则意味着边境旅游的发展存在更多的机会，边界的渗透效应越强。

地理边界。地理边界是土地分界线，国界线通常是具有稳定性的、隔断性的地理象征。边境口岸是边境地区对外开放的窗口，是边界线上的连通要素，对于旅游流动而言，没有口岸开设的边境地区，表示封闭的边界，无法在地理上实现跨越。因此本书以边境地区的口岸数量来表示地理边界的通畅与否，口岸数量越多，在地理上边界线两侧的通道越多，渗透性越强。

旅游吸引。旅游资源的吸引是边境旅游地边界吸引效应的核心力量。除基本的边界景观外，旅游资源一方面来源于自然基础条件，另一方面，也需要边境旅游地的建设与开发。地区的旅游资源的丰富程度决定着边境旅游地的旅游价值，也影响着旅游者的旅游体验，边境旅游地的旅游资源既吸引邻国市场，同时也吸引着国内到边境地区的旅游者。边境旅游地的旅游资源越丰富，边界的吸引效应越强。

政策吸引。一方面，边境旅游地的政策优惠可以直接降低旅游者的边境旅游成本；另一方面，对企业的政策扶持可以活跃边境旅游市场、丰富边境旅游供给，从而为旅游者提供更丰富的旅游项目活动和更便利的基础设施。在我国，一些合作区的建设为边境地区提供了更大的发展前景，也为旅游者和旅游服务提供者创造了新的机会。边境旅游地的有利政策越多，边界的吸引效应越强（表 2-1）。

表 2-1　边界效应指标

指标	指标表示	数据
旅游流动	入境旅游流（$T1$）	边境旅游地接待海外游客数量
	国内旅游流（$T0$）	边境旅游地接待国内游客数量
边界要素	经济边界（GDP_{ij}）	GDP_i/GDP_j
	政治边界（Rel_{ij}）	两国合作关系
	地理边界（$Port_{ij}$）	口岸数量
旅游要素	资源吸引（Atr_j）	边境旅游地旅游资源丰度
	政策吸引（Pol_j）	边境旅游地合作区建设

2. 边界效应评价

雷达图可以用来比较若干个数据序列指标的差异和综合情况，每项指标有一个独立的单一数值轴，各项指标的程度在围绕中心点分布的坐标轴上，各指标达到的程度通过折线连接，形成多边形，可以通过图形直观地比较各项指标的发展程度（付赟、方德英，2007）。虽然边界的效应可以分解成为阻滞、渗透、吸引和扩散效应，但根据我国的边境旅游地目前的发展情况，各类型分布极不均匀，主要表现为以下几个类型。

（1）阻滞效应为主的边境旅游地。

经济边界、政治边界、地理边界的阻滞作用较强，在雷达图中表现为上端收缩型，我国边境旅游地中，共有 16 个边境地区发挥阻滞效应，较为典型的地区包括西藏的林芝、山南、阿里，新疆和田、克州，内蒙古的兴安盟、乌兰察布，黑龙江的伊春，吉林的通化等。这些地区基本都没有设立边境口岸，无法直接通过口岸从邻国进入边境地区，边界的渗透性低，或是由于地形和气候的原因，边境地区地广人稀，与外界的交流较少，边境地区可达性低，边界发挥着阻滞作用。对于阻滞效应为主的边境旅游地而言，需要首先厘清边界阻滞效应形成的原因，如缺乏口岸、邻国政治动荡、邻国市场局限等，根据地区特性，依托我国的对外开放政策，有序推进边界开放；当邻国地区形势紧张时，不能盲目对外开放，可以通过基础设施建设加强与内陆地区的联系，增强内向驱动力量，开发内部边境旅游市场。

（2）渗透效应为主的边境旅游地。

经济边界、政治边界、地理边界的渗透效应较强，经济差距较小、有广阔的邻国市场机会、有良好的政治关系和通畅的口岸，以及一定的旅游和政策吸引，为跨越边界的渗透与流动提供机会，在雷达图中表现为上宽下窄型，我国边境旅游地中，边界发挥渗透效应的地区共有 19 个，属于最多的类型，较为典型的有广西百色，云南文山、西双版纳，新疆哈密，内蒙古包头，黑龙江鸡西，辽宁丹东等。这些地区有一定数量的口岸为交流提供通道，有较为广阔的邻国市场和旅游需求，但边境地区的吸引力量还较弱，尚处于缓慢渗透的过程。对于渗透效应为主的边境旅游地而言，边境旅游的发展需要进一步提升地区边境旅游吸引物的吸引力，包括打造边境旅游景区、设计边界景观、提取边界元素、设计边境旅游产品等，通过开发边境旅游资源，促进边境旅游目的地各项功能的完善。

（3）吸引效应为主的边境旅游地。

政策吸引和资源吸引的力量较强，为跨越边界提供动力，在雷达图中体现为下端较宽型。从我国的边境旅游地来看，达到吸引效应的边界共有 8 个，较为典型的包括广西防城港、崇左，新疆喀什、伊犁，内蒙古锡林郭勒盟、呼伦贝尔，黑龙江牡丹江等。这些地区大部分具有丰富的旅游资源，如广西崇左的德天瀑布、凭祥友谊关等在国内已有一定的知名度，近几年政府将旅游业视为支柱产业，通过旅游联盟合作，实现了旅游资源的跨区域整合与合作，促进边境地区旅游人数增长。对于吸引效应为主的边境旅游地而言，当前拥有边境旅游发展的旅游吸引物和相对稳定的外部环境，具有较好的边境旅游发展潜力，未来需要进一步促进边境旅游产品向多样化、个性化发展。

（4）扩散效应为主的边境旅游地。

扩散效应通常是在边境旅游发展到一定程度后，边界开放度高、人员流动性强，但国际市场需求与边境旅游地提供的旅游供给不匹配，从而导致旅游者通过边境口岸向内陆扩散，在雷达图中表现为上下收缩左右延伸的类型。我国边境旅游地中，尚未出现达到高水平扩散效应的地区，但一些旅游地发展形态初具扩散效应的雏形，属于低水平扩散效应，如新疆阿勒泰和吉林延边。阿勒泰共有 4 个国家一级公路口岸，延边有 8 个国家一级公路口岸，较多的口岸说明有可到达的地理区位条件。然而，阿勒泰与延边的政策和资源条件并不突出，阿勒泰的邻国为蒙古国，延边的邻国为朝鲜，地区供给与国外市场需求的匹配度不高，使边界效应仅仅停留在扩散效应雏形的阶段。对于扩散效应为主的边境旅游地而言，边境旅游的发展更需要重视边境旅游目的地的建设。

（三）综合边界效应与长期边界效应

1. 综合边界效应

在现实实践中，边界的各效应是综合影响的过程，边界的阻滞和渗透、吸引和扩散功能同时存在，各种相互力量构成了边境旅游地的综合边界效应。因此，边界效应的综合评价可以反映边境旅游地受边界影响的综合程度。将雷达图的面积 s 和周长 l 作为雷达图的特征量，即 $u=(s, l)$，评价向量 $v=(v_1, v_2)$ 的定义如下：

$$v_1 = \frac{s_i}{\text{Max}(s_i)}$$

$$v_2 = \frac{4\pi s_i}{l_i^2}$$

其中，$v_1, v_2 \in [0, 1]$，s_i 表示每个边境旅游地每年表现出各边界效应指标组合成的雷达图面积，v_1 表示该年该边境旅游地边界效应雷达图面积的相对大小，v_2 表示边境旅游地边界效应雷达图面积与具有相同周长的圆的比值，作为边界效应各个类型综合发展程度的评价。进一步取二维评价向量的几何平均值为评价函数，根据评价函数可获得中国 45 个边境旅游地边界的综合效应指标 bor，公式如下：

$$f(v_1, v_2) = \sqrt{v_1 \times v_2}$$

2. 长期边界效应

为进一步分析综合边界效应指标和旅游流之间的动态互动，本书拟采用向量自回归（VAR）模型对其互动关系进行分析检测，构建了适用于小 N 大 T 的模型，后经不断改进和完善，PVAR 模型逐渐成熟（Abrigo、Love，2016）。本书利用 PVAR 模型对综合边界效应的长期时间效应进行分析，利用面板数据综合体现个体差异和时间效应，能够较好地反映出样本个体差异对参数的影响。

（1）样本平稳性检验。

为避免伪回归的现象，对综合边界效应指标、入境旅游人数、国内旅游人数进行面板单位根检验。综合边界效应指数表示为 bor，取对数处理后的边境旅游地入境旅游人数、边境地区国内旅游人数分别表示为 lnt_1、lnt_0。根据单位根检验结果（表 2-2），发现边界要素和入境旅游人数的数据平稳，但国内旅游人数的数据不平稳，对入境旅游人数进行二阶差分，发现入境旅游人数和边界要素的二阶差分都表现为平稳，即达到二阶单整，满足向量自回归的条件。

表 2-2　变量单位根检验

	LLC	IPS	HT	结果
bor	−6.6305***	1.0261	0.2877*	平稳
lnt_1	−11.3460***	−2.5848***	0.1160***	平稳
lnt_0	29.2654	14.9984	0.8630	不平稳
d.bor	−24.6041***	−7.4139***	−0.2141***	平稳
$d.lnt_0$	22.0927	8.4627	0.4008***	不平稳
d2.bor	−15.2643***	−8.0626***	−0.6035***	平稳
$d2.lnt_0$	−15.2183***	−10.9979***	−0.3931***	平稳

注：*** $p < 0.01$，** $p < 0.05$，* $p < 0.1$；d. 表示一阶差分，d2. 表示二阶差分。

（2）确定最优滞后阶数。

进一步确定最佳滞后阶数。如表 2-3 所示，运用 stata15.0 的 $MMSC_{aic}$、$MMSC_{bic}$、$MMSC_{hqic}$ 三个信息准则结果，确定 PVAR 模型的滞后阶数。具体选择结果为：综合边界效应指标和入境旅游人数的 PVAR 模型表示为 $PVAR_1$，选择三阶滞后，综合边界效应指标和国内旅游人数的 PVAR 模型表示为 $PVAR_0$，选择一阶滞后。

表 2-3　PVAR 模型滞后阶数选择

	滞后阶数	MBIC	MAIC	MQIC	阶数选择
bor & lnt_1（PVAR1）	1 阶	−36.301	4.692	−11.853	三阶滞后
	2 阶	−20.501	6.828	−4.202	
	3 阶	−19.213	−5.548	−11.063	
$d2.bor$ & $d2.lnt_0$（PVAR0）	1 阶	−35.548	−0.684	−14.852	一阶滞后
	2 阶	−8.784	14.458	5.013	
	3 阶	−5.512	6.109	1.386	

（3）PVAR 模型稳定性检验。

根据滞后阶数结果，对 PVAR 模型进行稳定性检验，结果如表 2-4 所示，所有的特征值都在单位圆内，两个 PVAR 模型都满足稳定性条件。

表 2-4　特征稳定情况

模型	Real	Imaginary	Modulus
PVAR1	0.785	0	0.785
	0.563	−0.209	0.601
	0.563	0.209	0.601
	−0.439	0	0.439
	−0.086	0.407	0.416
	−0.086	−0.407	0.416
PVAR0	−0.522	0	0.522
	−0.221	0	0.221

（4）Granger 因果检验。

在此基础上，分别对两组模型进行 Granger 因果检验，利用 stata 采用 PVAR-Granger causality Wald test，原假设为该变量不属于 Granger 原因，具体结果如表 2-5 所示。

表 2-5　Granger 因果检验

原假设	P	结果
综合边界效应不是入境旅游人数的格兰杰原因	0.007	拒绝原假设
入境旅游人数不是综合边界效应的格兰杰原因	0.239	接受原假设
综合边界效应不是国内旅游人数的格兰杰原因	0.070	拒绝原假设
国内旅游人数不是综合边界效应的格兰杰原因	0.239	接受原假设

根据 Granger 因果检验结果，表示边境旅游流与综合边界效应存在一定的关系，综合边界效应是边境旅游地入境旅游人数和国内旅游人数的单向格兰杰原因，即包含边界阻滞、渗透、吸引、扩散在内的综合边界效应不仅对边境旅游地的入境旅游流存在显著的影响，还对边境旅游地的国内旅游流有一定的影响。一方面，这一结果证明了边界对边境旅游的重要性，边界的作用不容忽视，通常情况下，边界的阻滞、渗透、吸引、扩散效应是共同发生作用的；另一方面，证明了边境旅游及边界效应的产生并不受客源地的限制，发生在边境地区的入境旅游和国内旅游，都受到综合边界效应的影响。

（5）脉冲响应分析。

脉冲响应可以分析 PVAR 模型系统中当期发生的变化对未来各期内生变量的冲击响应情况，本书采用脉冲响应分析边境旅游流的长期边界效应。根据 Granger 因果检验，综合边界效应是边境旅游地入境旅游人数和国内旅游人数的单向格兰杰原因，进一步分析综合边界效应变动对边境旅游地入境旅游人数、对边境旅游地国内旅游人数未来各期的冲击，经过 500 次蒙特卡洛模拟，综合边界效应对边境旅游地入境旅游流影响的脉冲响应如图 2-2 所示，综合边界效应对边境旅游地国内旅游流影响的脉冲响应如图 2-3 所示，图中，横坐标轴表示分析的未来 6 期的阶段，纵坐标轴表示国内旅游流或入境旅游流的响应强度，灰色部分表示 95% 的置信区间。

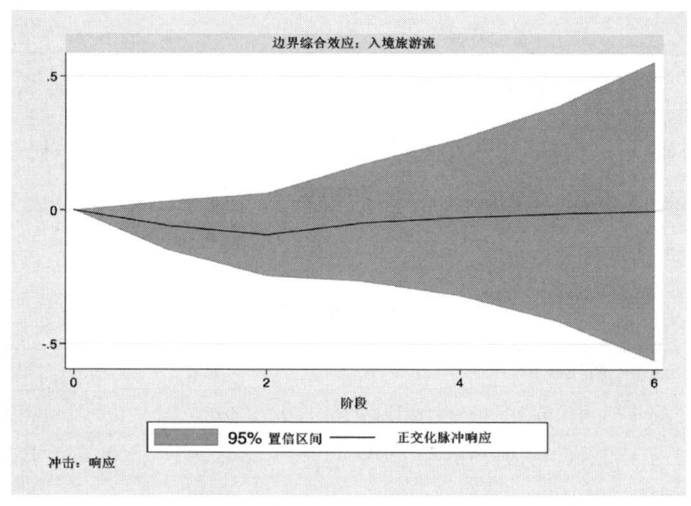

图 2-2　综合边界效应对入境旅游流的冲击响应

综合边界效应对边境旅游地入境旅游流的冲击响应如图 2-2 所示，当边界效应由于某种外部冲击发生变化时，入境旅游流在第一期和第二期对其有一个轻微的负向响应，且在第二期达到最大，随后受到的影响逐渐被冲淡，约在第三期边界效应变化对入境旅游流的冲击将完全消失。

当边界的开放程度变化时，旅游需求并没有表现出迅速地响应，甚至出现了轻微的负向响应，由此可以得出，对于当前的中国边境旅游地而言，国外客源市场对边境旅游地的边界效应的变化并不敏感，国外客源市场对边界的态度是谨慎的、缓慢响应的，在边界效应增强后首先是观望态度，导致旅游需求有轻微的减少。这可能由于：一是国外客源市场对边境旅游的需求较为固定，客源群体相对固定，多为邻国边境地区居民，或是跨界民族群体，这类群体的边境旅游需求较为稳定，受边界变化的影响较小；二是综合边界效应指标是边界各类效应的综合体现，在综合边界效应增强时，国外客源市场对边界效应变化后果的预期较低，信心不强，从而将进行更为谨慎的决策。

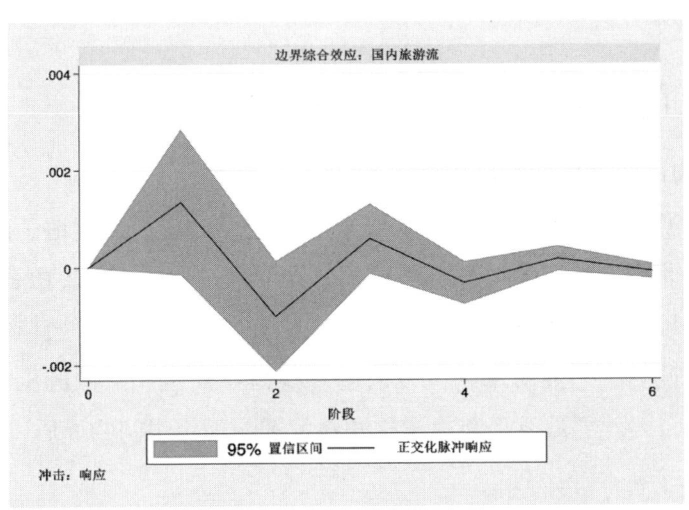

图 2-3　综合边界效应对国内旅游流的冲击响应

综合边界效应对边境旅游地国内旅游流的冲击响应如图 2-3 所示，当边界由于某种外部冲击发生变化时，国内旅游流在随后的第一期出现了正向的响应，但在第二期却迅速转变为负响应，并达到最大波动值，在接下来的几期间不断波动调整，直至第六期才逐渐趋于平稳。

当综合边界效应发生变化时，国内客源市场的旅游需求受影响的时段要远远久于国外客源市场，边界效应发生变化后的第三期便不再对国外旅游流有影响，而直到第六期，对国内旅游流的影响才被慢慢吸收。此外，边界效应受到冲击、产生变化后，国内旅游流对其的响应强度大于入境旅游流，由此可以得出，边境旅游地的国内旅游流对边界效应更为敏感，一旦边界的开放程度发生改变，国内客源市场积极响应，更多做出边境旅游的决策。这可能由于几个原因：第一，相比国外客源市场而言，国内客源市场对本国的国家环境更有信心，对边界的变化预期更为积极，因此，更能做出积极的反馈与边境旅游的行为决策；第二，国内旅游减少了信息不对称的风险，虽然边境地区地处边缘，但相比国外，更容易获得更多的可靠信息，减少不确定风险对边境旅游行为的影响；第三，对于目前中国的边境旅游地而言，国内市场对边境旅游的需求远远大于国外市场，因此边境旅游需求较为多样，国内旅游者的决策成本也比较低，一些潜在旅游者可能受边界开放度提高的影响而直接做出边境旅游的决策，也更可能因为对边界风险感知的变化而转向其他的旅游活动。

五、我国边境旅游地边界效应利用研究

（一）边境旅游发展的逻辑基础

边境旅游的差异性和特色性主要来源于边界效应，边境地区的边境旅游发展更需要兼顾发展逻辑与稳定逻辑。边界带来的差异、边界象征的“外部”意义都是边境旅游的相比于一般旅游活动的独特性，促进了边境旅游的产生和发展，而同时，边界带来的主权问题和身份认同也比一般的旅游活动更容易产生争议，因此更需要平衡边境旅游地发展与稳定之间的矛盾。

1. 发展逻辑

（1）边界与差异。

边界的差异成为风险偏好者与风险投资者流动的动力。除了边界两侧的差异对求异型旅游者构成地区独特吸引力之外，边界两侧的价格差异也促使边境旅游者的趋利行为。不对称性塑造了新的旅游体验和独特的边境旅游产品，构成了边境旅游的驱动力或阻碍力（Spierings、Velde，2013）。边界的流动性在很大程度上取决于国家间不对称性的存在，特别是价格差异、税收差异和社会文化差异，不同的语言、不熟悉的商品和未知的空间带来了不确

定性，也为旅游者带来了惊喜和刺激。除了由于差异带来的一般性边境旅游、边境购物旅游之外，边界两侧的差异促使旅游流动的多样性，还诞生了边境医疗旅游、边境燃油旅游等特殊的旅游流动。边境医疗旅行多是由于“穷人和被剥夺医疗权利的人”寻求在他们的国家无法获得的基本治疗和药物，在许多国家，偏远地区的人们医疗服务很差，而跨越边界则更可能获取更近、更方便、费用更低的医疗服务，医疗卫生工作者、患者以及陪护者的跨境流动增加，导致了跨境卫生区的出现（CONNELL，2016）。燃油价格差异也是增强边界流动性的重要因素，如一些学者发现瑞士汽油价格下降 10%，边境地区的需求就会增加近 17.5%，荷兰政府上调消费税后，边界两侧形成的价格差异导致距德国边境不到 10 千米的荷兰居民频繁进行跨境燃油消费，带动了边境地区的旅游流动（Silvia 等，2005）。

（2）边界与国际。

稳定的外部环境是边界流动性逻辑的基础。边境地区不同于内部地区，在地理位置上具有特殊性。边境地区的发展受边界外部环境的影响，且边境地区流动性越强，对外部环境的依赖性越强。边境旅游的外向依存性主要表现在两个方面：一是游客的旅游体验更依赖于对边界另一侧的期待与体验，边境地区是旅游者对邻国以及国际环境感知的窗口，旅游者通过一系列的“观察点”近距离地观察邻国情况，既能感知到过去战争历史而带来的危险与恐惧，又连接着当前或未来的和平合作的期望，最终使边境地区成为恐惧和希望同时存在的特殊场所（Gelbman，2008）。二是边境地区的旅游发展依赖于边界另一侧的环境，边境地区对外来文化的包容和认可度高于内陆地区，在流动性逻辑下，伴随着旅游交流的增加和跨界融合的发展，边境地区积极的旅游交流和适当的旅游开发形成了一种特殊的旅游空间和文化景观，Marek（2010）将其总结为 4 个阶段：①边界两侧设施共同存在并独立发展；②双边互动的设施促进旅游关系发展；③开放的旅游空间和双边旅游关系建立；④单一的综合旅游区域发展，边界两侧实施联合营销计划、旅游产品标准化，可以展示地区的民俗、工艺、环境等。

2. 稳定逻辑

（1）边界与主权。

边界的约束性逻辑成为保护边界两侧独立性的必要条件，国家边界的内部是一个国家行使主权与权力的范围。边界的约束性逻辑限制跨越边界，在国家或国家意识形成之前，边界最初通常是具有渗透性的、多孔的、容易穿越的，但随着国家意识的强化，边界具有了战略地位，国家意识通过战争、征服和殖民逐渐扩张，国家边界被人为地建立，并被赋予了约束和限制功能，失去了渗透性，边界将国家领土划分为专属空间，公民生活在国家主体所属的空间上，国家防范、排斥边界外，而保护、控制边界内，将边界的约束性逻辑发挥到极致（Dabrowski，2020）。历史上较为典型的几次边界重新划定及边界约束性逻辑的强化都发生于世界性的战争中，也成为边界研究发展与转变的关键时点。第一次世界大战后发生的许多与边界分配有关的案例研究和应用研究都表现了边界的约束性特征，从战后欧洲国家边界的划定，到亚洲和欧洲殖民地的划定，再到依托地缘政治战略，将世界划分为部分主要大国的影响区域，在 19 世纪末，边界功能与邻国政治制度和外交政策取向被广泛用于第一次世界大战后欧洲列强殖民属地和国际边界的划定。随着世界体系的建立，边境地区几乎总是存在局部互动，出于国家间共同利益的考虑，国家边界也在逐渐失去其屏障功能的一部分，而将职能转移给地区和国际组织，但即使在一体化进程特别发达的地区，政治边界仍然是相当大的障碍。

（2）边界与身份。

国家边界的内向依存性是国家对边境地区发展的支持。边界在维护国家权益与保护身份认同上有着重要意义，人们在对国家认识的基础上形成了对边界的认识，这是由于对边缘的感知而产生的“向心性”。国家是实现民族自决权的地方，边界的限制与约束性来源于公民的忠诚和政治认同。除了政治性的主权约束与分隔之外，边界象征着身份的识别与感知范围。随着世界一体化进程的发展，由于不同民族和其他群体的日益融合，身份认同正在发生深刻变化，越来越多的人具有复杂的身份，将自己与两个甚至多个民族、文化群体联系在一起，而人们往往将自己与他们的生活空间——如一个居住区、一个城市或一个地区联系在一起，并希望建立一个行政围栏，将“我们”与“他们”区别与分隔。日益增长的个人主义思想也推动了这一过程，边境地区的一些几乎看不见的、非正式的界限构成了社会障碍。此外，生活边界另一侧的社会群体，也通过彼此分离和对各自领土的控制而确认身份。旅游活动加速了这种非正式身份认同的变化过程，在身份认同的解构与重塑、适应与调整过程中，边境旅游地东道主身份的来源逐渐多样，既包括边境地区的原住民，也包括国内其他地区和国外迁移到该地区从事生产经营的定居者，而边境旅游则成为维系边境地区的新东道主群体身份认同的核心。

（二）边界效应有效利用的实践路径

1. 边境旅游地发展模式

在边界流动性逻辑下，边境旅游地在市场需求引导的过程中，诞生了一些新的边境旅游模式，这些发展模式实质上是通过在边境地区的社区和组织之间建立联系来克服发展障碍，新的模式成为边境旅游创新发展的机遇，也为边境旅游地的发展带来长期的活力，更为边境旅游地发展过程中阻滞效应、渗透效应向吸引效应的转换提供思路。

（1）跨境公园模式。

和平公园是横跨两个或两个以上国家的边界，并由两个或多个国家共同管理的生物多样性和野生动植物保护区。由于一些旅游资源是跨越边界存在的，为保护优质旅游资源的空间完整性，尊重其文化的同源性，国际和平公园在保护跨界自然资源、促进国际和平关系方面逐渐发挥着重要作用，成为新的边境旅游模式与跨境合作模式。如为了庆祝美国和加拿大两国的和平关系，向世界展示了两国对世界和平的承诺，建立了著名的国际和平花园（International Peace Garden）。国际和平花园位于美国北达科他州和加拿大曼尼托巴省边界，通过国际和平花园协会委员会对项目进行监督。跨国公园模式的核心在于同一公园区域内两国的管理和经营的标准，两国为了纪念和平、保护生态等共同目标，依托于当地自然资源、文化资源，对界河、界湖、界山、界碑、国门等旅游吸引物，对区域内进行规划和规范，实现金融、法律、生产、服务等的沟通，共同制定危机管理措施，保障区域内的无障碍流动。国外跨境公园的合作模式为我国边境旅游地的区域发展方向提供了借鉴，我国的一些自然景观跨境分布，如广西的德天瀑布与越南的板约瀑布相连，但目前仍是分别管理经营，限制了整体边境旅游区的发展，德天—板约瀑布在自然保护、旅游开发、景区管理的模式上可以借鉴国际和平公园的经营和管理模式。

（2）跨境游道模式。

边境旅游地的原始景观依托边界线存在，而呈线性分布，跨境游道由景观吸引与需求推动而产生，与边境地区的社区有着紧密的联系，成为边境旅游地新兴的旅游模式。跨境游道具有开放性和包容性，在促进合作并建立更广泛的经济发展联系上有着重要作用。文巴恩跨边界骑行游道位于德国亚琛和卢森堡 Troisvièrges 之间的废弃铁路轨道上，以休闲娱乐为主，吸引了大量的年轻家庭和老年人，随着跨境游道的规范与服务设施的建设，越来越多的当地原始自行车线路与其相连，对区域的影响力更加广泛，并在 2013 年获得了欧洲绿道奖的最佳实践路线、2017 年获得了欧洲绿道协会的“卓越奖”，享有国际盛誉。以现有的基础设施和废弃的铁路轨道进行线路开发，与当地利益相关者一起参与共享的跨境项目，提高游客和当地居民的跨境流动性，从而实现边境旅游地的建设与发展。在我国西南边境地区，位于中缅边境的瑞丽，基于相对稳定的国际环境与友好国际关系，以及有利的自然环境和文化基础，当前已经发展了一些线路类型的旅游产品如中缅瑞丽—木姐跨国马拉松等线路活动，此外，徒步旅行、自行车线路和小径也是跨境背景下的重要旅游产品，可以为中缅边境旅游发展提供新的发展思路。

（3）跨境节庆模式。

美国和墨西哥边境地区的长期流动往来，使美墨边境地区的人民和文化反映了独特的地缘政治环境，导致了身份、文化的交流融合，文化遗产的共通。墨西哥文化在边界线以北的美国城市有很强的根基，而美国文化则严重影响着边界线以南的墨西哥城市，在这样背景下，复活节已经成为边界两边地区都要庆祝的重要的边境文化现象。例如，在华雷斯城的查米萨尔公园和邻近的埃尔帕索的查米萨尔国家纪念馆举行的复活节庆祝活动，成为美墨边境地区所特有的宗教节日传统、家庭生活和娱乐活动的综合体现。新的旅游模式增强了边境地区的综合影响力，更展现出边境地区持续发展的动力。我国的边境旅游地也存在较多的少数民族跨境而居的情况，美国和墨西哥边境地区的跨境节庆模式为我国边境旅游地利用好边界两侧居民的共同节庆、习俗等文化活动提供了借鉴。

2. 边境旅游地管理经验

在边界约束性逻辑下，边境旅游发展需要国家和地区政府以及社会组织的监管和调节，特别是对于存有外界环境风险的边境旅游地，地区稳定是边境旅游地存在与发展的前提。在国际和我国的边境旅游地的管理实践中，已经存在一些边境旅游的发展经验，这些发展经验实质上是通过共同制定的协议、合理的管理制度以及科学的管理方法，为边境旅游地在渗透效应、吸引效应、扩散效应的作用下保持稳定、持续发展做出贡献。

（1）应急安全措施。

边境旅游对稳定的宏观环境有着较高的要求，宏观环境影响旅游者个人的旅游偏好和行为、企业的经营活动，甚至更广的方面，例如，促进区域和平或控制传染病等。边境地区政府颁布的安全措施对区域的发展有着直接而迅速的影响，既是稳定地区、促进经济发展的工具，也可能限制地区发展，带来经济衰退。例如，“9·11”事件后，美国墨西哥边境的安全措施增强，更为繁杂的过境手续、更长的等待时间对旅游需求形成了消极影响，大大减少了跨境一日游行为，甚至一些美国游客产生强烈的抵触情绪与反抗行为。但政府的干预和政策实施却是必不可少，例如，恐怖袭击后，对跨境旅客的审查对阻止恐怖分子等危险分子进入至关重要，此外，对于防范、应对边境地区的其他突发事件极为必要，通过政府的干预，允许符合要求的人群通过边界，在很大程度上可以降低流动性风险。对于我国的边境旅游地而言，边境旅游发展受政策变化的影响较大，中印边界冲突、新冠肺炎疫情等突发事件对边境旅游都有着毁灭性打击，因此需要做好边境旅游地的应急安全预案规避风险，面对突发事件时及时采取紧急措施以减小风险。

（2）非国家监管方案。

电子边界项目（The e-Borders programme）是英国政府为防止危险分子入出境而采取的典型举措，旨在监视人们跨越国家边界的所有活动，并采用以情报为主导的边界管控方法。像其他监管控制措施一样，电子边界项目依赖于信息收集、标准设置和行为规范。商业组织也参与了政府的国家安全项目，成为非国家监管的一项典型案例。电子边界项目要求所有旅行社收集离开欧盟的旅游者旅行证件信息和服务信息，同时数据必须在旅行前的 24 小时至旅行前 30 分钟内传送到英国边境管理局，英国边境管理局通过分析数据，判断其中是否有异常的旅行行为，判定是否对国家安全构成威胁，若出现问题，则向警察、移民和海关人员等边境工作人员发出警报。虽然电子边界项目在监管方面有一定的意义，但在现实实践中，对实施该方案的组织的社会责任有着较高的要求，同时对现有的业务关系也有一定的影响，因此，协调企业、客户和其他利益相关方的关系是推动企业参与电子边界项目的重要保障。对于我国的边境地区而言，目前一些入出境较频繁的边境口岸已经开始实行电子口岸建设，如新疆霍尔果斯口岸、广西友谊关口岸等，但在电子口岸与其他系统的对接与信息有效传递方面还存在着显著不足，需要进一步加强各环节的协调，特别是调动非国家机构参与的积极性，提高一体化效率。

（3）新型管理模式。

跨境旅游合作区和边境旅游试验区。2015 年，跨境旅游合作区和边境旅游试验区建设提出，“两区”建设在一定时期内激发了边境城市的旅游发展热情，在旅游服务规范、旅游设施建设方面发挥着不可忽视的作用，成为我国在边境旅游发展模式的重要实践探索过程，为边境旅游的创新发展提供了一些经验。但当前却也面临着一些困境，中国与周边邻国的合作模式、合作手段及合作方式差异较大，当前的合作内容多为宏观决策，在边境地区政策落实方面存在着沟通障碍，地方政府在经营管理方面权限不足、经验不足，最终限制了“两区”建设的成效与影响力。因此，在“两区”的探索与建设方面，还需要进一步立足于边境旅游地的实际发展情况，从国家和地区层面做好沟通，给予地方更多的自主权，推动边境旅游的创新发展。

特殊的海关监管模式。我国边境旅游发展仍处于积极探索阶段，有关监管模式也在不断探索中。我国部分地区已经存在一些新型的管理模式的实践，如瑞丽姐告口岸自由贸易试验区实行特殊的海关监管模式，有些人将其称为“境内关外”模式，但由于我国这一模式的法律地位并不明确，不同的角色群体对“国境线”和海关关境线的理解存在差异，同时，在实践的过程中存在的种种限制，都大大限制了这种特殊的海关监管模式的实际应用。因此，对于我国一些边境地区特色的监管模式，需要做好对其发展成效的评估，肯定并鼓励有效的、积极的发展与监管模式，并及时在政策及法律中进一步规范其发展合理性，鼓励发展的积极性，并通过法律约束减少资源浪费。

边境合作中心。中哈霍尔果斯国际边境合作中心也是一种新型国际经济合作运作模式，在最初的建设构想中，中哈双方共同规划 60 平方千米作为边境自由贸易区，但由于现实因素的制约，最终建立的霍尔果斯国际边境合作中心，虽在规模上与原构想相差甚远，但在区域内还是实现了管理模式的部分创新，具体包括：合作中心封闭管理，内部各国车辆、货物自由跨界流动；

成立后一系列的贸易便利化政策，包括免税政策、便利通关政策、可常年居住政策等，都切实解决了合作中心的实际问题，也极大地带动了旅游发展。然而，两国协调机制不明确、政策不对等问题成为合作中心目前的发展困境，具体表现为哈方境内的商业发展、设施建设逐渐落后于中方，双边发展不平衡，再加上法律适用、金融结算和经营主体身份等问题都未得到良好的解决，霍尔果斯边境合作中心的发展还需进一步探索。因此，我国的边境旅游地的管理需要重视边界双方的发展基础以及身份问题，在规划设计和实施经营时需要注重发展与政策的持续性。

总而言之，当前国内的边境旅游地管理处于探索与试验阶段，发展尚不成熟，但通过长期以来的不断创新发展，这些新型管理模式都为我国未来边境旅游地的管理和发展提供了丰富的实践经验。

六、研究结论与讨论

（一）研究结论

随着国际形势的愈加复杂化，我国边境地区的发展需要兼顾更多的因素，对边境旅游发展的研究极为必要。基于此，本书旨在探索我国边境旅游的发展与边界效应的利用，首先明确我国边境旅游发展的驱动力以及发展差异，并在此基础上，关注边界对我国边境旅游流的特殊影响，即边界效应，进一步探索如何通过有效利用边界效应来科学指导边境旅游发展，为边境地区的旅游发展提供理论依据。通过对边境旅游发展和边界效应的实证研究，主要得出以下几个结论。

第一，我国边境旅游增长的主要驱动因素包括经济差距、政治关系、口岸数量、旅游资源和政策支持。在 2009—2018 年的十年间，对我国 45 个边境旅游地的旅游经济发展而言，口岸的作用最为突出，其次是经济差距，再次是地区政策支持、旅游资源、政治关系。这一结论深刻反映了我国边境旅游发展驱动因素显著有别于内陆地区的旅游活动，对外连通是否通畅、邻国市场是否稳定等都对边境旅游有着深刻的影响。

第二，我国边境旅游发展不均衡，具体表现为时空不均衡和驱动不均衡。根据 2009 年、2012 年、2015 年、2018 年边境旅游发展各等级内城市地区数量的差别，我国边境旅游发展经历了 2009—2012 年的均衡趋势阶段、

2012—2015年的波动调整阶段、2015—2018年的高速发展阶段。进一步将我国边境旅游地分为三大区域——东北、西北、西南边境旅游区，根据五个驱动因素在各大区域内的变异系数，发现相比其他区域而言，东北边境旅游区内部的经济差距、政治关系、口岸数量的分异最为明显；西北边境旅游区内部的旅游资源分异最为明显；西南边境旅游区内部的政策支持差距最大，但在2013年之后差距减小。但总而言之，各个驱动因素三大区域内部的分异在逐渐减小，且在2012—2014年间差距显著减小。

第三，我国边境旅游发展可以分为合作优势型、口岸优势型、资源优势型、政策优势型和均衡发展型共五个类型。通过综合优势度和变异系数的比较，综合考虑各边境旅游地的独特发展优势及发展潜力，将我国的边境旅游发展分为五个类型。进一步评价各发展优势地区的边境旅游发展驱动效果，发现当前拥有口岸优势的边境旅游地尚未摆脱迷茫期，未能有效利用对邻国的友好关系以及邻国的经济市场；资源优势型、政策优势型的边境旅游地的优势发挥还存有较大空间；合作优势型、均衡发展型边境旅游地的发展结构相对较好。基于此，我国边境旅游地的发展需要认清边境旅游地的发展优势，充分发挥优势资源，突出地区特色。

第四，边境旅游地的边界效应可以细分为阻滞、渗透、吸引、扩散效应，但我国边境旅游地的旅游流主要受阻滞、渗透、吸引三种边界效应影响。基于边界本身的封闭与开放，阻滞和渗透是基本的边界效应，而吸引和扩散则是边境旅游中独特的边界效应。将边境旅游地的影响因素进一步细分为边界要素和旅游要素，边界要素中的经济边界、政治边界、地理边界表现出阻滞或渗透效应，旅游要素中的旅游资源和优惠政策表现出吸引或扩散效应。通过雷达图对中国45个边境旅游地的边界效应进行测评与归类，发现各类型分布极不均匀，共有16个边境旅游地的边界发挥阻滞效应、19个发挥渗透效应、8个发挥吸引效应，2个边境旅游地初具扩散效应的雏形。

第五，边界对边境旅游流的影响是综合的、长期的，且边界对边境旅游地的国内旅游流和入境旅游流的长期效应是有差异的。边界的阻滞和渗透、吸引和扩散功能同时存在，因此根据雷达图的综合评价法计算我国边境旅游地的综合边界效应，采用PVAR模型分析边境旅游流的长期边界效应，并将边境旅游地的入境旅游流和国内旅游流进行分别讨论。发现当边界被外界冲击产生变化时，边境旅游地的入境旅游流的变化不敏感，而国内旅游流的变化极为敏感，说明我国边境旅游流的内部差异较大，入境旅游流和国内旅游流存在明显分别，入境客源群体相对固定，可能更多的是以探亲访友、商务旅游为主，而国内客源群体的信息不对称风险更低，需求更为多样，我国的边境旅游活动离真正意义上的边境旅游还有一定差距，因此在当前阶段，需要认清我国边境旅游的发展阶段和发展现状，明确边境旅游的主体，满足并丰富边境旅游的需求。

（二）发展启示

我国的边境旅游诞生于改革开放时期，虽经历了多个阶段的探索，但目前边境旅游发展还处于初始阶段，发展道路还不清晰。漫长的内陆边界线带来了差异化的发展条件和发展方式，在对边境旅游现状和边界效应认识的基础上，边境旅游的发展逻辑和当前已有的创新发展实践，以及国外边境旅游的发展经验，为我国的边境旅游的发展带来一些启示。

第一，我国边境旅游发展的模式与路径应该是多样的。我国边境旅游地地域范围广阔，自然条件、经济基础等条件不同，邻国环境、国际形势复杂多变，以“一刀切”的方式发展边境旅游并不可取。不同的地区依据地区特色应该表现为差异化的发展路径：①创新模式发展路径。广西、云南边境旅游地对外交流较多，依托于大湄公河次区域经济合作、孟中印缅经济走廊等较多的地区性经济合作，拥有广泛的民间交流基础，边界多为陆地边界，且居民区与边界线联系紧密，可以以国际合作为基础，进行国际和平公园、跨境游道等发展模式的尝试，探索创新模式发展路径。②区域整合发展路径。黑龙江、吉林、辽宁边境旅游地的边境旅游发展起步早，口岸较多，但与邻国多是以江为界，如鸭绿江、图们江、乌苏里江、黑龙江等，虽然资源优势和政策优势突出，但独立的地理单元之间合作较少，边境旅游的发展存在一定的限制，可以探索区域整合发展路径。③重点突破发展路径。虽然内蒙古自治区较为狭长，但与其接壤的国家只有蒙古国和俄罗斯，且蒙古国对外交流较少，长期闭关锁国，俄罗斯远东地区长期落后人烟稀少，跨边境合作的难度较大；新疆地域广阔、邻国众多，境内外局势复杂，居民区距离边界线较远，实现高程度的对外开放还有较多的障碍，但内蒙古二连浩特、满洲里、额济纳旗等地、新疆伊犁、阿勒泰、喀什地区的边境旅游发展基础较好，能够发挥带头作用，因此可以探索重点突破发展路径。④内向驱动发展路径。西藏边界地形条件和邻国条件都比较复杂，许多地区长期落后，对外开放口岸较少，边境旅游地的跨境旅游发展艰难，但由于旅游资源上具有较强的独特性，可以依托国内旅游市场，探索内向驱动发展路径。我国边境旅游地发展条件和发展优势千差万别，整体发展并不均衡，但各个边境旅游地发展的条件和基础正在趋向均衡发展，需要认清发展优势、探索适合地区发展的路径。

第二，边界对边境旅游发展有着重要作用，需要充分发挥边界的作用，利用好边界效应。边境旅游由于边界的存在而和一般旅游发展有明显差别，对旅游需求而言，边界是边境旅游的特殊旅游吸引物，但同时带来了不稳定性和风险，限制着旅游需求。基于边界对边境旅游地入境旅游流和国内旅游流的差异化影响，边境旅游发展需要在认识当前阶段的基础上科学利用边界效应。首先，充分利用边境旅游地的对外区位优势，发挥当前各种交流合作平台的作用，如东博会、南博会、中国—蒙古国博览会、中俄蒙三国旅游部长会议等，推进不同层级政府之间的对话，营造互惠互利、合作共赢的国际环境。其次，充分挖掘边境旅游资源，打造特色的边境旅游吸引物，边境旅游地以边界意象与边界景象而吸引旅游者，以边境口岸、国门、边界线等为景象依托，依靠文化习俗、建筑风格、语言文字、生产生活等异国风情，激发爱国主义的精神内涵，打造边境旅游项目，丰富边境旅游产品的类型，覆盖观光游览、娱乐休闲、文化体验、教育研学等多个主题，刺激边境旅游需求。最后，提升边境旅游地对内、对外的畅通度，持续推进边境旅游地的交通基础设施、通信基础设施、金融结算工程的建设，形成跨境旅游线路，利用科技和技术手段提升沟通效率，同时，以旅游和经济为媒，利用商业网络、社会网络的联结作用，充分发挥企业、民间的往来优势，与国内其他地区形成宣传营销联动，增强边境旅游地与内陆地区的经济网络联系。边境旅游发展应充分利用边界效应，区别于一般旅游活动，但同时也需要警惕与内陆地区联系的割裂，应利用对外优势、依托内部资源、展现地区特色。

第三，平衡好边境旅游地的“发展”和“稳定”两条主线。边境旅游发展特殊性也在于需要考虑边境地区的风险，边境旅游地受国外环境影响，又与国内核心地区较远，外部的不确定性加上内部的信息不对称导致边境旅游的抗风险能力较弱，除了一般的旅游危机事件外，经济危机、政治事件、全球性卫生事件等都对边境旅游发展有着致命性的冲击。边境旅游地的“稳定”要求还与边境地区的战略地位相关，这便为边境旅游发展带来了限制，甚至是枷锁。针对边境旅游地普遍存在着的“发展”与“稳定”的矛盾，需要规范边境旅游活动以减少风险，更需要不断促进发展，夯实地区整体实力，从而提升抗风险能力与受损后的恢复能力。因此，一方面，建立边境旅游风险防范机制和风险预警机制，加强在打击跨国犯罪、应对公共卫生事件、统一市场制度标准等方面的国际合作，完善市场准入制度，规范边境旅游市场环境，在双方达成共识的基础上，制定出更具体、操作性更强的相关合作机制，有效防范各种非传统安全因素对国家安全的威胁，边境旅游风险管理机制不仅需要多个部门的协调配合，也需要相关部门在管理理念、管理体制、管理方法、管理技术等各方面加强管理创新；另一方面，利用边境地区的政策优惠，抓住“一带一路”的重要历史机遇，推进边境旅游发展，通过对旅游大数据的分析，实现信息、资源、客源的共享，引导边境地区的旅游企业实现创新发展，培育特色品牌，做好企业融资、投资保障，激发边境旅游地的旅游企业发展活力，提升边境旅游整体发展实力。

（三）创新与贡献

本研究的创新与贡献主要体现两个方面：①采用边境旅游发展优势度的方法，立足于边境旅游发展优势差异，评价边境旅游发展情况，使本书对边境旅游发展的认识更为具体和明确，对于指导实践的过程中也更具有现实意义。不同的边境旅游地由于自然、社会、经济、文化等差异，表现出不同的基础条件和发展优势，采用边境旅游发展优势度评价，突破了当前局限，不仅分析驱动要素，更讨论了各个优势类型的发展差异。②建立边界综合效应的概念，既有助于解释边界效应多个类型的综合作用，符合边界效应的实际情况，也有助于分析边境旅游流的长期边界效应。当前对边界效应的研究多是单一效应的分析，但实践中各边界效应往往同时存在，利用综合边界效应对现有局限实现突破，考虑了边界效应的综合性和动态性，在一定程度上解决了当前关于测度多维边界效应的难题。

（四）不足与展望

本书对我国边境旅游发展和边界效应进行了一定依据的分类与评价，在一定程度上解释了我国边境旅游发展的现状与规律，并从边界效应的角度探索了我国边境旅游的发展路径，但仍有一些局限之处，基于本书已完成的内容，将进一步深入探究，具体表现为以下几个方面。

第一，从微观的供给角度，具体分析典型边境旅游地的边界特征、旅游资源、文化特征、基础设施、政策等对边境旅游市场的影响。由于边境旅游地覆盖广泛，本书仅解释了部分边境旅游地的典型特点以及综合发展路径，未能详细解释各边境旅游地的具体差异和提出各个边境旅游地发展的具体措施。因此，今后拟立足于各个边境旅游地的具体差异，讨论具体在不同的划界形式下，界河、界山或是篱笆、铁栏等为界，边境旅游地的空间发展形态和发展模式。

第二，从微观的需求角度，具体分析边境旅游需求特征，研究结论发现边界对边境旅游地的入境旅游流和国内旅游流有着差异化的影响，但并无可靠依据对其原因进行证明，同时，本书考虑到边界效应对边境旅游的特殊作用，受限制于我国边境地区数据的有限性，因此只解释了关键发展驱动因素，在后续的研究中，可以进一步分析边境旅游流的差异化动机。

第三，进一步分析边界效应的影响波动。本书总结了 2009—2018 年间综合边界效应及边境旅游流的长期边界效应，但尚未考虑特殊年份的突发事件对边境旅游地边界效应的具体影响。因此，在后续研究中，需要立足于边界的敏感性与波动性，进一步研究边界效应随着政策实施、局势变化、旅游发展的变动，有助于更好地认识边界效应的变动规律。

参考文献

［1］Abrigo M R M，Love I. Estimation of Panel Vector Autoregression in Stata［J］. The Stata Journal，2016，16（3）：778-804.

［2］Anderson M. The political problems of frontier regions［J］. West European Politics，1982，5（4）：1-17.

［3］Blanton R G，Apodaca C. Economic globalization and violent civil conflict：Is openness a pathway to peace?［J］. The Social Science Journal，2007，44（4）：599-619.

［4］Blasco D，Guia J，Prats L. Emergence of governance in cross-border destinations［J］. Annals of Tourism Research，2014（49）：159-173.

［5］Bradbury S L. The impact of security on travelers across the Canada–US border［J］. Journal of Transport Geography，2013（26）：139–146.

［6］Canally C，Timothy D J. Perceived constraints to travel across the US-Mexico border among American university students［J］. International Journal of Tourism Research，2007，9（6）：423–437.

［7］Cankar S S，Seljak J，Petkovšek V. Factors that influence cross-border cooperation between businesses in the Alps–Adriatic region［J］. Economic Research-Ekonomska Istraživanja，2014，27（1）：304–319.

［8］Chow C K W，Tsui W H K. Cross-border tourism：Case study of inbound Russian visitor arrivals to China［J］. International Journal of Tourism Research，2019，21（5）：639–711.

［9］CONNELL J. Reducing the scale? From global images to border crossings in medical tourism［J］. Global Networks，2016，16（4）：531–550.

［10］Czaika M，Neumayer E. Visa restrictions and economic globalisation［J］. Applied Geography，2017（84）：75–82.

［11］Dabrowski P M. Reinforcing the border，reconfiguring identities：Polish initiatives in the Carpathians in the interwar period［J］. European Review of History：Revue européenne d'histoire，2020，27（6）：847–865.

［12］Eder K. Europe's borders：The narrative construction of the boundaries of Europe［J］. European journal of social theory，2006，9（2）：255–271.

［13］Eriksson G A. Tourism at the Finnish-Swedish-Norwegian borders［J］. Tourism at the Finnish-Swedish-Norwegian borders.，1979（13）：151–162.

［14］Faby C，T，H Tourism policy tools applied by the European Union to support cross-bordered tourism［M］. Tourism and borders，Routledge，2016：39–50.

［15］Ferreira S. Problems associated with tourism development in Southern Africa：The case of Transfrontier Conservation Areas［J］. Geojournal，2004，60（3）：301–310.

［16］Gartzke E，Li Q. War，Peace，and the Invisible Hand：Positive Political Externalities of Economic Globalization［J］. International studies quarterly，2003（4）：561–586.

［17］Gelbman A. Border Tourism in Israel：Conflict，Peace，Fear and Hope［J］. Tourism Geographies，2008，10（2）：193–213.

［18］Hampton M. Enclaves and ethnic ties：The local impacts of Singaporean cross-border tourism in Malaysia and Indonesia［J］. Singapore Journal of Tropical Geography，2010，31（2）：239–253.

[19] Hartshorne R. Geographic and Political Boundaries in Upper Silesia [J]. Annals of the Association of American Geographers，1933，23（4）：195-228.

[20] Hopkins N，Dixon J. Space，Place，and Identity：Issues for Political Psychology [J]. Political Psychology，2006，27（2）：173-185.

[21] Ilbery B，Saxena G. Integrated Rural Tourism in the English-Welsh Cross-border Region：An Analysis of Strategic，Administrative and Personal Challenges [J]. Regional Studies，2010，45（8）：1139-1155.

[22] Jarvis J，Kallas P. Estonian Tourism and the Accession Effect：the Impact of European Union Membership on the Contemporary Development Patterns of the Estonian Tourism Industry [J]. Tourism Geographies，2008，10（4）：474-494.

[23] Leimgruber W. The perception of boundaries：Barriers or invitation to interaction [J]. Regio Basiliensis，1989，30（2）：49-59.

[24] Marek W. Tourism development in the borderlands of Poland [J]. Geographia Polonica，2010，83（2）：67-81.

[25] Martin E，Vigne L. Successful rhino conservation continues in West Bengal，India [J]. Pachyderm，2012，51：27-37.

[26] Matteo L D，Matteo R D. An analysis of Canadian cross-border travel [J]. Annals of Tourism Research，1996，23（1）：103-122.

[27] McKay A，Tekleselassie T G. Tall paper walls：The political economy of visas and cross-border travel [J]. The World Economy，2018，41（11）：2914-2933.

[28] Nazneen S，Xu H，Din N U. Cross-border infrastructural development and residents' perceived tourism impacts：A case of China–Pakistan Economic Corridor [J]. International Journal of Tourism Research，2019，21（3）：334-343.

[29] Nenonen J K，Stepanova S V. Geological Tourism Development In The Finnish-Russian Borderland：The Case Of The Cross-Border Geological Route "Mining Road" [J]. Acta Geoturistica，2018，9（1）：23-29.

[30] J. P.LAINE，吴寅姗，张丽屏，等. 当代全球化背景下的边界和边界景观 [J]. 地理科学进展，2017，36（12）：1531-1539.

[31] Paranee B，Paul F. Cross-border tourism and the regional economy：a typology of the ignored shopper [J]. Current Issues in Tourism，2020，23（5）：626-640.

[32] Park J，Musa G，Moghavvemi S，et al. Travel motivation among cross border tourists：Case study of Langkawi [J]. Tourism Management Perspectives，2019（31）：63-71.

[33] Pizam A. Does tourism promote peace and understanding between unfriendly

nations [J] . Tourism, crime and international security issues, 1996 (2): 203–213.

[34] Porter M E. Clusters and the new economics of competition [J] . Harvard business review, 1998, 76 (6): 77–90.

[35] Prokkola E-K. Borders in tourism: the transformation of the Swedish–Finnish border landscape [J] . Current Issues in Tourism, 2010, 13 (3): 223–238.

[36] Ryden K C. Mapping the invisible landscape: Folklore, writing, and the sense of place [M] .University of Iowa Press, 1993.

[37] Scott J. Sexual and national boundaries in tourism [J] . Annals of Tourism Research, 1995, 22 (2): 385–403.

[38] Šerić N, Vitner Marković S. Brand management in the practice of cross-border tourist destinations [J] . Academica turistica, Tourism & Innovation Journal, 2011, 4 (2): 2011.

[39] Silvia B, Massimo F, Lester C H. Fuel tourism in border regions: The case of Switzerland [J] . Energy Economics, 2005, 27 (5): 689–707.

[40] Spierings B, Velde M v d. Cross-Border Differences and Unfamiliarity: Shopping Mobility in the Dutch-German Rhine-Waal Euroregion [J] . European Planning Studies, 2013, 21 (1): 5–23.

[41] Stoffelen A, Ioannides D, Vanneste D. Obstacles to achieving cross-border tourism governance: A multi-scalar approach focusing on the German-Czech borderlands [J] . Annals of Tourism Research, 2017 (64): 126–138.

[42] Stoffelen A, Vanneste D. Institutional (Dis) integration and Regional Development Implications of Whisky Tourism in Speyside, Scotland [J] . Scandinavian Journal of Hospitality and Tourism, 2016, 16 (1): 42–60.

[43] Timothy D J. Political boundaries and tourism: borders as tourist attractions [J] . Tourism Management, 1995, 16 (7): 525–532.

[44] Webster C, Timothy D J. Travelling to the 'other side': The occupied zone and Greek Cypriot views of crossing the Green Line [J] . Tourism Geographies, 2006, 8 (2): 162–181.

[45] 付赟，方德英 . 雷达图法在综合评价中的应用研究 [J] . 统计与决策，2007，No.252 (24)：176–178.

[46] 王洁洁，孙根年，黄柳芳 . 香港—大陆旅游流与贸易流的互动关系分析——基于 1990~2009 年数据 [J] . 经济问题，2010，376 (12)：118–122.

[47] 张和强，刘云刚 . 金门的边界身份认同初探 [J] . 地理科学进展，2017，36 (12)：1521–1530.

第三章
突发事件对云南边境旅游影响及应对研究

章　琴

一、选题背景与意义

（一）选题背景

人类发展的历史是不断应对挑战，克服困难并不断前进的历史，在快速的城市化进程中，全球不稳定因素持续增加，自然风险和社会风险，传统和非传统安全并存（罗睿，2018）。随着人类社会的发展，各类自然灾害、公共卫生事件、交通事故、治安事故、火灾事故等突发事件频发，并对人民生活和社会稳定产生影响。具体来说，青海泥石流爆发、亚洲金融危机、SARS事件、汶川地震、禽流感暴发、甲型流感传染等突发事件对应急管理工作带来严峻挑战。边境地区通常是少数民族聚居、远离核心城市、交通条件较差的地区，一旦发生突发事件，应急管理与内陆发达地区相比存在着巨大的差异和挑战。因此，如何提高边境地区的应急管理能力，以保障国家和地区的经济、政治和社会的稳定发展，成为迫切需要解决的难题。

与此同时，边境地区旅游业的发展受到关注。由于旅游业具有高敏感性的特点，突发事件对其影响亦十分突出。2020年年初新冠肺炎疫情暴发，成为涉及面广、传播范围广、影响力大的重大突发公共卫生事件。为了控制和防范境外疫情输入，我国云南、广西、新疆、内蒙古等边疆省区采取了“严防死守”“坚决防止境外疫情输入”的应对措施。新冠疫情对边境地区的旅游业冲击巨大，据联合国世界旅游组织（UNWTO）2020 年 7 月发布的报告显示，各国采取的限制性防疫措施使得跨境旅游人数同比下降 98%。虽然国内外学者对突发事件造成的影响进行了广泛研究，但对突发事件对边境地区旅游的影响研究甚少。例如，1998 年和 2009 年的金融危机，以及 2003 年“SARS 事件”的研究成为热点，新冠疫情也引发了学者们的研究热情，但是对这些突发事件对边境地区产生影响的文献尚不多见。基于以上背景，本研究拟将云南边境地区作为研究对象，探讨突发事件对旅游造成的影响，重点思考和回答以下问题。

（1）云南边境旅游地突发事件的特点是什么？

（2）突发事件对云南边境旅游造成影响的特点和程度是什么？

（3）突发事件对云南边境旅游地脆弱性的影响和表现有哪些？

（4）针对不同类型的突发事件，云南边境旅游地可以采取哪些应对措施？

（二）研究意义

首先，丰富了边境地区突发事件的研究内容。目前我国对边境地区突发事件的研究并不完善，主要内容集中于应急管理、边境安全、卫生应急、流行特征、情报信息、舆论引导等方面，鲜见对其他经济现象，比如对旅游造成影响的分析。同时，随着突发事件不断爆发，且频率不断增加，越来越多的学者关注到突发事件对旅游业影响的问题，研究视角丰富，研究内容广泛，研究方法多样，研究成果十分丰富，但缺乏对边境地区的关注。由此，本研究刚好相对弥补了两者之间的研究空缺，对边境旅游应对突发事件的措施进行探讨。

其次，扩展了边境旅游的研究议题。目前边境旅游研究议题多集中在发展模式、边境社区、对外合作等方面，缺乏对安全问题的研究。本研究从突发事件的角度，分析了边境旅游发展中可能存在的安全隐患问题，通过对边境旅游脆弱性评价、回归分析等方法，探讨突发事件对边境旅游产生影响的程度，是对边境旅游研究领域的拓展。

最后，有助于制定边境旅游突发事件应对策略。单一地研究一个案例（如“SARS 事件”、汶川地震、亚洲金融危机等）或者单一旅游目的地和地区，其成果已经不能满足现实需要。本研究通过对不同类型的突发事件进行研究，有利于科学制定防控措施，能够为我国广袤的边境旅游地区管理提供一定参考，对维护边境稳定，促进边境地区旅游业的可持续发展具有非常重要的现实意义。

二、国内外文献回顾

（一）边境地区的突发事件

国内外目前对于边境地区突发事件的研究，主要是在危机管理理论基础上，从突发事件应急管理的角度出发，通过分析相关案例，提出针对性的管理措施。国内学者多将视角聚焦于云南，罗睿（2018）针对云南省临沧市，以中缅边境果敢避战边民这一突发事件为例，探讨了边境地区应急管理的难点和重点，并借鉴国外应急管理经验，提出相应的解决方案；梅英、杨斐（2018）以缅甸北部果敢的“2.09”事件为例，调查和分析边境安全事件中人们的社会心理状态，并发现发生安全事件之后，人们的心理不是简单的线性发展，而是与多种因素相关。魏晨（2016）将边境地区的群体性事件置于博弈论的视角，试图给出相应的解决方案和对策。除群体性突发事件之外，突发公共卫生事件的研究占比较大，Kerfua 等（2018）为了研究跨界疾病控制努力的影响，对位于乌干达—坦桑尼亚边界沿线的四个地区口蹄疫的时空分布进行了研究；Jones 等（2008）为区域、州和地方公共卫生官员提供了一个概念框架和清单，以评估区域公共卫生应急准备情况；Ekmekci（2016）关注公共卫生界对传染病和其他跨界健康威胁的预警和反应系统，讨论了目前土耳其公共卫生系统的挑战和局限性，并提出了进一步的改进建议；贾豫晨等（2019）结合 2008—2017 年云南省边境地区突发公共卫生事件传染病疫情资料，分析其流行特征，以指导边境地区传染病防控工作。除治理之外，张毅、马长泉（2015）对边境地区突发事件的预警机制进行了研究，Kefan 等（2014）从系统思考的角度，探讨区域旅游突发事件的预警管理，以最大限度地减少旅游者的生命和金钱损失。

（二）突发事件的旅游影响

近年来，关于突发事件对旅游业影响的研究主要包括两个方向，一是将其作为一般管理问题进行研究，二是运用计量经济学对其进行实证研究和命题检验。研究内容中突发事件对旅游的影响对象涉及旅游目的地、旅游消费者、旅游企业等多方面，影响程度包含影响时间和影响范围两方面。不同事件影响时间不同，王兆峰、刘红（2012）表示整体性人为事件影响时间较长，而自然灾害的影响时间较短；Goodrich（2002）认为美国“9·11恐怖袭击事件”对其旅游业的影响得经过2年才能全面复苏；孙根年（1998）的研究中，“6.4政治风波”对我国境外旅游业的冲击和影响共持续了3年。不同事件对旅游的影响范围也不尽相同，薛刚、孙根年（2008）定量分析了SARS危机，发现客源地和目的地的国内旅游均有损失，并且全国各省份均受影响，该突发事件对国内旅游业的影响是广泛和复杂的；Ritchie（2004）认为，当金融危机、政治动荡、冰冻和雪灾、恐怖袭击、地震和海啸等危机突发事件发生时，往往会导致入境旅客流量大幅下降。

在研究方法中，案例分析法是常用的定性分析方法，张琪（2019）利用汶川8级地震、印度洋海啸案例，分析了突发性自然灾害对旅游目的地的影响。实证衡量突发事件对旅游业的社会经济影响对于认识突发事件带来的影响具有重要意义，常用的定量方法有ARMA模型、本底趋势线、相邻年份比较法、合成控制法、TBTL-IA组合模型、干预分析预测模型、SARIMA模型和TRAMO/SEATS模型等。其中Chu（1998）认为ARIMA模型在中短期预测中最适用和有效，在ARIMA模型的基础上扩展，得到双变量ARIMA模型，入境游客、国内游客以及旅游收入的面板数据成为各个模型实证时的常用数据。

（三）突发事件的治理措施

为了应对战争、地震和台风等突发性灾害，西方国家尤其是美国和英国都对突发事件研究领域给予了特别的关注，所以对于突发事件的研究，始于国外。1979年，美国三里岛发生了核泄漏事故，Steven Fink对此进行了案例分析，并于《危机管理——应对计划突发事件》一书中，提出相应的治理措施，书中结合其余突发事件，系统地阐述了危机管理的基本理论。随着突发事件层出不穷，新一轮突发事件治理热潮掀起，国内的研究重点主要在于突发事件治理的经验、意义、困境和原因、创新机制研究、针对不同国家或地区的突发事件治理比较研究等方面。国外学者在研究中形成了《组织危机管理》《危机管理》《社会转型期的危机管理》《波罗的海地区国家安全和危机管理》等著作，并成了当时危机管理理论发展的主流。

（四）旅游业脆弱性研究

有关脆弱性的研究最早始于安全领域，主要集中在突发事件应急管理和事故灾害等方面。Cutter（2003）认为突发事件发生之前，脆弱性即存在，而且存在于应急响应的各个阶段，脆弱性在一定程度上决定了突发事件的性质和强度。研究内容中突发事件包括社会治安事件、突发公共卫生事件、非常规突发事件、恐怖事件等（卢文刚，2016；康正等，2015；刘晓燕等，2016），事故灾害包括地震、火灾、气候变化等（Zhang 等，2017；Rahman 等，2015；Scott 等，2019），而研究方法多以评价分析为主，但以旅游目的地为研究对象的分析较少。

在旅游领域中，国外学者的研究相对较早，并将研究视角主要放在旅游经济的脆弱性上，探讨危机过后旅游经济的复苏问题（Faulkner，2001），最后落脚于旅游危机管理，在研究方法上多使用时间序列模型衡量危机前后的经济损失，并以此为基础，判断旅游经济的脆弱性（Goodrich，2002）。国内旅游经济脆弱性研究发展迅速，定性研究涉及概念辨析、演变特征、评价模型构建和指标体系建立等方面（李锋，2013）；定量研究以敦煌、延边、丽江、舟山、张家界等传统旅游城市为例，探讨区域旅游经济脆弱性（杨懿等，2019）。但以上研究内容大多关注旅游业的内部，探讨“旅游系统自身”的脆弱性，而旅游目的地通常会受到多种干扰和不利因素的影响，由此对旅游目的地系统的脆弱性产生不同程度的影响。于是也有学者将突发事件、事故灾害等和旅游脆弱性结合起来，黄倩等（2020）认为脆弱性是旅游突发事件发生的微观基础，她识别和度量了脆弱性对旅游突发事件严重程度的阈值效应，叶欣梁等（2014）以九寨沟树正寨为例，评估了旅游景区的自然灾害脆弱性，但整体研究数量不多。

（五）研究述评

（1）边境地区突发事件研究较少。

在边境地区突发事件的研究中，主题多分布在应急管理、边境安全、卫生应急、流行特征、情报信息、舆论引导等方面，鲜见对其他经济现象比如对旅游造成的影响方面的分析。同时研究方法多为案例分析法，相关定量分析较少。

（2）突发事件对边境旅游影响研究较少。

随着突发事件不断爆发，且背景不断丰富，越来越多的学者关注到突发事件对旅游业影响的问题，研究内容广泛，研究视角丰富，研究方法多样，已经有了非常丰富的研究成果，但缺乏一定对边境地区的关注。如今边境旅游是我国旅游业的一个重要组成部分，突发事件对其影响是一个值得研究探讨的问题。

（3）对边境旅游发展的脆弱性探讨不足。

在诸多旅游业脆弱性研究中，学者们集中于旅游经济脆弱性，关注的是旅游系统自身的脆弱性，鲜有学者将外部干扰因素，如突发事件、事故灾害等考虑其中。同时研究对象多为国内典型的内地旅游城市，对边境旅游地关注较少，但与内地相比，边境旅游地受到地缘政治、经济基础、社会背景、地理位置等多因素干扰，其旅游业脆弱性和敏感性更加显著。

（4）边境地区突发事件治理措施研究不多。

虽然国内外学者对边境地区突发事件的研究背景不同，但经过长期的实践研究，人们对多个学科内容进行整合，将各种研究理论进行发展延伸，并最终形成较为完善的应急管理体系。但是，在现有的比较研究中，实证分析多集中于某一单一区域或者单个主体如政府、企业、媒体等，研究对象多为欧美发达国家、发展中国家或者热门地区，很少有针对边境地区的研究，特别是较为落后的边境地区，可见研究视角不够丰富。

（5）不同类型突发事件的研究探讨不足。

随着突发事件发生背景不断丰富，单一地研究一个案例（如“SARS”事件、汶川地震、亚洲金融危机等）或者单一旅游目的地和地区已经不能满足当代社会的发展所需，通过进一步分析不同事件的性质、类型和规模，区分不同类型的突发事件的影响，以更能有针对性地提出管理措施将更具有现实意义。

三、研究设计与框架

（一）研究对象

云南省地处祖国西南，是我国边境线最长的省份之一。国境线长 4060 千米，南部和越南、老挝接壤，西部与缅甸毗邻，有 8 个州（市）和 25 个边境县与这三个国家接壤。澜沧江—湄公河将云南和泰国、柬埔寨连接，全省共有国家一级口岸16个，国家二级口岸7个。凭借良好的地缘优势，云南于20世纪80年代末开始发展边境旅游，经过发展—停滞—复苏等历程后，目前紧抓国家发展机遇，依托自身条件，加大对外开放程度，深化旅游合作，边境旅游、跨境旅游产品日益丰富，在我国的9个边境省份中，近年以云南省的入境旅游经济效益最好。由此本书将云南省作为研究对象，案例选取更具典型性。

本书主要探讨边境旅游地受突发事件影响分析，所以将以8个边境州市为主要研究对象，但由于怒江傈僳族自治州边境旅游发展较弱，所以将其从样本中剔除。保山市与缅甸相连，国境线长167.78千米，南方丝绸之路从保山穿过，素有“极边胜境”的美誉。保山市边境旅游起步较晚，但成绩斐然，打造了诸如和顺古镇、火山热海旅游区等全国知名的边境旅游品牌，保山市正努力建设成为滇西边境中心城市；临沧市与缅甸相连，镇康县、耿马县和沧源县与其接壤，边境线长300千米，共有3个国家开放口岸，双方经贸往来密切。临沧市积极探索与缅甸的边境旅游发展之路，2016年6月，国家旅游局正式开通3条赴缅边境旅游线路，由其申报创建的临沧耿马（孟定）边境旅游试验区，提升临沧旅游对外开放水平，促进边境旅游繁荣发展；普洱市俗称“一市连三国，一江通五邻”，西南与缅甸接壤，东南与老挝及越南接壤，边境线全长486千米，有一级口岸2个，二级口岸1个，通道18条。普洱市边境旅游发展势头较好，2014年国家旅游局批准勐康口岸成为普洱至老挝旅游线路的入出境口岸，并开发设计了5条相关旅游线路；文山壮族苗族自治州南与越南交界，国境线长438千米，拥有2个国家一类口岸，文山州与越南有着非常悠久的边贸历史，随着边贸的发展，边境旅游逐渐产生，并且近年来呈现出逐渐上升的趋势；西双版纳傣族自治州与西南部的缅甸和东南部的老挝相连，边境线长969.6千米，昆曼公路和澜沧江—湄公河分别从西双版纳出境及流出，共有4个国家级口岸。西双版纳州是国内最早开发旅游业的地区之一，如今大力发展边境旅游，积极开展对周边国家的旅游市场拓展工作，先后开通了从磨憨口岸和景洪港到老挝琅勃拉邦以及磨丁边境的旅游线路，同时提供入出境成团旅游的便利条件，使入出境游人数大幅攀升；红河哈尼族彝族自治州的南部与越南连接，绿春、金平和河口3县与其接壤，国境线长848千米，共有3个一类口岸，云南省第一个综合保税区是红河保税区，交通区位优势明显。红河州边境旅游发展较为成熟，从红河到下龙湾、沙巴等地的旅游线路已开通，入境旅游业发展势头良好，呈现出逐年上升的趋势；德宏傣族景颇族自治州与缅甸接壤，边境线长503.8千米，德宏州是中缅油气管道和中缅国际大通道的出入口，其地理位置为对外开放发展提供了有利条件，从20世纪80~90年代，德宏州与缅甸贸易往来密切，边贸发展红火，于是随之开办中缅边境一日游，成为云南省最早开发发展边境旅游的地区，并掀起“边境旅游热”。

由于不同的边境州市发展条件不同，边境旅游发展也各有差异，受突发事件的影响程度可能也会有差别，所以为了更好地区分不同发展程度的边境旅游地受突发事件的影响，本研究依据近18年口岸入境一日游人数，对7个边境旅游地发展水平进行划分。保山市、普洱市和临沧市近18年口岸入境一日游平均人数均小于30万人次，便归为一般发展水平边境旅游地；文山壮族苗族自治州和西双版纳傣族自治州近18年口岸入境一日游平均人数均大于30万人次小于50万人次，便归为中等发展水平边境旅游地；红河哈尼族彝族自治州和德宏傣族景颇族自治州近18年口岸入境一日游平均人数均大于100万人次，便归为较高发展水平边境旅游地。

（二）研究方法

1. 文献分析法

本研究收集的资料主要是第二手文献资料，主要依托云南大学图书馆、中国知网、Web of science、EPS数据库等多种国内外文献数据库，尽可能全面搜集与边境地区突发事件以及突发事件对旅游影响研究相关的文献资料，在各大网络平台、政府文件、官方网站和统计年鉴上搜集相关案例资料，通过分析、归纳、整理，形成研究思路。

2. 统计分析法

本研究将根据理论基础，基于旅游产业脆弱性建立评价指标体系，通过多元分析法，借助SPSS26.0软件对数据进行处理。在分析过程中，将采用熵值法、回归分析等分析方法对研究假设进行检验和拟合，以对影响边境旅游的突发事件进行评价。

3. 对比分析法

本研究将对云南省边境州市和非边境州市进行对比分析，通过两者的对比寻找差异，以此深入了解经济活动的问题，得到的结果更可靠和有效。由于边境州市剔除怒江州，为了对应边境州市，非边境州市剔除省会城市昆明市。

（三）研究框架

本研究的研究框架和技术路线如图 3-1 所示。

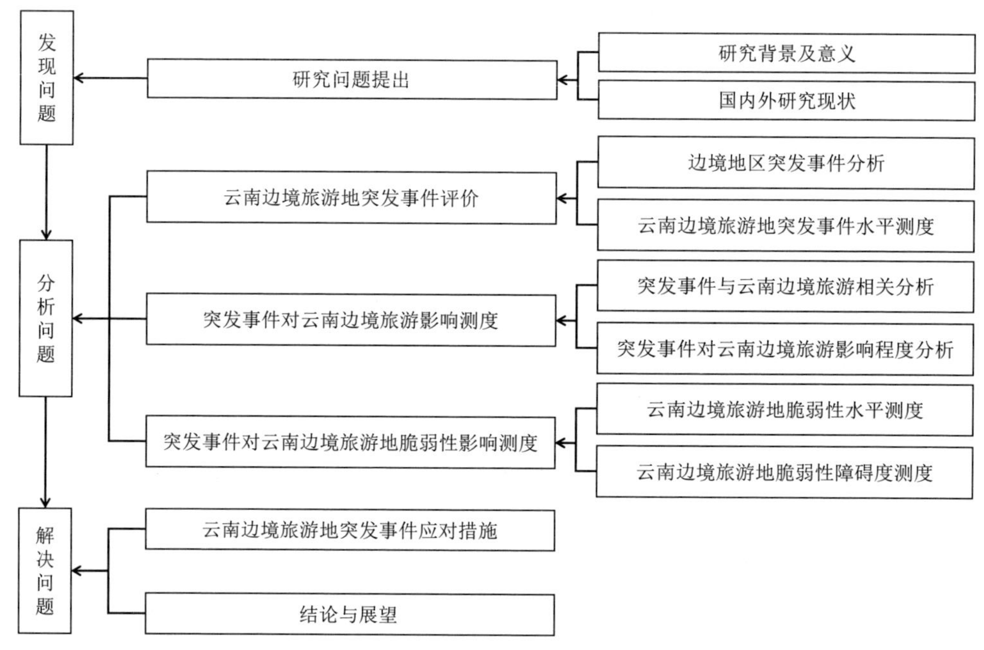

图 3-1　研究技术路线

四、突发事件对云南边境旅游影响测度

（一）边境旅游地突发事件分析

1. 我国边境地区突发事件分析

自 20 世纪 80 年代以来，全球突发事件数量有所上升，一方面，自然灾害的爆发自 19 世纪起呈上升趋势；另一方面，城市化进程加快使人为事故数量逐年增长，与此同时，边境地区突发事件的频率逐渐增加（表 3-1）。由于边境地区地缘位置的不可变而地缘环境的可变性，边境地区突发事件问题

越来越多地呈现出与地缘环境相关的地理、政治、经济、社会、文化等多种要素交织影响的局面。正是由于其特殊的地理位置和发展需要，突发事件的治理比非边境地区在政治上的敏感度更高，看似微不足道的小事，如果处理不当，可能会演变成影响稳定性的大暴动（李发义等，2017），由此更值得关注。

表 3–1　边境地区部分突发事件

时间	地点	事件
1962 年	中印	中印边界自卫反击战
1962 年	中苏	新疆部分地区人员外逃苏联
1969 年	中苏	珍宝岛战役
1969 年	中苏	铁列克提事件
1979 年	中越	中国越南两国在越南北部边境爆发的战争
1999 年	中俄	中俄东段时有冲突挑衅
2011 年	中泰	湄公河事件
2017 年	中缅、中越、中老	登革热疫情
2018 年	中缅	中国公民被非法骗入缅甸境内
2019 年	中缅	中国外交部连发 7 次暂时勿前往缅甸冲突地区的安全提醒
2020 年	中印	边境局势紧张
2020 年	澜沧江	沉船事件

由于边境地区特殊的地理位置，往往发生突发事件时，会有更严格的管控。以此次新冠肺炎疫情为例进行分析，在“严防输入”的政策下，国家多举措加强边境疫情管控，封锁边境，继国内旅游缓慢恢复之后，依托口岸、国门、界碑等旅游吸引物的边境旅游依旧惨遭停摆。根据文化和旅游部公布的数据显示，受新型冠状病毒感染疫情影响，2020 年度国内旅游人数为 28.79 亿人次，比上年同期减少 30.22 亿人次，下降 52.1%。其中，第四季度全国旅行社组织接待国内旅游情况显示绝大多数边境省份旅游恢复慢于非边境旅游省份，体现出边境旅游地对突发事件更敏感的特点，这引发了本研究对边境旅游地受突发事件影响的深入思考。

2. 云南边境地区突发事件分析

云南边境线长，潜在风险和不稳定因素亦复杂多样，边境突发事件时有发生，并对边境旅游产生重要影响，本节以表 3-1 中部分突发事件进行分析。

（1）云南边境贸易政策调整。

2004 年，云南省边境贸易政策得以调整，于国内率先实施了边境贸易出口人民币结算金额退税政策，该政策的实施，避免了边贸企业的换汇风险，资金周转、结算效率和边贸效益显著提高，这大大提高了贸易积极性，促使云南边境贸易发展迈上更高的台阶，据海关统计，云南省 2004 年边境小额贸易进出口总额突破 5.24 亿美元大关，其中，德宏州边贸发展最为突出，全州贸易总额 2.9 亿美元，占当年云南省边贸额的 55.3%。边贸的红火促进边境旅游的发展，德宏州 2004 年的边境口岸一日游游客数量为所有边境州市之首，同比增长最高。

（2）云南边境旅游异地办证业务叫停。

云南省是较早开发开办边境一日游的省份，以德宏州、西双版纳州、红河州、文山州和保山市为典型代表，掀起了“边境旅游热”。独具特色的边境一日游招徕大量游客，边境旅游于 20 世纪 90 年代得到空前绝后的发展，但与此同时，国外纷纷开设“黄赌毒”场所，犯罪率不断攀升，并给社会产生了不良影响。为打击出境赌博等不良事件，国家于 2005 年发布了《关于进一步坚决遏制中国公民出境赌博活动的通知》，根据通知的有关要求，云南边境旅游异地办证工作被暂停。该突发事件的发生，导致边境旅游一度停滞，旅游行业受到致命性打击，首当其冲的便是德宏州，德宏州的边境口岸一日游人数和外汇收入经过 4 年的时间即从 2004 年年底到 2009 年才基本得以恢复，红河州影响最小。

（3）湄公河事件。

2011 年 10 月发生的湄公河事件，是近年来澜沧江—湄公河水域上发生的最严重的一起暴力突发事件。该事件中，两艘中国商船共 13 人全部遇害，1 人失踪，遇袭的地点位于泰国境内的湄公河金三角水域。事件发生之后，澜沧江—湄公河水上黄金航道停运，其中包括 2006 年开通的从泰国清盛到云南昆明的水陆联运航道，对该流域的经济和旅游发展带来影响。在事件发生之前，该水域并不太平，拐卖人口、走私、贩毒等事件频发，抢劫、勒索、绑架也时常发生，严重影响该流域的安全。湄公河事件的发生，使中老缅泰各国意识到问题的严重性，便共同建立了安全合作机制，经过多年的发展，取得显著成效，湄公河流域跨国犯罪活动得以下降，安全环境得到稳定。

（4）新冠肺炎疫情。

2020 年年初暴发的新冠疫情持续时间长，波及国家多，其严重程度远高于 2003 年的 SARS 事件。在国内疫情得到稳定之后，严防输入成了疫情防范重点，各国封锁边境，边境旅游和入出境旅游一时难以恢复。在边境管控严格的形势之下，2020 年 9 月 13 日云南省保山市瑞丽市新增 2 例缅甸偷渡入境确诊病例。事发突然，但瑞丽当地政府迅速采取措施妥当处置，首先对瑞丽市城区全员开展核酸检测，疫情发生次日通知封城，持续时间为一周。由于该突发事件发生于国庆节和中秋节之前，在全国各地旅游业加快复苏的形势之下，瑞丽市旅游受到影响，共接待游客 4.35 万人次，旅游收入 6505.36 万元，同比下降 84.54% 和 77.8%，人数和收入都锐减。事件发生之后，瑞丽市更加严厉打击偷渡者，所有边境旅游地加强边境管控。从云南省文化和旅游厅发布的数据来看，2020 年两节期间，云南省其他州市旅游有序恢复，全省游客接待量位居全国前列，说明该事件的发生并未对云南其他热门目的地造成过大影响。

（二）云南边境旅游地突发事件水平测度

1. 突发事件评价方法与数据来源

在《中华人民共和国突发事件应对法》中，按照影响范围，社会危害程度等因素，将突发事件分为一般、较大、重大和特别重大四级，由此评价突发事件的严重性，而在公共卫生和安全生产等领域，突发事件的水平测度多基于发病率、事故的相对规模等来进行。本研究将借鉴学者黄倩（2020）对旅游突发事件的水平测度方法，基于区域内旅游接待人次总规模，计算突发事件的相对规模，从而对云南边境旅游地突发事件进行水平测度。其计算公式为：

$$Ti = \frac{Ai}{Si}$$

其中 Ti 表示 i 地突发事件相对规模，Ai 表示 i 地突发事件的总量，Si 表示 i 地旅游人次总规模。

在该研究中，突发事件选取边境事件、道路交通事故、火灾事故和突发公共卫生事件四种类型，非边境地区以毒品案件代替边境事件。指标中的原始数据来源于 2001—2019 年云南省各州市统计年鉴、2001—2019 年云南省各州市国民经济与社会发展统计公报以及 EPS 数据库。为了确保各州市数据的一致性，突发公共卫生事件数均来源于统计年鉴中卫生防疫板块，火灾事故发生数量均来源于统计年鉴中公安消防支队，道路交通事故发生数量均来源于统计年鉴中交管部门，边境事件发生数量均来源于统计年鉴中公安边防支队，毒品案件数量均来源于统计年鉴中公安部门。2002—2018 年各突发事件类型和数量详见表 3-2。

表 3-2　2002—2018 年云南 14 州市突发事件数量

（单位：起）

地区	突发公共卫生事件	火灾事故	道路交通事故	边境事件	毒品案件	突发事件总量
保山市	155	3310	3686	8481	–	15632
普洱市	72	1341	5773	10471	–	17657
临沧市	276	1187	4026	17424	–	22913
西双版纳州	201	2020	164023	11615	–	177859
文山州	328	3654	4689	2974	–	11645
红河州	115	1744	3846	13266	–	18971
德宏州	305	1805	1994	28169	–	32273
曲靖市	144	10361	6244	–	6930	23679
玉溪市	344	4924	3850	–	6851	15969
昭通市	244	2064	8617	–	6318	17243
丽江市	116	981	2372	–	2736	6205
楚雄州	270	1898	5068	–	3505	10741
大理州	397	4196	8743	–	7234	20570
迪庆州	112	326	881	–	360	1679

资料来源：作者根据年鉴整理。

2. 边境旅游地突发事件评价结果

（1）边境旅游地不同类型突发事件规模不同。

如表 3-2 所示，在云南边境旅游地中，不同类型突发事件发生数量不同，以道路交通事故发生数量最多，其次是边境事件，火灾事故发生数量较低，发生数量最低的是突发公共卫生事件。

（2）边境旅游地突发事件规模变化波动明显。

如图 3-2 所示，2002 年突发事件规模最高的州市是临沧市，最低的州市为迪庆州，丽江市、玉溪市、大理州的突发事件规模较低，保山市、普洱市、红河州、文山州的突发事件规模较高。2006 年突发事件规模最高的州市是红河州，最低的是迪庆州，丽江市、玉溪市、曲靖市的突发事件规模较低，德宏州、临沧市、普洱市的突发事件规模较高。2010 年突发事件规模最高的州市为红河州，最低的是迪庆州，丽江市、曲靖市和玉溪市突发事件规模较低，临沧市、普洱市和德宏州突发事件规模较高。2014 年突发事件规模最高的州市是红河州，最低的是迪庆州，丽江市、昭通市、楚雄州突发事件规模较低，临沧市、德宏州和文山州突发事件规模较高。2018 年突发事件规模最高的州市为红河州，最低的为迪庆州，丽江市、楚雄州、大理州突发事件规模较低，德宏州、西双版纳州和保山市突发事件发生规模较高。

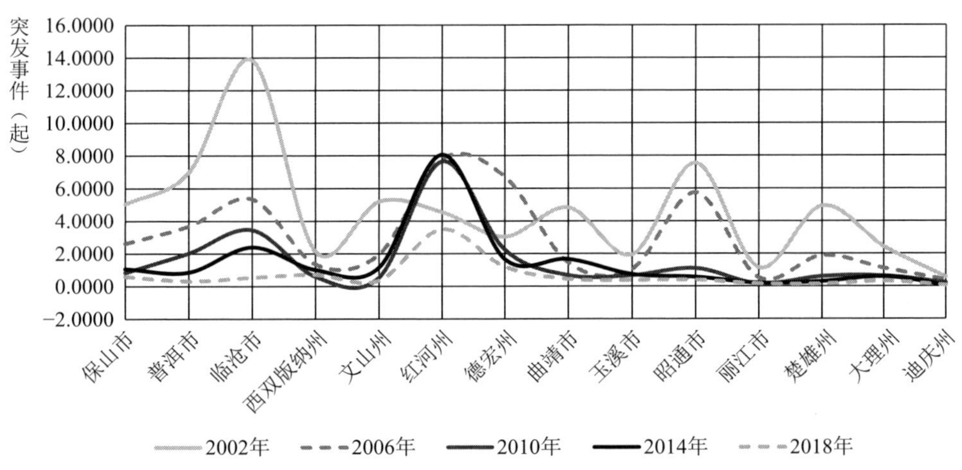

图 3-2　2002、2006、2010、2014、2018 年云南 14 州市突发事件规模变化趋势图

2002—2018 年期间，云南边境旅游地区突发事件规模水平趋势整体呈下降趋势，但同时呈现出较强的波动性，以临沧市、德宏州和红河州波动最为明显，多次出现后年突发事件规模水平反超前年的现象。云南非边境旅游地突发事件规模水平整体呈下降趋势，且无巨大波动，其中昭通市、曲靖市和楚雄州的突发事件规模下降幅度最大。

（3）边境旅游地突发事件规模高于非边境旅游地。

如图 3-3 所示，2002—2018 年期间，云南突发事件规模的均值均呈现出逐渐下降的趋势，2003 年突发事件规模均值最大，2018 年突发事件规模均值最小。通过对比可知，云南边境旅游地突发事件规模的均值明显高于非边境旅游地，云南边境旅游地区均值变化呈现出较强的波动性，非边境旅游地区均值变化较为平稳，说明边境旅游地更容易发生突发事件。

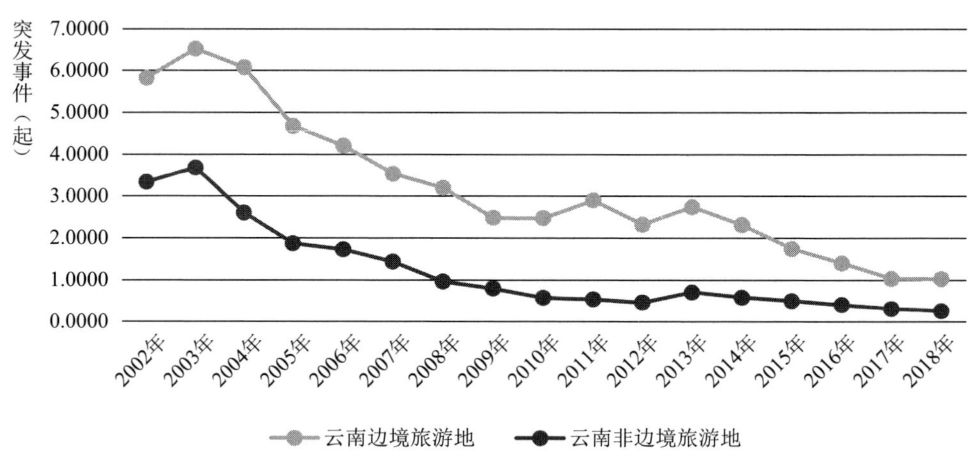

图 3-3　突发事件均值变化趋势图

（4）边境旅游地区突发事件均存在区域差异。

图 3-4 为云南边境旅游地区以及一般发展水平、中等发展水平和较高发展水平边境旅游地的突发事件规模的平均水平。如图 3-14 所示，不同发展水平边境旅游地突发事件规模均呈现出下降趋势，对比三个发展水平边境旅游地和云南边境旅游地突发事件平均水平，整体而言，较高发展水平边境旅游地＞云南边境地区＞一般发展水平边境旅游地＞中等发展水平边境旅游地。其中中等发展水平边境旅游地突发事件水平在 2002—2018 年期间均低于云南边境旅游地区，较高发展水平边境旅游地突发事件水平在 2005 年以后高于云南边境旅游地区，一般发展水平边境旅游地突发事件水平于 2006 年低于云南边境旅游地区，之后虽有波动，但最接近于云南边境地区。

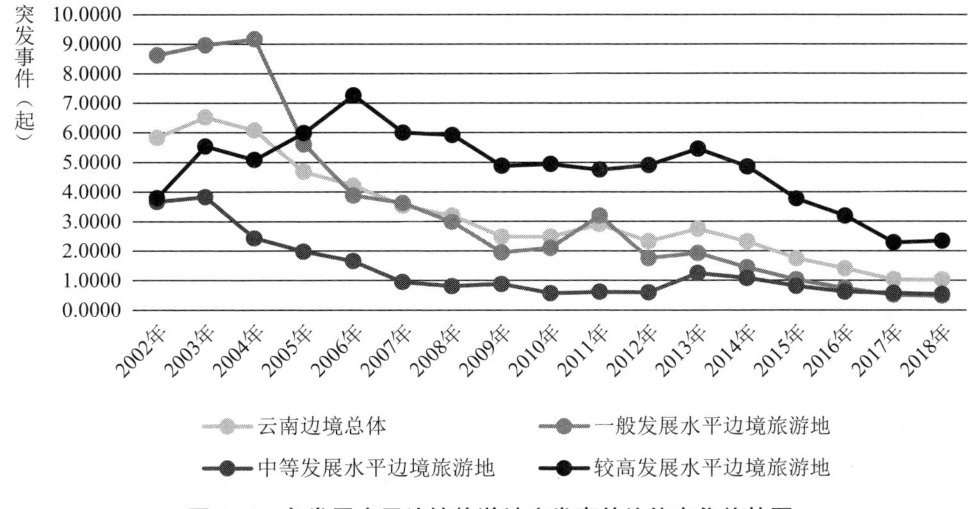

图 3–4　各发展水平边境旅游地突发事件均值变化趋势图

（三）突发事件与云南边境旅游相关性分析

由前文得知云南边境旅游地比非边境旅游地更容易发生突发事件，那其旅游业是否更容易受到突发事件的影响以及影响的程度大小和方向如何将是本章探讨的主要内容。本章基于 2002—2018 年云南边境旅游地的面板数据，通过线性回归测度突发事件对云南边境旅游的线性影响，同时对比各个发展水平边境旅游地受到影响的差异，探究云南边境旅游受突发事件影响的地域差异。

1. 分析方法与数据来源

在进行回归分析之前，先对几个变量元素进行相关性分析，衡量几个变量因素的相关密切程度，相关性不等于因果性，目的是剔除不相关因素，使回归分析结果更准确，分析利用 SPSS26.0 进行皮尔逊相关性分析。为了更好探讨突发事件对云南边境旅游的影响，因变量除边境旅游相关指标外，加入入境旅游，国内旅游和总体旅游的相关指标，通过对比的方法，分析结果，得出结论。具体的因变量指标包括表征边境旅游的口岸入境一日游外汇收入和口岸入境一日游人数，表征入境旅游市场的入境旅游者人数，表征国内旅游的国内旅游人数和表征总体旅游的旅游总收入；文中未加入控制变量。

指标中的原始数据来源与前文相同，新增的乙类传染病发病率来源于统计年鉴中卫生防疫板块。

2. 分析结果

结合表 3-3 和表 3-4，得出以下分析结果，其中 FEI 表示口岸入境一日游外汇收入，NOV 表示口岸入境一日游旅游人数，TTR 表示旅游总收入，NOI 表示入境旅游人数，NOD 表示国内旅游人数。

（1）突发事件与云南边境旅游地的相关性高于非边境旅游地区。

由表得知，云南边境旅游地区每个州市至少和两个突发事件相关，而非边境旅游地区相关性呈现出不均衡的特点，有的州市相关性较低，只与一种类型突发事件相关，有的州市相关性较高，与四种类型突发事件均相关。从整体来看，突发事件与云南边境旅游地区的相关性高于非边境旅游地区。

（2）突发事件与不同发展水平边境旅游地相关性存在差异。

由表得知，一般发展水平边境旅游地均与道路交通事故和乙类传染病发病率无关，中等发展水平边境旅游地与边境事件和火灾事故相关性较高，较高发展水平边境旅游地与突发事件相关性最高，几乎同每一种类型突发事件都相关。

（3）不同类型突发事件与云南边境旅游相关性存在差异。

由表得知，边境事件与云南边境旅游相关性最高，每个州市均相关，其次是火灾事故，有 5 个州市与其相关，接着是突发公共卫生事件，相关性最低的是道路交通事故。

表 3-3　突发事件与云南边境旅游地区相关性分析结果

地区		边境事件（起）	道路交通事故（起）	火灾事故（起）	突发公共卫生事件（起）	乙类传染病发病率（/十万）
保山市	FEI（亿美元）	0.705**	−0.242	−0.149	−.624**	0.093
	NOV（万人次）	0.674**	−0.212	−0.214	−.672**	0.211
	TTR（亿元）	0.767**	0.132	0.175	−0.387	0.356
	NOI（万人次）	0.664**	−0.099	0.062	−0.536*	0.069
	NOD（万人次）	0.757**	0.062	0.13	−0.417	0.309

续表

地区		边境事件（起）	道路交通事故（起）	火灾事故（起）	突发公共卫生事件（起）	乙类传染病发病率（/十万）
普洱市	NOI（万人次）	0.672**	−0.302	0.791**	−0.105	0.395
	TTR（亿元）	0.586*	−0.305	0.722**	−0.159	0.313
	NOV（万人次）	0.696**	−0.034	0.659**	0.602*	−0.136
	FEI（亿美元）	0.707**	−0.193	0.837**	0.107	0.138
	NOD（万人次）	0.623**	−0.346	0.745**	−0.205	0.385
临沧市	NOI（万人次）	−0.669**	−0.312	0.389	0.341	−0.025
	NOD（万人次）	−0.692**	−0.33	0.466	0.299	−0.044
	TTR（亿元）	−0.708**	−0.353	0.490*	0.3	−0.042
	NOV（万人次）	−0.603*	−0.211	0.411	0.196	−0.062
	FEI（亿美元）	−0.660**	−0.315	0.383	0.287	−0.045
文山州	NOI（万人次）	0.673**	−0.575*	0.728**	0.227	0.366
	NOD（万人次）	0.582*	−0.534*	0.641**	0.278	0.302
	TTR（亿元）	0.555*	−0.515*	0.618**	0.296	0.301
	NOV（万人次）	0.563*	−0.502*	0.704**	0.277	0.357
	FEI（亿美元）	0.565*	−0.502*	0.689**	0.302	0.366
西双版纳州	NOI（万人次）	−0.504*	0.031	0.540*	−0.423	0.906**
	NOD（万人次）	−0.393	0.147	0.644**	−0.252	0.933**
	TTR（亿元）	−0.363	0.118	0.681**	−0.21	0.926**
	NOV（万人次）	−0.580*	−0.191	0.42	−0.554*	0.824**
	FEI（亿美元）	−0.534*	−0.168	0.489*	−0.483*	0.870**
德宏州	NOI（万人次）	−0.407	−0.185	0.880**	0.723**	0.674**
	NOD（万人次）	−0.393	−0.129	0.904**	0.673**	0.658**
	TTR（亿元）	−0.34	−0.105	0.881**	0.690**	0.691**
	NOV（万人次）	−0.495*	−0.237	0.937**	0.694**	0.561*
	FEI（亿美元）	−0.494*	−0.212	0.934**	0.694**	0.578*
红河州	NOI（万人次）	0.673**	−0.575*	0.728**	0.227	0.366
	NOD（万人次）	0.582*	−0.534*	0.641**	0.278	0.302
	TTR（亿元）	0.555*	−0.515*	0.618**	0.296	0.301
	NOV（万人次）	0.563*	−0.502*	0.704**	0.277	0.357
	FEI（亿美元）	0.565*	−0.502*	0.689**	0.302	0.366
**. 在 0.01 级别（双尾），相关性显著。						
*. 在 0.05 级别（双尾），相关性显著。						

表 3–4　突发事件与云南非边境旅游地区相关性分析结果

城市		乙类传染病发病率（/十万）	突发公共卫生事件（起）	火灾事故（起）	道路交通事故（起）	毒品案件（起）
曲靖市	NOI（万人次）	−0.349	0.06	−0.176	−0.047	0.759**
	NOD（万人次）	−0.033	0.009	−0.082	0.207	0.624**
	TTR（亿元）	−0.014	0.003	−0.066	0.207	0.602*
玉溪市	NOI（万人次）	−.0703**	0.557*	0.025	0.763**	0.629**
	NOD（万人次）	−0.358	0.587*	0.24	0.701**	0.239
	TTR（亿元）	−0.719**	0.461	0.15	0.826**	0.415
昭通市	NOI（万人次）	0.275	−0.620**	0.425	−0.468	0.873**
	NOD（万人次）	0.139	−0.589*	0.3	−0.133	0.896**
	TTR（亿元）	0.086	−.0538*	0.283	0.02	0.828**
丽江市	NOI（万人次）	−0.08	−0.187	0.39	−0.08	0.739**
	NOD（万人次）	−0.205	−0.188	0.463	0.124	0.921**
	TTR（亿元）	−0.241	−0.155	0.465	0.121	0.933**
楚雄州	NOI（万人次）	−0.119	0.607**	0.12	−0.663**	0.065
	NOD（万人次）	−0.105	0.642**	0.31	−0.645**	0.003
	TTR（亿元）	−0.072	0.637**	0.469	−0.520*	−0.006
大理州	NOI（万人次）	−0.633**	−0.671**	0.758**	0.246	0.632**
	NOD（万人次）	−0.651**	−0.612**	0.700**	0.26	0.678**
	TTR（亿元）	−0.647**	−0.559*	0.659**	0.264	0.683**
迪庆州	NOI（万人次）	−0.357	−0.453	−0.274	0.238	0.186
	NOD（万人次）	−0.042	−0.510*	−0.498*	0.683**	0.274
	TTR（亿元）	−0.027	−0.499*	−0.503*	0.676**	0.295
**. 在 0.01 级别（双尾），相关性显著。						
*. 在 0.05 级别（双尾），相关性显著。						

资料来源：SPSS26.0 分析结果。

（四）突发事件对云南边境旅游影响程度分析

1. 分析方法和数据来源

为了进一步探究云南边境旅游受突发事件影响的程度，在相关性分析的基础上，对其进行回归分析，分析借助 SPSS26.0 完成，分析过程中剔除不相关的指标，只代入有相关性的指标。

所有的原始数据均和上文来源相同。

2. 分析结果

结合表 3-5，可得出以下几个结论。

（1）云南边境旅游地区旅游业更易受到突发事件影响。

从结果得知，不论边境地区还是非边境地区，单独的州市中边境旅游、入境旅游、国内旅游和总体旅游往往受单一类型的突发事件影响较多。边境地区中入境旅游和边境旅游受突发事件影响最大，5 种突发事件对其均有影响且伴随着同时受到多种突发事件影响的特点，国内旅游和总体旅游基本受单一突发事件影响。非边境地区入境旅游较少受突发事件影响甚至不受影响，国内市场和总体旅游受毒品案件影响较多，且都是正向影响。通过比较，整体而言，云南边境旅游地旅游业更易受到突发事件影响。

（2）不同类型突发事件对边境旅游的影响程度不同。

总体来说，边境事件对边境旅游影响最大，其次是道路交通事故和火灾事故，乙类传染病发病率和突发公共卫生事件的影响最小。不难发现，影响结果和突发事件发生规模密切相关，由于边境旅游地特殊的地理位置，边境事件包括“三非”、走私、贩毒、贩卖人口等事件层出不穷，并且发生频率很高，这也是导致其对边境旅游影响最大的原因之一；道路交通事故和火灾事故作为常规性突发事件，也成为影响边境旅游的主要因素；突发公共卫生事件发生频率不高，往往能得到较好的处置，所以对边境旅游影响较低；乙类传染病发病率与自然环境相关，难以成为影响整体的主要因素。

（3）突发事件对云南不同发展水平边境旅游地区影响不同。

通过对比，可以发现一般发展水平边境旅游地基本受单一类型突发事件影响，中等发展水平边境旅游地受单一类型突发事件影响甚至不受突发事件影响，较高发展水平边境旅游地受两种或两种以上类型突发事件影响。其中一般发展水平边境旅游地和较高发展水平边境旅游地边境旅游受突发事件的影响大于中等发展水平边境旅游地，这与上文中边境地区突发事件水平均值结果相吻合，说明突发事件的规模水平成为边境旅游受影响的主要原因。

（4）不同类型突发事件对非边境旅游地的影响程度亦不相同。

总体来说，毒品案件的发生对非边境旅游地影响最大，其次是道路交通事故和突发公共卫生事件，乙类传染病发病率和火灾事故对非边境旅游地几乎没有影响。不难发现，非边境旅游地毒品案件发生频率高的同时处理的力度也大，分析结果表明，提高毒品案件的查处能力，维护区域治安稳定，对地区旅游发展有促进作用；道路交通事故发生频率高，但处理及时，完善地区交通体系，对地区旅游发展亦有促进作用。

表 3–5　云南 14 州市边境旅游受突发事件影响结果

分类	州市	入境旅游	国内旅游	总体旅游	边境旅游
边境地区	保山市	受边境事件正向影响（0.013）	受边境事件正向影响（2.465）	受边境事件正向影响（0.034）	受突发公共卫生事件和边境事件负向影响（−0.001、−0.062）
	普洱市	受火灾事故正向影响（0.048）	受火灾事故正向影响（17.587）	受火灾事故正向影响（1.801）	受火灾事故和道路交通事故正向影响（0.001、0.011）
	临沧市	受乙类传染病负向影响（−0.112）	受乙类传染病负向影响（−17.376）	受乙类传染病负向影响（−1.659）	受乙类传染病发病率负向影响（−0.002）
	文山州	受乙类传染病发病率正向影响，受突发公共卫生事件负向影响（0.018、−0.16）	受突发公共卫生事件负向影响（−31.879）	不受突发事件影响	不受突发事件影响
	西双版纳州	受边境事件正向影响（0.026）	受边境事件正向影响（1.391）	受边境事件正向影响（0.232）	受边境事件正向影响（0.033）
	德宏州	受火灾事故、道路交通事故、边境事件正向影响（0.132、0.078、0.006）	受火灾事故正向影响（5.824）	受火灾和道路交通事故正向影响（1.097）	受火灾事故、道路交通事故正向影响，受乙类传染病发病率负向影响（0.578、0.355、−0.001）
	红河州	受道路交通事故和边境事件正向影响（0.002、0.007）	受道路交通事故和边境事件正向影响（0.147、0.708）	受道路交通事故和边境事件正向影响（0.013、0.107）	受道路交通事故和边境事件正向影响（6.276、9.528）

续表

分类	州市	入境旅游	国内旅游	总体旅游	边境旅游
非边境地区	曲靖市	受毒品案件正向影响（0.005）	受毒品案件正向影响（4.014）	受毒品案件正向影响（0.467）	——
	玉溪市	受道路交通事故正向影响（0.001）	受道路交通事故正向影响（6.678）	受道路交通事故正向影响，受乙类传染病负向影响（0.548、−0.847）	——
	昭通市	不受突发事件影响	受毒品案件正向影响（10.654）	受毒品案件正向影响（0.462）	——
	丽江市	受毒品案件正向影响（0.250）	受毒品案件正向影响（10.552）	受毒品案件正向影响（2.282）	——
	楚雄州	不受突发事件影响	不受突发事件影响	不受突发事件影响	——
	大理州	不受突发事件影响	受毒品案件正向影响（3.638）	受毒品案件正向影响（0.708）	——
	迪庆州	不受突发事件影响	受突发公共卫生事件负向影响；受道路交通事故正向影响（−64.572、19.839）	受突发公共卫生事件负向影响，受道路交通事故正向影响（−7.370、2.277）	——

资料来源：作者根据 SPSS26.0 分析结果整理。

五、突发事件对边境旅游地脆弱性影响

（一）云南边境旅游地脆弱性水平测度

突发事件除对边境旅游地的边境旅游产生影响外，还对边境旅游地脆弱性产生影响。虽然在突发事件发生之前，脆弱性即存在，但突发事件带来的干扰和不利因素同样会对边境旅游地脆弱性产生影响，影响涉及旅游经济、社会、环境等方面。而本研究主要探讨边境旅游地经济系统受突发事件影响的结果，所以本章将基于脆弱性理论，利用旅游脆弱性模型，加入突发事件评价指标，进一步分析突发事件对云南边境旅游地脆弱性影响。

1. 云南边境旅游地脆弱性指标体系

学术界关于脆弱性评价的常用模型之一是“敏感性（Sensitivity）—应对

能力（Resilience）”模型，简称 S/R 模型，相应公式为：

$$Ei = \frac{Si}{Ri}$$

其中，Ei 是指第 i 年的脆弱性值，Si 是第 i 年的敏感性值，Ri 是第 i 年的应对能力值。结合边境旅游的特征，基于指标的可获得性、科学性等原则，借鉴学者们已有的研究成果，并根据不同类型的研究对象，构建云南边境旅游脆弱性评价指标体系（表 3-6），表中指标属性为正（+），为正向指标，指标属性为负（-），为负向指标。

（1）敏感性指标。

指标选取时考虑三种类型，一是表征地区经济对旅游业依赖度的指标即 $S1$ 和 $S2$；二是表征边境旅游发展水平的指标即 $S3$ 和 $S4$；三是由于本章着重分析突发事件对边境旅游脆弱性的影响，所以加入表征突发事件发生水平的指标即 $S5$ 乙类传染病发病率、$S6$ 突发公共卫生事件发病率、$S7$ 火灾事故增长率、$S8$ 道路交通事故增长率和 $S9$ 边境事件增长率，其中边境事件是指“三非”、走私、贩毒、贩卖人口等事件。其中，$S1$、$S3$、$S4$、$S5$、$S6$、$S7$、$S8$ 和 $S9$ 可以通过统计年鉴并进行相应计算获得，S2 旅游业增长弹性系数 = 旅游收入增长率 /GDP 增长率。

（2）应对能力指标。

选择指标时考虑四种类型。一是表征该地区总体经济实力的指标，即 $R1$，$R2$，$R3$，$R4$ 和 $R6$，二是表征地区旅游业增长能力的指标即 $R5$，三是表征地区科技水平的指标即 $R7$，四是由于旅游危机管理是应对紧急情况，减少旅游危机的可能性并降低旅游业脆弱性的重要途径，而政府在其中起至关重要的作用，所以加入能衡量政府处理危机能力的重要指标即应急管理信息处理件数 $R8$ 及行政审批和服务事项办结率 $R9$。其中，$R1$、$R4$、$R5$、$R6$、$R7$、$R8$ 和 $R9$ 可以通过统计年鉴或进行相应计算获得，$R2$ 地方财政自给率 = 地方财政收入 / 地方财政支出，$R3$ 产业结构多样化指数的计算方法为：

$$H = \frac{1}{\sum_{j=1}^{n} X_j^2} \quad (j=1,2,3)$$

表 3-6　云南边境地旅游脆弱性评价指标体系

一级指标	代码	二级指标	指标含义
敏感性	S_1	旅游收入占 GDP 比重（+）	区域经济发展对旅游业的依赖性
	S_2	旅游业增长弹性系数（-）	旅游发展对经济增长的反应程度
	S_3	口岸入境一日游旅游人数（-）	边境旅游吸引力
	S_4	口岸入境一日游外汇收入（-）	边境旅游收入水平
	S_5	乙类传染病发病率（+）	乙类传染病发病水平
	S_6	突发公共卫生事件增长率（+）	突发公共卫生事件增长水平
	S_7	火灾事故增长率（+）	火灾事故增长水平
	S_8	道路交通事故增长率（+）	道路交通事故增长水平
	S_9	边境事件增长率（+）	边境事件增长水平
应对能力	R_1	GDP 总量（-）	区域经济实力
	R_2	地方财政自给率（-）	地方财政自给自足能力
	R_3	产业结构多样化指数（-）	区域产业结构的多样性状况
	R_4	GDP 增长率（-）	区域经济增长能力
	R_5	旅游收入增长率（-）	区域旅游业增长能力
	R_6	进出口总额（-）	区域对外贸易总规模
	R_7	科技人员数（-）	区域科技水平
	R_8	政府应急管理信息处理件数（-）	区域应急管理水平
	R_9	政府行政审批和服务事项办结率（-）	政府有效处理信息能力

2. 脆弱性评价方法与数据来源

本研究采用熵值法计算云南边境旅游地脆弱性各指标的权重，其计算公式为：

$$E_n = -\sum_{t=1}^{m} p_t \ln p_t$$

具体计算过程如下：

第一步，计算第 t 年第 k 项指标占比：

$$p_{tk} = \frac{x_{tk}}{\sum_{t=1}^{m} x_{tk}}$$

第二步，计算第 t 年第 k 项指标的信息熵值：

$$e_{tk} = -\frac{1}{\ln m}\sum_{t=1}^{m} p_{tk} \ln p_{tk}$$

第三步，计算第 t 年第 k 项指标的效用值：

$$d_{tk}=1-e_{tk}$$

第四步，计算第 t 年第 k 项指标的权重值：

$$w_{tk}=\frac{d_{tk}}{\sum_{k=1}^{m}d_{tk}}$$

由于原始数据的评估指标不同，各评价指标之间在数量级上存在差异，因此研究需先对原始数据进行无量纲化处理，使指标处于同一数量级别上。由于指标属性不同，需采取不同的标准化方式，具体公式如下：

正向指标无量纲化方式：

$$X_{tk}=\frac{x_{tk}-\min\{x_{tk}\}}{\max\{x_{tk}\}-\min\{x_{tk}\}}$$

负向指标无量纲化方式：

$$X_{tk}=\frac{\max\{x_{tk}\}-x_{tk}}{\max\{x_{tk}\}-\min\{x_{tk}\}}$$

数据来源。原始数据来源于 2001—2019 年云南省各州市统计年鉴、2001—2019 年云南省各州市国民经济与社会发展统计公报以及 EPS 数据库，新增的政府应急管理信息处理件数及行政审批和服务事项办结率均来源于统计年鉴中州 / 市人民政府办公室。

3. 脆弱性评价结果

通过上文的计算方法，得到云南各边境旅游地的脆弱性指标权重值，再通过指标权重与指标值算出 2002—2018 年各边境旅游地的敏感性值和应对能力值，最后通过 S/R 模型得到历年各州市的边境旅游地脆弱性结果。分析图表，可得出以下结论。

（1）突发事件增长率对云南边境旅游地脆弱性有较大影响。

从敏感性和应对能力指标权重结果中得知，敏感性指标权重（0.0613）大于应对能力权重指标（0.0498），其中旅游收入占 GDP 比重和政府行政审批和服务事项办结率的权重位居第一第二，说明各地区旅游业发展和政府有效处理信息的能力呈现出较大差异，对该地脆弱性有明显影响。除此之外，火灾事故增长率、突发公共卫生事件增长率、道路交通事故增长率、边境事件增长率和乙类传染病发病率权重指标分别紧随其后，说明突发事件增长率对边境旅游地脆弱性的影响较大。

（2）突发事件规模与云南边境旅游地脆弱性总体成反比。

结合图 3-5 和图 3-6 可知，云南边境旅游地突发事件规模在 2002—2018 年期间总体呈现出下降的趋势且逐年下降，各州市突发事件规模在 2018 年达到最低。但在 2002—2018 年期间，云南边境旅游地脆弱性总体呈现出上升的趋势且逐年上升，在 2018 年达到最高值，说明总体而言，突发事件规模与云南边境旅游地脆弱性成反比，即突发事件规模越小，脆弱性越大，反之成立。

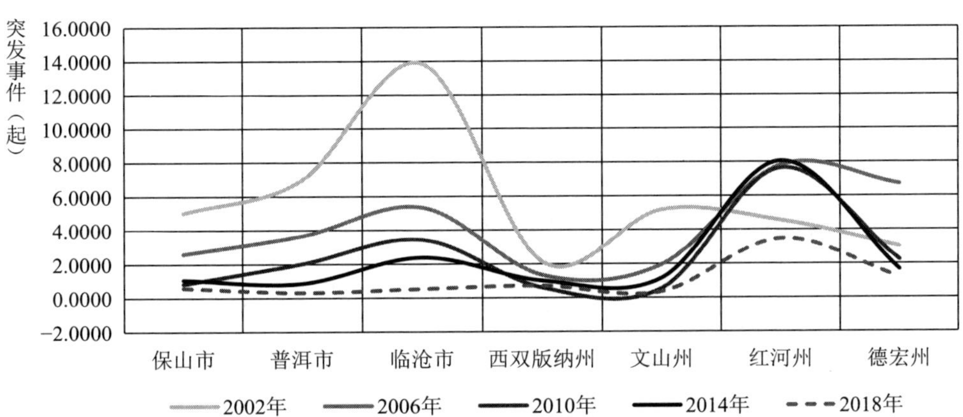

图 3-5　2002、2006、2010、2014、2018 年云南边境旅游地突发事件规模变化趋势

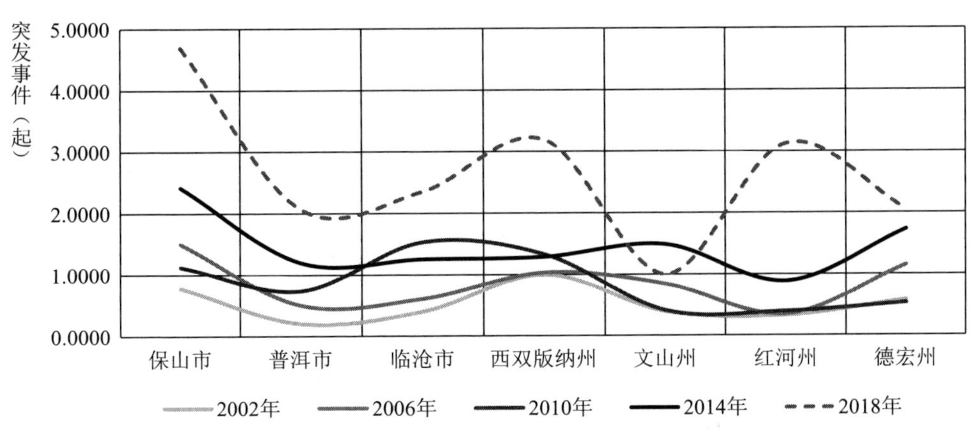

图 3-6　2002、2006、2010、2014、2018 年云南边境旅游地脆弱性变化趋势

（3）不同发展水平边境旅游地脆弱性具有相似性。

图 3-7 是云南边境地区总体和一般发展水平、中等发展水平、较高发展

水平脆弱性均值变化趋势图，由图 3-7 可知，2002—2018 年云南省边境旅游地脆弱性一直保持在较高水平，且总体呈现出较强的波动性，不同发展水平边境旅游地脆弱性均值变化有很强的相似性，首先均呈现出上升的趋势，其次具有相似的变化趋势，2009 年之前变化幅度极小，2009—2011 年缓慢下降，2011—2013 年逐渐上升，均于 2013 年达到一个波峰，之后呈现出下降又上升的趋势。

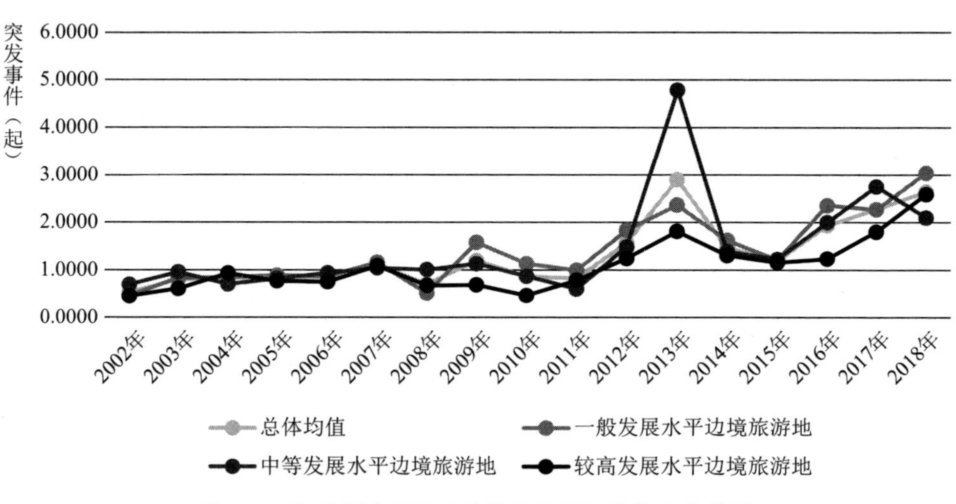

图 3-7　各发展水平边境旅游地脆弱性均值变化趋势

（4）突发事件增长率造成边境旅游地脆弱性波动明显。

图 3-8 为一般发展水平边境旅游地脆弱性的变化趋势图，由图 3-8 可知，一般发展水平的几个边境旅游地脆弱性在 2002—2018 年期间波动最强，具有多个波峰波谷且位置相似，2008 年之前波动较缓，之后波动起伏明显，分别在 2009 年前后，2013 年前后和 2016 年前后有较为突出的波峰。保山市于 2009 年、2013 年、2016 年和 2018 年有明显的波峰，原因在于 2009 年突发公共卫生事件增长率高，2013 年火灾事故增长率高，2016 年和 2018 年乙类传染病发病率高；普洱市于 2007 年和 2012 年有明显的波峰，原因在于 2007 年突发公共卫生事件和边境事件增长率高，2012 年边境事件增长率高；临沧市于 2007 年、2010 年和 2018 年有明显的波峰，原因在于 2007 年突发公共卫生事件增长率和火灾事故增长率高，2010 年火灾事故增长率、道路交通事故增长率和边境事件增长率高，2018 年火灾事故增长率和道路交通事故增长率高。

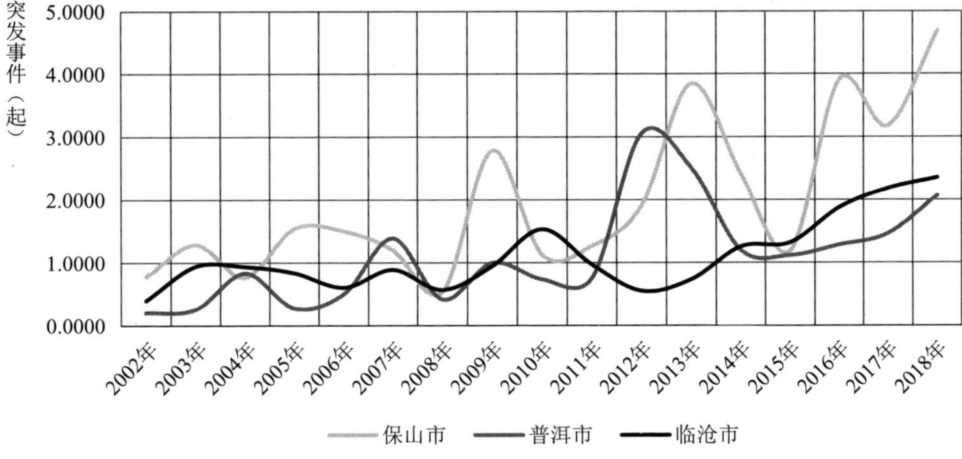

图 3-8　一般发展水平边境旅游地脆弱性变化趋势

图 3-9 为中等发展水平边境旅游地脆弱性的变化趋势图，相较于一般发展水平边境旅游地，其脆弱性变化波动较缓，分别在 2013 年和 2017 年有非常突出的波峰。西双版纳州在 2013 年和 2017 年有明显波峰的原因在于 2013 年火灾事故增长率、乙类传染病发病率和边境事件增长率高，2017 年突发公共卫生事件增长率和道路交通事故增长率高；文山州在 2013 年和 2017 年有明显波峰的原因在于 2013 年火灾事故增长率和边境事件增长率高，2017 年突发公共卫生事件增长率和边境事件增长率高。

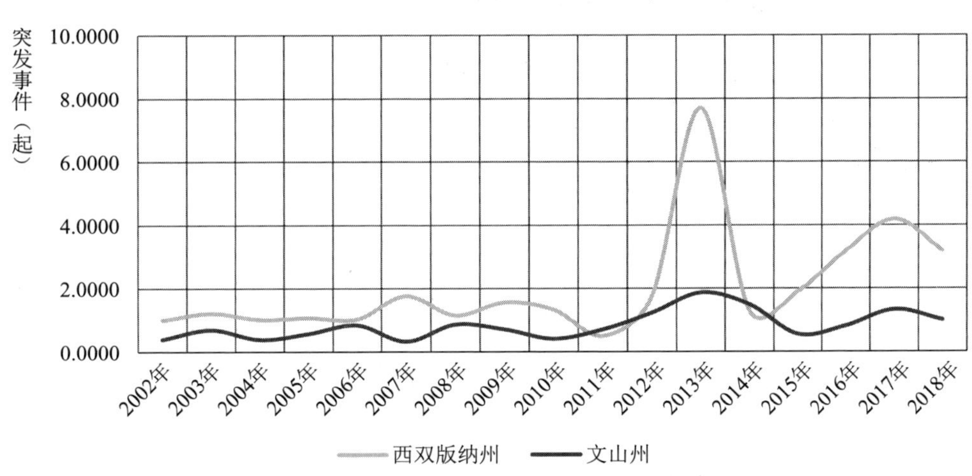

图 3-9　中等发展水平边境旅游地脆弱性变化趋势

图 3-10 为较高水平边境旅游地脆弱性的变化趋势图，其波动趋势低于一

般发展水平边境旅游地，强于中等发展水平边境旅游地，其变化趋势相似性不是很强，但同样在2007年前后，2013年前后和2017年前后有明显的波峰。红河州于2007年、2015年和2018年有明显的波峰，原因在于2007年乙类传染病发病率高，2015年乙类传染病发病率和边境事件增长率高，2018年边境事件增长率高；德宏州于2006年、2013年和2017年有明显的波峰，原因在于2006年乙类传染病发病率和火灾事故增长率高，2013年突发公共卫生事件增长率和道路交通事故增长率高，2017年突发公共卫生事件增长率和火灾事故增长率高。

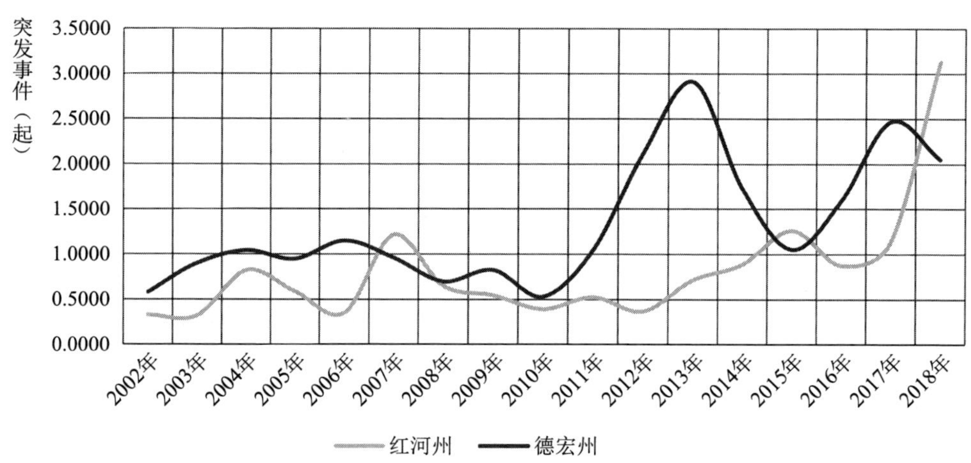

图 3–10　较高发展水平边境旅游地脆弱性变化趋势

（5）边境地区大事件与边境旅游地脆弱性相关性较小。

2004年云南边境贸易政策调整事件，促进了德宏州边境旅游的发展，但从德宏州边境旅游地脆弱性评价结果来看，该年当年的脆弱性指数并未有非常明显的变化特征；2005年云南省边境旅游异地办证业务叫停，对各地边境旅游造成致命性打击，从各边境旅游地的脆弱性评价结果来看，2005年云南省的边境旅游异地办证业务被叫停之后，之后几年西双版纳州、德宏州、文山州、保山市的脆弱性有下降的趋势，说明该政策的实施，使原本频发的各刑事案件频率下降。2011年异地办证业务恢复之后，四个边境旅游地的脆弱性有一定的增长，说明随着跨境活动的增多，影响该地脆弱性的因素也随之增多；2011年湄公河事件发生，从口岸入境一日游旅游人数来看，湄公河事件的发生并未对澜沧江流域的各边境旅游地造成影响，从脆弱性评价结果看，也并未造成显著影响。通过对几个大事件的分析，可以得知边境地区大事件与边境旅游地脆弱性相关性较小，边境地区的绝大多数大事件未对边境旅游地脆弱性起至关重要的作用。

（二）云南边境旅游地脆弱性障碍度测度

1. 分析方法与数据来源

为了发现阻碍云南边境旅游地脆弱性降低的主要影响因素，本节采用障碍度分析的方法进行分析。评价指标是上文中脆弱性评价指标体系中的相应指标，其具体的计算公式为：

$$Z_i=\frac{T_i\times D_i}{\sum_{i=1}^{18}T_i\times D_i}\times 100\%$$

其中 D_i=1−F_i^*，F_i^* 为第 i 个指标标准化后的取值，Z_i 为该指标的脆弱性障碍度，T_i 为该指标的权重值，当 Z_i 越小，该指标对降低该边境旅游地脆弱性的阻碍作用越小，Z_i 越大，该指标对降低该边境旅游地脆弱性的阻碍作用越大。

数据来源。原始数据来源于 2001—2019 年云南省各州市统计年鉴、2001—2019 年云南省各州市国民经济与社会发展统计公报以及 EPS 数据库。

2. 分析结果

将指标数据代入障碍度模型，计算出历年阻碍云南各边境州市脆弱性降低的前五个指标因素（表 3-6），结合表格，得出以下结论。

（1）突发事件增长率成为边境地旅游脆弱性第一障碍度中主要障碍。

阻碍各边境旅游地脆弱性降低的第一障碍因素处于不断变化之中。具体而言：边境旅游地 2002—2018 年第一障碍因素除偶尔出现地方财政自给率（R2）、GDP 总量（R1）、旅游收入增长率（R5）等应对能力指标之外，其余均为敏感性指标，且 9 个指标均出现，其中旅游业增长弹性系数（S2）、口岸入境一日游旅游人数（S3）、口岸入境一日游外汇收入（S4）、乙类传染病发病率（S5）、突发公共卫生事件增长率（S6）、边境事件增长率（S9）等成为第一障碍因素中的主要因素。

（2）各发展水平边境旅游地脆弱性第一障碍度略有差异。

一般发展水平边境旅游地第一障碍因素中口岸入境一日游外汇收入（S4）、乙类传染病发病率（S5）、突发公共卫生事件增长率（S6）为主要因素；中等发展水平边境旅游地第一障碍因素中口岸入境一日游旅游人数（S3）、地方财政自给率（R2）为主要因素；较高水平发展边境旅游地第一障碍因素中旅游业增长弹性系数（S2）、乙类传染病发病率（S5）、边境事件增长率（S9）成为主要因素，其中发展水平最高的德宏州2002—2018年全为敏感性指标。

（3）边境旅游地脆弱性障碍度大小体现出边境旅游发展带动不足。

从障碍度大小来看，阻碍2002—2018年边境旅游地发展脆弱性的影响因素频次出现最高的是进出口总额（R6）、旅游收入占GDP比重（S1）、口岸入境一日游外汇收入（S4），三者出现次数分别为64次、51次、48次，是阻碍边境旅游脆弱性降低的最大因素；其次为GDP总量（R1）、突发公共卫生事件（S6）、口岸入境一日游旅游人数（S4），三者出现的次数分别是48次、43次、41次，是阻碍边境旅游发展脆弱性降低的次要因素；边境事件增长率（S9）、火灾事故增长率（S7）、旅游业增长弹性系数（S2）三项指标依次出现38次、36次、35次，是阻碍边境旅游地发展脆弱性降低的一般因素。

不同发展水平边境旅游地发展脆弱性的影响因素略有差异，一般发展水平边境旅游地障碍度指标出现频次最高的是旅游收入占GDP比重（S1）、口岸入境一日游外汇收入（S4）、突发公共卫生事件增长率（S6），其次是进出口总额（R6）、GDP总量（R1）、旅游业增长弹性系数（S2）等；中等发展水平边境旅游地障碍度指标出现频次最高的是进出口总额（R6）、口岸入境一日游旅游人数（S3）、旅游收入占GDP比重（S1），其次是道路交通事故增长率（S8）、火灾事故增长率（S7）、GDP总量（R1）等；较高发展水平边境旅游地障碍度指标出现频次最高的是进出口总额（R6）、口岸入境一日游外汇收入（S4）、边境事件增长率（S9），其次是突发公共卫生事件增长率（S6）、GDP总量（R1）、旅游收入占GDP比重（S1）等。不难发现边境旅游地无论发展水平如何，其发展脆弱性障碍度除了突发事件增长率相关指标之外，都有边境发展水平的指标，说明边境旅游发展水平带动不足。

（4）边境地区大事件与边境旅游地脆弱性障碍度相关较强。

结合表3-7和表3-8分析边境地区大事件与边境旅游地脆弱性障碍度相关性。2004年云南边贸政策调整之后，从边境旅游地脆弱性障碍度分析结果来看，阻碍该地该年脆弱性降低的主要因素仍有口岸入境一日游外汇收入，说明其带动能力仍然不足；2005 年云南省边境旅游异地办证被叫停之后，从各边境地区脆弱性障碍度分析结果来看，阻碍德宏州 2005—2011 年脆弱性降低的主要因素都有口岸入境一日游外汇收入，2011 年之后便再没出现该指标。阻碍文山州 2005—2011 年脆弱性降低的第一障碍都是口岸入境一日游旅游人数，2011 年之后再没出现该指标。其余保山市、西双版纳州和红河州 2005—2011 年脆弱性障碍度均未出现表征边境旅游发展水平的指标。综合来看，该突发事件的发生对不同边境旅游地影响不同，当边境旅游受到严重影响时，便成了阻碍其脆弱性降低的主要因素；2011 年湄公河事件发生之后，从边境旅游地脆弱性障碍度分析结果来看，当年阻碍澜沧江流域各边境州市脆弱性降低的因素里均出现边境事件增长率。综合来看，当发生的突发事件在特定环境下时，该地受到的影响是有限的，障碍度更能和突发事件相对应。

表 3-7　云南边境旅游地脆弱性第一障碍度分析

	保山市	普洱市	临沧市	文山州	西双版纳州	德宏州	红河州
2002 年	S2	S6	S4	S3	S9	S5	S2
2003 年	R2	S9	S4	S3	S5	S5	S2
2004 年	S8	R6	S4	S1	R2	S5	S2
2005 年	S1	S6	S4	S3	R2	S5	R5
2006 年	S9	S6	S4	S3	R6	S5	S2
2007 年	S8	S4	S4	S3	S8	S9	S6
2008 年	S5	S4	S4	S3	R2	S4	S6
2009 年	S5	S7	S3	S3	R2	S9	S7
2010 年	S5	S4	S7	S3	R2	S9	S6
2011 年	S5	S4	S3	S3	R2	S9	S2
2012 年	S5	S4	S3	S9	R2	S7	S2
2013 年	S5	R2	S3	S1	S9	S9	S2
2014 年	S5	S6	R1	S7	S3	S3	S5
2015 年	S5	S6	S2	S8	S3	S9	S5
2016 年	R1	R1	S2	S2	S3	S3	S6
2017 年	S5	S6	S2	S2	R2	S3	R5
2018 年	R7	R1	S2	S2	R2	S3	S6

表 3-8 云南边境州市脆弱性障碍度大小分析表

分类	州市	最大因素	次要因素	一般因素
边境旅游地	保山市	旅游收入占 GDP 比率、乙类传染病发病率、道路交通事故增长率	突发公共卫生事件增长率、GDP 总量、地方财政自给率	进出口总额、火灾事故增长率、政府应急管理信息处理件数
	普洱市	旅游收入占 GDP 比重、口岸入境一日游外汇收入、突发公共卫生事件增长率	进出口总额、GDP 总量、边境事件增长率、科技人员数	旅游业增长弹性系数、地方财政自给率
	临沧市	口岸入境一日游人数、口岸入境一日游外汇收入、进出口总额	旅游业增长弹性系数、GDP 总量、突发公共卫生事件增长率、火灾事故增长率	旅游收入占 GDP 比重、科技人员数
	文山州	旅游收入占 GDP 比重、口岸入境一日游人数、口岸入境一日游外汇收入	火灾事故增长率、进出口总额	GDP 总量、道路交通事故增长率
	西双版纳州	地方财政自给率、进出口总额、道路交通事故增长率	乙类传染病发病率、口岸入境一日游人数、GDP 增长率	GDP 总量、火灾事故增长率、边境事件增长率
	德宏州	进出口总额、口岸入境一日游外汇收入、边境地区突发事件增长率	旅游收入占 GDP 比重、口岸入境一日游人数、GDP 总量	乙类传染病发病率、突发公共卫生事件增长率
	红河州	旅游业增长弹性系数、突发公共卫生事件增长率、进出口总额	旅游收入占 GDP 比重、GDP 总量、地方财政自给率	口岸入境一日游外汇收入、边境事件增长率、产业结构多样化指数

六、云南边境旅游地突发事件应对措施

上文的研究结果表明，突发事件对边境旅游地边境旅游市场以及脆弱性都产生非常显著的影响，虽然边境区域经济随着时代的发展不断提升，各应对能力指标从原始数值看也不断增加，应对能力逐步增强，但由于受突发事件的影响，区域敏感性难以有较大的改善，整体表现出较高的脆弱性。具体来说，边境旅游地自身的经济发展水平，边境旅游的发展水平，旅游业发展与经济发展之间的匹配程度、突发事件的增长率等成为边境旅游地发展高脆弱性的重要原因。

（一）云南边境旅游地敏感性应对

1. 树立常态化治理理念

上文研究结果表明，突发事件的规模成为影响边境旅游的主要因素，规

模越大，受影响的程度越大，且边境旅游脆弱性敏感性指标中各类突发事件增长率成为该地区敏感性指数较高的主要原因，当突发事件发生在较低水平时，不会对边境旅游地产生很大的影响，但若突发事件处于高发态势，则也会对边境旅游产生重大影响。尤其从长期的角度看，危机性已成为现代社会的显著特征，边境地区旅游产业对外部环境和经济政治等因素的敏感性很高，在突发事件的应对由随机偶然地趋向持续常态的背景下，边境地区的危机管理也应做相应的范式转化，以危机意识下的常态预防体系替代非常态化的应急处置，建立规范化的应急管理体系，树立常态化的治理理念。不仅仅在发生突发事件时启动治理计划，更在突发事件发生之前，制定危机管理方案，做好常态下的风险评估，预案管理，预案演练和应急准备工作，相关治理实体（如政府、非政府组织、媒体、企业和公众等）应把危机管理作为日常性工作加以确定。

2. 完善公共服务体系

上文的研究结果表明，突发公共卫生事件和道路交通事故的发生对边境旅游地影响较大，但若处理及时，并完善地区服务体系，对地区旅游发展有促进作用，所以边境旅游地需加快推进公共服务体系的建设。具体而言，第一要加快边境地区公共信息服务的推广，完善安全标志制度建设，切实提高边境游客的自主安全保护能力。第二，必须逐步推进边境地区的公共交通服务，改善该地区的路面质量，并根据当地情况发展开展灵活的区域内交通服务，促进“一站式”到站交通系统的建设，以减少交通意外。三是完善公共卫生服务体系，由于边境旅游地通常环境复杂，交通不便，通信落后，其预防和控制网络相对脆弱，在沿边偏远地区无法实施防疫措施，因此，公共卫生突发事件监测，预警和报告系统的建立很有必要。系统可以把收集到的监测、预警信息进行分类处理，进一步综合分析，再及时准确地进行报告，同时接收决策部门的反馈信息，从而可以采取有效的措施来尽快控制或防止扩散。同时，边境地区容易受到外来疾病的威胁，因此也有必要建立一个针对周边国家突发公共卫生事件的信息收集系统，便于加强管理。

3. 坚持总体国家安全观

上文研究结果表明，边境地区的突发事件发生频率高于非边境地区。除一般安全问题（火灾、治安、道路交通事故）外，突发事件的频发导致边境地区旅游环境不稳定，存在许多非传统安全问题（“三非”、毒品贩运、走私等），边境地区的旅游环境正日益面临非传统安全问题的威胁。以上结果表明，边境事件对边境旅游地的影响最大，其主要的原因之一就是发生频率很高，但影响多为正向影响，说明发生频率高的同时，管控力度也进一步得到加强。因此，针对边境事件，防止其发生频率，使边境旅游地保持相对稳定的环境是当务之急，而坚持总体国家安全观，运用非传统安全思想是解决各类边境事件的重要保障。具体而言，及时预防和解决各种冲突，增强边界人民的民族认同感和辨别对错的能力，减少毒品、“三非”和走私等的威胁。同时，必须加强与邻国的信任，就安全发展达成共识，积极与周边国家联系，以建立和完善边境（跨界）地区旅游业发展的安全法规，并对边境（跨界）活动进行监管，营造安全稳定的环境，增强共同抵御风险的能力。

（二）云南边境旅游地脆弱性应对

1. 提升经济发展能力

上文研究结果表明，边境旅游脆弱性评价指标中，除突发事件相关指标外，应对能力指标譬如地方财政自给率和产业结构多样化指数等亦成为阻碍该地脆弱性降低的主要因素。边境旅游地的经济发展水平已经成为地区旅游业快速发展的前提，也是提高旅游系统应对外部风险，降低脆弱性的重要保证。因此，要实现云南边境旅游地经济的可持续发展，减少系统的脆弱性，首先要依靠地方资源优势，地理优势，政策优势等，并抓住“中国—东盟自由贸易区”“大湄公河次区域合作”“一带一路”倡议等发展机遇，按照云南省产业发展部署，对产业结构进行优化，重点发展旅游文化、边境贸易、生物医药和大健康等新兴产业，推进高原特色现代农业、食品与消费品加工制造业等传统产业升级改造，走市场经济之路，促进经济的提升和发展。同时加快推进云南边境旅游地产业多元化发展，为实现旅游业与相关产业的良性互动，应加快发展交通运输、住宿、餐饮、信息、中介、教育、租赁等相关服务业，给旅游业提供良好的产业支撑，建立三维旅游产业格局。

2. 提升边境旅游发展水平

上文研究结果表明，边境旅游发展水平是阻碍边境旅游地脆弱性降低的因素之一，所以发挥地缘区位优势，加强跨境旅游合作并提升边境旅游发展水平成为降低脆弱性的主要途径。云南各边境口岸都积极发展旅游产业，加之云南气候适宜，受限制条件较少，边境旅游的发展前景良好，在云南边境旅游地的经济合作发展较慢的困境下，边境旅游试验区和跨境旅游合作区的建设可以成为云南边境旅游经济合作发展的先行者，通过“两区”的建设，深化跨境旅游合作，开拓旅游市场，降低因市场需求的波动对旅游经济系统的敏感性。具体而言，首先加强云南边境旅游区的旅游基础、跨国通道等基础设施建设，完善澜沧江、元江、怒江等流域陆、海、空跨境旅游交通体系，以昆曼大通道、泛亚铁路等为重要节点，实现水陆联运无缝对接，同时增加跨境航班、跨境专列等，为吸引跨境游客创造条件。其次依托神秘多样的文化、浓郁的边关风情、悠久的边贸历史等丰富边境旅游和跨境旅游产品体系，发展国际和平公园、跨境游道等新兴旅游业态产品，重视口岸城市建设，依托国门、界碑等边境旅游吸引物，促使口岸城市景区化，扩大口岸辐射带动作用。

3. 营造旅游发展软环境

云南省是我国少数民族最多的省份之一，尤其边境旅游地常年受生态问题、经济危机、边境动荡、民族摩擦等问题影响，其脆弱性特征较明显，旅游产业政策体系仍然不健全。为此，需建立旅游产业政策体系框架，融产品开发、文化保护、规划制定、空间布局、法律安全等领域为一体，为边境旅游营造可持续发展的良好软环境基础。具体而言，金融方面需拓宽融资渠道，扩大金融投资，培育金融市场，加强旅游投资开发能力；在现行国家旅游法律法规的基础上，加强民族自治地方旅游法规的设计，加快旅游资源的开发和整合，不断优化旅游产业空间布局。注意尊重和继承当地民族民间传说的传统、习俗和文化信仰，通过民族区域自治政策，克服社会混乱、种族冲突等因素对边境旅游地区的干扰效应，不断降低边境旅游脆弱性。

（三）云南边境旅游地应急保障措施

1. 提升政府应急管理水平

上文研究结果表明，政府的应急管理水平与边境旅游地的脆弱性密切相关。为了确保边境旅游地的安全，防御是第一位的，应急是最重要的，完善边境旅游地的应急管理系统和提升政府应急管理水平将有助于减少突发事件对区域旅游环境和游客造成的损失。可从两个方面入手：第一，提高边境地区旅游风险的预警能力；第二，要增强应急救援能力。在边境州市政府的领导下，各级地方旅游行政管理部门根据当地情况制定风险应急预案，安排安全演习，组织安全教育和培训等，加强安全执法；同时，加强边境应急救援基地的建设，严格按照有关标准和法规，配备相应的应急物资、专业人员等，定期检查和维护，确保及时进行抢救和处理，完善相应的应急救援措施系统，努力建立边境安全保护网络。

2. 提升应急情报技术

在构筑应急政府的当下，重视应急情报的重要性毫不为过，这也是应急管理系统和应急管理能力现代化的重要体现。但实际上，对应急情报系统的功能，作用和运行机制仍然缺乏深入的了解，这导致了应急情报的概念落后或缺乏实践。因此，有必要深入分析应急情报系统的重大疫情防控机制，在此基础上建立合理的情报现场应用策略，打好预防和控制重大疫情的“情报大战”，最终实现数据驱动的范式从“应急管理”到“应急情报”的过渡。面对海量、混乱和无序的信息，有必要在收集、处理、存储、分析和传输中全面使用遥感监测技术、大数据模拟技术、数据压缩技术、智能融合技术以及语义数据关联技术、信息可视化技术等，建立并统一从数据层到资源层再到应用层的多层次集成模型的技术标准和体系。

3. 提升人才储备水平

上文研究结果表明，当地的科技水平是造成脆弱性水平较高的主要因素之一，说明加强地方突发事件治理，需要加强人才队伍培训，同时，突发事件治理所需的人才资源也是应急保障中的重要组成部分，包括了决策管理人员、信息收集发布人员、特定执行者等。具体而言，一是在法律制度的基础上，提供资金保障，以完善应急管理教育培训体系，包括对相关人员的培训和教育、选拔考核、分类分级培训等；二是重视工作实践，完善人才选拔，运用和激励机制，表彰突发事件管理中的优秀人才，并结合对突发事件的应急管理调查评估，对各突发事件管理主体的参与情况进行调查评估；三是对非政府组织的有关人员进行专业选拔或培训，以提高其在治理方面的科学能力，对公民进行应急管理知识宣传教育，提高其自助互助性，这对增强治理能力，提高处理边境突发事件的能力也至关重要。

七、研究结论与讨论

（一）主要研究结论

在边境地区突发事件日益受到重视的背景下，本研究在研究了大量国内外的旅游受突发事件影响评价相关资料，结合云南边境地区旅游发展实际情况，选取较为客观的理论和方法评价了边境旅游地突发事件的水平以及突发事件对边境旅游地边境旅游及脆弱性产生的影响，根据研究结果，提出了相应的边境旅游地突发事件管理建议。本研究主要研究结论有：

第一，对云南边境旅游地不同类型的突发事件进行评价，研究结果表明：（1）云南边境旅游地不同类型突发事件规模不同，道路交通事故＞边境突发事件＞火灾事故＞突发公共卫生事件；（2）在 2002—2018 年期间，云南边境旅游地突发事件规模水平整体呈下降趋势，但同时呈现出较强的波动性；（3）边境旅游地突发事件规模高于非边境旅游地，说明边境旅游地更容易发生突发事件；（4）不同发展水平边境旅游地突发事件规模变化水平存在差异，较高发展水平边境旅游地＞云南边境地区＞一般发展水平边境地区＞中等发展水平边境旅游地。

第二，对云南边境旅游受突发事件影响程度进行分析，研究结果表明：（1）突发事件与云南边境旅游的相关性高于非边境地区，云南边境地区旅游业更易受到突发事件影响；（2）边境事件与云南边境旅游相关性最高，其次是火灾事故和突发公共卫生事件，相关性最低的是道路交通事故；（3）云南边境旅游受突发事件规模影响，边境事件对边境旅游影响最大，其次是道路交通事故和火灾事故，乙类传染病发病率和突发公共卫生事件的影响最小；（4）不同发展水平边境旅游地边境旅游受突发事件影响不同，一般发展水平边境旅游地和较高发展水平边境旅游地边境旅游受突发事件的影响大于中等发展水平边境旅游地，与边境地区突发事件水平均值结果相吻合。

第三，基于脆弱性理论、事故致因理论等，借助历时性的客观数据构建云南边境旅游地脆弱性评价体系，加入突发事件相关指标，以实现对边境旅游地脆弱性的客观评价。评价结果表明：（1）突发事件增长率对云南边境旅游地脆弱性有较大影响，各突发事件增长率指标权重值均位列前茅；（2）突发事件规模与云南边境旅游地脆弱性总体成反比，云南边境旅游地突发事件规模在2002—2018年期间总体呈现出下降的趋势且逐年下降，各州市突发事件规模在2018年达到最低。但在2002—2018年期间，云南边境旅游地脆弱性总体呈现出上升的趋势且逐年上升，在2018年达到最高值；（3）不同发展水平边境旅游地脆弱性均值变化有很强的相似性，首先均呈现出上升的趋势，其次具有相似的变化趋势；（4）突发事件增长率造成边境旅游脆弱性波动明显；（5）边境地区大事件与边境旅游地脆弱性相关性较小，对云南边境地区的几个大事件进行分析，可知边境地区的绝大多数大事件未对边境旅游地脆弱性起至关作用。

第四，对各个脆弱性评价指标阻碍边境旅游地脆弱性降低的能力程度进行评估，评估结果表明：（1）突发事件增长率成为边境旅游地脆弱性第一障碍度中主要障碍；（2）边境旅游脆地弱性障碍度大小体现出边境旅游发展带动不足，边境旅游地无论发展程度如何，其发展脆弱性障碍度除了突发事件增长率相关指标之外，都有边境发展水平的指标；（3）边境地区大事件与边境旅游地脆弱性障碍度相关较强，当突发事件发生在特定环境下时，该地区受到的影响是有限的，障碍度更能和突发事件相对应；（4）总体而言，云南边境旅游地对重大正面事件和重大负面事件的反应比较复杂，只有当危机事件或正面事件的影响绝对占主导地位时，才会表现出更加明显的特征。

（二）创新与贡献

第一，研究视角创新。论文通过大量的文献检索，发现关于边境旅游的研究重视“边境旅游的发展”问题，却忽略了“突发事件”对边境旅游的影响。因此，论文突破了边境旅游研究视角，站在安全管理的视角研究边境旅游，是对边境旅游理论研究的深化。

第二，分析框架创新。为了有效地对边境旅游地和非边境旅游地受突发事件影响的差异进行分析，论文采用较新的分析方式建立研究框架，采用脆弱性评价及障碍度测度方法，揭示了突发事件对边境旅游地造成影响的程度和因素，为制定边境旅游地应急管理措施建立理论依据。

第三，对策视角创新。虽然国内外学者对边境地区突发事件的研究背景不同，但经过长期的实践研究，人们对多个学科内容进行整合，将各种研究理论进行发展延伸，并最终形成较为完善的应急管理体系。但是，在现有的比较研究中，实证分析多集中于某一单一部门。论文从敏感性应对、脆弱性应对和应急措施三个层面对云南边境旅游应对突发事件的对策措施提出建议，是对边境旅游地区安全管理的新尝试。

（三）不足与展望

本研究围绕云南省边境地区突发事件对旅游的影响进行研究，虽取得一定的研究成果，但由于边境地区的复杂程度高、可参考文献有限、研究领域较窄，仍存在一定的不足和进一步需要研究的问题。未来可继续深入研究以下几方面。

第一，深化现有研究。本研究注重研究云南省边境旅游地与突发事件的影响关系，但随着边境地区突发事件日益受到重视，边境旅游进一步发展，可对全国 9 个边境省份进行深入研究，进一步扩展研究内容。

第二，丰富研究方法。由于欠缺边境旅游地突发事件影响的完善方法，本研究对其研究方法，指标体系的构建等属于创新性尝试，是否还有更为合理合适的研究方法，有待进一步研究探讨。此外，由于考虑指标数据的可得性，文中突发事件类型并未涵盖所有突发事件类型，研究结果有所局限，有待进一步扩展。

参考文献

[1] Chu F-L. Forecasting tourism demand in Asian-Pacific countries [J]. Annals of Tourism Research，1998，25（3）：597-615.

[2] Cutter S L. The vulnerability of science and the science of vulnerability [J]. Annals of the Association of American Geographers，2003，93（1）：1-12.

[3] Ekmekci P E. An assessment of coherence between early warning and response systems and serious cross-border health threats in the European Union and Turkey [J]. Disaster medicine and public health preparedness，2016，10（6）：883-892.

[4] Faulkner B. Towards a framework for tourism disaster management [J]. Tourism Management，2001，22（2）.

[5] Goodrich J N. September 11，2001 attack on America：a record of the immediate impacts and reactions in the USA travel and tourism industry [J]. Tourism Management，2002，23（6）：573-580.

[6] Jones M，O'Carroll P，Thompson J，et al. Assessing regional public health preparedness：a new tool for considering cross-border issues [J]. Journal of Public Health

Management and Practice，2008，14（5）：E15-E22.

［7］Kefan，Xie，Jia，et al. Early-warning management of regional tourism emergency：a holistic approach［J］. Kybernetes，2014，43（3/4）.

［8］Kerfua S D，Shirima G，Kusiluka L，et al. Corrigendum：Spatial and temporal distribution of foot-and-mouth disease in four districts situated along the Uganda–Tanzania border：Implications for cross-border efforts in disease control［J］. Onderstepoort Journal of Veterinary Research，2018，85（1）.

［9］Rahman N，Ansary M A，Islam I. GIS based mapping of vulnerability to earthquake and fire hazard in Dhaka city，Bangladesh［J］. International Journal of Disaster Risk Reduction，2015，13.

［10］Ritchie B W. Chaos，crises and disasters：a strategic approach to crisis management in the tourism industry［J］. Tourism Management，2004，25（6）.

［11］Scott D，Hall C M，Gössling S. Global tourism vulnerability to climate change［J］. Annals of Tourism Research，2019，77（C）.

［12］Zhang W，Xu X，Chen X. Social vulnerability assessment of earthquake disaster based on the catastrophe progression method：A Sichuan Province case study［J］. International Journal of Disaster Risk Reduction，2017，24.

［13］黄倩 . 旅游目的地脆弱性对旅游突发事件的影响机制［D］. 泉州：华侨大学，2020.

［14］黄倩，谢朝武，黄锐 . 我国省域旅游地脆弱性对旅游突发事件严重性的门槛效应［J］. 经济管理，2020，42（07）：158-175.

［15］贾豫晨，黄甜，郑尔达，等 . 2008—2017 年云南省边境地区传染病突发公共卫生事件流行病学特征分析［J］. 现代预防医学，2019，46（11）：1936-1940.

［16］康正，宁宁，梁立波，等 . 基于人群脆弱性视角的突发公共卫生事件风险评估［J］. 中国公共卫生管理，2015，31（03）：280-281+286.

［17］李发义，池宏，赵红 . 基于 C2 组织的边境地区突发事件应急方案评估问题研究［J］. 数学的实践与认识，2017，47（18）：82-96.

［18］李锋 . 旅游经济脆弱性：概念界定、形成机理及框架分析［J］. 华东经济管理，2013，27（03）：76-81.

［19］刘晓燕，彭健，白洋 . 非常规突发事件背景下旅游城市经济脆弱性研究——以乌鲁木齐市为例［J］. 旅游研究，2016，8（03）：73-79.

［20］卢文刚 . 脆弱性视阈下利用公交车报复社会事件应急管理研究——以贵阳“2·27”公交事件为例［J］. 西南民族大学学报（人文社科版），2016，37（09）：106-111.

［21］罗睿．云南边境地区突发事件应急管理研究［D］．昆明：云南财经大学，2018.

［22］梅英，杨斐．边境安全事件中民众社会心理影响因素分析——以缅北果敢“2・09”事件为例［J］．曲靖师范学院学报，2018，37（02）：43-47.

［23］孙根年．我国境外旅游本底趋势线的建立及科学意义［J］．地理科学，1998（05）：51-57.

［24］王兆峰，刘红．突发事件对旅游产业发展的影响研究［J］．财经理论与实践，2012，33（01）：98-103.

［25］魏晨．基于博弈论的边境地区群体性事件研究［J］．法制与社会，2016（13）：163-164.

［26］薛刚，孙根年．2003 年 SARS 对国内旅游影响的后评价——基于本底趋势线的 31 个省、市、自治区客流量损失的估算［J］．经济地理，2008，28（06）：1059-1063.

［27］杨懿，时蓓蓓，刘小迪．旅游经济依赖背景下区域经济脆弱性评价研究——以张家界市、阿坝州、丽江市为例［J］．财经理论与实践，2019，40（05）：128-135.

［28］叶欣梁，温家洪，邓贵平．基于多情景的景区自然灾害风险评价方法研究——以九寨沟树正寨为例［J］．旅游学刊，2014，29（07）：47-57.

［29］张琪．突发性自然灾害对旅游目的地影响机制研究［J］．灾害学，2019，34（03）：18-20+30.

［30］张毅，马长泉．边境地区突发事件应急预警机制研究［J］．广西警官高等专科学校学报，2015，28（03）：54-57.

第四章
云南边境旅游地感知与旅游体验关系研究

苏季珂

一、选题背景与意义

（一）选题背景

1. 中国边境旅游发展具有重要性

边境旅游可促进边境地区经济建设与旅游产业进步，发展边境旅游，利用中国边境线优势，可推动我国旅游产业跃进，实现边境区域安全、稳定发展。发展边境旅游，已得到中国政府的政策支持。

旅游业在中国国民经济中地位越来越高。近年世界旅游业持续发展，是全球经济中增长最快的行业之一。中国旅游市场也日益发展完善，世界旅游组织预测，中国将成为世界第一大旅游目的地国家和第四大客源输出国。在旅游业繁荣的背景下，康养旅游、医疗旅游、体育旅游等新旅游主题层出不穷。边境作为中国拥有的突出旅游资源之一，应当受到重视与开发。

中国拥有发展边境旅游得天独厚的优势。我国陆地边境东起辽宁省丹东市鸭绿江口，西至广西壮族自治区防城港市的北部湾畔，总长度约 2.28 万千米，是世界上陆地边界线最长的国家，与 14 个国家接壤，有 9 个边境省区、45 个边境地级行政区、136 个边境县域、多达 79 个边境口岸。绵长的边境线使中国边境地区旅游资源丰富且独具特色，拥有发展边境旅游的资质与条件。经过改革开放 40 多年发展，边境旅游已逐步成为与出国旅游、港澳台旅游并驾齐驱的三大入出境旅游市场之一，对扩大入境旅游发挥着越来越重要的支撑作用。

边境旅游还有利于边境地区经济发展，并促进中国旅游业进步。边境旅游的发展有利于边境地区财政收入的增加，不仅旅游相关企业能从中获利，政府也可通过征收营业税、所得税等得到额外税费来源。边境旅游还可增加工作岗位，间接提高边境居民收入。此外，边境旅游能够加强邻国间旅游经济联系，促进边境地区技术发展进步、推动技术革新，实现经济更好地发展。

2017 年，国务院办公厅印发了《兴边富民行动“十三五”规划》，明确指出要在项目、资金和政策上对边境地区旅游业予以倾斜支持，加强重点旅游城市和景点的建设，大力发展“多彩边境”旅游和跨境特色旅游，推动建设边境旅游试验区、跨境旅游合作区和全域旅游示范区。“十四五”指出，要发挥边境风光等特色旅游资源优势，打造一批边境旅游试验区和跨境旅游合作区，同时也要做好疫情的外防输入。

2. 我国边境旅游发展极不平衡

虽然中国具有发展边境旅游的优势，但目前仍存在着边境旅游地发展不平衡的问题。就我国东北、西北和西南三大边境旅游区而言，东北边境旅游区即以内蒙古自治区、辽宁省、黑龙江省为主要边境旅游城市的地区，以冰雪资源等自然旅游资源为边境旅游发展主要驱动力；西南边境旅游区即以广西壮族自治区、云南省，西藏自治区为主要边境旅游城市的地区，依托与边境邻国良好的合作关系，以东南亚文化与异域风情为边境旅游发展主要驱动力；西北边境旅游区则以边境口岸为优势，发展以边贸为支撑的边境旅游（于婷婷等，2021）。

不同的边境地区自然、经济、文化差异巨大，造成各地区边境旅游发展的基础条件、发展方式和发展现状不同，进一步导致了一些欠发展的边境旅游地盲目跟风，产生产品高度同质化等问题，而忽略了当地旅游资源、人文差异、边界开放水平等才是决定边境旅游特色的重要原因，使得边境旅游的发展陷入困境。

因此，分析各地边境旅游的资源禀赋，定位边境旅游欠发展的原因，并针对性地提出解决方案，对于解决边境发展不平衡、制定边境旅游发展策略、实现边境旅游长期良性发展是十分必要的。互联网的崛起为旅游地情报搜集提供了便捷方式，让旅游者所撰游记文本、旅游宣传者所发宣传文本、旅游地客观旅游资源得以被全盘搜集。

3. 互联网成为旅游信息集中阵地

互联网不仅是旅游者获取信息的主要来源，也是旅游者分享旅行经历、旅游地政府发布景点介绍与攻略的主要阵地。中国互联网络信息中心第 47 次《中国互联网络发展状况统计报告》显示，截至 2020 年 12 月，我国网民规模达 9.89 亿，互联网普及率达 70.4%。从《2020 年度中国在线旅游市场数据报告》来看，截至 2020 年，我国网上预订旅游度假产品的用户达 4.32 亿，同比增长 4.6%，远高于其他预订方式的用户。互联网已成为社会大众获取旅游信息的主要途径，也成为旅游者分享旅途见闻的主要场所。随着新媒体的崛起，越来越多的景区也选择通过互联网，借助直播、VR 景区导览、景点信息精准投送等方式来获得吸引更多潜在旅游者。正因为集中了旅游者分享内容与政府宣传信息两大来源，互联网资料在旅游目的地形象研究中才显得弥足珍贵。

从 2015 年开始，中国政府就将互联网与旅游紧密连接在一起。国务院于 2015 年发布的《关于进一步促进旅游投资和消费的若干意见》中，明确指出将大力发展“互联网 + 旅游”，同年国家旅游局发布的《关于实施“旅游 + 互联网”行动计划的通知》也把互联网基础设施、物联网设施、旅游网络营销设施等 10 项新动作提上日程。政府的大力支持使旅游的发展与互联网更加密不可分。

结合旅游者游记文本与政府宣传文本，就得以利用其分析边境旅游地在游客感知中与旅游宣传投射中的旅游形象，从而从根源上确定边境旅游发展地区不一致原因。

4. 旅游形象成为重要宣发手段

从旅游目的地的旅游形象，可看出当地边境旅游发展情况、热门景点与情感态度。良好的边境旅游形象，是确认地区边境旅游发展定位、制定边境旅游宣传策略的成果。旅游业在经历了过去的资源导向阶段、市场导向和产品导向阶段，现已发展到了目的地形象导向阶段（沈体雁等，2015）。旅游目的地投射形象除了是对当地自然资源与人文特色全面的总结外，还借助旅游主题与宣传语，将旅游目的地投射形象根植人心，形成旅游者感知。即使在接收到旅游目的地投射形象信息时，旅游者未必立刻做出了旅游决策，但成功的旅游目的地投射形象能在旅游者每次选择旅游目的地时，都自然回想起目的地形象，在长期内潜移默化地影响旅游者的目的地选择（刘锋，1999）。

然而，旅游目的地形象不总是能完全按照其设计目的被旅游者接收，不同旅游者的性格、背景等都会对形象感知造成影响。因此，研究旅游目的地投射与感知形象的偏差，方能从旅游者视角确定边境旅游目的地发展现状，并顺应投射方式改善边境旅游发展定位与策略，实现边境旅游最大化发展。

（二）研究意义

1. 理论意义

本研究拓宽了边境旅游研究所用的方法。目前，我国边境旅游发展仍处于初级阶段，但在一系列国家优惠政策的鼓励下发展势头强劲。学者已采用多种定性或定量的研究方法对边境旅游进行探讨，但边境旅游网络文本分析、感知形象与投射形象比较方面的研究尚处于空白。本研究将边境旅游与网络旅游信息相结合，从旅游者对边境旅游的感知视角及旅游宣传视角出发，分析二者的重合点和差异性，丰富了边境旅游的研究内容，拓展了目的地形象分析在旅游学中的应用。

2. 现实意义

在互联网、大数据快速发展的时代背景下，旅游宣传信息成为了解边境旅游目的地形象塑造目的的方式，网络游记成为了解边境旅游整体发展现状、初步掌握消费市场的途径。实现边境旅游与互联网的紧密对接，了解边境旅游的旅游者关注热点、旅游者消费走向，对比目的地投射形象分析当地边境旅游发展现状、明晰其影响因素，能够及时发现二者存在的出入，从而及时调整现有发展策略及发展方向，或挖掘潜藏旅游热点，实现边境旅游的长远良性发展。

二、国内外文献回顾

（一）中国边境旅游发展历史

在很长一段时间内，中国边境旅游都以互相探访的非正式形式进行，直到 1987 年，国务院、国家旅游局等部门才开始对边境旅游加以规定，使之能够规范地进行。而后，中国边境旅游快速在东北延边地区、东南沿海地区被批准，继而多项针对边境旅游的束缚原则被打破，边境旅游全面发展（田里，

2022）。中国边境旅游最开始以中朝边境居民相互访问的形式始于 1985 年。1987 年，由国家旅游局和对外经贸部联合发布的《关于拟同意辽宁省试办丹东至新义州自费旅游事》首次正式化了边境旅游，并限定边境旅游必须当日往返、人数限定每年 7 批，每批 210 人。此文件中，对当时试办边境旅游的原则做了明确的规定，包括旅游范围（边境城市的一日游，当日往返）、承办经营单位（当地中国国际旅行社统一承办经营）、入出境证件办理（由中朝双方边境城市公安部门商定办理）等。

1989 年，国务院和国家旅游局先后在黑龙江、辽宁、吉林和内蒙古等省区的部分边境城市开放边境旅游，并将边境旅游时长限制由 1 日延长至 5 日。1990 年，我国北部和东北部的中俄和中朝接壤地区被正式批准开展边境旅游，包括黑龙江、辽宁和吉林等省的黑河、同江、绥芬河、哈尔滨、丹东、延吉等城市。

1991 年至 1993 年，国务院作出进一步开放沿边城市的决定。1993 年后，中俄、中朝、中蒙、中越、中缅、中哈（哈萨克斯坦）、中吉（吉尔吉斯斯坦）和中塔（塔吉克斯坦）等接壤地区先后开展了边境旅游。出游时间和距离进一步扩大，由 5 日游延长至 8 日游，以商品代付旅费的方法也被现汇支付取代。

（二）中国边境旅游研究进展

从 20 世纪 90 年代末到现在，中国的边境旅游大致经历了探索、突起和调整三个大的阶段。

中国对边境旅游的研究始于 1993 年，黑龙江、云南由于地处东北亚经济圈中心、金三角地区，成了最先被研究的对象。从中国知网收录的文献来看，我国最早对边境旅游可能性进行的学术探究始于 1993 年，学者赵友兴表示，由于 1992 年后中国改革开放程度日益提升，延边地区开放程度不断提高，黑龙江地处东北亚经济圈中心，可效仿沿海城市与邻国合作开发边境旅游、与邻国俄罗斯共同绘制边境旅游地图，我国对边境旅游的探索由此正式拉开帷幕（赵友兴，1993）。1994 年 7 月，中国社会科学院财贸经济研究所《边境旅游研究》课题组选取了接壤越南、老挝、缅甸、隔水相通泰国的云南省瑞丽、畹町为研究对象，认为瑞丽、畹町由于边境稳定，边境居民互相关系友好，故而来去手续简单、居民流通频繁。但由于我国经济状况较邻国而言更为繁荣，故而将东南亚国家旅游视为欧美旅游代替品人数较多，造成了旅游单向流动的局面，导致旅游逆差。同年，旨在缓解旅游逆差现象、发展国内边境游景点的研究在云南省思茅进行（张国华、高东云，1994）。

1996 年，边境旅游相关文献逐渐增加，此时学者已看到了中国边境地区的旅游潜力，开始总结国外发展经验及中国边境旅游发展现状（张广瑞，1996）。并将研究主题从中国边境旅游总体特征趋势分析上迅速转向单个旅游案例地分析，尤以东北、西南、东南沿海边境城市案例地居多。这些边境旅游案例地分析不仅深入分析当地的区位条件、旅游资源、文化资源、政策资源，还结合铁路、公路、水路运输网及景点分布设计了旅游路线（梁克义，1998；徐松峦等，1997）。

2000 年，边境旅游相关文献开始井喷，在深度和广度上持续扩展。2002 年，学者对边境旅游的分析不再止步于粗浅的历史、现状、案例地分析，而开始运用各类研究方法，并积极拓展旅游主题。从出境旅游市场发展规模到消费者目的地偏好、从消费者决策类型到消费能力、从旅游地价格影响到出行方式选择，中国边境旅游的影响因素被一一探讨，并总结出边境旅游地旅游人数会受到其旅游价值、可进入性（包括语言壁垒、政治壁垒、经济壁垒、文化壁垒）、客源地与目的地距离、旅游者出行能力及意愿及其他障碍（自然灾害、社会事件等其他突发事件）影响（杜江等，2002）。边境旅游作为特殊旅游，其吸引物也不再止步于国界、国碑等边界指示物或国家交界处的景观与文化特殊性，而开始发展“红色旅游”“绿色旅游（即环保旅游）”“生态旅游”“冰雪旅游”等主题游（廖国一、杜树海，2006；陆云等，2007）。2008—2010 年，广西凭祥市、云南瑞丽市、黑龙江省黑河市、内蒙古呼伦贝尔先后被国家有关部门批准启动边境旅游边境游异地办证试点城市，成为边境旅游热点城市（包国忠，2010；李泉兵，2008；刘洁，2009；张文德、李顺，2008；蒋满元，2008）。

2012 年至今，相关研究已涵盖方方面面，包括研究消费者行为的主题如旅游感知、旅游决策影响因素（张红梅，2020；田里等，2018；闫敏，2017）；面向旅游供给者的主题如边境旅游开发、市场需求、边境旅游吸引物、边境旅游开发战略选择、边境旅游合作机制、边境旅游营销（钟林生等，2014；时雨晴等，2014）；面向社会的边境旅游经济效应、社会文化效应、国际政治关系影响等（陆保一等，2019）。

（三）旅游目的地感知形象

旅游目的地感知形象是旅游者对旅游目的地形象所有认知的总和，这种感知形象的形成，在旅游者到达旅游目的地前就已经开始。“原生形象”是旅游者在出游前由搜集到的旅游信息产生的对旅游目的地形象，实地旅游后则生成“诱导形象”或“再评估形象”，二者缺一不可，共同作用形成“混合形象”（Selby、Morgan，1996；Fakeye、Crompton，1991）。值得一提的是，“诱导形象”或“再评估形象”与“原生形象”差距越小，即旅游目的地形象与旅游者预期越相符，旅游者满意度就越高（宋章海，2000）。

除了以感知形象形成时间来分析感知形象形成机理外，从认知与情感角度分析，旅游目的地感知形象可分为认知形象、情感形象、整体形象。认知形象指的是旅游主体对旅游目的地属性的感知，情感形象是指旅游主体对旅游目的地情感层面的感知，整体形象则是二者共同作用下形成的完整感知形象，这就是广受认同的认知—情感模型。在认知—情感模型下，旅游目的地感知形象受到多方因素的影响，包括旅游目的地的气候、旅游资源（包括自然资源与民俗文化）、社会环境（包括社会安全与居民态度）、基础设施、特产美食（祁黄雄等，2003）；也包括旅游者个人经历、社会人口统计变量、出游动机、旅游需求等因素的影响（Grosspietsch，2006）。其中，性别在社会人口统计变量中对旅游感知的影响最为显著（Meng、Uysal，2008）。

（四）旅游目的地投射形象

随着对旅游目的地形象研究的深入，学者们发现认为仅从旅游者角度对旅游目的地形象的感知来描述旅游目的地是不全面的（臧德霞、黄洁，2007）。由于旅游目的地形象感知不仅受到旅游地客观条件的影响，旅游者的性格与个人经历也会对感知形象造成影响，因此，旅游目的地形象的描述还需从主观和客观两个层面加以阐述。旅游目的地投射形象就是旅游形象塑造者通过整合旅游地资源，意向在旅游者心中树立的形象（高静等，2006）。

由于旅游形象塑造者往往是旅游营销组织，旅游投射形象也因此包括“实际投射形象”和“传播投射形象”两层（王磊等，1999）。实际投射形象反映真实的旅游地各构成要素，离不开旅游目的地的客观资源，如旅游产品、旅游资源、旅游服务与旅游基础设施。也就是说，除了旅游目的地自身的自然景观与人文景观等旅游资源外，政府部门对旅游基础设施的建设、旅游企业对旅游产品的支持都会影响旅游目的地投射形象。传播投射形象则是旅游形象塑造者在理想状态下想在旅游者心中塑造的形象。但由于其会受到旅游者个人因素的影响，因此对旅游投射形象的测量是必要的。旅游投射形象的测量通常包括问卷调查法与内容分析法。问卷调查法能清晰、明确地获取旅游者对某一旅游目的地形象的感知，但问卷发放范围受限（Cooper、Le，2008）；内容分析法则优在搜集渠道广泛，但需要自行比较与分析旅游者的心理感知。

三、研究设计与框架

（一）数据来源

1. 样本选择

本书以云南省 8 个边境州市（包括临沧市、保山市、德宏傣族景颇族自治州、怒江傈僳族自治州、文山壮族苗族自治州、普洱市、西双版纳傣族自治州、红河哈尼族彝族自治州）为研究对象。

2. 数据来源

（1）边境旅游地网络游记数据来源。

携程网是中国最大的在线旅行社，也是全球最大的在线旅行社之一，其占中国在线旅游市场份额一半以上。截至 2019 年，携程用户量突破 4 亿人次，游记作者达 3 万人次，平均每天产生约 500 篇微游记，每篇微游记平均获得 100 次点赞。携程的用户数量、游记数量及访问量都具较好的代表性。本书选取 2011 年 1 月至 2020 年 12 月云南 8 个边境州市的游记，分别搜集到临沧市游记 134 篇、保山市游记 2051 篇、德宏州游记 310 篇、怒江州游记 282 篇、文山州游记 447 篇、红河州游记 1281 篇、普洱市游记 504 篇、西双版纳州游记 2612 篇。

（2）旅游宣传投射形象数据来源。

旅游投射形象是旅游地政府部门旅游网站或其他旅游营销组织对旅游地形象的塑造。政府旅游网站发布的信息客观、权威，是旅游地投射形象的直接塑造者；其他旅游营销组织是旅游者在选择观光景点乃至交通餐饮住宿等的重要参考，是旅游地投射形象的重要组成部分。本书选择云南省文化和旅游厅（http：//dct.yn.gov.cn/）作为政府部门旅游网站数据来源，携程网作为旅游营销组织数据来源，一部手机游云南 APP 作为政府指导背书商家合作而成的数据来源。为确保旅游投射形象和旅游感知形象数据的吻合，投射形象数据形式为文本，数据发表时间为 2011 年 1 月至 2020 年 12 月。经爬取、处理后，共获得旅游投射形象文本情况如表 4-1 所示。

表 4-1 云南边境州市政府宣传文本数据来源

州市	云南省文旅厅（篇）	携程景点（个）	一部手机游云南 APP 攻略（篇）	总字数
临沧市	35	18	3	49911
保山市	82	63	4	74748
德宏州	25	46	11	39812
怒江州	37	21	5	45166
文山州	32	18	9	44498
普洱市	99	32	9	104706
红河州	45	98	6	82736
西双版纳州	45	70	10	55175

（二）研究方法

1. 文本内容发掘

ROST CM6 由武汉大学信息管理学院研发，具有分词处理、中英文词频分析、社会网络和语义分析、聚类分析、期刊分析等多种文本分析功能。其下载量超过 10 万次，使用 ROST CM 软件作为研究工具的核心级文章超过 40 篇，尤以旅游领域为甚（王维晴，2019）。本书使用 ROST CM6 作为文本处理软件，使用其分词与词频统计功能制作高频词汇表，使用其社会网络和网络语义分析功能制作网络语义图。具体研究方法及过程如下。

（1）游记筛选处理。

为保证游记与宣传文本质量，在获取的文本数据中按照以下原则进行筛选，最终获得筛选处理后有效临沧市游记 54 篇、保山市游记 660 篇、德宏州游记 75 篇、怒江州游记 147 篇、文山州游记 236 篇、普洱市游记 3 篇、红河州游记 591 篇、西双版纳州游记 1304 篇，共计 3280 篇。

第一，剔除不完整游记。内容完整的游记应包括行程线路介绍、景点风貌描述、个人观感分享三方面内容。剔除字数少于 800 字、以图片为主的游记。剩余临沧市游记 72 篇、保山市游记 1230 篇、德宏州游记 83 篇、怒江州游记 172 篇、文山州游记 283 篇、普洱市游记 300 篇、红河州游记 758 篇、西双版纳游记 1532 篇。

第二，剔除广告游记与主管部门游记。剔除当地酒店、餐厅、景点、导游发布的以招揽消费者为目的的游记。剔除当地文旅局发布的当地景点介绍、旅游贴士、节日庆典介绍等信息。剩余临沧市游记 72 篇、保山市游记 955 篇、德宏州游记 81 篇、怒江州游记 169 篇、文山州游记 274 篇、普洱市游记 293 篇、红河州游记 740 篇、西双版纳州游记 1507 篇。

第三，剔除代表性低的游记。为了保证游记的真实性、可靠性以及游记的代表性、影响性，仅保留游记阅读量高于 2000 或点赞数与回复数超过 30 的游记。剩余临沧市游记 69 篇、保山市游记 945 篇、德宏州游记 78 篇、怒江州游记 169 篇、文山州游记 271 篇、普洱市游记 289 篇、红河州游记 740 篇、西双版纳州游记 1492 篇。

第四，剔除重复游记、诗歌散文游记、归并连载游记。剔除因携程网激励制度造成的个人发布内容雷同游记、归并按照行程或出行天数发布的连载游记、剔除诗歌、散文等形式的游记。剩余临沧市游记 54 篇、保山市游记 660 篇、德宏州游记 75 篇、怒江州游记 147 篇、文山州游记 236 篇、普洱市游记 213 篇、红河州游记 591 篇、西双版纳游记 1304 篇。

（2）文本内容处理。

为保证文本质量，在获取的有效游记与旅游投射形象文本中按照以下原则进行处理。

第一，合并、替换近义词与同义词。将语义相同的词语进行合并处理，统一地名、景点名称。如“翁丁村”和“翁丁寨”合并为“翁丁村”，“高反”和“高原反应”合并为“高原反应”，“云大”和“云南大学”合并为“云南大学”，“鲁史镇”和“鲁史古镇”合并为“鲁史古镇”等。

第二，建立自定义词典。建立包括地名、景区景点名、少数民族词汇、食品名等专有名词的自定义词表，避免如“竹虫”“南滚河”“古树茶”“民族风情园”“摸你黑”“佤王宴”等词语被拆分为单个字词。

第三，建立过滤词表。筛除文本中无意义的代词、副词、助词、动词、连词、量词、英文单词、拟声词、语气词、表情符号、标点符号等。如“来”“下午”“一路”“一片”“当地”“到达”“人们”等。

第四，建立高频词汇表。在进行如上处理后，将 ROST CM6 分词所得结果进行词频统计，得到与云南 8 个边境州市旅游目的地感知形象与投射形象高频词汇表。

2. 文本内容分类

（1）分析类目建立。

划分类目是内容分析的核心，各类目间要保证定义明晰、覆盖全面、相互排斥、可信度高。在成熟的研究领域，类目构建可采用现有类别体系，以保证研究结果的可靠性和准确性；在尚不完善的研究领域，则需要学者根据自己的研究内容和目标灵活构建分析类目，并多次检验获得可信度高的结果。

本书内容分析的类目建立参考大量以内容分析法研究旅游目的地形象的文献（刘欢，2015），在采用已有类别体系的基础上，将云南边境旅游地的实际情况纳入考量，并把云南 8 个边境州市的目的地形象归为 4 个一级类目和 18 个二级类目，如表 4–2 所示。

表 4–2 云南边境州市旅游目的地形象类目构建

<table>
<tr><th>一级类目</th><th>二级类目</th><th>一级类目</th><th>二级类目</th></tr>
<tr><td rowspan="6">旅游吸引物</td><td>游览地点</td><td rowspan="5">社会环境</td><td>服务质量</td></tr>
<tr><td>自然景观</td><td>价格水平</td></tr>
<tr><td>人文景观</td><td>居民态度</td></tr>
<tr><td>边境景观</td><td>气候地形</td></tr>
<tr><td>民俗历史文化</td><td>整体氛围</td></tr>
<tr><td>特产美食</td><td rowspan="5">情感态度</td><td>积极态度</td></tr>
<tr><td rowspan="4">基础设施</td><td>住宿设施</td><td>中性态度</td></tr>
<tr><td>旅游交通</td><td rowspan="3">消极态度</td></tr>
<tr><td>购物设施</td></tr>
<tr><td>娱乐活动</td></tr>
</table>

（2）类目信度检验。

信度即可靠性，信度检验是重复观测同一现象，观察其是否能得到相同资料值的过程。信度检验有霍尔斯提系数（Holstis Coefficient Reliability）和科恩指数（Cohens kappa）两种测量值。霍尔斯提系数计算的是编码员间的数据统一比，其检验信度过程如下：①培训编码员并确保其了解测量指标、类目界定和研究意图；②以统一的方式对分析进行编码（即携程游记与政府投射文本），并统计编码结果；③使用霍尔斯提系数计算公式检验编码员信度，霍尔斯提系数计算公式如下：

$$K_{ab}=\frac{2N_{ab}}{N_a+N_b}$$

$$R=\frac{n\times K}{1+(n-1)\times K}$$

其中，N_{ab} 代表 2 名编码员编码结果完全相同的分析单元数量，N_a 与 N_b 代表编码员 a 与 b 的分析单元数量；R 代表交互判别信度，n 代表编码员数量，K 代表编码员间的相互同意度；K_{ab} 代表 2 名编码员间的相互同意度。

根据霍尔斯提系数得出编码员交互判别信度，若 $R>0.8$，说明交互判别信度可接受；若 $R>0.9$，说明交互判别信度较好。

本书邀请 2 位编码员进行培训和编码，在云南 8 个边境州市有效携程游记与政府宣传文本中每地各抽取 1/10 篇作为分析单元进行编码。在分析单元中，若该分析单元有涉及某类目则编码为“1”，没有涉及则编码为“0”。对一级类目进行编码时，若该分析单元涉及该一级类目下的一个或多个二级类目，则记为有涉及（“1”），涉及零个该一级类目下的二级类目，则记为没有涉及（“0”）；对二级类目进行编码时，若该分析单元涉及此二级类目，则记为有涉及（“1”），没有涉及此二级类目，则记为没有涉及（“0”）。本研究中，编码员间的交互判别信度均值为 0.91，交互判别信度水平较高，因此编码可以使用。

（三）研究框架

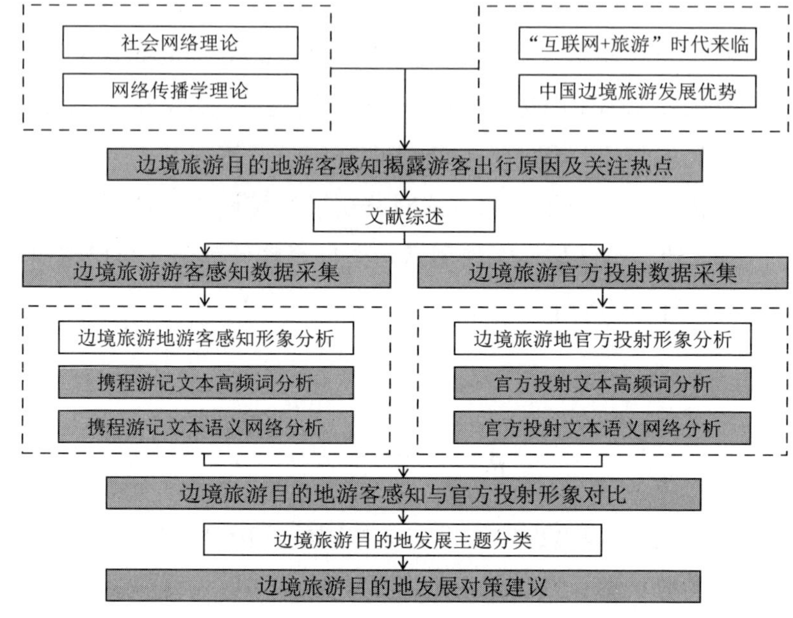

图 4–1　研究框架

四、云南省边境州市旅游感知与投射形象分析

高频词是游记作者在其文章中使用频率较高的词语，代表作者的观点和关注焦点，能够反映旅游者或旅游宣传者对目的地特征事物的关注或宣传重点与形象感知与投射。本书使用 ROST CM6 对云南 8 个边境州市的游记与宣传投射文本进行词频分析，在进行近义词与同义词合并、自定义词典与过滤词表建立的处理基础上，得到云南边境旅游目的地感知与投射高频词每地各 100 个。

（一）临沧市旅游感知与投射形象分析

1. 临沧市旅游感知形象分析

临沧市是一个以沧源崖画、国画长廊景点为形象代表、以佤族节日和民俗为风情文化、以冰岛茶与滇红茶等茶叶为特产、以中缅边境游为特色旅游活动的城市。

由词频统计得出，在临沧市旅游感知形象排名前25的高频特征词中，“沧源县”（第 4）、“翁丁村”（第 7）、“云县”（第 16）、“冰岛村”（第 14）是旅游者游览最多的地点。沧源佤族自治县和翁丁村以佤族部落聚集闻名，因此佤族民俗文化在沧源旅游特征词中占了较大篇幅。“佤族”（第 2）、“木鼓”（第 8）、“傣族”（第 12）是旅游者提及次数最多的民族与民俗文化。拉木鼓节是佤族人重要的节日和宗教仪式，佤族人视木鼓为通天神器，跳《拉木鼓舞》祭祀、狂欢是佤族人民重要的民俗风情和文化艺术。“沧源崖画”（第 6）、“国画长廊”（第 19）是被旅游者提及次数最多的旅游景点。沧源崖画绘制了 3000 年前南方古民族狩猎、采集、战争、祭祀的情景，摄人心魄，千米国画长廊则是一段长达 3 千米的巨型崖壁，两旁各类攀附植物和董棕林相映成趣。“茶叶”（第 12）是临沧最出名的特产食品，临沧是云南产茶最多的产地、中国最大的普洱茶原料基地，以勐库县“冰岛村”（第 14）“冰岛茶”（第 53）、“凤庆县”（第 27）“滇红茶”（第 65）较为出名。“缅甸”（第 19）是临沧由于地处边境独有的边境旅行国家，临沧共有 3 个国家二类口岸，分别是“永和口岸”（第 25）、“清水河口岸”（第 43）、南伞口岸，虽然国家旅游局于 2014 年同意开通了以南伞口岸和清水河口岸为过境口岸的三条旅游线路，但有着中缅 167 号界碑、“一寨两国”“一碑两国”边境景点的永和口岸还是最受旅客欢迎。

从临沧市旅游感知形象前 100 个高频词中，可总结出临沧市目的地形象的四类主题特征：①临沧市旅游景点包括沧源崖画主导的人文景观中心、国画长廊、董棕林主导的自然景观中心以及永和口岸、清水河口岸主导的边境景观中心；②临沧市民族文化以佤族和拉祜族两大民族文化为主；③临沧市盛产滇红茶、冰岛茶等茶叶及核桃等坚果；④旅游者感知中，临沧市的民俗文化是古老、神秘的，村落建筑是传统、独特的，当地居民是纯朴、热情的。

由旅游感知特征词类目统计得出，在临沧市旅游吸引物类目下，除游览地点外，出现频次占比最高民俗历史文化（27.63%），其次是人文景观（16.32%），边境景观出现频次最低（7.11%）。虽然临沧市中缅边境旅游已能够为旅游者所感知并成为旅游形象代表之一，但相比临沧市的佤族民族文化、沧源壁画景观、茶产业和茶基地，仍存在受关注度低的现象。

从临沧市感知网络语义图中可看出，临沧市的旅游以“沧源崖画”为人文景观为中心，辐射“木鼓”“仪式”“祭祀”“寨子”等佤族文化与建筑，辐射“冰岛茶”“酸木瓜”“坚果”“米线”等特色美食。以“董棕林”为自然景观中心，辐射“村寨”“沧源县”“翁丁村”“凤庆县”等游览地点。“昆明”“大理”等词汇作为旅游者来往临沧的交通中转站或由于频繁包含于旅游者的旅游线路中也有出现。临沧的旅游业仍是以佤族民俗旅游、崖画历史旅游及董棕林自然旅游为主体的。虽然在高频词表中，“缅甸”“口岸”等边境旅游相关词汇出现词频不低，但在语义图中，它们都不属于重要节点。边境旅游是临沧市的旅游特色之一，但因边境景观景点而拜访临沧的旅游人数不多。

2. 临沧市旅游投射形象分析

临沧市的旅游宣传投射形象以佤族文化为文化中心，以沧源崖画为景观中心。

在旅游宣传投射形象词频中，排名前 25 的高频特征词是临沧市宣传力度最大、最想让旅游者观光体验的旅游构成物。分别包括了沧源县、凤庆县、孟定镇、耿马县四个隶属临沧的县镇，沧源崖画、佤山两个景点，以及佤族、历史、村寨、傣族、茶文化五类文化。

综合临沧市旅游投射特征词类目统计看来，临沧市自然景观较少（15.33%），仅有的自然资源为以茶为主题的茶树、茶园，以董棕林为主题的国画长廊，以山地资源为依托的山峰、云海、天坑为主。人文景观和民俗历史文化等人文资源占比较大、主题多且散，包括以佤族文化为主题的村寨建筑与民间技艺，以茶文化为主题的茶园、滇红茶博物馆、茶尊，以佛教为主题的广允缅寺、石洞寺，以历史文化为主题的班洪抗英盟誓址、孟定知青园。边境景观相关词汇虽有 9 个之多，词频总占比却较少（7.71%），不是临沧市政府所宣传旅游形象的主体。从整体氛围的词语来看，临沧市投射形象的自然景观是原生态、美丽、壮观的，民俗文化是传统、独特、具有民族风情的，整体氛围是适合休闲、度假的。

3. 临沧市旅游形象对比分析

临沧市的投射及感知形象间差异较大，不仅二者的中心词分别侧重于民俗文化与自然景观，在旅游宣传与旅游者造访的具体景点也各不相同。在边境景观上，旅游宣传投射与旅游者感知的边境景点几乎完全不同，投射目的达成效果较差。

临沧市的投射网络语义图和感知网络语义图有较大区别。在旅游宣传投射文本中，临沧市的旅游形象是以“佤族”“文化”为中心的，向外辐射“民居”“民俗”“文物”等相关吸引物，给人以“传统”“古老”“原始”的感觉，不少遗址是“国家级”的文物“保护”单位。沧源崖画、边境等词语在投射网络语义图中没有出现，旅游宣传投射和旅游者感知形象存在偏差。

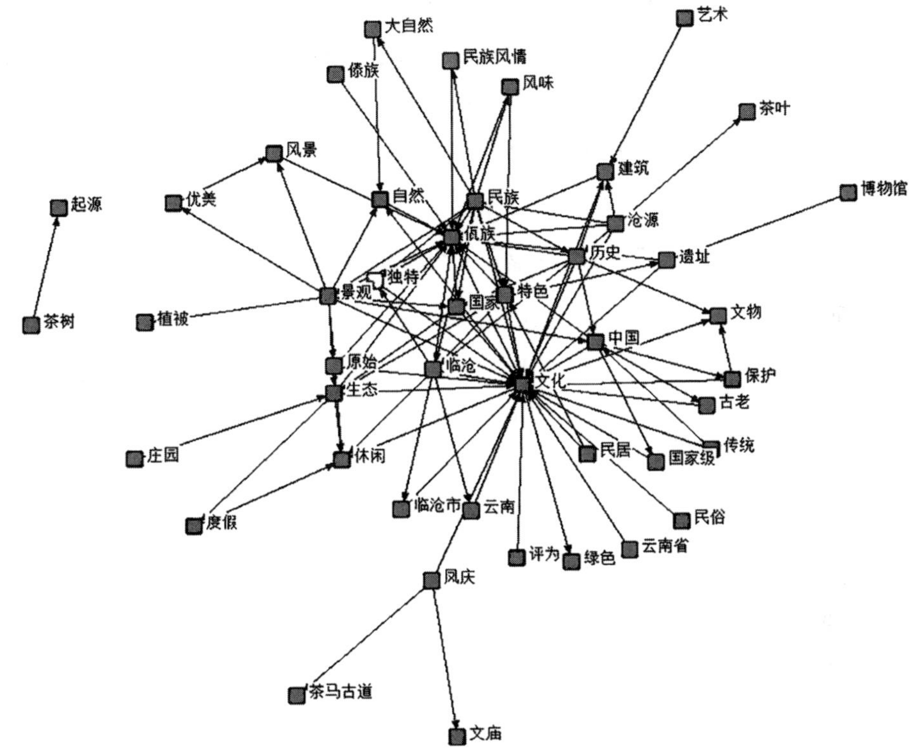

图 4–2　临沧市投射网络语义图

对比旅游宣传文本与旅游者游记文本词频表，分析二者的投射与感知形象是否存在重合或差异。在词频表中，若相同词汇在投射与感知形象属性高频词表中均有出现，且词频排名差异小于等于 10，则认为该要素受认同度较高；若词频排名差异大于 10，则认为该要素受认同度较低；若某词汇在对应表中未出现，则认为该要素在投射与感知形象间存在错位。

临沧市排名前 100 的旅游宣传投射与旅游者感知形象高频特征词中分别有 18 个高认同度的词汇、26 个低认同度的词汇以及 56 个错位词汇。认同度较高的词汇包括临沧市的民俗文化核心“佤族”与“傣族”的“文化”“历史”，景观核心“茶树”“茶园”“司岗里景区”“沧源崖画”。边境相关词汇认同度较低，政府强调“澜沧江”的重要地位，而旅游者只能模糊地感觉到“边境”的存在。

在错位上，旅游者感知与旅游宣传投射形象存在较大不同（见图 4-3）。投射文本较注重人为建设的景点如“班洪抗英盟誓址”“亚洲微电影庄园”“滇红茶博物馆”“滇红历史博物馆”等，旅游者则喜欢游览未经粉饰的“油菜花”“翁丁佤族原始部落”；政府打造的边境旅游项目包括“大湾江跨国漂流”和“中缅跨国溶洞”，旅游者造访的却是“永和口岸”与“清水河口岸”；投射文本宣扬传统民族技艺“手工造纸”，旅游者则偏爱神秘的“拉木鼓仪式”“神话传说”“猎人头”等仪式与传说。这也就导致旅游者感知到的临沧市“神秘”“简单”而“幸福”，而旅游宣传形容临沧市是“民俗”“人文”“优美”的。

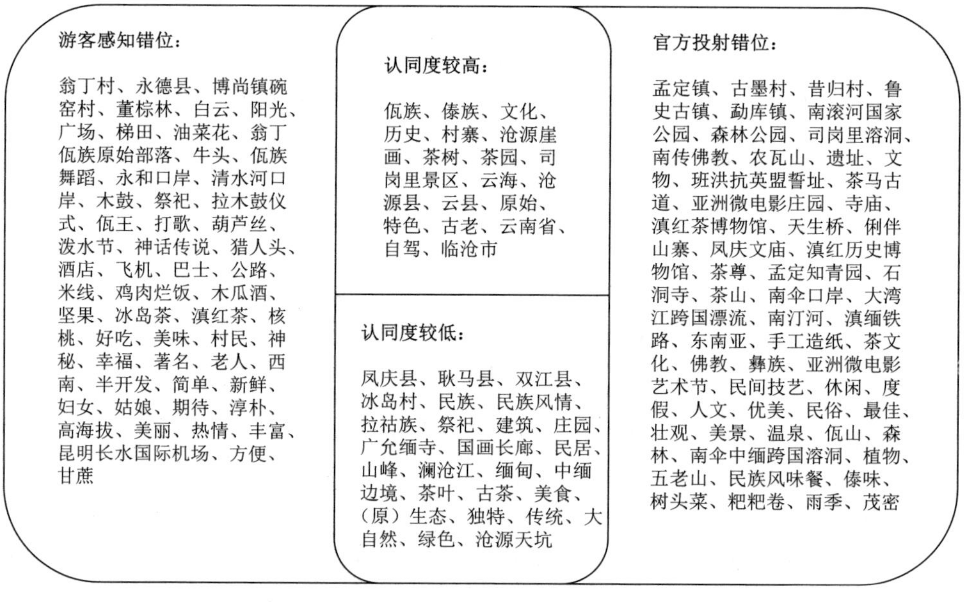

图 4-3　临沧市旅游宣传投射形象与旅游者感知形象认同—错位图

（二）保山市旅游感知与投射形象分析

1. 保山市旅游感知形象分析

保山市是一个以腾冲火山地热资源为主要旅游热点、和顺古镇历史文化资源及银杏村自然景观资源为次要旅游热点的城市。边境旅游未能与保山市其他文化与景观融合形成统一旅游主题，故而在旅游者感知中保山市边境属性较弱。

由词频统计得出，在保山市排名前25的高频特征词中，旅游者最偏好的游览地是“腾冲市”（第1）、“和顺古镇”（第2），其次是腾冲“银杏村”（第18）。腾冲由于亚欧大陆和印巴大陆的碰撞，形成了世间罕见的火山地热奇观，造就了“高黎贡山”（第31）、“北海湿地”（第11）、“大滚锅”（第25）、“柱状节理”（第37）、中国唯一的城市瀑布“叠水河瀑布”（第26）、低温温泉暗河“黑鱼河”（第30）等珍稀景观。因此，“温泉”（第3）、“火山热海”（第7）、“北海湿地”是保山市最广为人知的旅游热点，99座火山、88口温泉聚集在腾冲一方土地，被世人形象地称为“火山热海”。和顺古镇有着“三坊一照壁”“四合五天井”等建筑格局，坐落着超过1000座民居，沉淀了600余年的历史文化，旅行者常为此间“建筑”（第16）流连忘返，观赏错落有致的“民居”（第60）与“院子”（第80）。古镇汇聚着西洋、中原、南诏和边地文化，交织融合形成了独特的马帮文化，古镇中，“和顺图书馆”（第63）仍在诉说反封建进步组织崇新会的进步思想，“滇缅抗战博物馆”（第66）依旧保留着二战时象征中美友谊的纪念品及中日抗战遗留物。保山市虽然也与“缅甸”（第19）相邻，但其边境风情与其他独树一帜的景观相比，便显得受冷落了。

从保山市旅游感知形象前100个高频词中，可总结出保山市目的地形象的三类主题特征：①保山市景观以火山热海自然景观为主，以和顺古镇古建筑为辅；②保山市特色产品丰富，除有特色小吃温泉蛋外，还有云南十八怪大救驾以及缅甸玉石；③保山市景点美丽、壮观，村寨古朴、简单，游玩其中给人以自由、舒适之感。

由旅游感知特征词类目统计得出，在保山市旅游吸引物类目下频次占比最高的是自然景观（35.18%），其次是人文景观（28.13%），边境景观出现频次最低。自然景观以火山热海景点为主，银杏、北海湿地、樱花谷为辅；人文景观和民俗历史文化则以和顺古镇及其滇缅抗战历史、腾冲及其马帮文化为主；边境景观相比景点与历史文化相结合的人文景观而言与保山市文化联系较弱，是一个单独存在的旅游吸引物。在保山市，已经形成了以腾冲火山热海景点为主、和顺古镇历史文化及银杏村银杏景观为辅的成熟旅游形象，边境旅游发展度相对较低。

从保山市感知网络语义图中可看出，保山市旅游以游览地点“腾冲”为中心，景观以自然景观“火山”“热海”与“温泉”为主；以和顺古镇、银杏村等“古镇”及“建筑”等人文景观为主；“民宿”是保山的特色住宿方式，由于住宿舒适且兼具当地特色，民宿相比酒店备受旅游者青睐。“昆明”“丽江”“大理”等词汇常包含于旅游线路中，因此也有出现。“北海湿地”与“缅甸”在词频表中出现的频率位于前 25，但在语义图中不属于中心节点，说明与保山其他景观节点联系较少、自成体系。

2. 保山市旅游投射形象分析

保山市旅游宣传投射的形象以原生态的自然保护区、高黎贡山等自然景观为中心，宣扬乡村旅游及民俗文化，并强调保山市是大滇西环线中的重要一环。

在旅游宣传投射形象词频中，排名前 25 的高频特征词可分为三大主题，分别强调①保山市是大滇西环线的重要组成部分；②保山市生态条件优渥，拥有高黎贡山世界自然遗产、青华海国家湿地公园、滇桐、各类野生鸟类等珍稀物种、濒危物种；③保山市乡村资源丰富，文化沉淀丰厚。

综合保山市旅游投射特征词类目统计看来，保山市旅游宣传以民俗文化（33.83%）为主，自然景观次之（23.46%），但民俗文化以人文资源永子围棋、皮影戏、哀牢文化等非物质文化遗产占比大，人文景观（8.19%）较少，且在高频词表中没有出现博物馆、纪念馆等文化展示用馆，旅游者未尝能直观地感受到保山市的人文氛围。自然景观则以腾冲温泉为主，辅之以各类国家公园、自然保护区与多样的野生动植物，特征明显、资源丰富。从整体氛围词来看，保山投射形象的民俗资源是特色、富有人文气息的，自然资源是美丽、丰富、优美、天然的，整体氛围是休闲、度假的。

3. 保山市旅游形象对比分析

保山市的投射及感知形象间差异较小，自然资源核心相同，人文景观关注点与氛围描述词存在错位，边境景观则在投射与感知形象中都存在感薄弱。

保山市的投射网络语义图（见图 4–4）和感知网络语义图的偏差较小，二者都以“腾冲”为自然资源中心。在文化上，旅游感知文本以“和顺古镇”这一具体游览地点为核心词，投射文本则直接以“文化”作为核心词。在旅游宣传投射文本中，保山市旅游有“腾冲”“文化”两大核心。腾冲是保山市的自然资源核心，天然、原生态的“温泉”是腾冲最具优势的资源，文化则有“民族”“历史”等主题。“腾冲”和“文化”共同支撑保山市发展“乡村”旅游、融入“滇西”环线。在边境景观上，旅游者与政府都未加提及。

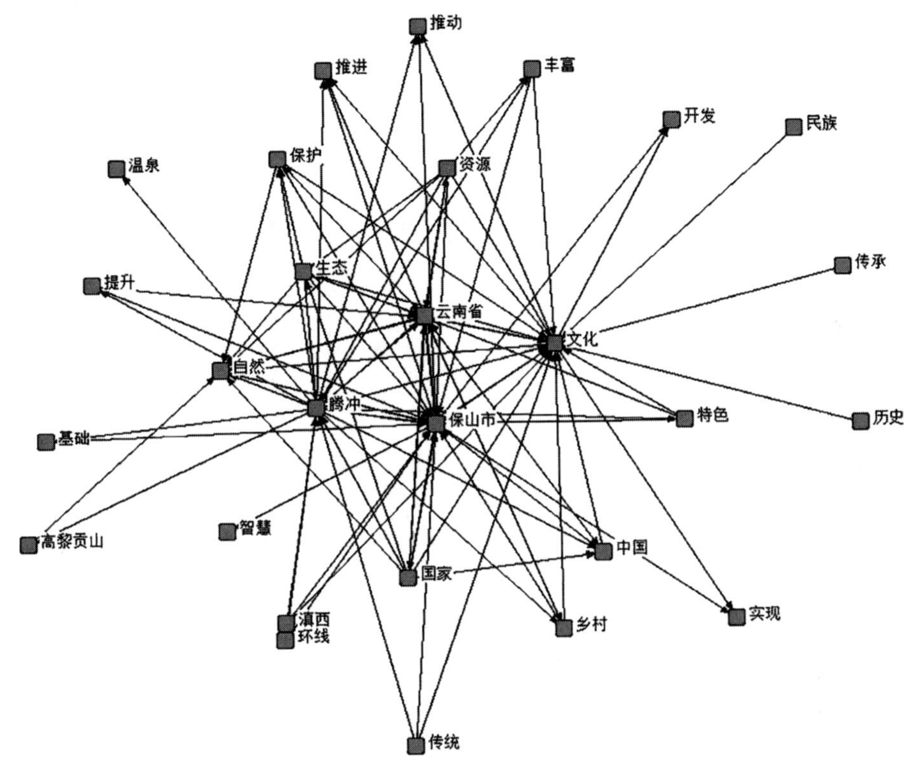

图 4-4 保山市投射网络语义图

保山市排名前 100 的旅游宣传投射与旅游者感知形象高频特征词中分别有 10 个高认同度的词汇、28 个低认同度的词汇，以及 62 个错位词汇。认同度较高的词汇包括保山的代表性旅游资源“温泉”及其所处地点“腾冲”，以及旅游者对腾冲火山热海的评价：“天然”“美景”，且颇具“特色”。“历史”是人文方面认同度较高的词汇，包括其侨乡历史与抗战历史，但具体的人文景观则认同度较低，政府强调“和顺古镇”的“历史名城”地位，而旅游者看到的则是其“建筑”风格。

在错位上，旅游者感知及旅游者行为与旅游宣传投射存在较大不同。旅游者喜欢观光景点密集的地点“银杏村”，或建设完备的园馆如“热海地质博物馆”“国殇墓园”，政府则偏好在较偏僻的“昌宁县”“蒲川乡”“施甸县”“龙陵县”等地挖掘失落的文化与传统，开发“故居”与“文物”，希望传承“永子”“围棋”“皮影”等传统文化。自然景观上，旅游者偏爱腾冲标志性火山地热特色景物“大滚锅”“叠水河瀑布”“黑鱼河”“柱状节理”，政府则喜欢宣传国家认证景区如“自然保护区”“青华海国家湿地公园”“国家草原自然公园”。旅游者的感知与政府宣传的出发点不同，也就导致了政府用“乡村旅游”“红色旅游”“文化旅游”来概括保山市旅游主题，而旅游者则用自身体验描述保山旅游，认为小镇“古朴”“安静”，居民“热情”好客，地质地貌“漂亮”且“唯一”，出行过程“美好”且“值得”“享受”（图 4-5）。

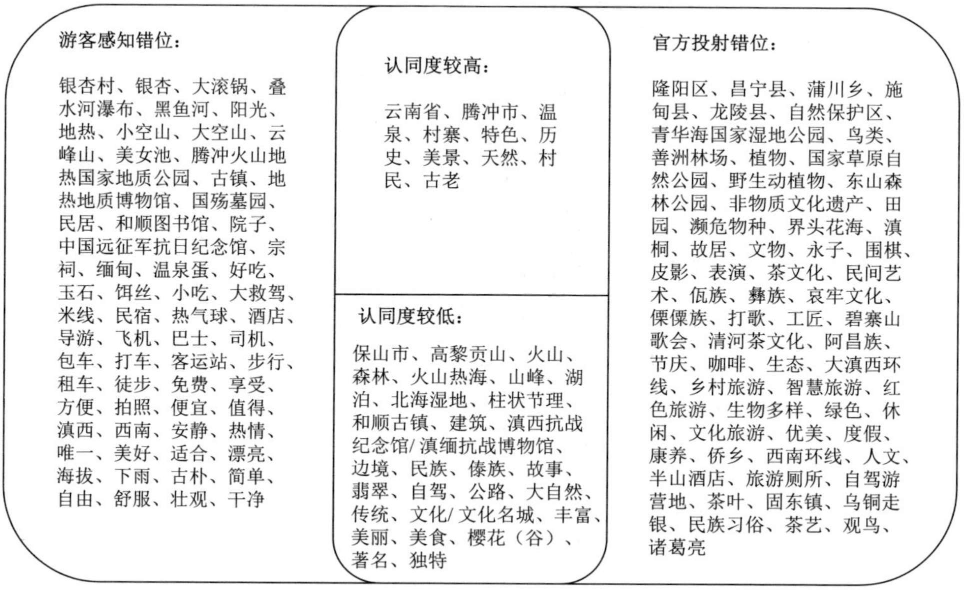

游客感知错位：

银杏村、银杏、大滚锅、叠水河瀑布、黑鱼河、阳光、地热、小空山、大空山、云峰山、美女池、腾冲火山地热国家地质公园、古镇、地热地质博物馆、国殇墓园、民居、和顺图书馆、院子、中国远征军抗日纪念馆、宗祠、缅甸、温泉蛋、好吃、玉石、饵丝、小吃、大救驾、米线、民宿、热气球、酒店、导游、飞机、巴士、司机、包车、打车、客运站、步行、租车、徒步、免费、享受、方便、拍照、便宜、值得、滇西、西南、安静、热情、唯一、美好、适合、漂亮、海拔、下雨、古朴、简单、自由、舒服、壮观、干净

认同度较高：

云南省、腾冲市、温泉、村寨、特色、历史、美景、天然、村民、古老

认同度较低：

保山市、高黎贡山、火山、森林、火山热海、山峰、湖泊、北海湿地、柱状节理、和顺古镇、建筑、滇西抗战纪念馆/滇缅抗战博物馆、边境、民族、傣族、故事、翡翠、自驾、公路、大自然、传统、文化/文化名城、丰富、美丽、美食、樱花（谷）、著名、独特

官方投射错位：

隆阳区、昌宁县、蒲川乡、施甸县、龙陵县、自然保护区、青华海国家湿地公园、鸟类、善洲林场、植物、国家草原自然公园、野生动植物、东山森林公园、非物质文化遗产、田园、濒危物种、界头花海、滇桐、故居、文物、永子、围棋、皮影、表演、茶文化、民间艺术、佤族、彝族、哀牢文化、傈僳族、打歌、工匠、碧寨山歌会、清河茶文化、阿昌族、节庆、咖啡、生态、大滇西环线、乡村旅游、智慧旅游、红色旅游、生物多样、绿色、休闲、文化旅游、优美、度假、康养、侨乡、西南环线、人文、半山酒店、旅游厕所、自驾游营地、茶叶、固东镇、乌铜走银、民族习俗、茶艺、观鸟、诸葛亮

图 4-5 保山市旅游宣传投射形象与旅游者感知形象认同—错位图

（三）德宏州旅游感知与投射形象分析

1. 德宏州旅游感知形象分析

德宏傣族景颇族自治州的旅游景点与特色文化由中缅边境景观与傣族、景颇族文化共同支撑，边境旅游占比大，是真正的边境旅游目的地、民族旅游目的地。

由词频统计得出，在德宏州旅游感知形象排名前25的高频特征词中，“瑞丽市”（第 1）、“芒市”（第 6）是旅行者最频繁前往观光的旅游地点，此外，“缅甸”（第 2）也在旅游者心中留下了深刻的影响。瑞丽与芒市都与缅甸相邻，瑞丽市西北、西南、东南三面均与缅甸接壤，有着中缅最大的边境口岸瑞丽—“畹町口岸”（第 8），其翡翠、红木产业因“边贸”（第 96）得以蓬勃发展，瑞丽市“银井村”（第 64）被“71 号界碑”（第 66）一分为二，在中国的一侧称为银井村，在缅甸的一侧则称为“芒秀村”（第 92），因其同属一个傣族村寨，因此又有“一寨两国”（第 17）之称。芒市南邻缅甸，“佛教”（第 25）盛行，坐落着众多“佛塔”（第 47）、“寺庙”（第 59），其中，“勐焕大金塔”（第 18）是亚洲最大的空心佛塔与南传佛教的第一高塔，塔中供奉了佛教中不同派系的神灵，如释迦牟尼、观音、弥勒、药师佛、四大天王，是傣族人民心中的圣地。此外，芒市人口中 47.48% 为少数民族，以“景颇族”（第 4）、“傣族”（第 7）为主，也是中国“德昂族”（第 62）人口最多的地区。因而，“目瑙纵歌节”（第 15）是德宏州最著名的民俗节日，目瑙、纵歌分别是景颇族、佤族语言中“大家一起来跳舞”的意思，是中国西部最大型的民族传统节日之一。

在德宏州前 25 个旅游感知高频词中，中缅边境相关词汇出现了 5 次（分别是缅甸、中缅边境、畹町口岸、一寨两国、姐告口岸），这表示中缅边境是旅行者在德宏州最常观光的景点之一。傣族、景颇族、目瑙纵歌节、勐焕大金塔代表的则是中国的少数民族文化。德宏州的旅游景点是由中缅边境和景颇族、傣族民族文化所支撑的。

从德宏州旅游感知形象前 100 个高频词中，可总结出德宏目的地形象的三类主题特征：①德宏州拥有众多中缅边境景观景点；②佛教与少数民族景观是德宏州人文景观的主体部分；③德宏州的少数民族文化以景颇族、傣族、阿昌族三个民族为主。

由旅游感知特征词类目统计得出，德宏州的旅游吸引物类目下民俗历史文化（27.82%）与边境景观（27.86%）频次占比十分相近。在德宏州游记中，旅行者多次提到德宏的南甸土司文化、滇西的抗战历史、景颇族传统节日目瑙纵歌节等，提及邻国缅甸时却鲜少提及文化，偶尔提到奶茶、西米露、玉石等小吃或特产，边境文化内容缺乏。这说明在德宏州边境旅游中，尽管已存在大量如界碑、国门、口岸、一寨两国等景点，但旅游者对于异国文化的体验相对比本国民俗文化还显不足。在云南 8 个边境州市中，德宏州的边境景观是发展最好、最受旅游者关注的。其中，瑞丽江发源于腾冲市高黎贡山，流经畹町镇。但瑞丽江在腾冲却并不属于旅游热门景点，它比起腾冲的火山热海、柱状节理观赏性与稀缺性不足。然而在德宏州，瑞丽江却因为它流经中缅两国的独特性质受到旅游者追捧，这也是由于德宏州独特自然景观较少，从而使边境景观竞争力相对较强。

从德宏州感知网络语义图中可看出，德宏州网络语义图中心词较少，主体单一但集中。以“缅甸”为旅游中心，辐射“瑞丽市”与“芒市”两个边境景观集中地。“景颇族”与“傣族”为次要中心词，辐射“建筑”“文化”等民族文化表现方式。边境与民族这两大旅游主题都是“特色”且“美丽”的。

2. 德宏州旅游投射形象分析

德宏州旅游投射形象以弘扬民族文化为主，注重傣族、景颇族、阿昌族三族民族文化在民间艺术、历史文化上的传承与保护。边境旅游虽然也在旅游宣传内容中，但其受重视程度位列民族文化之后。

在旅游宣传投射形象词频中，排名前 25 的高频特征词可分为三大主题，分别强调①德宏州有丰富的傣族、阿昌族、景颇族和德昂族文化，民族文化不仅是重要的旅游人文资源，也位列国家级非物质文化遗产；②芒市、瑞丽市、盈江县、梁河县是德宏州最值得一去的游览地点，它们以民族人文景观、自然景观和边境景观闻名；③德宏州位于中国与缅甸边境，具有浓厚边关文化。

综合德宏州旅游投射特征词类目统计看来，虽然德宏州位于中缅边境，具有发展边境旅游的良好区位优势，但其旅游投射文本以弘扬民族文化为主（36.88%），尤其重视傣族、阿昌族与景颇族民族文化的保护与传承，对民族民间艺术如阿昌族织锦、傣文书法，历史文化如土司、阿銮、达古达楞格莱标，歌舞声乐如民族歌舞表演、民族乐器等民族文化的各个方面都加以宣传，以娱乐方式、当地特产、人文景观多种形式展现。边境与自然景观所占宣传资源相近，自然景观以珍稀鸟类与热带风情植物等原生态自然景观为主，边境则以中缅口岸、一寨两国等边境景观为主。从氛围词来看，德宏州投射形象的民俗文化是特色而丰富的、原始而古老的，自然与边境景观是美丽且独特的，整体氛围是休闲、度假的。

3. 德宏州旅游形象对比分析

德宏州的投射及感知形象在核心词上差异较大，但到具体景点与文化时二者高度一致。投射与感知的中心分别是“文化”与“缅甸”。中缅边境游在旅游者感知中是德宏州的旅游主题，而旅游宣传文本则将边境旅游摆在文化之后。

德宏州的投射网络语义图和感知网络语义图有较大区别（见图 4–6）。在旅游者感知文本中，德宏州旅游形象以“缅甸”边境旅游为第一中心词，但在投射形象中，“文化”才是政府宣传的重点，辐射“傣族”“阿昌族”“景颇族”三大民族，注重民族“传统”与“历史”的“传承”与“保护”。“缅甸”一词虽然出现在网络语义图中，但处于边缘地带，不是政府宣传的核心，旅游宣传投射和旅游者感知存在偏差。

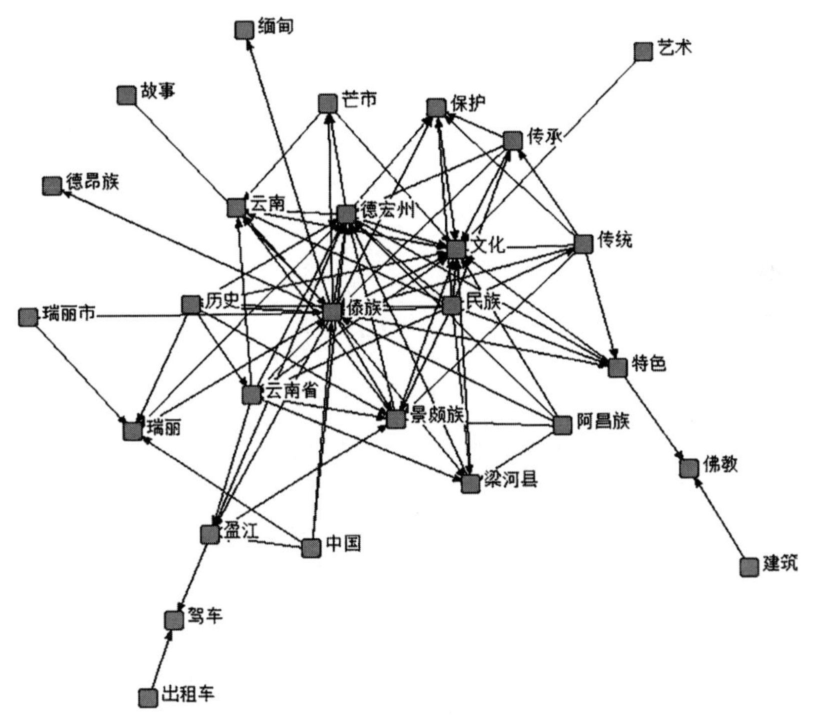

图 4–6　德宏州投射网络语义图

德宏州排名前 100 的旅游宣传投射与旅游者感知形象高频特征词中分别有 21 个高认同度的词汇、35 个低认同度的词汇，以及 44 个错位词汇，超过半数的旅游者感知与旅游宣传投射特征词认同，二者的形象高度一致，但在偏好性上仍存在差异（见图 4-7）。旅游者与政府认同度较高的词汇集中在民俗历史文化“景颇族”“傣族”“阿昌族”等民族词汇及“佛教”文化上，说明德宏州“民族风情”浓郁且颇具“特色”。在边境景观上，二者存在分歧，游记突出对“中缅边境”的体验，详细列举了“畹町口岸”“姐告口岸”“一寨两国”“独木成林”“瑞丽江”等边境景物，而政府则继续强调“德昂族”与“土司”的人文内涵；旅游者游玩“莫里热带雨林”、欣赏“佛塔”与人文“建筑”，政府则在“梁河县”“九保乡”等地发掘“目瑙纵歌节”等民族文化。

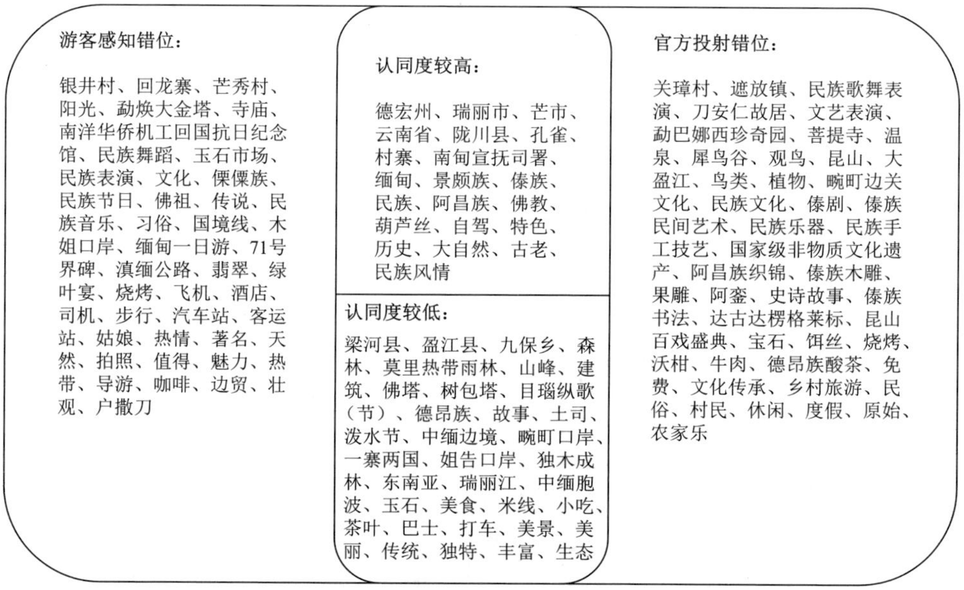

游客感知错位：

银井村、回龙寨、芒秀村、阳光、勐焕大金塔、寺庙、南洋华侨机工回国抗日纪念馆、民族舞蹈、玉石市场、民族表演、文化、傈僳族、民族节日、佛祖、传说、民族音乐、习俗、国境线、木姐口岸、缅甸一日游、71号界碑、滇缅公路、翡翠、绿叶宴、烧烤、飞机、酒店、司机、步行、汽车站、客运站、姑娘、热情、著名、天然、拍照、值得、魅力、热带、导游、咖啡、边贸、壮观、户撒刀

认同度较高：

德宏州、瑞丽市、芒市、云南省、陇川县、孔雀、村寨、南甸宣抚司署、缅甸、景颇族、傣族、民族、阿昌族、佛教、葫芦丝、自驾、特色、历史、大自然、古老、民族风情

认同度较低：

梁河县、盈江县、九保乡、森林、莫里热带雨林、山峰、建筑、佛塔、树包塔、目瑙纵歌（节）、德昂族、故事、土司、泼水节、中缅边境、畹町口岸、一寨两国、姐告口岸、独木成林、东南亚、瑞丽江、中缅胞波、玉石、美食、米线、小吃、茶叶、巴士、打车、美景、美丽、传统、独特、丰富、生态

官方投射错位：

关璋村、遮放镇、民族歌舞表演、刀安仁故居、文艺表演、勐巴娜西珍奇园、菩提寺、温泉、犀鸟谷、观鸟、昆山、大盈江、鸟类、植物、畹町边关文化、民族文化、傣剧、傣族民间艺术、民族乐器、民族手工技艺、国家级非物质文化遗产、阿昌族织锦、傣族木雕、果雕、阿銮、史诗故事、傣族书法、达古达楞格莱标、昆山百戏盛典、宝石、饵丝、烧烤、沃柑、牛肉、德昂族酸茶、免费、文化传承、乡村旅游、民俗、村民、休闲、度假、原始、农家乐

图 4-7　德宏州旅游宣传投射形象与旅游者感知形象认同—错位图

在错位上，旅游者感知与旅游宣传投射仍符合上述特征。旅游者前往“国境线”“木姐口岸”“71 号界碑”“滇缅公路”乃至进行“缅甸一日游”，同时也欣赏“勐焕大金塔”“寺庙”“南洋华侨机工回国抗日纪念馆”等人文景观；政府则挖掘更深层次、更具艺术性和保护价值民族传统，如“傣剧”“傣族民间艺术”“阿昌族织锦”“傣族木雕”以及其他“国家级非物质文化遗产”。因此，旅游者评价德宏州“天然”而有“东南亚”“魅力”，而政府认为德宏应发展“休闲”“度假”的“乡村旅游”，并进行“文化传承”。也就是说，德宏州深厚的民族文化底蕴受到政府与旅游者的一致认可，但旅

游者认为除此之外边境旅游也值得游览，而政府则渴望展现、保护与传承更具价值的民族民间艺术。

（四）怒江州旅游感知与投射形象分析

1. 怒江州旅游感知形象分析

怒江傈僳族自治州得益于高山峡谷、冰川雪山、高原湖泊、三江并流等自然景点，及其在川藏、滇藏线中优渥的地理位置，发展出了以“驴友”（背包客）、探险家为旅游主体的原始而独特的旅游模式。边境旅游在旅游者感知中占比较少，不属于旅游者前往怒江州的主要旅游原因。

由词频统计得出，在怒江州旅游感知形象排名前25的高频特征词中，旅游者最常前往“丙中洛镇”（第2）、“贡山县”（第6）、“六库镇”（第11）、“福贡县”（第18）。丙中洛镇隶属贡山县，是滇藏线“丙察察”（丙中洛—察瓦龙—察隅）的起点，连接西藏，虽然路况艰险，但风景原始优美，途中囊括了云南与西藏的自然景观与风土人情。六库镇、福贡县均处于碧罗雪山与高黎贡山之间，怒江从其间奔流而过，地理位置极佳。从旅行者的热门游览地可看出，旅游者前往怒江旅游的两大目的，一是经由川藏南线或丙察察线，由四川或云南自驾前往“西藏”（第13）；二是探险怒江的高山峡谷（怒江大峡谷、秋那桶峡谷、高黎贡山）、冰川雪山（碧罗雪山、梅里雪山）、大江湖泊（怒江第一湾、澜沧江、高原湖泊）、三江并流的奇观。“怒江大峡谷”（第17）是世上最大最深的雅鲁藏布大峡谷往东南方向的延续，其中，“秋那桶峡谷”（第17）内瀑布交错分布于原始森林，是怒江大峡谷的精华部分。“高黎贡山”（第23）山峰陡直深邃，有“石门关”（第66）壮景与三江并流的世间奇景。三江并流是怒江、“澜沧江”（第53）、“金沙江”（第76）奔腾并行形成的，其四周山高谷深，山下是干热河谷，山上气温降低，演变为寒冷的冰川雪山，“碧罗雪山”（第49）和“梅里雪山”（第62）就诞生于此。碧罗雪山又被誉为“万瀑千湖之山”，山内高山“湖泊”（第81）与飞瀑密布，蔚为壮观，梅里雪山位于云南德钦县和西藏察隅县交界处，被誉为藏区八大神山之首。怒江州还埋没着一支秘境文明，怒江峡谷沿岸的村落所在处，林立着许多“传教士”（第84）建立的“教堂”（第14）。早在18世纪，法国传教士跨过碧罗雪山，向居住在深山的居民传播天主教与基督教新教，这也是“怒族”（第25）人民除信奉火教、藏传佛教外，还信奉基督教的原因。

“飞机”在高频词中一般位列前25，因为它是旅行者最常用、最方便的交通工具之一。但在怒江州旅游感知高频词中，“自驾”（第26）和“徒步”（第27）才是最合适的出行方式。不仅是因为怒江没有邻近机场，交通相对不便，也是因为滇藏线“丙察察”是最神秘、地形最复杂的入藏线路。相对于“步行”而言，“徒步”更多指的是在郊区、农村、山野进行的户外运动，因此不能简单将其归类为出行方式，“徒步”也是旅游者旅游活动中的一项，说明怒江州地形多山区，生态原始，车辆难行。除了“徒步”之外，旅行者还常用“溜索”（第55）、“穿越”（第61）与“翻越”（第95）等出行方式。溜索是从前来往于怒江峡谷两岸的交通方式，时速能达到70~80千米，“穿越”常被旅游者用来形容“穿越雪山”“穿越峡谷”“穿越山峰”“穿越树丛”等。

从怒江州旅游感知形象前100个高频词中，可总结出怒江州目的地形象的两类主题特征：①怒江州的自然景观以高山峡谷与冰川雪山为主；②怒江州的民俗文化以傈僳族、独龙族、怒族三个民族与藏传佛教、基督教两大宗教为主。

由旅游感知特征词类目统计得出，在怒江州高频词类目统计下，在旅游吸引物中，除游览地点外，出现频次占比最高是自然景观（36.73%），其次是民俗历史文化（12.31%），边境景观只占了2.53%。虽然出现了“缅甸”“边境”等边境相关词汇，但更具体的如口岸、界碑、国门及其他边境景点未被提及，说明部分旅游者虽然知道怒江州与缅甸接壤，但受限于口岸因素、交通因素或其他因素，旅游者并未前往边境地区游玩。且怒江州是少见的旅游餐饮和购物娱乐均未被旅游者提及的旅游目的地，或受限于地形因素，怒江州的旅游产业尚未形成完整的产业链，它仍是中国最原始的旅游地之一，交通依靠旅游者“自驾”“徒步”，住宿依靠村民的“民宿”副业。但不能说这种发展模式就是落后的，因为怒江州景观以原始的高山峡谷与冰川雪山为主，破坏生态而强行发展旅游产业链反而是不健康的。

从怒江州感知网络语义图中可看出，怒江州旅游有两大中心，其一是以“丙中洛”为中心、辐射“公路”“西藏”“历史”“茶马古道”的滇藏线旅游主题；其二是以“峡谷”为中心、辐射“秋那桶（峡谷）”“怒江峡谷”“澜沧江”“高山”的峡谷景观旅游主题。此外，还有代表民族文化的“民族”“傈僳族”“怒族”等词语，虽未聚成中心但与各景观词均有联系，贯穿怒江州旅游始终。“昆明”常作为旅游者前往云南省的交通枢纽，“大理”则属于云南省最受欢迎景点之一，因此在网络图中也有出现。

2. 怒江州旅游投射形象分析

怒江州旅游宣传投射形象以怒江大峡谷、高黎贡山为自然资源代表、以独龙族、怒族为民族文化主题、以峡谷骑行和野水漂流为主要活动宣传体育旅游，并以旅游及其周边产业为手段，积极推进旅游扶贫。边境旅游在宣传文本中仅占极小部分，怒江州政府目前不认为边境景观相比当地其他旅游资源更具特色。

综合怒江州旅游形象投射文本词频百分比统计看来，排名前25的高频特征词可分为三大主题，分别强调①傈僳族、怒族、独龙族是怒江州特有的少数民族，有着同心酒、手抓饭等民族美食以及上刀山下火海等民族艺术表演；②怒江大峡谷、高黎贡山自然保护区是怒江州最典型的旅游资源，怒江州有着高山峡谷的地质奇观；③旅游是怒江州政府帮助当地贫困居民脱贫的手段之一。

由怒江州旅游投射特征词类目统计得出，怒江旅游宣传投射文本强调以高山峡谷地貌为核心的自然景观（22.25%）以及以怒族、傈僳族、独龙族为核心的民俗文化（27.68%）。同时，体育旅游是怒江州政府宣传的独特亮点，依托怒江大峡谷，怒江以“车在江边行，人在画中游”为宣传语推崇峡谷骑行，在保护峡谷生态的同时让旅游者以别样的方式体验峡谷之旅。怒江州还从2019年开始举办野水皮划艇国际赛事，以其良好的水质和众多的险滩在野水漂流运动乃至训练水域中受到一众皮划艇爱好者追捧，塑造了一流的赛事形象。此外，怒江州积极融入云南大滇西旅游环线、三区三州旅游大环线，大力推崇自驾游，开发沿线人文村落如六库镇、老姆登村、知子罗，宣传民族美食老窝火腿、石板粑粑、怒族手抓饭、漆油鸡等，推进旅游扶贫和产业扶贫。边境旅游不是怒江旅游宣传的重点，怒江州边境游以片马口岸为主要地点，又因六库镇、片马镇临近高黎贡山，将其串联成为穿越高黎贡山和片马口岸红色旅游寻访之旅，边境旅游元素就在险峻的峡谷景观中被相对弱化了。

3. 怒江旅游形象对比分析

怒江州的投射及感知形象在中心词上差异较大，分别以自然景观和文化为主题，但在具体景观与文化上，旅游者游览景点与政府宣传景点基本重合。边境旅游在投射与感知中均不是重点，相比怒江州在滇藏线中的地位与高山峡谷奇观，边境景观观赏性较弱。

怒江州的投射网络语义图和感知网络语义图有较大区别。在旅游者感知文本中，怒江州旅游形象的两大中心词分别是“丙中洛”与“峡谷”，即以丙察察滇藏线路游与怒江峡谷游为旅游主旋律。但在旅游宣传投射形象网络语义图中，“文化”是大核心、“怒江大峡谷”是小核心，还出现了“滇西环线”“扶贫”“脱贫”等感知文本中未出现的词语，说明滇西环线这一概念还没有深入旅游者内心，且政府未将怒江州在滇藏旅游线路中的重要地位加以宣传。

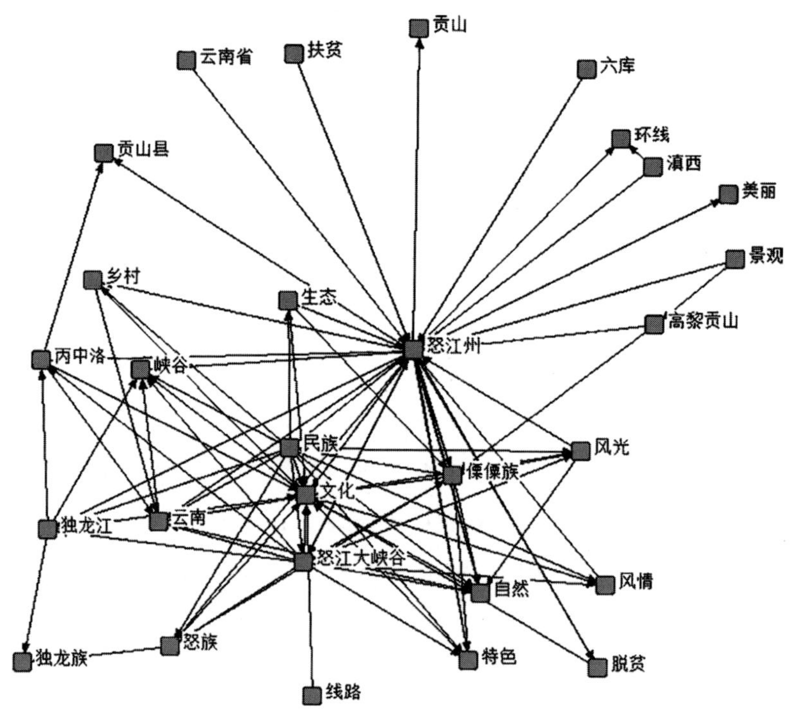

图 4–8　怒江州投射网络语义图

怒江州排名前 100 的旅游宣传投射与旅游者感知形象高频特征词中分别有 20 个高认同度的词汇、25 个低认同度的词汇以及 55 个错位词汇，政府塑造与旅游者感知的旅游形象较一致。“怒江大峡谷”“独龙江”“高黎贡山（自然保护区）”“碧罗雪山”是认同度较高的自然景观，它们也坐落于认同度高的游览地点“贡山县”“六库镇”“福贡县”中。“秋那桶峡谷”“怒江第一湾”“茶马古道”是其他受旅游者偏爱的景观，政府则将目光放在了“傈僳族”“独龙族”“怒族”等少数民族上，造成民族与次要景观间认同度较低。政府与旅游者对“边境”的认同度高，说明怒江确有边境氛围，但其他具体的边境景观词汇在二者的词频表中都未出现，说明怒江有发展边境旅游的潜能，但其发展尚不成熟。

在错位上，旅游者感知与旅游宣传投射差异较大。在旅游者感知中，怒江是“丙察察”“滇藏”线的重要一环，因此在游记中多次提及川藏线、滇藏线及其途经城市“西藏”“四川省”“察隅县”“拉萨市”“林芝市”，所描述的自然景观也多是途中所见的“雪山”“江水”“冰川”等，政府看到的则是怒江州本州的资源，大力弘扬本地的“生物多样性”“民族风情”及民族文化“搓蹉”“上刀山下火海”“傈僳族无伴奏四声部”，而将旅游作为“扶贫”“脱贫”的手段。且政府认为发展怒江旅游，要借助“三区三州旅游大环线”和“大滇西旅游环线”的推动力。因此，在旅游者的滇藏旅行体验中，怒江是“神秘”“漂亮”的；政府从怒江自有资源，尤其从人文角度出发，则认为怒江是“休闲”的、具“人文”情怀的，自然景观则以“秘境”“探秘”之旅为主题（见图 4-9）。

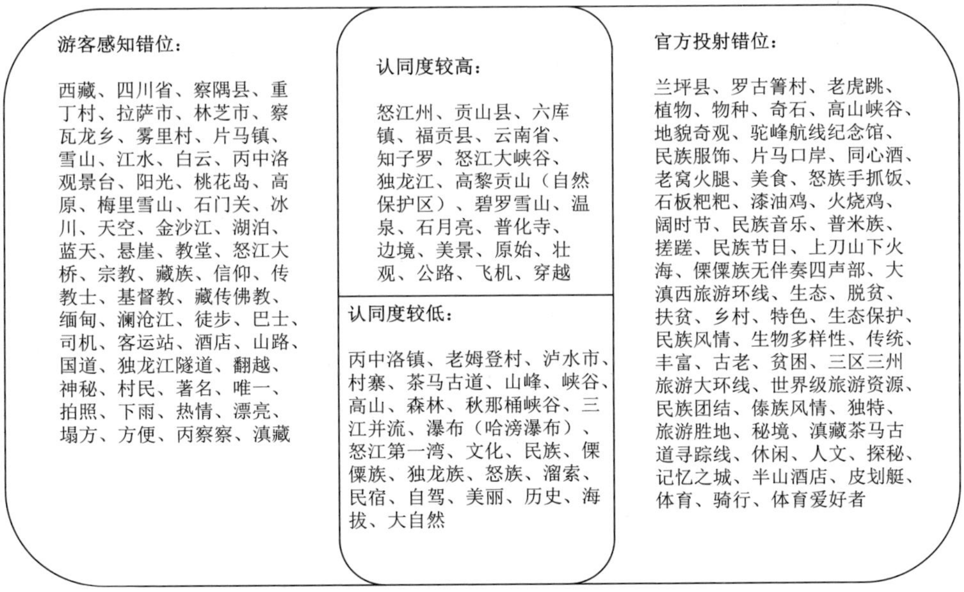

游客感知错位：

西藏、四川省、察隅县、重丁村、拉萨市、林芝市、察瓦龙乡、雾里村、片马镇、雪山、江水、白云、丙中洛观景台、阳光、桃花岛、高原、梅里雪山、石门关、冰川、天空、金沙江、湖泊、蓝天、悬崖、教堂、怒江大桥、宗教、藏族、信仰、传教士、基督教、藏传佛教、缅甸、澜沧江、徒步、巴士、司机、客运站、酒店、山路、国道、独龙江隧道、翻越、神秘、村民、著名、唯一、拍照、下雨、热情、漂亮、塌方、方便、丙察察、滇藏

认同度较高：

怒江州、贡山县、六库镇、福贡县、云南省、知子罗、怒江大峡谷、独龙江、高黎贡山（自然保护区）、碧罗雪山、温泉、石月亮、普化寺、边境、美景、原始、壮观、公路、飞机、穿越

认同度较低：

丙中洛镇、老姆登村、泸水市、村寨、茶马古道、山峰、峡谷、高山、森林、秋那桶峡谷、三江并流、瀑布（哈滂瀑布）、怒江第一湾、文化、民族、傈僳族、独龙族、怒族、溜索、民宿、自驾、美丽、历史、海拔、大自然

官方投射错位：

兰坪县、罗古箐村、老虎跳、植物、物种、奇石、高山峡谷、地貌奇观、驼峰航线纪念馆、民族服饰、片马口岸、同心酒、老窝火腿、美食、怒族手抓饭、石板粑粑、漆油鸡、火烧鸡、阔时节、民族音乐、普米族、搓蹉、民族节日、上刀山下火海、傈僳族无伴奏四声部、大滇西旅游环线、生态、脱贫、扶贫、乡村、特色、生态保护、民族风情、生物多样性、传统、丰富、古老、贫困、三区三州旅游大环线、世界级旅游资源、民族团结、傣族风情、独特、旅游胜地、秘境、滇藏茶马古道寻踪线、休闲、人文、探秘、记忆之城、半山酒店、皮划艇、体育、骑行、体育爱好者

图 4-9　怒江州旅游宣传投射形象与旅游者感知形象认同—错位图

（五）文山州旅游感知与投射形象分析

1. 文山州旅游感知形象分析

文山壮族苗族自治州由影视产业与旅游宣传带动的普者黑景区与坝美村等乡村旅游目的地作为旅游经济支撑，但边境旅游未见起步。

由词频统计得出，在文山州旅游感知形象排名前 25 的高频特征词中，旅游者频繁观光的地点包括“坝美村”（第 3）、“丘北县”（第 13）、“广南县”（第 16）。坝美村位于广南县，有“世外桃源”（第 26）之称，正如陶渊明笔下“桃花源”（第 43）描写的“复行数十步，豁然开朗”，进村需要乘坐“游船”（第 8）经过两个漆黑的“溶洞”（第 9），而后可见大片“桃花”（第 64）与“油菜花”（第29）竞相开放。广南县有着“八宝景区”（第52）及“石林”（第 24）、溶洞、岩溶等多种地貌。丘北县是文山州最著名景区普者黑的所在地，“普者黑景区”（第 1）不仅以其水上田园及喀斯特岩溶地貌闻名，也是“爸爸去哪儿”（第66）和“三生三世十里桃花”（第33）的拍摄地，景区“免费”（第 62）出入，只收取游玩项目如游船、“马车”（第 14）、“打水仗”（第 58）的费用。“青龙山”（第 11）、“仙人洞”（第 17）是普者黑景区内较出名的景点，青龙山是普者黑的最佳观景台，山顶不仅能观赏普者黑全景，也能欣赏“日出”（第 19）“日落”（第 22）。仙人洞村居住的村民大多是撒尼人，村口的密枝山是撒尼人心目中的神山，花脸节是这里的传统节日，也是普者黑景区旅游文化名片之一。

坝美村和普者黑景区都是旅游营销宣传的典范，普者黑的旅游营销尤为成功，其词频是位列第 2 特征词的 2 倍以上。坝美村成功以“坝美世外桃源”的宣传语给旅游者留下“桃源村”的深刻印象，让“世外桃源”“桃花源”在游记中分别被提及 225 次和 165 次。普者黑是 2013 年《爸爸去哪儿第一季》和 2017 年《三生三世十里桃花》的取景地，明星效应吸引了大批粉丝游客。从高频词排名中也可看出，文山州的旅游是由普者黑景区及其所在地丘北县、坝美村及其所在地广南县所支撑的。普者黑的火热还带动一众乡村旅游目的地发展，推动了当地的“民宿”（第 6）产业。

从文山州旅游感知形象前 100 个高频词中，可总结出文山州目的地形象的三类主题特征：①文山州旅游热点由普者黑景区的湿地及喀斯特景观，以及坝美村的溶洞及山水田园景观为主；②文山州的旅游发展借由宣传语“坝美世外桃源”及《三生三世十里桃花》与《爸爸去哪儿》电视节目带动；③文山州景区内娱乐活动丰富，包括乘坐马车、游船、打水仗等。

由旅游感知特征词类目统计得出，在文山州高频词类目统计下，旅游吸引物中自然景观（65.05%）占比最多，人文景观（7.55%）与文化（7.89）占比较少，边境景观则完全没有出现，和怒江情况相同。此外，文山州有三个陆路边境口岸［天保口岸（一类），都龙口岸（二类），田蓬口岸（二类）］，但在排名前 100 的高频词中，与边境相关的词汇量为 0，这在云南 8 个边境州市中仅出现文山和普洱两例。文山州的边境旅游欠发展可能由三个原因造成，一是文山州边境交通较闭塞，且 1979 年对越自卫反击战后遗留雷区问题亟待解决，边境可进入性差；二是文山州麻栗坡已建成“英雄老山圣地”主题红色旅游线路以纪念对越自卫反击战及扫雷官兵，边境旅游被冠以红色旅游之名；三是文山州旅游以影视宣传推动，景观景点高度集中在普者黑景区与坝美村，导致边境地区游人稀少。

从文山州感知网络语义图中可看出，“普者黑”景区是文山州旅游的绝对中心，不仅辐射了“喀斯特”“溶洞”“荷花”“青龙山”“日出”“湿地”等景区内景观，还包含了一大付费及娱乐要素“马车”。广南县坝美村也是文山州着力打造的旅游景区之一，但其火爆程度尚不及普者黑。另外，虽然“桃花源”和“世外桃源”是景区的主要宣传语，但在感知网络语义图中“桃花”一词却没有出现，对比“荷花”与“喀斯特”风光，“桃花”景观未在旅游者心中留下深刻印象。此外，“昆明”作为旅游者前往云南最常用的交通中转站，因此表现出一定的中心性。

2. 文山州旅游投射形象分析

文山州旅游宣传投射形象以苗族、壮族、瑶族少数民族文化为依托，大力发展乡村旅游与红色旅游。虽然有规划边境旅游线路，但其占比相对文化宣传而言较小。

在旅游宣传投射形象词频中，排名前 25 的高频特征词可分为两大主题，分别强调①文山州生活着壮族、苗族、瑶族等少数民族，其民族传统文化除了毛巾舞、草人舞、民歌情歌外，还有着祭祀和仪式等宗教传统；②文山州的旅游发展以乡村旅游和红色旅游为主，其中乡村旅游包括西畴县、坝美村、麻栗坡、广南县等旅游目的地，红色旅游则以英雄老山圣地的老山精神为红色革命精神。

综合文山州旅游投射特征词类目统计看来，文山州旅游资源分布较为均衡，自然景观（16.23%）与人文景观（13.35%）占比差距较小，同时有着丰富的民俗历史文化（36.92%）。其自然景观包括普者黑景区、八宝景区两大喀斯特及溶洞地貌风光，以及坝美村、麻栗坡等乡村山水田园、特色农业风情。人文景观则以壮族、苗族、瑶族传统歌舞和宗教仪式以及英雄老山圣地和战争遗址等红色旅游景观为主。边境旅游方面，以天保口岸为主要观光地规划了中缅边贸购物点、国门文化和边疆党建长廊两个游览主题。文山州以“红色旅游”“乡村旅游”“文化旅游”和“生态旅游”完整地概括了当地的旅游资源及主题。

3. 文山州旅游形象对比分析

文山州的投射及感知形象间差异较大，自然景观与民俗文化二者地位倒置，观赏景点与民族习俗具体词汇也仅存在少量重合。此外，旅游宣传文本中以小篇幅介绍了边境景观，旅游者则对边境景观感知度为零。

文山州的投射网络语义图和感知网络语义图存在较大偏差。在旅游者感知文本中，“普者黑”景区是文山州旅游的绝对中心，“彝族”“苗族”及其他少数民族未构成中心词，地位边缘化，而在投射网络语义图中二者的地位却恰恰相反。在旅游宣传文本中，“文化”是主要核心，主要包括“苗族”和“壮族”两大少数民族及其“祭祀”“舞蹈”“传统”与“节日”。“普者黑”是次要核心，景区内的荷花、喀斯特地貌及其作为多个爆款电视节目拍摄地的情况也未被强调，相反，宣传的是“乡村”旅游与“红色”“精神”。这或许是因为影视宣传已为普者黑景区带来足够的曝光度和流量，因此文山州政府想要强调被忽视的人文元素，但以旅游者感知情况来看，这个做法尚未成功。

文山州排名前100的旅游宣传投射与旅游者感知形象高频特征词中分别有11个高认同度的词汇、20个低认同度的词汇，以及69个错位词汇，旅游者与政府相互认同度较低（见图4-10）。“普者黑”及其所在地“丘北县”与“世外桃源”坝美村所在的“广南县”获得了较高认同度，二者都是文山州深受旅游者欢迎的景区。而在景区具体景点上，游记文本与宣传文本出现了分歧，旅游者大多欣赏的是“仙人洞”“荷花”“溶洞”“湖泊”“喀斯特”等自然景观，政府则强调“壮族”“苗族”的“历史”“文化”。政府宣传文本略有提及边境景观“天保口岸”，但旅游者对此的感知形势不尚乐观。

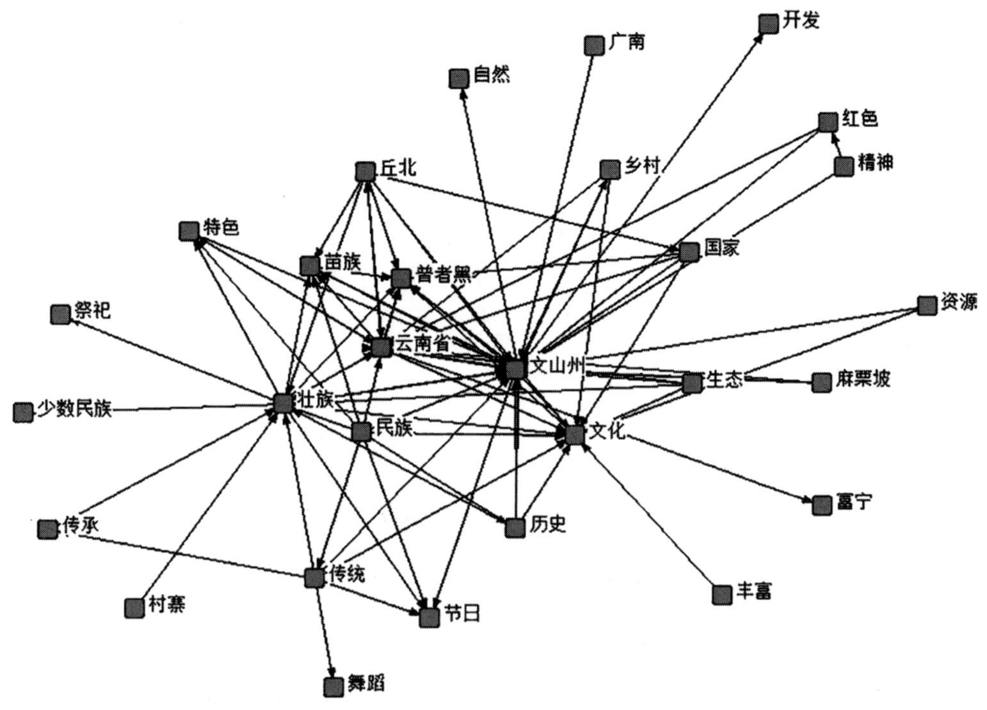

图 4-10　文山州投射网络语义图

在错位上，旅游者感知与旅游宣传投射的分歧持续增大。旅游者感知到的民族文化较少，关注点集中在普者黑景区的“青龙山”“喀斯特岩溶地貌”“桃花”“日出”“日落”等自然景观，以及“游船”“马车”“打水仗”等景区娱乐项目上；政府则弘扬民族文化，介绍了“瑶族”“壮族”节日与“皇姑节”“花山节”“瑶族度戒”“芦笙歌舞”“花街节”“闹兜阳”等习俗。因此，旅游者感知中的文山州是“三生三世十里桃花”与“爸爸去哪儿”的拍摄地，是“桃花源”“仙境”，湖水“清澈”“干净”，景区“漂亮”“安静”；政府则认为文山州要“文化旅游”与“生态旅游”发展并重，利用“观光农业”搞好“乡村旅游”（见图 4-11）。

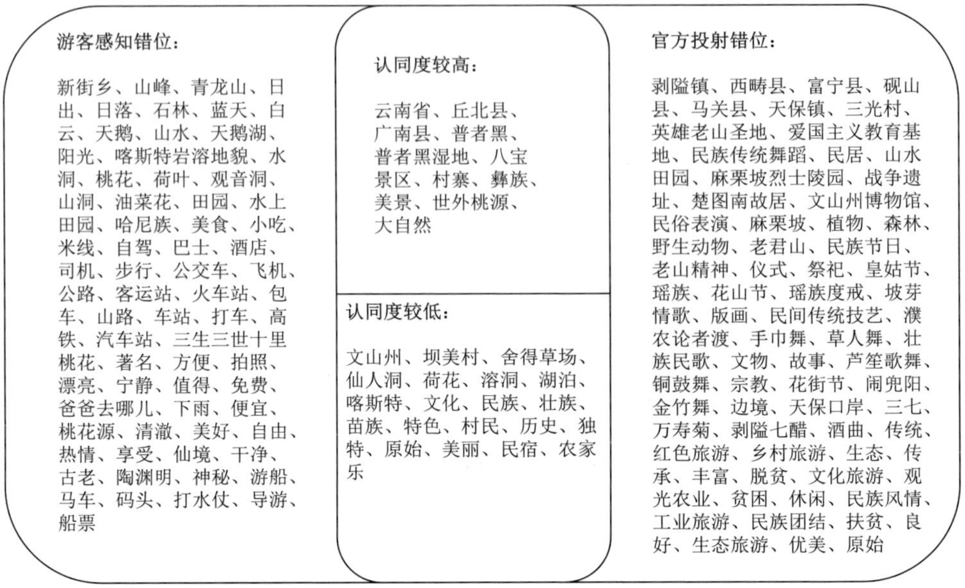

游客感知错位：

新街乡、山峰、青龙山、日出、日落、石林、蓝天、白云、天鹅、山水、天鹅湖、阳光、喀斯特岩溶地貌、水洞、桃花、荷叶、观音洞、山洞、油菜花、田园、水上田园、哈尼族、美食、小吃、米线、自驾、巴士、酒店、司机、步行、公交车、飞机、公路、客运站、火车站、包车、山路、车站、打车、高铁、汽车站、三生三世十里桃花、著名、方便、拍照、漂亮、宁静、值得、免费、爸爸去哪儿、下雨、便宜、桃花源、清澈、美好、自由、热情、享受、仙境、干净、古老、陶渊明、神秘、游船、马车、码头、打水仗、导游、船票

认同度较高：

云南省、丘北县、广南县、普者黑、普者黑湿地、八宝景区、村寨、彝族、美景、世外桃源、大自然

认同度较低：

文山州、坝美村、舍得草场、仙人洞、荷花、溶洞、湖泊、喀斯特、文化、民族、壮族、苗族、特色、村民、历史、独特、原始、美丽、民宿、农家乐

官方投射错位：

剥隘镇、西畴县、富宁县、砚山县、马关县、天保镇、三光村、英雄老山圣地、爱国主义教育基地、民族传统舞蹈、民居、山水田园、麻栗坡烈士陵园、战争遗址、楚图南故居、文山州博物馆、民俗表演、麻栗坡、植物、森林、野生动物、老君山、民族节日、老山精神、仪式、祭祀、皇姑节、瑶族、花山节、瑶族度戒、坡芽情歌、版画、民间传统技艺、濮农论者渡、手巾舞、草人舞、壮族民歌、文物、故事、芦笙歌舞、铜鼓舞、宗教、花街节、闹兜阳、金竹舞、边境、天保口岸、三七、万寿菊、剥隘七醋、酒曲、传统、红色旅游、乡村旅游、生态、传承、丰富、脱贫、文化旅游、观光农业、贫困、休闲、民族风情、工业旅游、民族团结、扶贫、良好、生态旅游、优美、原始

图 4–11　文山州旅游宣传投射形象与旅游者感知形象认同—错位图

（六）普洱市旅游感知与投射形象分析

1. 普洱市旅游感知形象分析

普洱市以茶文化、茶马文化、民族文化为文化主题，以国家森林公园、民族村寨建筑为主要景点，二者相互支撑，旅游产业发展良好，对边境要素依赖较少。

由词频统计得出，在普洱市旅游感知形象排名前25的高频特征词中，“小熊猫庄园”（第 6）、“茶马古道”（第 10）、“景迈山”（第 16）、“墨江北回归线标志园”（第 21）是旅游者最关注的景区景点。小熊猫庄园位于普洱“思茅区”（第 54）“普洱太阳河森林国家公园”（第 17）内，集食宿游为一体，在这里不仅可以欣赏到浩瀚的“森林”（第 3）与各类“动物”（第 22），还能住在园区内，享用“长桌宴”（第 38）和“烧烤”（第 87）。茶马古道是中国古代沟通中原和边疆、进行茶马贸易的线路，普洱市茶马古道是南北走向的茶马古道段中文化、生态保存最完好的一段，云南的制茶工艺保留了“压茶”“制饼”的传统，方便“马帮”（第 46）将茶饼运往西藏。景迈山位于普洱与缅甸的交界处，有 2.8 万亩的“景迈山古茶园”（第 28），盛产“普洱茶”（第 11）。墨江哈尼族自治县被北回归线穿城而过，有着“立竿不见影”的神奇现象，也是唯一的哈尼族自治县。除哈尼族外，普洱市还居住着大量“佤族”（第 5）、“傣族”（第 12）、“拉祜族”（第 15）人民，三个民族都能歌善舞。“澜沧县”（第 55）“老达保村”（第 43）就是个以“歌舞表演”（第 70）和音乐表演而著称的“音乐小镇”（第 57）。佤族建筑还以其天然材料为特色，以茅草为顶竹木为墙，“勐梭龙潭”（第 39）就是一个将佤族建筑风格与现代建筑风格融合的 4A 级景区。

从普洱市旅游感知形象前 100 个高频词中，可总结出普洱市目的地形象的四类主题特征：①普洱市自然景观以茶文化主题的景迈山古茶园与森林及动物主题的普洱太阳河国家森林公园为主；②普洱市人文景观以茶马古城与民族文化景点老达保村、勐梭龙潭、龙摩爷圣地为主；③普洱市有着佤族、傣族、拉祜族、哈尼族、布朗族、纳西族等多民族民俗文化；④普洱市盛产茶叶与咖啡。

由旅游感知特征词类目统计得出，在普洱市高频词类目统计分析旅游吸引物中，自然景观（28.90%）和人文景观（23.07%）被提及次数占比基本相同。虽然景迈山、西盟县都与缅甸相邻，但普洱市旅游感知高频词中没有出现边境旅游相关词汇。普洱市的旅游发展是以茶马文化，佤族、拉祜族、哈尼族等民族文化以及森林公园景区带动的，边境区位为普洱带来的旅游流量有限。这可能是由三个原因造成的，一是普洱市边境毗邻金三角地区，毒品交易猖獗，常年有缉毒警察驻守，防止毒品流入中国境内，因而边境旅游发展受到阻碍；二是普洱市边境地区距其他热门景点较远，如二类口岸勐康口岸距普洱市 126 千米，在旅行时间、旅游线路上都较难安排，非以边境游为旅游目的的旅游者一般不会将其归到日程中；三是普洱市边境景点较少，普洱勐康口岸以边贸为主，观赏性较弱，且多数异国景点位于老挝境内而非边境区域，边境吸引力进一步减弱。

从普洱市感知网络语义图中首先可看出，“普洱茶”与“（民族）特色”是普洱旅游的大中心词，“森林”“自然”“少数民族”与“文化”是次中心词。旅游者在普洱市体会到的最直观的旅游内容即是普洱市盛产普洱茶，拥有大面积的茶山、茶园，以及集休闲娱乐饮茶乃至食宿一体的“（茶）庄园”。其次能感受到的是普洱的特色民族文化，如在太阳河国家公园也可欣赏到民族风情表演以及拉祜村寨老达保村、澜沧县，随处可见的“佤族”农家菜等。

最后，高覆盖率的“森林”给予旅游者“自然”之感，同时带来了众多野生“动物”景观。

2. 普洱市旅游投射形象分析

普洱市旅游宣传投射文本中多种旅游资源相辅相成。森林资源为其发展康养旅游奠定基础，佤族、彝族、傣族、拉祜族构成绚丽多彩的民族文化，茶文化、咖啡文化、茶马古道线共同组成普洱充裕的自然与人文旅游景观。虽然拥有一城连三国的优渥边境区位，但边境旅游在宣传文本中着墨较少。

在旅游宣传投射形象词频中，排名前25的高频特征词可分为三大主题，分别强调①普洱市是一个生态环境好、森林覆盖率高的城市，适合发展康养旅游；②普洱茶与咖啡是普洱市的有名特产，普洱市有“世界茶源”的美称；③普洱市有两个文化旅游主题，分别是茶马古道寻踪主题与佤族、哈尼族、拉祜族、傣族民族文化主题。

综合普洱市旅游投射特征词类目统计看来，普洱旅游发展主题多样且特色分明。有滇藏茶马古道、茶文化、咖啡文化、民族文化、森林康养资源五大旅游资源。茶马古道、茶山茶园、咖啡庄园等景观让旅游者既能饱览自然风光（12.33%），也能感受人文情怀（12.04%）。森林康养资源、茶特产结合温泉等康体娱乐方式则充分支持了普洱市发展康养旅游的可能性。在民俗历史文化上，佤族织锦、老达保村《快乐拉祜》民歌、墨江双胞节等展示了民族文化的多样性。边境景观上，普洱市毗邻老挝、越南两国，也有丢包狂欢节等异域文化节日，但完整的边境旅游线路较少。普洱市旅游宣传文本为普洱市定下了“茶马古城”“世界茶源”“健康生活目的地”“一城连三国”的宣传标语，展现了普洱市丰富的旅游资源。

3. 普洱市旅游形象对比

普洱市的投射及感知形象间重合度较高，在对景观与文化的体验上，旅游者感知与政府投射基本相同，词汇高度重合，仅在中心词上有所区别，旅游者注重景点的赏玩而政府看重文化的宣传。在边境旅游上，政府宣传文本中虽然包含普洱市边境区位的介绍，但由于景点较少与距离较远等原因，旅游者并未感知到普洱市的边境元素。

普洱市的投射网络语义图（见图4-12）和感知网络语义图的中心词基本重合，仅在中心性上有所不同。在旅游者感知文本中，旅游者最直观的感受是普洱市盛产“普洱茶”，且一并辐射了庄园中的民族特色表演及森林自然景观，“普洱茶”是中心性最强的词汇。而在旅游宣传投射网络语义图中，“文化”具有最强中心性，“生态”“普洱茶”是次中心。“文化”不仅辐射“民族”文化，还包括“茶马古道”茶马文化，这是旅游者感知的弱项。“生态”同样辐射普洱市最丰富的“森林”资源。普洱市的投射与旅游者感知网络语义图中的文化与景观或特产二者地位互换。

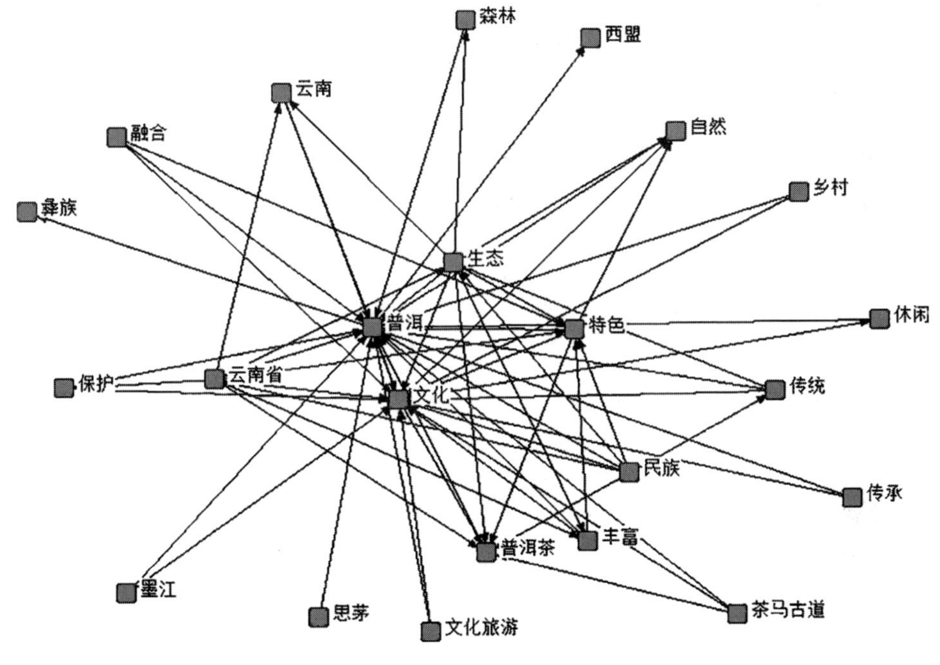

图 4-12 普洱市投射网络语义图

普洱市排名前 100 的旅游宣传投射与旅游者感知形象高频特征词中分别有 20 个高认同度的词汇、30 个低认同度的词汇以及 50 个错位词汇，半数特征词相互认同，政府塑造与旅游者感知的旅游形象较一致。认同度较高的词汇包括以民族文化为主题的“佤族”“哈尼族”“拉祜族”“傣族”，茶主题景观“茶山”，特产“普洱茶”及历史古迹“茶马古道”，普洱市茶主题旅游深受认同。在认同度较低的词汇中，政府强调“歌舞表演”与“茶园”等民族与茶旅主题景观，旅游者则发散性地游览天文奇景“墨江北回归线标志园”、原始森林“普洱太阳河国家森林公园”以及游娱一体、食住并行的“小熊猫庄园”。边境旅游在旅游者与政府文本中都未受到重视。

在错位词汇上，旅游者感知与政府投射的主题相似，视角不同。二者都关注森林、民族、茶旅三大旅游主题。旅游者前往风景较好的景区，包括热带雨林秘境“勐梭龙潭”、傣汉建筑“孟连宣抚司署”、万亩茶园“景迈山古茶园”及佤族圣地“龙摩爷圣地”；政府则弘扬民族技艺与传统“佤族织锦”“宣抚礼仪乐舞”，在茶旅的基础上发展“庄园旅游”与“生态旅游”，结合茶文化打出“健康生活目的地”的宣传口号。二者虽特征词不同，但内在主题一致。旅游者感知当地少数民族的生活“美好”而“幸福”，体验到雨林的“热带”风情与“神秘”景观的外在；政府则点明“康养旅游”的内核，塑造了普洱“世界茶源”的形象（见图 4-13）。

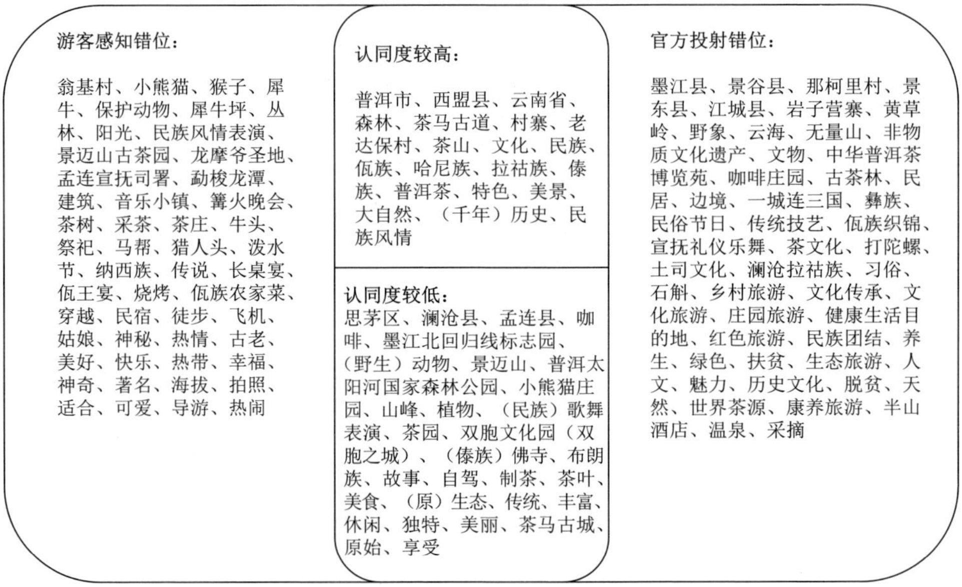

游客感知错位：

翁基村、小熊猫、猴子、犀牛、保护动物、犀牛坪、丛林、阳光、民族风情表演、景迈山古茶园、龙摩爷圣地、孟连宣抚司署、勐梭龙潭、建筑、音乐小镇、篝火晚会、茶树、采茶、茶庄、牛头、祭祀、马帮、猎人头、泼水节、纳西族、传说、长桌宴、佤王宴、烧烤、佤族农家菜、穿越、民宿、徒步、飞机、姑娘、神秘、热情、古老、美好、快乐、热带、幸福、神奇、著名、海拔、拍照、适合、可爱、导游、热闹

认同度较高：

普洱市、西盟县、云南省、森林、茶马古道、村寨、老达保村、茶山、文化、民族、佤族、哈尼族、拉祜族、傣族、普洱茶、特色、美景、大自然、（千年）历史、民族风情

认同度较低：

思茅区、澜沧县、孟连县、咖啡、墨江北回归线标志园、（野生）动物、景迈山、普洱太阳河国家森林公园、小熊猫庄园、山峰、植物、（民族）歌舞表演、茶园、双胞文化园（双胞之城）、（傣族）佛寺、布朗族、故事、自驾、制茶、茶叶、美食、（原）生态、传统、丰富、休闲、独特、美丽、茶马古城、原始、享受

官方投射错位：

墨江县、景谷县、那柯里村、景东县、江城县、岩子营寨、黄草岭、野象、云海、无量山、非物质文化遗产、文物、中华普洱茶博览苑、咖啡庄园、古茶林、民居、边境、一城连三国、彝族、民俗节日、传统技艺、佤族织锦、宣抚礼仪乐舞、茶文化、打陀螺、土司文化、澜沧拉祜族、习俗、石斛、乡村旅游、文化传承、文化旅游、庄园旅游、健康生活目的地、红色旅游、民族团结、养生、绿色、扶贫、生态旅游、人文、魅力、历史文化、脱贫、天然、世界茶源、康养旅游、半山酒店、温泉、采摘

图 4-13　普洱市旅游宣传投射形象与旅游者感知形象认同—错位图

（七）红河州旅游感知与投射形象分析

1. 红河州旅游感知形象分析

红河哈尼族彝族自治州是以弥勒市和元阳梯田为主要游玩地点，以温泉、建水小火车及滇越铁路、生态园一体化酒店为休闲娱乐项目，以米线、豆腐、烧烤、红酒为餐饮特产支撑的全面、综合型发展的旅游城市。边境旅游是红河州旅游资源的组成部分，但不是支撑性资源。

由词频统计得出，在红河州旅游感知形象排名前25的高频特征词中，“建水古城”（第1）、“元阳县”（第3）、“弥勒市”（第5）、“新街镇”（第21）、“临安古城”（第22）是旅游者游览最多的地点。建水县，古称临安，是中国历史文化名城，尤以“三坊一照壁、四合五天井、三间六耳三间厅，一大天井附四小天井”建筑格局的完整古建筑群闻名，保留着“朱家花园”（第34）、张家花园、“建水文庙”（第35）、“双龙桥”（第60）等民居建筑群和建筑景观，还有特色小吃“烧豆腐”（第19）。弥勒市则因现代、综合性旅游娱乐设施“湖泉生态园”（第36）受旅行者欢迎，湖泉生态园集酒店、“温泉”（第10）、“沙滩”（第86）、运动、会展功能为一体，居住生态园内便可以饱览弥勒风情、遍尝弥勒美食、畅饮高原“红酒”（第82）“云南红”。“滇越铁路”（第54）穿弥勒而过，经过“碧色寨”（第70），是中国西南部的第一条铁路。元阳县的自然风光最为出彩，红河境内有梯田100万余亩，元阳县就独占17万亩，著名梯田包括“哈尼梯田”（第45）、“元阳梯田”（第25）、“老虎嘴梯田”（第20）、“多依树梯田”（第9），梯田蜿蜒曲折，层叠错落有致，被称为“大地艺术”（第98）。

从红河州旅游感知形象前100个高频词中，可总结出红河州目的地形象的三类主题特征：①红河州的人文景观包含建水古城内的建水文庙、朱家花园、朝阳楼等古建筑与团山古村古民居两大景点；②红河州的自然景观以多依树梯田、老虎嘴梯田、元阳梯田等梯田景观为主要依托；③红河州边境旅游主要由滇越铁路带动。

由旅游感知特征词类目统计得出，红河州高频词类目统计下的旅游吸引物中，自然景观被提及次数占比最多（35.98%），人文景观其次（24.63%）。红河州的古建筑文化、现代综合建筑群、梯田自然风光优势互补、相互支撑，是一个“食、住、行、游、购、娱”要素完备的旅游城市。边境景观在红河州旅游景观中占比较少（2.58%），但在其百花齐放的旅游产业下，边境景观仍可作为一个额外旅游元素为红河州增彩。

从红河州感知网络语义图中可看出，红河州自然景观和人文景观特点分明。自然景观以“梯田”为核心，辐射“元阳梯田”“多依树（梯田）”“老虎嘴（梯田）”与“坝达（景区）”等梯田景观，还能观赏壮丽的“日出”与“日落”。人文景观则以“建水（古城）”为核心，其“建筑”蕴含千年“历史”“文化”古韵。弥勒市也是红河州较受欢迎的旅游地，依托的是其“温泉”地热资源及大型综合娱乐度假设施湖泉生态园。“昆明”作为云南省交通最便利的城市之一，在云南边境州市感知网络语义图中常表现出中心性。边境景观在红河州旅游者感知中未构成核心。

2. 红河州旅游投射形象分析

红河州旅游宣传投射文本中，人文景观建水古城、哈尼族与彝族民俗历史文化、自然景观梯田、边境景观滇越铁路共同构成了和红河州旅游宣传的核心。

在旅游宣传投射形象词频中，排名前 25 的高频特征词可分为四大主题，分别强调①红河州历史悠久，古建筑众多且保存完好，有建水古城、石屏古城等人文古城；②哈尼族与彝族是红河州人数较多、文化传承优良的民族；③滇越米轨铁路是红河州的特色边境景观；④梯田是红河州的特色自然景观。

综合红河州旅游投射特征词类目统计看来，红河州旅游宣传投射文本对人文景观（20.02%）及当地民俗文化与历史文化（34.03%）的重视强于边境景观（5.41%）与自然景观（11.19%）。其中，人文景观以建水古城内的建水文庙、清代古民居、朝阳楼等特色建筑为主，民俗历史文化包括彝族分支阿细人创世史诗《阿细先基》、祭火神、哈尼族十月年长街宴、祭寨神林等传统以及建水孔子文化节。自然景观与边境景观虽然词汇占比较少，其代表景点“梯田”与“滇越米轨铁路”却在词频表前 25 均有出现，表示其景物代表性与资源优良性皆不俗。

3. 红河州旅游形象对比分析

红河州的旅游宣传投射及旅游者感知在对自然景观与民俗文化上偏好不同，但都承认梯田与民族和历史文化的中心地位。边境景观上在投射与感知文本中都不是核心，且政府对边境景观的宣传大于旅游者感知。

红河州的投射网络语义图（见图 4-14）和感知网络语义图的中心词相似，但中心性大有不同。在旅游者感知文本中，自然与人文景观核心分别是“梯田”与“建水（古城）”，但政府投射文本的绝对中心词却是“文化”，包括“彝族”与“哈尼族”的民俗文化与古城“历史”文化。“建水（古城）”作为历史文化的承载景点在投射网络语义图保有次核心的地位，但梯田的地位被边缘化了。此外，边境相关词汇也未出现在投射网络语义图中，说明无论在旅游者感知文本中还是政府宣传文本中，边境资源在红河旅游中都不构成支柱型旅游元素。

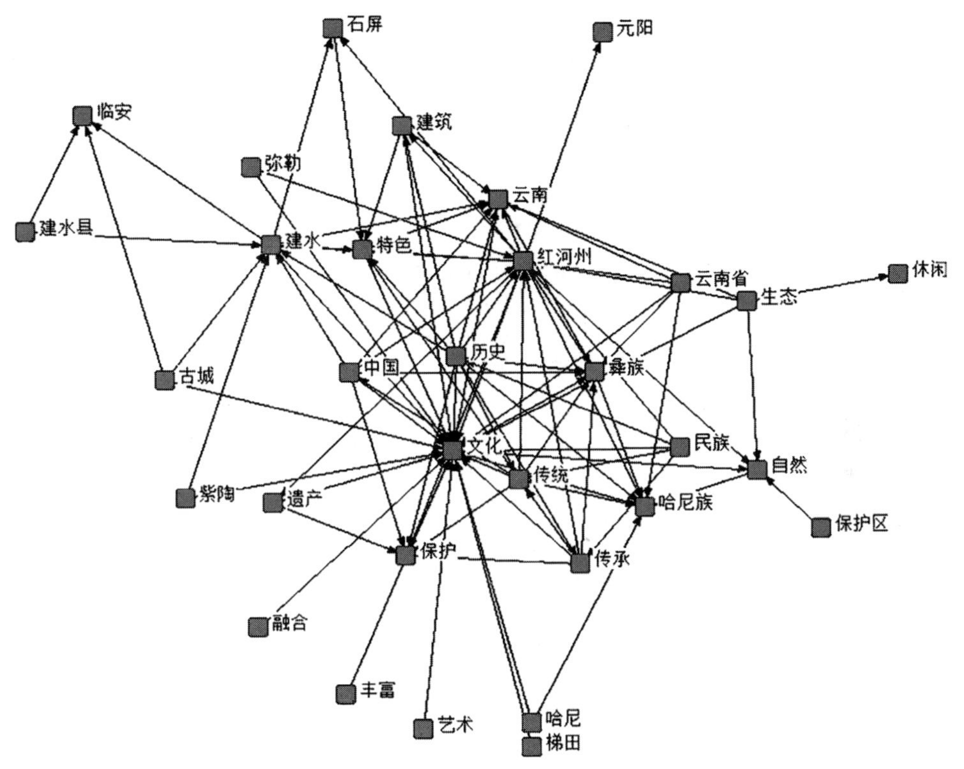

图 4-14　红河州投射网络语义图

红河州排名前 100 的旅游宣传投射与旅游者感知形象高频特征词中分别有 13 个高认同度的词汇、32 个低认同度的词汇以及 55 个错位词汇，超过半数特征词存在错位现象，政府塑造与旅游者感知的旅游形象存在差异。认同度较高的词汇包括以“温泉”为旅游资源的“弥勒”、历史“建筑”众多的“建水古城”或“临安古城”、少数民族“哈尼族”及边境国“越南”。在梯田景观上，政府与旅游者文本对“多依树梯田”“元阳梯田”“老虎嘴梯田”的偏好不一致，但景观主题均为梯田，仍能称得上相互认同。边境景观上，都以“滇越（米轨）铁路”为主要景点，但政府对其更重视（见图 4-15）。

在错位词汇上，旅游者感知偏好自然景观，而政府投射偏好民俗历史文化。旅游者十分喜爱梯田景观，除梯田本身外，与天气相关、贴近自然的景色，如“日出”“日落”“云海”“天空”“云雾”等也深受青睐；政府则一转攻势宣传“异龙湖国家湿地公园”与“阿庐古洞”两个以湿地和喀斯特地貌为特征的景点，试图开发红河州的潜在旅游潜力。人文景观上，除建水古城外，游记文本对人文景观提及较少，且以“朱家花园”“团山古村”等有实景的人文景点为主；而政府宣传则以“祭祀”“祭火神”“民俗节日”“阿细创世史诗”等无实物载体的习俗与文化为主。

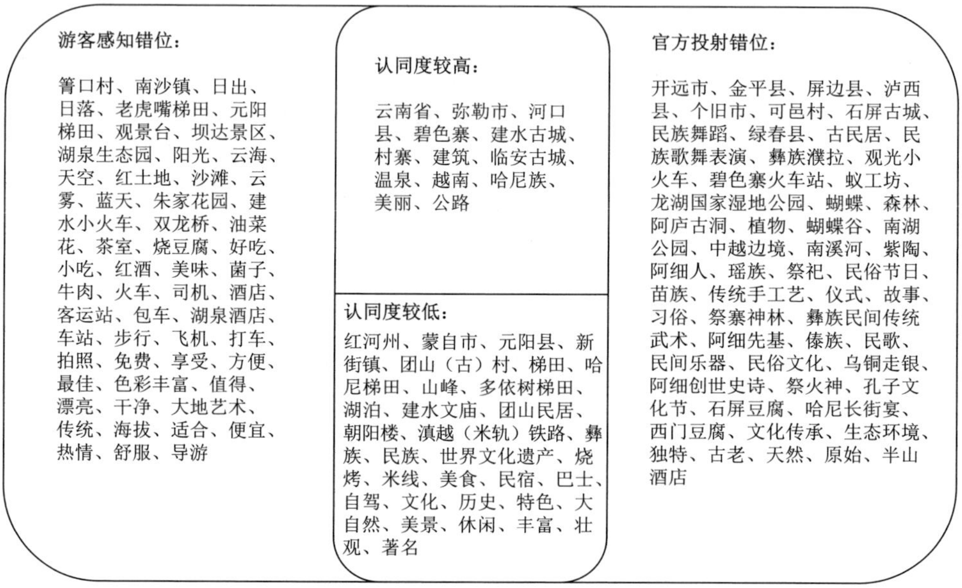

图 4-15　红河州旅游宣传投射形象与旅游者感知形象认同—错位图

（八）西双版纳州旅游感知与投射形象分析

1. 西双版纳州旅游感知形象分析

西双版纳傣族自治州的热门景点以热带雨林及其他热带风情动植物景观、少数民族文化建筑及佛教寺庙为主，并以民族节庆、表演与美食作为娱乐活动支撑。边境旅游方面，除跨境河流景点外，西双版纳主要依靠相邻国家文化与习俗的传播来发展边境旅游。

由词频统计得出（图 4-16），在西双版纳州旅游感知形象排名前 25 的高频特征词中，可看出西双版纳的热门景点主要集中在“西双版纳州”（第 1）本州和“景洪市”（第 4）内。西双版纳州位于热带北部边缘，毗邻“泰国”（第 48），与“老挝”（第 68）和“缅甸”（第 58）接壤，是“普洱茶”（第 72）的主产地之一，因大片“热带雨林”（第 3）景观有着“动物王国”与“植物王国”的美誉。景洪市是西双版纳州的首府，聚居着“傣族”（第

2）、“基诺族”（第 28）、“哈尼族”（第 86）、拉祜族、布朗族等 13 个民族，“澜沧江”（第 27）•“湄公河”（第 80）贯穿景洪市，是多民族文化与东南亚国家风情的交汇之地。西双版纳州的旅游基调便由热带景观、民族文化和边境风情三者共同奠定。西双版纳州是我国唯一的热带雨林自然保护区，热带“植物”（第 15）、“动物”（第 84）丰富，除有雨林特有树种“望天树”（第 13）外，“中国科学院西双版纳热带植物园”（第 12）还生长着植物 12000 余种。“野象谷”（第 21）为“亚洲象”（第 7）在中国的唯一栖息地，色彩绚丽的“孔雀”（第 22）在景洪孔雀园和西双版纳原始森林公园随处可见。在西双版纳州的 13 种民族中，傣族人口最多，因而州内民族文化景点以傣族最盛，“曼听公园”（第 18）原是傣王御花园，园内不仅展现傣族王室文化，“佛教”（第 47）文化区还坐落着高大雄伟的“景洪总佛寺”（第 55），是中国上座部佛教中心。夜晚，澜沧江・湄公河之夜文艺演出集民族“歌舞表演”（第 46）和澜沧江・湄公河流域中、老、缅、泰、柬、越六国特色，使整个城市都沉浸在浓浓的东南亚风情中。

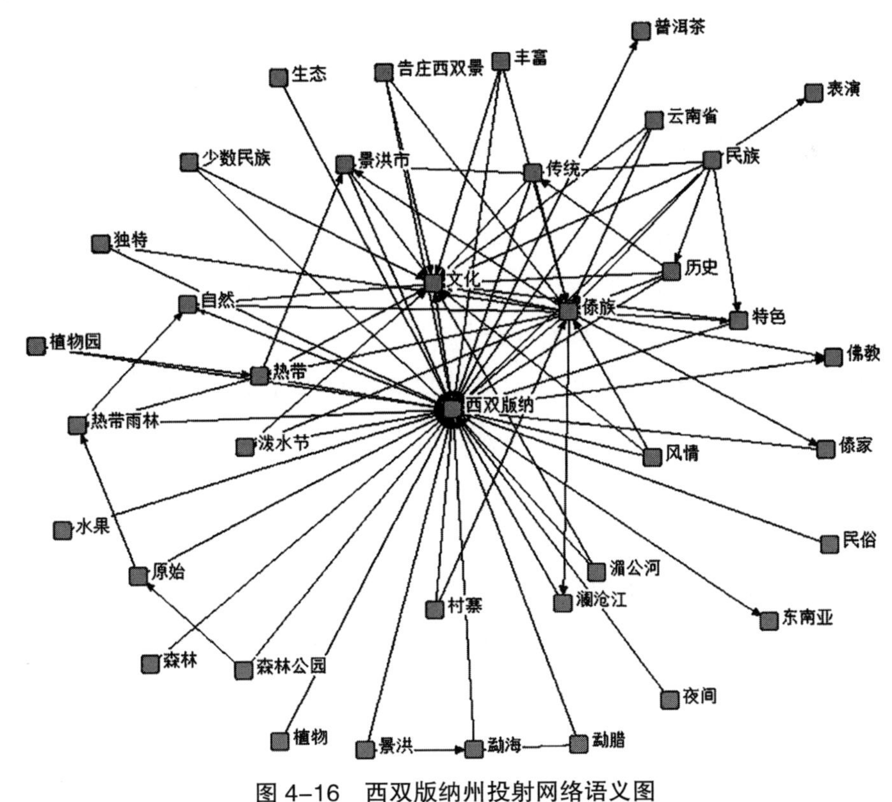

图 4–16　西双版纳州投射网络语义图

从西双版纳州旅游感知形象前100个高频词中，可总结出西双版纳州目的地形象的三类主题特征：①西双版纳州的自然景观以热带风光热带雨林、亚洲象、中国科学院西双版纳热带植物园、西双版纳原始森林公园等为主；②西双版纳州人文景观以傣族、基诺族、哈尼族风情与佛教建筑为主；③西双版纳州毗邻泰国、缅甸、老挝三国，处于澜沧江·湄公河流域，边境气息与东南亚氛围浓厚。

由旅游感知特征词类目统计得出，在西双版纳州高频词类目统计下，旅游吸引物中频次占比最高的是自然景观（27.75%），其次是民俗历史文化（20.57%），边境景观出现频次较低（6.46%）。西双版纳州的边境相关词汇中，虽然没有国门、界碑等景观相关词出现，但旅行者仍能感受到泰国、缅甸、老挝等边境国的情调存在。西双版纳边境旅游开发依靠的不是边境景观，而是借助“澜沧江·湄公河之夜”文艺演出传播异国文化并融合本民族文化。

从西双版纳州感知网络语义图中可看出，西双版纳旅游具有自然与人文资源双核心。“热带雨林”为自然资源核心，辐射“植物”“原始”“大象”等词汇；“傣族”为人文资源核心，辐射“（民族）文化”“（歌舞）表演”等词汇。边境景观“澜沧江”与核心景观资源关系较疏离，也未构成中心词，在西双版纳旅游中是一个独立的景点，没有形成一站式边境的旅游线路。而旅游者常借助“昆明”机场、高铁站等来往于云南省内各个景点，因而也出现在西双版纳州的网络语义图中。在情感描述词中，旅游者认为无论是自然景观还是人文景观，都是“原始”的、具有当地“特色”的。

2. 西双版纳州旅游投射形象分析

西双版纳州旅游宣传投射文本强调其特殊的热带气候与原始森林自然景观、充满傣族风情的建筑等人文景观，以及澜沧江·湄公河流域的异域六国文化。

在旅游宣传投射形象词频中，排名前25的高频特征词可分为四大主题，分别强调①傣族是西双版纳州的主体民族，西双版纳有着众多傣族风情文化园、傣族文化习俗和传统节日；②西双版纳州属热带季风气候，境内热带景观充沛，如热带雨林、热带植物园等，并盛产热带水果；③澜沧江穿过西双版纳州景洪市，地处澜沧江·湄公河流域使西双版纳充满六国风情；④西双版纳州是普洱茶的故乡，不仅茶文化浓郁，更有茶山、茶园等景观和休闲娱乐设施。

综合西双版纳州旅游投射特征词类目统计看来，西双版纳州旅游宣传投射文本中对自然景观（12.74%）与人文景观（11.30%）的提及频率几乎相等，对民俗文化（37.27%）最为强调，边境景观虽然占比较其他景观不高，但对比云南其他边境城市，仍能称得上边境景观富裕。其中，西双版纳州自然景观主要包括热带雨林景观与茶山茶园景观，人文景观包括傣族小镇与风情建筑、南传佛教寺庙与茶种植景观，边境景观则以澜沧江·湄公河六国风情为主题，且对老挝、缅甸、泰国的文化与习俗等更为注重。

3. 西双版纳州旅游形象对比分析

西双版纳州的投射及感知形象间重合度较低，二者的网络中心词分别侧重于民族文化与自然景观。此外，政府对景点及文化的宣传也与旅游者偏好的游览地点及体验到的民族风情有所不同。在边境景观上，政府宣传文本宣扬六国文化，旅游者则偏好跨境河流景观。

西双版纳州的投射网络语义图和感知网络语义图存在差异。其投射网络语义图以“傣族”“文化”为中心，辐射傣族“民俗”“传统”“历史”“节日”与傣族人文景观“告庄西双景”，人文内容较旅游者感知更为具体和丰富。而包括“热带雨林”与“澜沧江”“湄公河”在内的自然与边境景观都被边缘化，未成中心。

西双版纳州排名前100的旅游宣传投射与旅游者感知形象高频特征词中分别有15个高认同度的词汇、26个低认同度的词汇以及59个错位词汇，超过半数特征词存在错位现象，政府塑造与旅游者感知的旅游形象错位现象较严重。认同度较高的词汇包括以“热带雨林”为自然景观主题的“中国科学院西双版纳热带植物园”与“西双版纳原始森林公园”，文化与人文景观中“傣族”与“夜市”较受认同。西双版纳州毗邻泰国，与老挝接壤，但旅游者更喜欢“泰国”丰富的美食与热情的文化，政府则更强调与“老挝”的亲密关系。

在错位词汇上，旅游者与政府都注重民族文化与景观。但旅游者偏好建设完备、装饰美丽的“曼听公园”“傣族园”“泼水广场”“基诺山寨”等“民族建筑”，以及“景洪总佛寺”“勐泐大佛寺”“景洪大金塔寺”一众佛教建筑；政府则传承“傣族织锦”“傣医药”等珍贵传统技艺，发扬“傣泐文化”。此外，在边境景观上，政府还大力宣传“澜沧江•湄公河六国水上市场”及六国“东南亚文化”，旅游者则较多地观赏“澜沧江”“湄公河”景观，对水上市场感知度较低。综合看来，政府宣传文本中的西双版纳州景观“原生态”，且具有“独特”的“傣族风情”；旅游者则认为这是一个“热闹”“自由”又“神秘”的热带城市，有着“热情”的居民和“漂亮”的“姑娘”（见图 4-17）。

游客感知错位：

亚洲象、望天树、森林、山峰、阳光、动物、曼听公园、大象表演、傣族园、民族建筑、泼水广场、歌舞表演、基诺山寨、景洪总佛寺、勐泐大佛寺、篝火晚会、景洪大金塔寺、寺庙、西双版纳万达主题乐园、澜沧江、湄公河、傣王、飞机、民宿、司机、巴士、自驾、包车、打车、客运站、步行、酒店、好吃、烧烤、米线、傣味、小吃、菠萝、文化、便宜、拍照、方便、免费、值得、姑娘、漂亮、热情、自由、唯一、神奇、适合、享受、美好、下雨、神秘、热闹、导游、溜索、购物

认同度较高：

西双版纳州、景洪市、云南省、热带雨林、中国科学院西双版纳热带植物园、西双版纳原始森林公园、村寨、夜市、缅甸、傣族、民族、泼水节、特色、壮观、原始

认同度较低：

勐腊县、植物、孔雀、野象谷、橄榄坝、勐远仙境、告庄西双景、东南亚、老挝、泰国、边境、佛教、哈尼族、基诺族、热带水果、普洱茶、茶叶、美食、热带、传统、历史、大自然、美景、丰富、美丽、著名

官方投射错位：

勐海县、沙河小镇、曼旦村、湄公河水底世界、漂流、野生动物、民族歌舞表演、傣族建筑、勐腊岩画、茶园、古茶园、佛寺、民族服饰、茶马古道、易武古镇、茶山、澜沧江湄公河、磨憨口岸、打洛镇、澜沧江湄公河六国水上市场、东南亚文化、南腊河、民族文化、布朗族、傣泐文化、南传佛教、民族节日、故事、召树屯与喃木诺娜、傣医药、民族技艺、贝叶经、傣族艺术、手工艺品、拉祜族、水灯节、传说、东南亚艺术、傣纸、傣泐文化节、傣族大鼓、瑶族、傣族织锦、象脚鼓、花车巡游、勐海烤鸡、民族风情、适宜、原生态、文化传承、独特、傣族风情、优美、红色经典茶旅目的地、生态旅游、生物多样、休闲、凉爽、天然

图 4-17　西双版纳州旅游宣传投射形象与旅游者感知形象认同—错位

五、云南省边境州市旅游形象总结与对策建议

（一）云南省边境州市旅游形象总结

综合游客感知与旅游宣传投射形象，云南省 8 个边境州市旅游资源各有不同，州市间景观重合较少，因而竞争关系较弱；由于民族文化氛围相似，因而共同营造了云南省多民族边疆大省的旅游形象。

1. 自然资源主导型

怒江州、文山州、红河州、西双版纳州的旅游资源以自然资源为主体，分别以怒江大峡谷高山冰川、普者黑景区山水喀斯特风光、梯田与红土地景观、热带雨林为代表性自然资源。

怒江州地理位置与自然资源极佳，有以怒江大峡谷、秋那桶峡谷、高黎

贡山为代表的高山峡谷地形，以碧罗雪山与梅里雪山为代表的冰川雪山地貌，以及以怒江第一湾、澜沧江、高原湖泊为代表的大江湖泊景观。正因为怒江州的美景都由大自然鬼斧神工打造，其旅游者也以热爱探险的背包客为主流。

文山州是乡村旅游的典范，其景区普者黑与坝美村以桃花、荷花、水上田园与山水喀斯特为自然风光代表，又借助《爸爸去哪儿》《三生三世十里桃花》与“坝美世外桃源”的宣传语，成功吸引了来自周边城市、渴望在乡村美景中休闲放松的旅游者，以及大批因电视节目与热播剧赴取景地一探究竟的粉丝游客。

红河州以“大地的艺术”梯田为景观代表，境内梯田广袤无际，错落有致，春夏秋冬，景观各异。红河州政府与其他旅游企业为梯田游览时间、地点都撰写了详尽的旅行攻略，除了被梯田风光吸引的游客外，也是摄影师的取景圣地。

西双版纳州是我国唯一的热带雨林自然保护区，生长生活着许多仅此可见的热带动植物。热带植物园集植物景观与科教为一身，其热带与异域氛围深受游客喜爱，也是家长或院校带领孩子与学生进行寓教于乐的研学目的地。

怒江州、文山州、红河州、西双版纳州虽然都以自然景观为主要旅游资源，但其资源禀赋差别极大，重合较少，各具特色，旅游形象鲜明，相互间竞争关系较弱。

2. 自然人文平衡型

临沧市、保山市、普洱市自然景观与人文景观占比均衡，分别以国画长廊与沧源崖画、火山热海与和顺古镇、原始森林及古茶园与民族村寨为自然与人文景观代表。

临沧市的自然与人文资源分布较为均衡，景观代表国画长廊与沧源崖画分别以当地特色植物董棕林与南方古民族文化为景观中心，与佤族人民原始部落风光与木鼓祭祀文化相互融合。景观较少但特色集中。

保山市的火山地热地貌造就了北海湿地、柱状节理、温泉暗河等放之四海也罕见的自然奇观。而坐落于此的和顺古镇完整保存了 600 余年历史的古建筑，加之以“三坊一照壁”的特殊建筑格局，与火山地热共同形成了保山市的人文、自然景观双核心。

普洱市的自然与人文景观相互交织，难舍难分。自然景观普洱太阳河森林国家公园内，除了原始森林外，也可欣赏民族表演、体验民族风情。古茶园贯穿普洱市的旅游主题，不仅仅包括百亩茶园的壮景，也蕴含采茶、制茶的手工艺与茶马古道的历史古韵。

临沧市、保山市、普洱市的自然与人文资源都各具长处，其中临沧市与普洱市的自然人文景观都彼此相互支撑，你中有我，相互交融。保山市的自然与人文景观则较为割裂，但由于和顺古镇与火山地热的资源禀赋都属优异，反而为保山市形成了双核心的旅游形象。

另外，德宏州是云南省唯一的以边境景观为旅游资源主体的云南边境州市。

（二）感知与投射形象对比及对策建议

由于旅游宣传与旅游者旅游行为的出发点及目的不同，造成了二者所树立的旅游形象偏差。政府宣传中特别注重景物背后的人文内涵，并希望通过发展旅游业，尤其是乡村旅游给居民带来收入，同时发扬当地传统文化及红色文化，注重区域一体化发展，对当地所有资源一视同仁，会给旅游落后地区额外的关注度，以求物尽其用地全面发展。而旅游者想获得的是对五感的直接刺激，渴望独特的、有特色的、唯一的旅游资源和旅游体验。除了旅游资源本身，当地居民态度、交通便捷程度、当地物价水平、气温气候也影响旅游者感知。旅游者还喜欢串联多个相邻目的地一同游玩，但由于时间和精力有限，一般只造访热门景点。具体看来，旅游宣传投射形象对比旅游者旅游感知形象，主要存在以下景观、主题、资源三个层面的差异。

1. 景观边缘化与文化中心化

旅游宣传文本中，对当地文化、习俗、历史重要性的强调多于对景观的宣传。如在临沧市旅游者感知形象中，临沧市旅游中心是自然景观“董棕林”与人文景观“沧源崖画”，其次才是佤族文化。而在临沧市旅游宣传投射形象中“文化”是绝对核心，其次是“民居”“文物”等人文景观。又如在红河州旅游感知形象中，“梯田”是旅游形象的绝对核心，对于这一核心景观下的多个景区多依树梯田、老虎嘴梯田等，在旅游者感知文本中都有所提及，而旅游宣传投射形象则是以“彝族”与“哈尼族”民族文化为核心。此外，相同情况还出现在保山市、德宏州、怒江州、文山州、普洱市、西双版纳州旅游形象投射与感知中。

如果说旅游宣传投射形象存在将文化视作核心而忽视宣传景观的问题，那么旅游者感知形象中对旅游地文化与历史的感知就是较为缺乏的。因此，政府对文化的看重能够保护传统文化、帮助传承与发扬传统技艺，但也要注意其与旅游者认知方式的隔阂。在对文化的感受上，旅游者对于文化的感知要弱于对人文景物的感知，因此在旅游者感知特征词百分比统计表中，人文景观占比总体上超过民俗历史文化占比，如对于建水古城悠久历史的感知，相比于红河州旅游宣传投射词汇“历史”“文化”，旅游者看到的是纵三横四格局的“朱家花园”与百尺高阁“朝阳楼”；相比于西双版纳州旅游宣传投射词汇“傣族”，旅游者则是在“傣族园”与“泼水广场”感受到了傣家风情。若旅游宣传内容能够将文化加以具象化，使用歌舞表演、展览馆、伴手礼等方式展现传统习俗，便能使旅游者直观体验到民俗文化、加深旅游者对文化的感知。

2. 主题政策化与旅游经济化

旅游宣传文本中，旅游存在一个与政策对接、概念较统筹的发展主题，如乡村旅游、红色旅游、文化旅游、生态旅游等，这类发展理念由于主题笼统而不具体，通常是旅游者感知的盲区。如在保山市旅游宣传投射形象中，提到了保山要充分利用乡村资源发展“乡村旅游”，并利用区位优势融入“大滇西旅游环线”，而旅游者赏玩的则是腾冲最有特色的“火山热海”景区，在乡村主题上只造访历史底蕴最深厚的“和顺古镇”和自然资源最美的“银杏村”；又如在怒江州旅游宣传投射形象中，不仅提到“大滇西环线”，还点明了旅游的目的是“扶贫”，发展旅游产业能够帮助当地居民“脱贫”，在旅游者的认知中，政府所谓大山深处的贫穷村落在旅游者眼里是具有“原始”美感的，而在众多的原始村落中旅游者最愿意游玩的是“丙中洛村”，因为它不仅是滇藏“丙察察”线的起始，还毗邻壮阔的怒江、高黎贡山与碧罗雪山。资源优势不明显、主题不亮眼的旅游发展口号必定容易受到忽视。相同情况也出现在文山州、普洱市与西双版纳州。

如果说旅游宣传投射文本过于强调政策化的旅游发展，单纯顺应旅游者感知进行旅游建设则会全然放弃目前旅游发展不足的地区，造成恶性循环。与国家旅游发展政策对接，能够充分利用政策条件、开发潜在旅游资源，但宣传也要契合旅游者的认知方式。中国国土面积多达 960 万平方千米，景点数不胜数，若是只采用给定的“乡村旅游”“红色旅游”作为旅游口号，难以吸引旅游者注意力。因此，在发展政策扶持旅游产业的背景下，还要将其与当地独一无二的资源联系起来，喊出亮眼的口号。如文山州坝美村同样顺应乡村旅游的发展潮流，但其能够和当地普者黑景区联动，打出“世外桃源”的宣传口号，起到了显著的吸引效果。

3. 资源重评级与娱乐非中心

旅游宣传文本中，旅游资源评级具有重要参考价值及宣传资本，相比购物中心、主题乐园类景点，国家级非物质文化遗产、国家 4A 级景区或国家森林公园更有宣传意义。如在红河州旅游宣传投射形象中，“异龙湖国家湿地公园”湿地面积多达 3636 公顷，是云贵高原典型的湿地资源，因而红河州倾注大量资源为异龙湖国家湿地公园宣传，而旅游者前往的则是景观说不上纯天然，但集餐饮食宿娱乐会议等功能为一身的“湖泉生态园”；保山市旅游宣传“青华海国家湿地公园”生活着 208 种鸟类、多种国家二级保护植物，旅游者则认为乘坐“热气球”翱翔天际是一种不错的观景方式。政府注重的是旅游资源是否优渥，旅游者则在娱乐性强的场所也能感受到旅游的快乐。临沧市、怒江州与西双版纳州也存在相同情况。

如果说旅游宣传投射文本对旅游资源评级过于注重，任由旅游者前往娱乐购物场所旅游则会埋没良好旅游资源、让旅游业沦落为资本引导的产业。加强纯天然旅游景点的宣传、重视旅游资源评级，能够提高景区质量权威性、促进景区建设标准提升。但在雕琢自然璞玉的同时，也要考虑到旅游本质是一种娱乐放松活动，人类具有玩耍的本能，政府在建设及宣传景区的同时，也要注重其趣味性与互动性。如中科院西双版纳热带植物园除种植有 1400 余种热带植物外，还开放坐于巨型王莲上拍照、与含羞草互动等娱乐小项目，以及孔雀放飞、大象表演、歌舞表演等演出，抓住了旅游者兴趣。

对旅游宣传投射形象与旅游者感知形象的解读都是必要的。旅游宣传投射形象是前瞻，引导旅游者关注埋没的文化与资源；旅游者感知则是反馈，通过对自身兴趣的表达与对景区的评价，对旅游宣传发展方向进行修正。

（三）旅游主题形象分类对策建议

以旅游宣传投射与旅游者感知文本中的边境景观词频占比为云南省 8 个边境州市的边境旅游进行分类，可分为三类。一类是边境旅游形象主导型，在自然景观、人文景观、边境景观中，边境景观占比最高，则该城市的旅游产业以边境旅游为支撑；一类是边境旅游形象辅助型，边境景观占比大于0但不是最高，则该城市的旅游产业以边境旅游为辅；一类是非边境旅游形象型，边境景观占比为0，则该城市的旅游产业与边境旅游形象无关，应注重当地其他旅游特色。

1. 边境旅游形象主导型

德宏州是云南8个边境州市中唯一的边境旅游形象主导型。德宏州的旅游产业由中缅边境景观与傣族、景颇族文化共同支撑，其感知与投射形象中边境景观均大于人文与自然景观，感知特征词类目统计中，德宏州边境景观占比是自然景观的7倍，是人文景观的2倍。其边境旅游如此繁荣的原因得益于德宏州边境景观观赏性、进入性、可玩性高，以及德宏州其他景观较边境景观而言相对较少，资源分布均匀，从而避免了单个景点将旅游者彻底分流。相比其他边境州市，德宏州边境景观不局限于口岸、国门与国境线，还包括背负了民族历史的滇缅公路、银井村与芒秀村间的一寨两国奇景，以及快捷的出境手续与便利的缅甸一日游。这使旅游者的边境之旅脱离了走马观花的粗糙程序，而是能够在滇缅公路自驾、在一寨两国体验两国文化，甚至直接出境至缅甸游玩，大大丰富了边境旅游活动。此外，德宏州其余的自然与人文景观如昆山、关璋村等资源禀赋未出现一枝独秀的现象，因而旅游者不会被聚集到单一景区，从而导致其他景点游人贫贫。

对于边境景观众多、边境旅游发展良好的城市，也要保持边境旅游发展态势，时刻注重潜藏问题，并适当加强宣传。在德宏州旅游宣传旅游投射形象中，共36.88%的宣传文本描述的是当地的民俗历史文化，对边境旅游的宣传内容仅占11.49%。

整合边境旅游线路、适当提升对边境旅游的关注度，可以进一步提高德宏州边境旅游曝光度。

2. 边境旅游形象辅助型

临沧市、保山市、红河州、西双版纳州都属边境旅游形象辅助型，其特征是除口岸、界河之外几乎没有其他边境元素，边境游玩要素较匮乏。在边境旅游形象辅助型城市中，由于边境景观一般地处较偏远，难以规划单日线路，因此和该城市的其他旅游景点不构成竞争关系。边境、界碑、国门是旅游者到当地旅游的又一个原因，它能为当地带来旅游流，从而为当地其他景点也带来客流量。边境区位能够辅助旅游产业，打开旅游发展的可能性。

细看边境旅游辅助城市形象游记，能发现其边境旅游发展较欠缺的原因主要有三：一是缺乏边境景观，或边境景观对比当地其他景观显得无足轻重；二是口岸无法出境或较难出境；三是边境检查烦琐。前两点是造成当地边境旅游欠发展的主要原因，第三点则会影响旅游者体验。在保山市南伞镇（南伞口岸），旅游者评价道："南伞是个小县城，感觉车子绕一圈很快便逛完了，印象稍深一点的也就是国门和一个不大的免税店。"边境景点较少，旅游者无处可去，没有对该城市留下边境旅游的深刻印象，从而在口碑式营销上间接减少慕名而来的旅游者，导致边境氛围进一步减弱。在红河州中越铁路景点，旅游者评价道："这条铁路就是中越互通的铁路，但是现在这条铁路主要是货运铁路，还没有开通客运的。想要坐火车过越南现在只有在广西南宁的口岸出境了。"在红河州河口口岸，旅游者评价："口岸边有不少旅行社，去询问是否可以办理边境通行证去越南，得知，越南和中国没有免签政策，办理通行证是 3 个月有效，1 次往返可以进入越南 40 千米，需要 400 多元，而且对于限制出境人员需要所在单位出具证明，否则就无法办理出境手续，听到这里心都凉了，反正我是出不去了，还是打消念头吧！"对于不少旅游者而言，边境区位带来的优势之一就是便捷的出境游，若由于签证政策或其他原因导致出境游不可行，边境旅游的一大目的无法实现，也就不再有出行动机了。在保山市，有旅游者在边境地区遇到边境部队检查，"车子被边境部队检查了 4 次，其中有一次用了 20 分钟，详细检查了副司机带的一个电器，有一次用了 30~40 分钟"，这也对其留下了"边境旅游不便"的印象。

针对这三点原因，当地政府与其他旅游企业可通过直接建设边境景观与间接渲染边境气氛双管齐下加以解决。若缺少界碑、国门等特殊边境景观，口岸又无法出境，可通过直接建设异国风情的建筑如客栈、饭店等来加强边境氛围，旅游者对此也有积极评价，如对于西双版纳州的特色客栈，旅游者评价道："客栈主要是内部装修比较有特色，傣式的泰式的风格不一，可以住下体验异国风情"，红河州河口口岸的越南餐厅也受到称赞："不妨来到这家位于河边的金口岸茶餐厅，里面主打越南特色菜，户外用餐可以眺望到对岸的越南。就在这样的两国边境间品尝异国的菜品，也颇有一番风味。"此外，售卖边境国特产、使用边境国文字等，也可加强边境气氛，但也要避免强制购物或物价过高造成旅游者的不满情绪，西双版纳州中缅街旅游者就记录道："街面商号林立，商品琳琅满目，一片繁荣景象，但就其主要商品而言，大多为珠宝首饰，司机把我们拉到一商店门前并说明这是他们的门店，叫我们在这购物，这时我才明白车费便宜的原因啊，呵呵，我们在这停留了一个小时，有些忙着买玉器，我就忙着找缅甸的美女拍照，感受异国风情。"

3. 非边境旅游形象型

文山州、普洱市属非边境旅游形象型。在文山州与普洱市的旅游者感知文本中，边境相关词汇完全没有出现。文山与普洱的边境旅游发展受阻，主要由三个原因造成，一是边境具有一定危险性，可进入性差；二是边境景观缺失，难以吸引旅游者；三是其他景点距边境区域远，难以规划线路。

文山州的边境旅游发展受到雷区危险性限制、红色旅游冠名，及其他景区分流。1979 年中越边境战打响，作战结束后，中越边境沿线留有 289 平方米的雷区。中越关系正常后，1992 年、1997 年、2015 年，中国都组织在边境地区进行大面积扫雷。在 2015 年的扫雷行动中，文山州封围雷区 79 余平方千米，边境区域具有危险性。此外，文山州麻栗坡现已建成以"英雄老山圣地"为主题的红色旅游线路，以纪念对越自卫反击战及扫雷的南疆官兵，边境旅游被冠以红色旅游之名。最后，文山州旅游尤以普者黑景区为热点，由影视宣传推动，景观景点高度集中，且距离边境较远，导致短期旅游线路难以将文山州所有景点囊括，使得非以边境旅游为目的的旅游者将边境旅游排除在日程之外。

普洱市的边境旅游发展受到边境缉毒危险性限制、边境交通不便，且存在边境景点缺失现象。普洱市边境线毗邻缅甸，与越南、老挝接壤，地理位置临近"金三角"，是中国缉毒的前线。截至 2021 年，普洱边境连续 9 年缉毒量超过一吨，抓获贩毒者过百人。普洱边境线是缉毒前沿、禁毒雄关，边境旅游具有一定危险性。此外，普洱市主要景点普洱太阳河国家森林公园、景迈山古茶园，距离边境 150~200 千米，边境难以和其他景点串联形成一站式旅游线路，导致潜在旅游者流失。

对于位于边境区位而边境旅游发展未起步的边境城市，首先应当观察阻挠边境旅游发展的原因，再针对原因给出解决方案。对文山州与普洱市而言，危险性高、边境景点较少、交通不便是导致边境旅游未发展的主要原因。为加强边境旅游，固然可通过加强景点建设、渲染边境氛围、建立公共交通线路等方式解决边境景点与交通问题，边境区域危险性问题则可通过加强跨国交流与警务合作、推进跨国安全治理、隔离危险区等方式促进边境安全。但除边境旅游外，文山州和普洱市都拥有已建成的成熟景点中心普者黑和普洱太阳河国家森林公园等，两个州市已在游客感知中形成现有的旅游形象。在此情景下，文山州和普洱市可通过继续加强自身旅游形象建设、强化特色旅游主题、走适合自身发展的道路，来弥补边境旅游发展的短板。

六、研究结论与讨论

（一）主要研究结论

1. 边境州市旅游主题

云南 8 个边境州市虽然都地处边境，但旅游主题各有不同，各具特色。其中，怒江州、文山州、红河州、西双版纳州四州分别以高山峡谷冰川雪山、山水田园喀斯特、梯田红土地、热带雨林为代表性自然资源。地形地貌、植物景观均不重合，资源良好。临沧市、保山市、普洱市三市的自然景观与人文景观分布均衡，临沧市、普洱市的自然与人文景观相互支撑，共同奠定了临沧佤族原始部落、董棕林自然风光，与普洱市世界茶源、茶马古道的旅游主题。保山市的火山热海与和顺古镇虽然彼此联系较少，却都属稀缺性旅游资源，因而形成了自然人文双核心的旅游形象。德宏州则是 8 个边境州市中唯一以边境景观为资源代表的城市，独树一帜。

2. 感知投射形象存异

旅游宣传投射形象与旅游者感知形象存在差异。由于政府宣传投射形象的塑造者除介绍当地旅游景点外，还肩负着弘扬传统文化、发展地方经济等任务，而旅游者感知形象则从旅游者出行目的——娱乐放松出发。因此，旅游宣传投射形象对比旅游者感知，存在着以下三个特征：一是将文化作为旅游核心，将景观置于边缘地位；二是将政策作为旅游主题，将经济发展作为旅游建设目的；三是重点宣传有评级依据的旅游景点，弱化对纯娱乐场所的宣传。

具体来说，在旅游形象特征上，政府宣传投射形象于人文景观，更喜好宣传人工建设的景点（如博物馆）、挖掘其后蕴藏的文化与传统（如哀牢文化、侨乡、文化名城）；于民俗历史文化，更喜好宣传非物质文化遗产（如手工造纸、织锦），注重的不是浅层的民族风俗（如服饰），而是对民间艺术、民间技艺的保护与传承（如乌铜走银、宣抚礼仪乐舞）；于自然景观，喜好宣传级别高的景区（如国家级森林公园、自然保护区），突出当地的生物多样性及对珍稀与濒危动植物的保护（如鸟类、滇桐）；于边境景观，有能力挖掘边境景观背后的历史文化（如滇越米轨铁路），能够弘扬界碑界线后的爱国主义情怀；于整体氛围，有能力深入贯彻一个主题，使当地旅游形象深入人心（如世界茶源普洱），但更偏好政策导向式旅游的发展（如文化旅游、红色旅游、乡村旅游）。

旅游者感知形象于人文景观，喜欢有景可看、有物可赏的游玩方式（如建筑、宗祠）；于民俗历史文化，喜欢神秘的传说、故事、仪式（如猎人头），对宗教方面的文化与氛围感受更深（宗教、信仰），对服饰、歌舞表演等有具体载体的民族风情体验更直观；于自然景观，喜欢风格独特、具有唯一性的景物（如大滚锅、柱状节理），在非特殊地理或特殊气候环境下，不会特别注意当地的野生动植物或濒危物种；于边境景观，喜欢有境可访、有景可看的边境旅游（如口岸、界碑、界河、一寨两国）；于整体氛围上，由于旅游者会和当地居民频繁互动，因此对居民身份（如老人、姑娘、村民）与居民态度（如热情、淳朴）感知深刻且具体。

3. 边境旅游城市类型

尽管本书分析的云南 8 个州市都地处边境，但边境旅游在它们的旅游产业中扮演着不一样的角色。根据边境景观在整体景观中的占比，可将边境城市分为边境旅游主导城市形象，边境旅游辅助城市形象，与非边境旅游城市形象。

德宏州属边境旅游主导城市形象，其边境景观占比远超过自然景观与人文景观，边境是旅游者感知的景观主题。德宏州边境旅游发展繁荣的原因在于其边境景观的可玩性和可进入性都优于其他城市。除了国门、界碑等观赏景观，德宏州还有滇缅公路自驾、一寨两国文化体验、出境缅甸游玩等边境旅游项目，游玩项目能够支撑旅游者进行多种边境游玩方式的选择。

临沧市、保山市、红河州、西双版纳州属边境旅游辅助城市形象，虽然存在边境景观，但其占比小于自然景观或人文景观。旅游者虽然能感知到边境旅游的存在，但由于当地的边境景观较少，一般仅限于界碑、国门、界河，只能作为小项目游玩，无法支撑多日游甚至一日游的玩赏内容，导致边境旅游只能作为辅助支撑旅游产业。对于这类边境景观稀少的边境城市，可通过直接建造边境景观与间接渲染边境气氛的方式增加边境游玩内容，渲染边境城市气氛。

文山州、普洱市属非边境旅游城市形象，边境相关词汇没有出现在旅游者感知文本中。文山与普洱的边境旅游欠发展是其边境的特殊性、边境交通不便及边境景观极度缺失导致的。文山州边境地处中越雷区，排雷仍在进行中，极具危险性；普洱边境地处“金三角”地区，戍守着缉毒警察包围边境，阻止毒品流入中国。且两地其他景点较集中，同时造访当地热门景点并兼顾边境景观较难，因此边境旅游几乎未发展。除了通过边境景观建造与边境氛围渲染、建设交通线路等方式支持边境旅游外，还要加强边境管理、隔离危险区域、维护边境区域安全，以为边境旅游发展提供一个长期的稳定环境。对于其他非边境旅游城市，也要先判断其边境旅游发展阻碍因素，再给予解决方案。

（二）研究不足与展望

本研究可能存在数据来源选取宽泛与形象分析较主观的局限之处。

1. 数据来源选取宽泛

本书的分析内容数据来源选取较宽泛，可能会使分析结果和研究结论不具体、不透彻。在分析文本的选取中，由于严格以“边境旅游”为主题的游记、宣传内容过少，本书不得不拓宽选取条件，进行了以边境州市为旅游目的地的数据采集。这导致在各旅游目的地的形象分析中，除了边境相关景物与情感，还包含了各地的其他景观和文化，造成了旅游资源分析笼统、情感分析不聚焦的问题。未来的研究可缩小数据抓取范围，严格采集以边境旅游为主题的游记，来减小其他景物对边境景观研究的影响，以期得到更准确的结论。

2. 形象分析具主观性

本书的游客旅游感知与旅游宣传投射形象分析均由笔者结合文本内容分析完成，存在一定的主观性，在形象解读上失之偏颇、在对比分析上还需深入。未来的研究可使用质性与量性分析相结合的研究方式，减少个人主观性对研究结果的影响，从而得到更客观的结论。

参考文献

［1］Cooper M，Le A. Vietnam's image as a tourism destination in Japan：an analysis of Japanese travel guidebooks and brochures，and attribute Importance-Performance［J］. Ritsumeikan Journal of Asia Pacific Studies，2008，25：37-54.

［2］Fakeye P C，Crompton J L. Image differences between prospective，first-time，and repeat visitors to the Lower Rio Grande Valley［J］. Journal of Travel Research，1991，30（2）：10-16.

［3］Grosspietsch M. Perceived and projected images of Rwanda：visitor and international tour operator perspectives［J］. Tourism Management，2006，27（2）：225-234.

［4］Meng F，Uysal M. Effects of gender differences on perceptions of destination attributes，motivations，and travel values：An examination of a nature-based resort destination［J］. Journal of Sustainable Tourism，2008，16（4）：445-466.

［5］Selby M，Morgan N J. Reconstruing place image：A case study of its role in destination market research［J］. Tourism Management，1996，17（4）：287-294.

［6］包国忠．呼伦贝尔启动边境旅游异地办证［N］．中国旅游报，2010-04-30.

［7］杜江，厉新建，秦宇，等．中国出境旅游变动趋势分析［J］．旅游学刊，2002（03）：44-48.

［8］高静，肖江南，章勇刚．国外旅游目的地营销研究综述［J］．旅游学刊，2006（07）：91-96.

［9］蒋满元．广西与东盟旅游合作中存在的问题分析及对策探讨［J］．中共桂林市委党校学报，2008，No.29（01）：19-23.

［10］李泉兵．国家旅游局调研组到我州调研边境旅游开发情况［N］．红河日报，2008-04-25.

［11］梁克义．中俄边境旅游现状及海关监管对策［J］．中国海关，1998（09）：25-26.

［12］廖国一，杜树海．中越边境跨国红色旅游“金三角”的构想［J］．东南亚纵横，2006（01）：45-49.

［13］刘锋．区域旅游形象设计研究——以宁夏回族自治区为例［J］．经济地理，1999（03）：97-101.

［14］刘欢．中国旅游"感知形象"与"投射形象"对比研究［D］．济南：山东大学，2015.

［15］刘洁．黑龙江启动边境旅游异地办照业务［N］．中华工商时报，2009-04-03.

［16］陆保一，明庆忠，刘安乐，等．边境地区旅游流空间场效应的时空动态及其影响因素——以云南省边境市州为例［J］．云南师范大学学报（自然科学版），2019，39（02）：66-73.

［17］陆云，金虹，丁浩源，等．边境民族旅游景区治安管理难点与对策研究——以云南西双版纳旅游景区为例［J］．云南警官学院学报，2007，No.63（02）：11-14.

［18］祁黄雄，蔡运龙，魏遐．区域旅游形象构建与景观规划——以临海市为例［J］．生态学杂志，2003（01）：84-88.

［19］沈体雁，黄宁，彭长江，等．中国景区网络形象指数研究——基于互联网内容分析方法［J］．旅游学刊，2015，30（06）：80-90.

［20］时雨晴，钟林生，陈田．中国陆地边境县域旅游竞争力评价［J］．资源科学，2014，36（06）：1133-1141.

［21］宋章海．从旅游者角度对旅游目的地形象的探讨［J］．旅游学刊，2000（01）：63-67.

［22］田里．边境旅游面临的国家安全问题研究［J］．湖湘论坛，2022，35（02）：66-77.

［23］田里，唐夕汐，王桀．游客感知视角下边境旅游吸引物的吸引力测评［J］．资源开发与市场，2018，34（01）：128-132.

［24］王磊，刘洪涛，赵西萍．旅游目的地形象的内涵研究［J］．西安交通大学学报（社会科学版），1999（01）：27-29.

［25］王维晴．基于网络文本分析的旅游目的地形象感知研究［D］．南昌：江西财经大学，2019.

［26］徐松峦，岳惠志，张钊．吉林省边境旅游发展浅析［J］．经济纵横，1997（04）：58-60.

［27］闫敏．基于在线评论的霍尔果斯边境旅游形象感知研究［J］．现代商贸工业，2017（35）：15-17.

［28］于婷婷，左冰，阿荣，等．中国边境地区旅游发展的空间格局及驱动机制［J］．经济地理，2021，41（02）：203-213.

［29］臧德霞，黄洁．国外旅游目的地形象研究综述——基于 Tourism Management 和 Annals of Tourism Research 近 10 年文献［J］．旅游科学，2007，No.103（06）：12-19.

［30］张广瑞．边境旅游：国际的实践与经验［J］．旅游研究与实践，1996（04）：24-30.

［31］张国华，高东云．关于发展思茅地区边境旅游的思考［J］．思茅师专学报，1994（02）：58-61.

［32］张红梅．基于地缘环境视角的云南边境地区旅游安全评价研究［D］．昆明：云南财经大学，2020.

［33］张文德，李顺．广西凭祥试点边境旅游异地办证［N］．中华工商时报，2008-03-20.

［34］赵友兴．从沿边开放探讨中外合作编制边境地区旅游地图的可能性［J］．地图，1993（02）：53.

［35］钟林生，张生瑞，时雨晴，等．中国陆地边境县域旅游资源特征评价及其开发策略［J］．资源科学，2014，36（06）：1117-1124.

第五章 边境旅游对文化安全影响测度及治理研究

李　婧

一、选题背景与意义

（一）选题背景

1. 边境旅游发展机遇

随着中国经济开放水平的提高，作为中国对外开放最前沿的边境地区旅游业也有了更多的优惠政策扶持，迎来了良好的发展机会。2011 年我国在《兴边富民行动规划（2011—2015 年）》文件中明确提出要从国家重点项目的高度出发，在我国边境地区重点打造具有鲜明特色的旅游景区品牌和旅游线路产品，要通过多方面的手段有力推进边境旅游的蓬勃发展。为了提高我国对外开放的水平，国家发出了要与周边国家共建“丝绸之路经济带”和“21 世纪海上丝绸之路”（以下简称“一带一路”）的重大倡议，为我国边境区域的开放合作指明了下一步的前进方向。为促进边境地区旅游业围绕“一带一路”的倡议更加深入发展，我国颁布了《国务院关于促进旅游业改革发展的若干意见》，其中明确提出要研究制定促进边境观光旅游的入出境优惠政策。“一带一路”的倡议提升了我国对外开放的历史与现实高度。2016 年国家出台一系列政策强调要重点扶持边境地区的快速发展，并且明确强调制度创新是边境重点旅游对外开放的重要动力，要改革边境旅游的管理体制，进一步简化旅游入出境的手续办理，同时允许边境旅游团队自由选择口岸入出境，增强边境旅游地的吸引力，进一步鼓励内陆游客前往边境地区开展旅游活动；同时也对边境旅游项目的开发合作的方式也提出了新的要求。各类文件的出台是我国边境旅游发展过程中最强有力的政策支持，将我国边境旅游发展提升到了国家的高度，边境旅游的发展也迈上了新的台阶。

2. 国家文化安全现实

国家文化安全受到更多关注。从国际环境上来看，随着全球化的推行、西方文明的无形渗入以及信息网络技术在世界范围内的广泛应用，复杂的国际文化背景对我国的思想文化安全造成了一定的威慑与挑战。经济全球化不但导致了各个国家各个地区经济活动与市场环境的开放性，更加深远地影响了全球的社会经济形势，同时也促进了文化互动程度的不断提高，导致了全球不同国家和地区的思想文化的相互交流与碰撞，不同的思想文明也在不断突破国家、民族之间的地理限制与文化边界，逐步走向世界。然而在当今，以美国为主的西方资本主义国家为保护自身经济、政治和国家权益，凭借其在经济全球化进程中的优越地位、在信息化进程中的主导地位、在文化互动中的强大地位，肆意宣扬西方社会的资本主义意识形态和价值观念，运用所谓的文化殖民主义和霸权主义，实现削弱、分化、西化中国的目的，颠覆以马克思主义为指导思想的共产党的领导，破坏中国特色社会主义体制，从而从根本遏制中国综合国力的不断增强。所以，我国文化安全在整个国家安全中的战略地位与影响呈正在持续提高的态势。

（二）研究意义

1. 理论意义

从理论上解释边境旅游对国家文化安全影响的前因后果和影响路径。站在总体国家安全观高度审视边境旅游，整合边境旅游研究，深化边境旅游影响研究，填补边境旅游对文化安全评估的研究空白，提升边境旅游治理研究水平。从实证上评估案例地对国家文化安全的影响。将实证研究方法运用到中国边境旅游地区文化安全的评价，采用了指标体系建立、指标测量、数据收集、模型计算等手段，选取旅游业发展程度较高的边境旅游地作为实证检验对象，为边境旅游发展中的文化安全治理与文化安全管控提供参考案例。

2. 实践意义

旅游业作为中国国民经济发展重要的战略支柱，以其巨大的综合性和重要的经济引领功能，成了促进中国边境地区经济与社会稳定兴旺蓬勃发展的重要助推器，而沿边地区作为文化交流的地理前沿区域，其文化安全的保障对整体国家文化安全有着较为重要的意义。首先，中国边境旅游的迅速发展可以产生大量的国际游客消费市场，从而带动了边境旅游客源规模的不断扩大，促进旅游总收入的稳定增长，有效扩大了边境地区有关单位的社会财政收入，从而形成了直接的经济社会效益，为中国边境地区的开放与繁荣发展提供了巨大的社会资本保障。其次，蓬勃发展的边境旅游业是促进沿边区域产业结构调整的关键抓手，由于边境旅游活动主要产生于双边及多边各国边境地区的接壤之处，而沿边地方又多远离地方政治、经济和文化中心，处在影响地方国民经济血液循环的边缘地区，因此行业结构转型升级进度相对落后，但旅游业通过促进地方交通、住房、餐饮、文娱和商务服务等产业的蓬勃发展，可以有效推进沿边地方产业结构优化升级的进度。最后，由于旅游业本来便是劳动密集型产业，加之它有着广阔的行业关联效应，因此可以创造出大批就业，并有效吸收了沿边地方的农村剩余劳动力，从而带动了边民生活水平不断提高，促进了沿边地方社会经济的平稳发展。

二、国内外文献回顾

（一）边境旅游研究

国外对边境旅游的学术研究始于 20 世纪 30 年代初期，但由于其研究领域比较分散，学科专业之间交流较少，学术研究基础薄弱，因此对边境旅游的专门研究进展较慢。边境旅游受到学术界的普遍重视源于 20 世纪 70 年代，国际地理联合会（International Geography Union，IGU）游憩工作专题学术会议，会议以“边境与旅游”为主题展开了学术讨论，也将边境旅游议题带入了国内外学界的研究视野，边境旅游自此逐渐成为旅游学术研究的热门问题。

1. 边境旅游的概念辨析

随着我国边境旅游实践的逐步深入，学界对边境旅游的概念认识也在日益增强。我国政府于 1997 年出台了《边境旅游管理暂行办法》，其中明确地提出了边境旅游的官方概念，即边境旅游是指经批准的旅行社组织接待我国及周边国家公民，集体出入指定的边境口岸，在两国政府商定的地区和期限内开展旅游活动。随后学界也多次对边境旅游的概念做出多种层面上的诠释（罗明义，2002；郭向阳，2018）等国内学者都曾对边境旅游的定义做出过细致的阐释，这些定义都存在着一定的共同点，一是强调边境旅游行为要在官方行政审批或国家法律允许的条件下开展，二是边境旅游行为要与周边国家或地区产生你来我往的旅游业务关系，三是着重于边境旅游要有通过口岸入出境的行为。

可以看出，对边境旅游概念的研究在一开始比较注重在边境地区发生的跨境旅游行为，但是随着边境旅游实践的增加，研究人员逐渐提出了边境旅游还应涉及本国居民在本国边境区域的不跨境旅游行为，从而明确提出了更广义的边境旅游概念，即泛指人们在边境地区所进行的旅游活动。张广瑞（1997）就曾提出要在实践中树立边境大旅游的概念，不仅要考虑国内游客出境和国外游客入境的跨境旅游业务，更要增强边境地区本身的旅游吸引力，延长旅游者在边境地区的游览时间；李明（2006）对边境旅游的定义也是从广义的角度出发，主张边境旅游是指游客在两国边境地区进行的旅游活动；广义的边境旅游概念不仅考虑到边境旅游研究的实际情况，而且从语义上分析也更符合大多数人理解的习惯。由上可以看到目前对于边境旅游内涵的理解是非常丰富的。

2. 我国边境旅游发展现状研究

对我国边境旅游发展现状的研究，主要按照现状剖析、问题分析、对策建议的步骤展开。郑辽吉（2002）总结了辽宁丹东市对朝旅游的状况，指出发展边境旅游已成为推动丹东市社会经济发展的重要支柱，并据此剖析了对朝旅游发展的制约原因。刘小蓓（2004）以中国广西壮族自治区东兴市为例，在系统总结了中国边疆旅游发展历史、特征与类型的基础上，结合了 SWOT 分析法，系统阐述了中国广西边疆旅游发展状况，并剖析了中国边境游客流动的机制，并提出了相关的发展策略与措施。李明（2006）从我国边境旅游概念、性质含义、空间范畴、市场特征、社会意义等基本理论议题出发，总结了中俄边境旅游的发展过程，从俄罗斯来华游客数量、中俄边境口岸情况、边境旅游合作项目和线路产品发展现状、旅游基础设施条件、旅游客源空间划分、旅游者需求等几个方面，系统说明了中俄边境旅游发展的现状，总结了中俄边境旅游发展的模式。蒋满元（2008）客观地分析了中国广西边境旅游发展的优势、机会及其所面临的问题，并要创造宽松的政策环境、因地制宜利用多样化的经济发展模式等针对性意见。钟林生等（2014）基于我国边境旅游资源划分结果提出了边境旅游发展的总体战略，以及各个层级旅游资源的整体发展策略。郭向阳等（2017）运用多因子分析法，评估了中国云南省边境市州旅游竞争力的整体发展状况，并基于市州旅游实力层次差距显著、分配不均和极化效应明显的调研结论，提出在打造旅游产业、整合旅游线路、完善旅游市场体系等方面相应策略。

3. 边境旅游发展影响因素研究

就边境旅游发展的影响因素而言，在政策因素上，Church、Reid（1999）以英吉利海峡为例，指出地方治理政策在法国北部和英格兰南部之间的边境旅游发展中具有重要意义；Sofield、H.B.（2006）国家或地区政策是影响边境旅游的关键因素，其稳定性将直接影响边境旅游的发展水平。在合作机构上，Timothy（2003）在对南亚区域合作联盟和东盟研究之后，指出区域内的合作组织是边境旅游的推力和阻力的综合体；Ilbery、Saxena（2011）以英国与威尔士跨境区域为例，认为现有机构可能会被边境旅游所削弱。在合作对象上，Anaman、Ismail（2002）对文莱与马来西亚边境旅游者进行调查，得出合作对象的旅游环境、汇率变化等会对边境旅游产生影响。

4. 边境旅游综合效应研究

在政治效应上，Timothy（1995）指出跨境旅游对国家或地区在政治边界地域矛盾冲突化解具有促进作用，可以促进国家或地区安定稳定。Perkmann、Markus（2003）以欧盟国家间跨境旅游发展为案例，得出跨境旅游是实现欧盟政治一体化格局进程的重要途径。在经济效应上，Hampton（2010）以马来西亚与印度尼西亚边境为例，认为跨境旅游是两国边境地区经济发展繁荣的重要原因，为跨境区域社区居民带来收入和就业等一系列经济增长效应。在环境效应上，Timothy（1999）以美国与加拿大边境国际公园为例，得出跨境旅游是推动自然资源环境保护的重要举措，可实现旅游资源可持续发展利用。在综合效应上，Eeva-Kaisa（2007）以瑞典与芬兰边境为例，认为跨境旅游是边境区域经济社会发展的必然选择，可促进旅游产业可持续发展；Vodeb（2012）以斯洛文尼亚与克罗地亚边境为例，指出跨境旅游是国家或地区之间实现互利共赢的重要途径，最终实现区域全面协调发展。

综合国内外边境旅游方面的文献来看，对边境旅游影响研究较为缺失。当下对边境旅游研究只停留在经济、社会、生态等影响领域方面，对边境旅游的地缘政治、双边关系、安全影响等缺乏研究，边境旅游的影响类型、影响层次、影响特征等均未涉及。同时边境旅游安全维度研究尚属空白。边境旅游对当地居民、外来游客、合作区域、双边国家带来怎样的安全影响，站在国家安全观高度审视边境旅游，目前还未起步。另外，边境旅游安全治理研究不系统。边境旅游治理仅有旅游区域划定、通关手续便利化、口岸基础设施等技术性治理研究，缺乏边境旅游治理的战略高度，尤其是与地缘政治、国际关系、国家布局、通道建设等的有机衔接，需要从边境旅游的治理主体、治理客体、治理手段的综合视角，也需要从边境旅游安全事前预警、事中处置、事后反馈等治理管控视角展开研究。

（二）文化安全研究

2015 年 7 月 1 日，《中华人民共和国国家安全法》将“文化安全”纳入国家安全体系。国内的国家文化安全研究呈现出多视角、多领域特点，目前国家文化安全的研究主要集中于范畴定义、主体内涵、功能价值、问题挑战、实现路径等方面。

1. 范畴定义

国家文化安全是国家安全的子系统（韩源，2008）。2000 年，胡惠林首先明确提出了“国家文化安全”的定义以及有关内涵（胡惠林，2000b；胡惠林，2000a），国内学术界由此开始研究国家文化安全，并形成一批具有代表性的成果。由于文化和安全均为较为广泛的概念，学者对国家文化安全如何界定并未达成共识（赵子林，2011）。国家文化安全概念的阐释主要从安全角度和文化角度两方面入手，具有两种划分方法。由于两者并不能完全归类到一起，本研究将从安全和文化两个角度对国家文化安全的概念进行综述。

从安全角度划分，国家文化安全的定义可划分为状态说、能力说和状态能力说。状态说着重于认为国家文化安全是指国家文化免于威胁或危险的客观状态。郝良华（2004）进一步对客观状态作出了解释：客观状态是指一个国家能够自主选择其政治制度和意识形态，抵制其他国家将异质文化强加于本国的企图，并用必要的手段扩大本国文化在世界上的影响力。主客观论认为国家文化安全应该包括主客观两个方面。胡惠林（2005）认为国家文化安全包括客观存在，反映一个国家文化生存和发展不受威胁和危险的状态，又包括主观感受，反映着主体对这种状态是否存在的一种价值判断。二是能力说，叶金宝（2008）认为文化安全是指国家文化在文化建设中完善自身功能机制、防范风险和化解风险的能力；刘荣（2015）认为国家文化安全是指一个国家在经济全球化和文化互动的过程中，凸显自身文化价值、捍卫自身文化话语权利、对抗异质文化侵蚀的能力和实力。三是状态能力说，认为国家文化安全既是一种状态，又是一种能力，具有双重属性。李凤丹（2019）认为国家文化安全客观上讲是指国家保障文化发展不受威胁的能力与状态，主观上讲是指人民对文化具有认同感的能力与状态。

此外，部分研究者通过文化构成来界定我国文化安全。沈洪波（2005）把国家文化安全问题界定为国家政治经济文化不受外界胁迫，自身文明保持延续发展，精神动力得到保持。贾英健（2001）特别强调有效地消除和化解潜在的外来文化风险和国家文化主权风险；陈宇宙（2008）认为国家文化安全是指各国政府避免异质文化对本民族文明的渗透与侵害，维持本国人民的民族传统、价值理念、文化思想、行为方式、制度等不被重塑与同化，避免外部强势文明威胁与危害时所表现出的状态。

2. 主要特征

对于国家文化安全的主要特征，学者们普遍认同的包括相对独立性、隐蔽性、民族性、复杂性四个基本特征。第一，国家文化安全的相对独立性主要表现在其自身在文化领域的独立性以及对政治安全、军事安全、经济安全等其他安全的依赖性（沈洪波，2005；严兴文，2007）。第二，国家文化安全的隐蔽性体现在国家文化安全是国家安全中最深层次的一部分（沈洪波，2005），威胁源是不清晰的，不易锁定目标的（陈乔之、李仕燕，2006）。第三，国家文化安全的民族性体现在表现出民族国家的特征，是一个国家区别于其他国家的独特存在（靳利华，2006），在不同国家的表现形式也有所不同。第四，国家文化安全的复杂性体现在其面对文化侵略的方式和领域具有多样性和广泛性，相对于其他安全，表现出超常的复杂性（郭辉，2009）。但是，关于我国国家文化安全的特殊性面临着如下争论：胡惠林（2011）主张国家文化安全包含以文化主权安全和国家文化经济安全为主的硬安全和包括对整个国家精神世界侵蚀的软安全，在这里，硬安全属于直接威胁，可通过文化制度方面的措施来应对；软安全不属于直接威胁，单纯采用制度措施难以得到良好的应对结果。另外，石中英（2004）提出国家文化安全包含对外的文化主权独立和对内的共同文化认同两个特点，即国家拥有充分完整的民族文化主权的同时，国内的各少数民族之间拥有较高一致性的共同文化认同；严兴文（2007）则认为，由于中国文化安全的浅层存在可侵蚀性与剥离性，因此相对于深层社会文化，外层社会文化更易于被外来文化所完全消化。

3. 类型划分

对于国家文化安全的类别划分有很多种不同的理解，目前研究者们最主要的分类方式包括横向分类与纵向划分两种。

在横向划分上，通常从文化形态和民族国家两个类型入手（武丽丽，2020）。第一类是将国家文化安全的主体界定为文化形态。刘跃进（2004）认为国家文化安全的主要内容包括语言文字安全、风俗习惯安全、价值观念安全和生活方式安全四个方面，该观点被很多学者认同（郑淑芬、闫明明，2014）。第二类是将国家文化安全的主体界定为民族国家。韩源（2004）曾提出国家文化安全包括国家意识形态安全、民族文化安全、公共文化安全三个子系统（韩源，2008）。

在纵向划分上，根据文化内涵的三个层次，可以大致划分为物质文化、制度文化和精神文化三类安全（叶金宝，2008）。李金蓉（2002）和郝良华（2006）认为，我国的国家文化安全主要可以界定为制度、产业和精神三个层次，其中制度层次包括由主权国家独立自主选择的文化制度，支配国家文化资源，并提出文化发展策略等，产业层次包含了文化市场和文化产品安全问题；精神层次包括无形的观念价值文化和民族精神特质等。赵波、高德良（2012）将西方文化渗透对一个国家文化安全的影响分为了三个阶段：第一是对表层文化的影响，表现为流行音乐、影视作品、可口可乐等体现文化符号内容的渗透；第二层为对中层文化的影响，表现为对宗教、政治制度、选举制度等制度层面内容的影响；第三层是对底层文化的影响，表现为对价值观、伦理观、意识形态、思维方式等方面的影响。

4. 影响因素

国家文化安全影响因素是学者研究的重点，已出现多种不同的看法。一种侧重于从逻辑角度思考国家文化安全的影响变量，一种侧重于从现实角度思考国家文化安全的影响因子。本研究从影响变量和影响因子两个角度进行梳理。

在影响变量上，有学者认为应该主要从外部环境、自身实力、文化战略三个方面来分析国家文化安全的影响因素。韩源（2004）构建了由国际文化环境、国家文化实力、国家文化战略构成的国家文化安全形势分析框架，并指出这三者是影响我国国家文化安全的决定性因素。该文进一步说明：在一种良性的国际社会文化环境中，强势文化和弱势文化平等共存，各国的国家文化利益保持在安全状态；而面临着文化霸权、文化扩张的环境中，国家文化安全状况有赖于国家文化软实力和国家社会的文化发展战略。吴腾飞（2020）在此基础使用国家文化秩序来代替国际文化环境，表示国家文化安全状况的外部环境；最终将国家文化安全影响因素归纳为国家文化软实力、国际文化秩序、国家文化战略。

在影响因子上，研究结果主要包括文化入侵威胁、文化认同威胁和文化资源威胁三种安全威胁。第一，文化入侵威胁是第一个被广泛重视的影响因子，发源于国家文化安全研究早期，并受到了不少研究者的认同（于炳贵、郝良华，2003；包仕国、陈锡喜，2006），主要指的是文化帝国主义和文化霸权主义对本国文化的入侵影响。沈洪波（2004）认为文化帝国主义有多种表现形式，包括文化全球化、文化殖民以及文化霸权等；石中英（2004）指出文化全球化是挑战，导致强势文化在全球范围内的拓展，但并没有称之为威胁，对于美国文化等强势文化来说反而是一种机会；彭新良（2007）则认为文化帝国主义和文化霸权主义都是指将自身文化强加给他国从而对他国国家文化安全产生现实威胁的行为，这种行为最终将会对全球文化多样性产生威胁。由此可知，文化入侵的各种问题归根结底表现为文化多样性的安全问题，也就是文化环境安全问题，或者说是文化生态安全问题（胡惠林，2017）。第二，文化认同威胁是国家文化安全研究中最重要的影响因子，主要涉及文化分裂主义与文化虚无主义。石中英（2004）认为国家文化安全存在着被极端民族主义分裂的风险，指出我国文化分裂主义主要有“台独”“藏独”“疆独”三股文化分裂势力；吴长清、王霞（2018）指出来自海内外的多元文化意识形态正在以学术探讨、史料探究等形式，重新诠释重要历史人物和历史事件，并借机批判、否定中国革命的性质和意义等，形成具有欺骗性的历史虚无主义，影响国家文化安全。由此可见，文化分裂主义和文化虚无主义均是对国家文化价值安全的重要挑战。第三，文化资源威胁是国家文化安全最新出现的影响因子，主要表现为文化资源流失和文化知识产权问题。孙华玉（2011）指出某些发达国家利用中国传统文化资源优势、利用中国元素来传递西方的价值观念，利用申遗、登记知识产权等手段取得我国传统文化资源的专利；关进礼（2013）认为我们的文化资源正在受到丢失和被他国开发的危险，包括民族语言资源、汉语方言资源等以及所承载的国家人文信息资源都在加快萎缩，更多的国家文化资源将沦为他国文化产品的制造原材料和再生产元素。

此外，部分学者关注到网络文化安全是国家文化安全的重要挑战。胡惠林（2012）指出网络文化安全是一种完全由网络形态构成的文化安全形态，正在成为威胁国家文化安全最主要的形态。郑淑芬、闫明明（2014）指出在网络信息化条件下，文化归属感淡漠、政治遭受外部监督、欧美文化霸权主义、传统文化丑化、网络犯罪猖獗等成为重要挑战。

（三）边境旅游与文化安全关系研究

在边境旅游开发对区域文化安全方面的研究多认为旅游开发有带来文化危机的倾向。张春霞（2010）等专家学者提出从中国边疆少数民族文化发展的主体特征来看，我国少数民族文化旅游的发展会造成少数民族文化的安全问题，民族社会文化的主体生态环境被打破或改变，民族文化被肢解、被低俗化、被嫁接或者被篡改，并由此产生了民族的个体认同焦虑。王丹彤等（2012）认为，基于民族文化差异所产生的主客矛盾与民族文化冲突，导致边境地区安全问题大量突出，而作为一种既跨越国家边境又跨越不同文化之间的旅游形式，边境旅游增加了二者矛盾冲突的可能性，严重影响着边境地区的安全与稳定。夏文贵（2017）认为，在我国边境地区现实的政治地缘、亲缘、族缘或业缘关系上，边民重视自身属于何种族群，而不在乎属于哪个国家，产生国家认同方面的风险问题。谢贵平（2020）则以更宏大的视角剖析问题，认为跨边境区域存在着极端信仰、分裂主义、反动意识形态、“黄赌毒”等非法文化产品的走私、偷渡和贩卖，不但对我国传统文化生态产生侵害，更严重的还会对价值体系和意识形态产生异化影响，从而造成我国境内的文化认同危机，动摇我国社会文化的稳定发展。

但同时，也有学者重新辩证审视了这类问题，指出边境旅游蓬勃发展虽然有造成文化危机的可能，但是对于推动边境线两侧国家经济文化的发展、社会文化的交流发展有着巨大的正面意义。鉴于目前边境地区的实际情况，该区域社会文化、经济发展水平通常都较为落后，短时期内面临着大批外来游客的冲击特别是经济发达地区游客的介入，对边境地区经济社会文化发展也会产生一定的影响。面对跨境旅游区域建设、地区旅游发展及地方文化认同感之间的冲突问题，还应该注重从多角度对社会利益相关者、组织的领导者之间对地方认同感及其政治含义进行剖析，同时对建立地方认同感，应该着重旅游与本地居民的主客关系等。

（四）研究述评

综上所述，现有的研究较为辩证地看待了边境旅游业的发展对于地区文化安全的影响在现实环境中，正面影响和负面影响均是动态的、发展的、各有差异的，在特定条件下又是能够互相转换的。整体来看，对于影响方面的研究多以定性分析为主，量化评估方面还较为缺乏。

三、研究设计与框架

（一）研究目标

论文通过对我国陆地边境状况、边境旅游发展状况、国家文化安全的整体情况做出梳理，厘清我国边境旅游发展对国家文化安全的影响机制，并建立指标体系和模型评估案例地旅游发展对国家文化安全的影响。

（二）研究方法

1. 文献分析

本研究根据研究主题，利用云南大学图书馆和 CNKI 等国内外电子文献数据库，主要收集边境旅游和国家文化安全两方面的研究成果，并对其进行深入分析、阅读、归纳和整理，主要形成了每章的文献综述和实例部分。

2. 个案研究

搜集边境旅游与文化安全方面的案例，并对案例进行分析研究并归纳总结文化安全方面的现实诉求。

3. 归纳演绎

将从个例研究中得出的结论进行归纳分析，并在此基础上结合相关理论做出推论，再选取案例进行演绎分析。

4. 专家咨询

在建立指标体系衡量国家文化安全风险时，将采取专家咨询方法得出文化资源安全风险、文化生态安全风险、文化主权安全风险等方面的权重系数。

5. 实证分析

根据对案例地相关数据的收集，使用到 Excel、GoogleEarth、Spss 等软件，借助熵值法、TOPSIS 模型等计量模型，搜集国内外关于国家文化安全和跨境旅游合作的相关指标、数据，对跨边境旅游案例地区的国家文化安全风险水平进行测度，并结合旅游统计指标进行相关性分析。

（三）研究框架

从边境旅游和国家文化安全两条主线入手，从边境旅游发展的效应作用和国家文化安全在边境地区的诉求找结合点，研究分析边境旅游发展对国家文化安全的影响，并在上述理论基础上，建立合理的指标体系，选取边境旅游案例地，测量该案例地的文化安全风险指数，并对旅游统计数据做相关性分析，得出案例地旅游发展对文化安全影响的定量分析结果。本研究的技术路线图如图 5-1 所示。

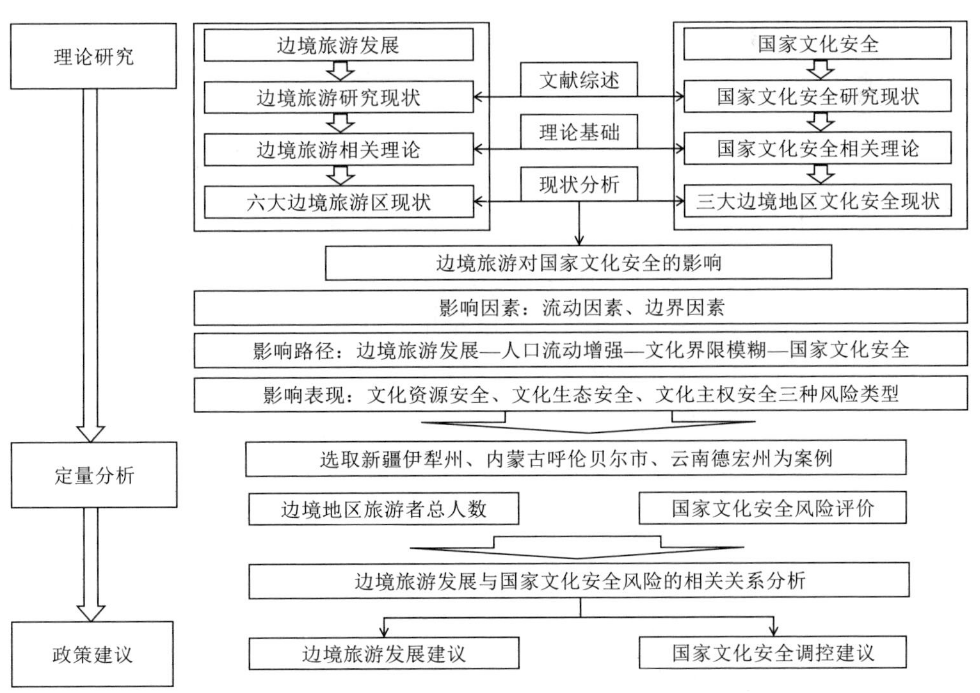

图 5-1　本研究的技术路线图

四、边境旅游对文化安全影响机理构建

关于边境旅游发展对国家安全的影响过程，目前并没有学者对其进行全面探讨。由前章的梳理可以推导，边境旅游发展对国家文化安全产生的影响是通过人口流动和文化边界模糊来实现，首先，边境旅游发展会促进旅游者流动和旅游劳务迁移，在人口的流动迁移中，包含着文化的交流与变迁，逐渐造成边境地区的文化边界模糊，进而从文化资源、文化生态、文化三方面影响国家文化安全，进而形成了“边境旅游发展—人口流动增强—文化边界模糊—国家文化安全”的影响路径。

（一）边境旅游发展

1. 边境旅游发展

边境旅游是边境地区对外开放的必然产物。我国的边境旅游发展起始于1987年对东北边境地区丹东市跨境一日游活动的批准，这标志着我国边境旅游发展的正式启动。在随后的三年时间内，国家分别批准在我国东边边境部分省区发展跨境旅游业务。至1997年，我国旅游相关部门联合发布了《边境旅游暂行管理办法》，边境旅游成为旅游行业的专门概念。

对于中国边境旅游的发展演变历史，张克树认为可以将其分成发展政策预备期、初始发育期、发展提升期和全面扩展期四个发展阶段（田里，2022）。在发展政策选择期，中国于1990年和1991年先后出台在中苏和中蒙边界开展了以贸易交流为主要动机的边境旅游活动。在初步发展期，随着我国边境对外开放的逐步完善，1992年设定沿边开放城市13个，主要分布在黑龙江省、吉林省、内蒙古自治区、新疆维吾尔自治区和云南省，随后国家于2000年提出了西部大开发和兴边富民等行动，边境旅游由于对区域经济的积极带动作用得到了更多的重视，边境地区经济条件的改善、贸易交流的频繁也为边境旅游的发展提供了更好的基础。在发展提升期，国家相关政策措施明确指出要进一步“提升沿边对外开放战略发展水平”，标示着中国边境区域的对外开放战略合作进入了崭新的经济发展阶段。在全面扩展期，2015年国务院政府办公室发布了《国务院关于支持沿边重点地区开发开放若干政策措施的意见》，进一步强调要积极有效地促进边境旅游振兴发展。2017年，国务院办公厅发布的《兴边富民行动十三五规划》也在主要任务和重点工程中

明确指出要对边境地区旅游业予以倾斜支持。2018年国务院同意设立内蒙古满洲里、广西防城港边境旅游试验区，标志着我国边境旅游改革发展进入新阶段。

2. 人口流动增强

根据1991年世界旅游组织对旅游的定义，旅游的概念被界定为一个人旅行到他通常环境以外的地方，时间少于一段指定的时段，主要目的不是为了在所访问的地区获得经济效益的活动。由定义可知，旅游活动主要是指旅游者的空间转移，也可以称为短期的人口迁徙，因而旅游业的发展将涉及短期人口流动的增强。旅游发展可以创造新的就业机会，引起旅游劳务迁移现象，尤其在边境地区等经济欠发达地区，旅游经济可以带动关联产业的发展，从而帮助解决边境地区的失业问题，提高地方经济收益和居民实际收入水平，进而留住有迁移意向的居民，同时也会吸引更多的旅游投资者前来，进而从另一个方面增强了当地的人口流动。

通过对旅游发展与人口流动等相关问题研究的梳理，可以得知旅游发展必然会牵扯到人口的流动，而人口流动也就是文化的流动。因此，上述所及为本研究的撰写提供了有效的参考。

（二）人口流动增强

1. 旅游活动对文化变迁的影响

由于旅游与文化之间的边界并不是泾渭分明的，与旅游目的地的居民相比，旅游者来自不同的国家和地区，有着不同社会文化背景，来到旅游目的地不仅有观光游览的旅游需求，更多的还要参与异域文化风情的观察和感受。因此，从某种程度上来说，旅游活动不仅涉及人的流动，也涉及文化的流动。由于旅游者在旅游过程中，离开了自己惯常的文化环境，来到陌生的他者环境之中，在一定程度上都会感受到来自文化方面的冲击，而旅游服务供应商为了提高游客满意度，会将本地特色文化做出标准化或同质化的处理，以期减少文化冲击对旅游者造成的不安或不适感。另一方面，外来旅游者不乏来自经济发达地区，旅游目的地的居民通过不断地与外来旅游者接触，也会受外来旅游者文化习惯的影响，进而对自身文化观念进行重塑，使本地文化为了适应旅游发展的需求而发生改变，这两方面的变化都属于旅游目的地的文化变迁。

2. 文化变迁与文化边界守护

文化变迁发生于文化交流的过程之中。文化交流指的是两个及两个以上具有明显差异性的文化系统发生的交往互动过程。这个过程需要两个及两个以上的文化系统，并且相互之间的文化差异明显，才能保证交流的顺畅。不同于国界线的明显标记，不同文化间并非泾渭分明，文化边界作为无形的界限，而是有着相互交融的过渡地带，所以文化边界是宽广而模糊的。在边境旅游发展开放的环境下，边境地区的文化交流合作也在以前所未有的速度和深度进行着，边境地区文化的公共性愈加凸显，同时文化边界的守护意识也在逐渐模糊。由于每个人的文化背景不一样，所以，在人口流动过程中，产生的交流、接触、碰撞，会使主客双方的文化相互作用、相互影响，进而发生变化。当两种差异显著的文化接触时，一般较强势的文化会在思想观念、生活习惯、传统习俗等方面持续不断地影响弱势文化。

（三）文化边界模糊

1. 内部文化边界模糊造成的安全威胁

当前，文化领域的越界行为时常发生。文化边界面临着三类主要的内部威胁。其一，文化转型造成文化边界模糊不清。自我国改革开放以来，文化生态也随着社会实践不断变革，文化从“旧”逐步走向“新”，从故步自封逐步走向对外的交流融合，传统文化也在不断吸纳现代元素进行自我革新，在这些文化变革的过程，“旧”的文化边界逐渐模糊，面临着“新”文化的不断冲击和挤压等。当下中国由于文化转型之快，文化形式之多，文化氛围之浮躁，进一步加剧了文化边界混沌不清的现实问题。其二，利益至上的市场经济逻辑致使文化边界意识淡薄。当前，市场价值成为经济发展中的首要问题，而产品的文化价值仅仅作为附加项目，在此情况下，文化领域受资本逻辑的影响容易出现雅俗不分，以次充好的文化乱象。其三，虚无主义、享乐主义对文化边界的侵蚀。近年来，历史虚无主义与消费享乐主义借助网络文化领域的快速发展在我国大行其道，使得优秀的传统文化逐步沦为娱乐的附庸，僭越合理的文化边界。享乐主义使得一切事物皆可娱乐消遣，优秀的文化、高尚的品质也都可以被娱乐，英雄模范可以被戏谑化，甚至历史都可以被曲解。虚无主义、享乐主义、技术主义文化的网络勾连，混淆虚拟与现实的界限，颠倒善恶、美丑、是非等价值观念，使得文化领域的越界行为时常发生，进而危害国家文化安全。

2. 外部文化边界模糊造成的安全威胁

在我国对外开放的政策背景下，我国文化与其他文化频繁交流，在某种意义上，文化手段也成为西方国家对我国的强大渗透工具，对我国文化边界的守护构成了外部挑战。其一，国家间强弱势文化的交锋对文化边界的推移。全球化的进程进一步加快了世界各国文化的交流与传播，但同时也出现了不同文化难以协调共存，造成强弱势文化边界的此消彼长，进而对自身文化的生存空间产生影响的现象。强势文化向守势文化和弱势文化的扩张，造成弱势文化的边界收缩位移。其二，西方发达国家打着“普世价值”的幌子进行文化边界的扩张。西方所推崇的价值观念，是按照西方的利益诉求赋予了新的内涵，“普世价值”并不是普遍适用的，其本质是借机宣扬资本主义意识形态，不断扩张其文化边界。西方国家持续攻击和否定中国道路、制度、理论和文化，对我国文化安全提出挑战。

（四）文化安全风险

通过对边境旅游发展作用于国家文化安全的分析，边境旅游发展对国家文化安全的作用机理得以呈现，边境旅游发展会促进人口流动的情况，人口流动会推动文化边界模糊，而文化边界模糊将会从我国内部和外部分别导致文化资源安全、文化生态安全和文化主权安全受到威胁。

1. 文化资源安全：文化流失危机

我国的文化资源是以优秀传统文化、革命精神文化和社会主义先进文化为代表的各类物质文化资源和精神文化资源。在文化边界模糊的前提下，边境地区的居民对本地文化资源的保护意识、文化归属感将愈发淡薄，进而使边境地区文化资源安全将面临流失危机。

首先是文物走私、文化产权和知识产权问题，文化边界模糊将会降低人们的保护意识，进而使文物走私会变得更加猖獗，文化产权变得更加难以界定，如部分敌对分子打着科学研究的旗号，将边境地区文化遗产数字化建模，以数字形态发送到国外公司，开发文化产品，文化知识产权也将遭遇更多危机，由于边境生活着大量的跨境民族，民族文化遗产具有相通之处，很容易被具有相通民族的国家所窃取。

其次，边境地区的文化资源消耗将增加，同时文化资源再生的能力将被弱化。一方面，边境旅游的发展会增加资源消耗，进而导致文化资源安全问题。伴随边境旅游发展，边境地区为吸引全国各地的游客，大力开发文化资源。文化资源的开放为边境地区带来了大量的游客，同时也会增加对文化资源的消耗。比如传统建筑的磨损、传统习俗的变样等。另一方面，文化边界模糊也会降低边地居民的归属感，导致文化人才的流失。由于边界线两侧的跨境民族之间的属性，很有可能出现我方人才前往他方发展，或者由于经济的发展，我方一些传统的文化技艺已经流失，从而不得不聘请来自对方国的文化人才。此外，一些宗教文化也可能使我国的文化人才倾向于听从国外的指示。

最后，文化资源的属性也将面临失衡风险和变质风险。一方面在旅游发展的带动下，地区经济问题将上升为主要问题，使文化资源的经济属性开始大于文化属性，文化资源属性出现失衡问题。另一方面，文化边界的模糊也会使文化属性更加模糊。边境地区具有大量展现国家意识形态的文化资源，比如界碑、国门、边境墙、铁丝网等。边境旅游的不断发展将会使这些设施的国家属性不断下降，提升这些设施的旅游经济属性，从而对国家安全造成影响。

2. 文化生态安全：文化入侵危机

胡惠林（2017）指出，文化生态安全是用来描述和表达文化环境的变化对文化发展的影响，包含多重性、内部性与外部性。由于文化边界模糊，文化守护能力将被弱化，进而使文化生态安全受到较大威胁，最突出的表现就是文化入侵危机。

从国家内部的角度看，国家文化生态是指中央地区与边境地区共同组成的内部文化生态。总的来说，在一个幅员辽阔的国家，其边境地区与中央地区的文化生态是不一样的，呈现出分层或分裂结构。在文化边界模糊的条件下，国家文化生态不断实现文化整合，对边境地区文化生态发展形成了威胁。一方面，空间界限模糊使边境地区与中央地区的差异不断较少，造成边境地区文化出现危机。相对于中央地区的强势文化来说，边境地区的文化是弱势文化。国家文化整合并不会实现两者平等的融合，而是一种不平等的融合。如果过分打破中央地区与边境地区的空间界限，会使边境地区文化会很快消亡。

从边境两侧的角度来看，边境文化生态是指边境两侧地区共同组成的跨境文化生态，是由边境两侧国家共同构成的文化生态。在边境文化界限模糊的情况下，边疆两侧文化相同的地区会出现强势文化占据优势，边境两侧文化不同的地区会爆发激烈的文化冲突。同时，在边境旅游发展带动人口流动加剧的情况下，文化的发展也会呈现快速传导效应，如国外边境地区出现赌博情况，我国边境地区赌博也随之兴起，很容易造成我国境内的文化生态危机。

从外部环境来看，文化边界的模糊将使异质文化生态入侵的机会增加。异质文化生态是指与本国中央地区和边境地区文化生态不同的文化生态，是由本国之外的国家、地区或人群构成的文化生态。异质文化生态的入侵方式通常包括产品入侵、游客入侵和思想入侵。其中，产品入侵是通过将异质价值观融入电影、电视、广播、饮食等各个方面；游客入侵是通过具有异质价值观的人来传播宗教、低俗文化等进行文化入侵；思想入侵是通过具有异质价值观的学术会议、学术著作等进行文化入侵。

3. 文化主权安全：文化认同危机

文化主权安全是国家主权在文化领域的体现，与文化分裂主义相对。杨恕（2011）指出，分裂主义势力主要利用认同来获取国内外的支持，这种认同包括领土认同、共有认同和意识形态认同。在文化边界模糊的情况下，边民对地域认同、族群和政治认同都将减弱，进而出现文化认同危机威胁国家文化主权安全。

对边境地区的地域认同来说，边境地区地理环境存在一定封闭性，这种封闭性为地域分裂创造了条件。我国边境的大部分地区为高山、沙漠、峡谷、盆地等地形地貌，客观上存在着很多非连贯的地域，加之交通基础设施条件的不完善，难以被中央政府有效管控，并且受制于地区经济发展水平的差异，很容易成为文化分裂主义开展活动的潜在基地。另一方面，边境地区成为分裂主义本土意识传播的中心，加剧了地域分裂的威胁。近些年，全球各地爆发了“新本土主义”运动，已经发展成为世界范围内的结构性特征的政治现象。地域认同模糊很容易使分裂主义思潮趁虚而入，借用“本土”历史文化的论述方式，演化成为一股影响广泛的社会思潮或社会运动。

对于边境地区的民族认同来说，民族认同是指对某个特殊民族文化的归属感和认同感。我国边境地区多为少数民族的集中居住地，当地文化与主流文化存在一些差异，为族群分裂创造了条件。大多数多民族国家边境地区均聚集着大量少数民族人口，这些少数民族人口可能在本国是少数群体，在他国是多数群体，从而形成了“与本国差异大，与他国差异小”的现象，为文化分裂主义的产生创造了条件。第二，边境地区族群意识较强，不能完全被中央政府所控制，加剧了族群分裂的危险。由于离中央政府的距离较远，边境地区的少数民族对族群的认同可能高于对国家的认同，从而可能成为文化分裂主义开展活动的中心。

对于边境地区国家认同来说，政治认同是指对国家主流意识形态的认同，是基于自发的政治选择而产生，比地域认同、族群认同具有更强的延展性，等同于意识形态认同。在边境地区，政治认同模糊导致政治分裂，会引发文化主权安全问题。首先，政治认同模糊加剧边境地区的地域认同和族群认同，导致地域认同或族群认同产生的分裂主义不断扩大，影响文化主权安全。其次，边境地区处于政治合法性关注的边缘地区，容易受到国外意识形态宣传的蛊惑，从而对本国意识形态产生威胁。例如，境外电台和网络对我国边境地区的意识形态宣传（包括宗教激进主义的宣传），对我国产生很多威胁。最后，边境地区是政治整合的薄弱地带，在地区整合和民族整合方面均与中央地区有一定的差距，容易导致在意识形态问题上模糊不清，从而威胁文化主权安全。

五、边境旅游对文化安全影响大小测度

本章将对边境旅游与国家文化安全的相关性进行评估测度。以云南省德宏傣族景颇族自治州（德宏州）、新疆维吾尔自治区伊犁哈萨克自治州（伊犁州）、内蒙古自治区呼伦贝尔市（呼伦贝尔市）为研究对象，基于熵值法和 TOPSIS 评估模型对 2010—2019 年国家文化安全风险进行综合测度，得出三个案例地的国家文化安全风险综合评价系数、文化资源安全风险评价系数、文化生态安全风险评价系数、文化主权安全风险评价系数，并与该地区旅游者人数做出双变量相关性分析，归纳边境旅游发展对国家文化安全风险的相关情况。

（一）评估指标选取

1. 评估指标筛选

德尔菲法作为一种反馈匿名函询法，最早是在 20 世纪 50 年代被提出（徐国祥，2016），美国兰德公司为了获得可靠真实的专家意见与道格拉斯公司共

同创造出的一种专家调查法。该方法采用了匿名发表意见的方法，在经过对专家意见的反复征询、修改、归纳等过程，将不同专家的想法和意见统一在一起。国家文化安全指标体系的构建需要满足科学性等原则，因此需要征集不同专家的意见以获得更加准确的指标。

德尔菲法相比普通的专家会议法既有优势也有劣势、既有区别也有联系。优势在于德尔菲法能够在一定程度上避免专家因为准备和思考不足对指标筛选做出的错误判断，并且能够清楚明确地将专家的意见和分歧展示出来，避免专家在同一场合下可能放弃自己本身的观点，附和其他专家观点的行为。相同之处在于，德尔菲法与普通的专家会议法一样能够在最大限度上调动专家的积极性，集合不同领域专家的长处，汇集不同专家的思想，具有较高的参考价值。同时德尔菲法也具有一定的劣势，首先是整个过程所需时间较长，受到专家打分过程和回收时间的约束，其次是文字叙述可能会造成理解上的歧义（徐蔼婷，2006）。

德尔菲法的具体实施步骤如图 5-2 所示。

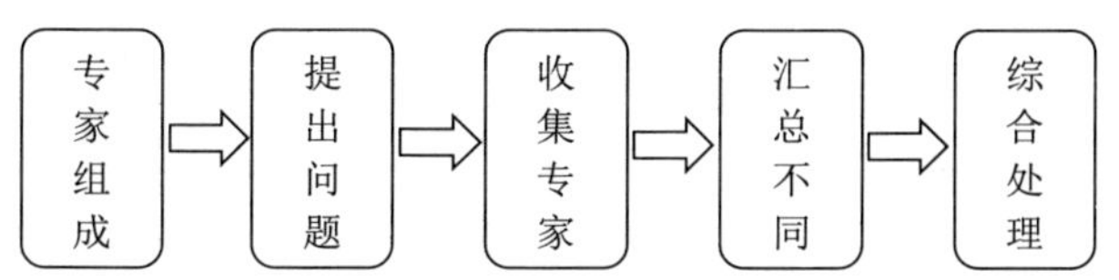

图 5-2　德尔菲法实施步骤图

在文化资源安全、文化生态安全、文化主权安全三个维度指标体系的基础上，主要针对文化研究学者、文化管理部门、文物保护机构等相关领域的专业人员为主要访问对象，由不同领域的专家共同组成了 20 人的专家小组，通过以上专家组成员对指标体系提出意见和建议，筛选确定最终的指标。共发放问卷 20 份，回收问卷 20 份，回收率 100%，有效问卷 20 份，通过两轮问卷调查，删除了一些意义不大的指标，增加了一些重要的指标，最终形成国家文化安全风险评估指标体系。

2. 指标体系确定

指标体系构建以科学性、系统性、可操作、动态性为基本原则，基于国家文化安全的表现形式，构建文化资源安全、文化生态安全、文化主权安全三个维度子系统，并从这三个维度分别构建细分指标，最终搭建一个具有内在逻辑关系和因果关系的国家文化安全风险评估指标体系。具体的评价指标体系如表 5-1 所示。其中，第一层是目标层，是通过该指标体系需要达成的目标——边境旅游发展下国家文化安全风险评估；第二层是系统层，把国家文化安全分成文化资源安全风险、文化生态安全风险、文化主权安全风险三个子系统，分析各系统的动态变化；第三层是准则层，文化资源安全包括文化资源形态流失程度、文化资源再生流失程度、文化资源属性流失程度三个方面的指标，文化生态安全包括国家文化生态整合状态、边境文化生态融合状态、异质文化生态入侵状态三个方面的指标，文化主权安全包括地域认同模糊水平、族群认同模糊水平、政治认同模糊水平三个方面的指标；第四层是指标层，是在准则层之下选取的细分指标，可通过量化分析对上层指标进行具体的描述。

表 5-1　国家文化安全风险评估指标体系

目标层	系统层	指标层	编号
国家文化安全风险评估	文化资源安全风险	每县（市、区）拥有博物馆机构数量	S1
		每县（市、区）拥有文化馆机构数量	S2
		每县（市、区）拥有公共图书馆数量	S3
	文化生态安全风险	第三产业增加值	E1
		每百万人拥有的艺术表演团体数量	E2
		旅游总人数的增长比率	E3
	文化主权安全风险	地方总人口的增长比率	Z1
		全国民族团结进步示范区示范单位数量	Z2
		全国先进基层党组织数量	Z3

（二）研究区域与数据

1. 研究区域选择

中国陆地边境地缘辽阔，陆地边境省区的面积为 596.42 万平方千米，占全国国土总面积的 62%，可以划分为东北、西部、西南三个边境区域（田里，2022）。

德宏州位于我国云南省，地处我国西南边境地区，少数民族文化特色突出，全州总人口中有 52% 左右为少数民族，拥有瑞丽、畹町两个国家级口岸，主要与缅甸接壤，边境线长 503.8 千米，是我国通往南亚、东南亚等国家和地区的重要通道。

伊犁州位于我国新疆维吾尔自治区，地处我国西部边境地区，宗教文化色彩浓厚，与哈萨克斯坦、俄罗斯、蒙古国接壤，全州边境线长达2174千米，占全国陆地边境线的十分之一，拥有霍尔果斯、都拉塔等8个国家一类口岸，是我国通向中亚、西亚开放的大通道。

呼伦贝尔市位于我国内蒙古自治区，地处我国东北边境地区，与蒙古国、俄罗斯接壤，全市边境线总长1733千米，呼伦贝尔市的满洲里口岸是我国最大的陆路口岸，形成了以蒙古族为主的土著文化、来自汉族的移民文化、多种少数民族并存的多民族文化、来自俄罗斯及蒙古国的外域文化等多种文化融合的文化特色。

本研究选取以呼伦贝尔市为代表的东北边境区域，伊犁州为代表的西部区域，德宏州为代表的西南区域作为边境旅游发展下国家文化安全风险评估的研究区域。

2. 研究数据来源

本研究所需的统计数据主要来源于2009—2019年《云南统计年鉴》《德宏州国民经济和社会发展统计公报》《新疆统计年鉴》《伊犁州国民经济和社会发展统计公报》《内蒙古统计年鉴》《呼伦贝尔市国民经济和社会发展统计公报》，对于个别的缺失值，在已有数据的基础上，采用移动平均的方法进行计算补全。

（三）评估模型

将熵值法与TOPSIS模型结合确定各细分指标权重，构建国家文化安全的风险评估模型，并在参考相关研究的基础上，设定评估标准，划分不同的安全等级和安全状态。

1. 评估数据处理

对指标进行赋权的过程就是将指标的重要性从大到小排列的过程。指标权重确定的方法有主观赋权法与客观赋权法两类。主观赋权法受到决策者自身知识水平和实际经验的影响，包括德尔菲法、循环评分法、经验分析法等。客观赋权法以数据客观情况为主，剔除了人为干扰的因素，主要有熵值法、主成分分析法等。根据数据的实际情况，本研究将选择熵值法作为确定评估指标权重的主要方法。

熵值法是通过判断指标的离散程度来评判指标对综合评估的影响。在信息论中，“熵”代表了某个事件的随机性和无序程度，用来评估指标不稳定性和不确定性，指标中数据包含的信息量越大，指标的不确定性就越小，随之熵也就越小。采用熵值法确定指标权重，不仅可以消除主权赋权中人为因素的干扰，还能有效避免多个指标可能产生的信息重叠问题，为多指标综合评估提供依据，具体步骤如下。

（1）决策矩阵构建。

在进行国家文化安全风险评估时，第一步就是根据国家文化安全风险评估指标体系构建决策矩阵。假设有 m 个年份组成的国家文化安全风险评估单元集 Ui，有 n 个指标构成的国家文化安全风险评估指标集合 Vj，则 $Xij(i=1, \ldots, m; j=1, \ldots, n)$ 表示 Ui 对 Vj 的决策样本值，那么决策矩阵就可以表示为：

$$X = (x_{ij})\ m \times n = \begin{bmatrix} X_{11} & \cdots & X_{1n} \\ \vdots & \ddots & \vdots \\ X_{m1} & \cdots & X_{mn} \end{bmatrix} \tag{1}$$

（2）数据标准化处理。通过对原始数据 X_{ij} 的线性变换，对数据进行标准化处理，在本质上保持数据的客观性并使最终结果归于［0，1］区间。考虑到指标的不同属性，当 X_{ij} 属于正向指标时和负向指标时采取不同的处理方式，由此获得的新序列 $Y_{ij} \in [0, 1]$ 且无量纲化，具体公式如下：

$$Y_{ij} = \begin{cases} \dfrac{X_{ij} - minX_{ij}}{maxX_{ij} - minX_{ij}} & （当 X_{ij} 为正向指标时） \\ \dfrac{maxX_{ij} - X_{ij}}{maxX_{ij} - minX_{ij}} & （当 X_{ij} 为负向指标时） \end{cases} \tag{2}$$

其中，Y_{ij} 是 X_{ij} 经过标准化处理得到的值，X_{ij} 表示第 j 项指标原始值，$minX_{ij}$ 是第 j 项指标中的最小值，$maxX_{ij}$ 是第 j 项指标中的最大值，为消除 0 的影响，最终结果都加上一个相同的值 t，也就是 $y_{ij}+t$。

（3）计算熵值。第 j 项指标的熵值 e_j 的计算公式如下：

$$p_{ij} = \frac{y_{ij}}{\sum_{i=1}^{m} y_{ij}} \tag{3}$$

$$e_j = -k\sum_{i=1}^{m} p_{ij} \ln p_{ij} \tag{4}$$

其中，$k = \frac{1}{\ln n}$，n 代表指标数量。

（4）计算差异性系数。公式如下：

$$d_j = 1 - e_j \tag{5}$$

（5）计算权重。将差异性系数进行归一化处理，具体公式如下：

$$w_{ij} = \frac{d_{ij}}{\sum_{j=1}^{n} d_j} \tag{6}$$

2. 模型匹配分析

TOPSIS 模型是由 C.L.Hwang 和 K.Yoon 在 20 世纪 80 年代提出的一种逼近于理想解的排序方法。TOPSIS 模型作为多目标决策分析中的常用方法，通过计算评估对象与正理想解、负理想解的距离并进行排序来解决有限方案多目标决策问题，该方法要求各效用函数具有单调递增或递减性。在多位学者研究的基础上，本研究依据 TOPSIS 模型构建国家文化安全的风险评估模型，从而对文化安全在空间和时间上的变化状态进行分析。

（1）TOPSIS 模型。

TOPSIS 评估模型具有操作简单、分析原理直观等优点，是目前常用的评估方法之一。其基本计算过程是先构建加权标准化矩阵，再确定各评估对象的正负理想解，然后计算各评估对象与正负理想解之间的距离，最后得出各单元对理想解的相对接近度。

TOPSIS 模型的计算步骤如下。

构建加权标准化评估矩阵 $Z = (z_{ij})_{m \times n}$

$$Z = (z_{ij})_{m \times n} = \begin{bmatrix} \omega_1(Y_1) \cdot y_{11} & \omega_2(Y_1) \cdot y_{12} & \cdots & \omega_n(Y_1) \cdot y_{1n} \\ \omega_2(Y_2) \cdot y_{21} & \omega_2(Y_2) \cdot y_{22} & \cdots & \omega_n(Y_2) \cdot y_{2n} \\ \vdots & \vdots & & \vdots \\ \omega_1(Y_m) \cdot y_{m1} & \omega_2(Y_m) \cdot y_{m2} & \cdots & \omega_n(Y_m) \cdot y_{mn} \end{bmatrix} \tag{7}$$

其中，Z_i 表示评估对象 U_i 所有指标的加权标准化值。

计算加权矩阵中的最大值和最小值：

$$Z^+ = \max(z_{ij}) = (max\{Z_{1j}, Z_{2j}, \cdots, Z_{ij}\} = (Z_1^+, Z_2^+, \cdots, Z_j^+) \tag{8}$$

$$Z^- = \text{mix}(z_{ij}) = (mix\{Z_{1j}, Z_{2j}, \cdots, Z_{ij}\} = (Z_1^-, Z_2^-, \cdots, Z_j^-) \tag{9}$$

其中，加权标准化评估矩阵中的最大值 Z^+ 和最小值 Z 可用来表示正、负理想解。

（2）障碍度模型。

国家文化安全风险评估之后，更进一步的研究是分析影响国家文化安全的主要影响因素，以便采取恰当的调控措施。因此引入障碍度模型通过因子贡献度、指标偏离度、障碍度的计算分析主要影响因子对国家文化安全的影响强度。

计算公式如下：

$$Q_i = \frac{W_i \times F_i}{\sum_{i=1}^{n} W_i \times F_i} \tag{13}$$

其中，Q_i 为国家文化安全风险障碍度，F_i 为指标偏离度，F_i=1−y_{ij}，y_{ij} 为指标标准化值。

（3）评估标准设定。

目前尚无统一的国家文化安全风险等级划分标准，关于评估标准主要有两种划分方式，一是等距划分，二是根据评估结果进行非等距划分。本研究在参考相关研究的基础上（李细归等，2017；周彬等，2015），结合边境地区实际情况，采用非等距划分方式按照评估得分从低到高的顺序将国家文化安全划分为七个等级，不同等级对应不同的安全状态，如表 5−2 所示。

表 5−2　国家文化安全风险等级划分标准

评估得分	安全风险等级	安全风险状态
$0 < C \leqslant 0.25$	Ⅰ	非常安全级
$0.25 < C \leqslant 0.35$	Ⅱ	比较安全级
$0.35 < C \leqslant 0.45$	Ⅲ	一般安全级
$0.45 < C \leqslant 0.55$	Ⅳ	临界安全级
$0.55 < C \leqslant 0.65$	Ⅴ	敏感级
$0.65 < C \leqslant 0.75$	Ⅵ	较高风险级
$0.75 < C \leqslant 1$	Ⅶ	重大风险级

（四）研究结果

对三个案例的国家文化安全风险评估结果显示，国家文化安全风险总体呈现：伊犁州高于呼伦贝尔市、呼伦贝尔市高于德宏州的递减分布规律。对不同区域安全问题各自分析得出：德宏州文化生态安全与文化主权安全风险较高、伊犁州文化主权安全风险较高，呼伦贝尔市文化资源安全风险较高；对同一安全问题不同地区对比分析得出：在文化资源安全方面呼伦贝尔市风险最高，在文化生态安全方面德宏州风险最高，在文化主权安全方面伊犁州风险最高。

1. 德宏州安全问题分析

德宏州总体呈现文化资源安全风险与文化生态安全风险并重，文化主权安全风险最低的状态。在文化资源安全风险方面，2010 年至 2014 年期间，文化资源安全风险不断上升，文化资源安全风险得分从 0.432 上升为 0.788，安全风险状态由一般安全级转变为重大风险级，2014 年至 2019 年期间，文化资源安全风险逐渐下降，安全风险得分从 2014 年的 0.788 下降为 2019 年的 0.475，安全风险状态在 2015 年之后由重大风险级转变为临界安全级。在文化生态安全风险方面，2010 年至 2014 年期间，德宏州文化生态安全风险总体呈现上升趋势，文化生态安全风险得分从 0.495 上升至 0.695，安全风险状态由临界安全级转变为较高风险级，2014 年至 2017 年期间，安全状态在较高风险级与临界安全级之间波动，2017 年至 2019 年期间，文化生态安全风险逐渐下降，安全风险状态由较高风险级转变为一般安全级。在文化主权安全风险方面，总体呈现不断上升的趋势，2010 年德宏州文化主权安全风险得分为 0，表现为非常安全级，2010 年至 2019 年期间，文化主权安全风险得分从 0 上升为 0.336，安全风险状态由非常安全级转变为比较安全级。

2. 伊犁州安全问题分析

伊犁州总体表现为文化主权安全风险较高，文化生态安全风险次之，文化资源安全风险最低的状态。在文化主权安全风险方面，2010 年至 2014 年期间，伊犁州文化主权安全风险逐渐升高，安全风险得分由 0.019 上升为 0.894，安全状态由非常安全级上升为重大风险级，2014 年至 2019 年，文化主权安全风险逐渐降低，评估得分由 0.894 下降为 0.664，安全风险状态由重大风险级下降为较高风险级。在文化生态安全风险方面，2010 年至 2014 年期间，文化生态安全风险得分由 0.535 下降为 0.285，安全状态由临界安全级转变为比较安全级，2014 年至 2019 年期间，风险得分由 0.285 上升为 0.599，呈现出由比较安全级向敏感级转变的趋势。在文化资源安全风险方面，2010 年至 2016

年期间，伊犁州文化资源安全风险得分为 0，表现为非常安全级，2016 年至 2019 年期间，安全风险得分逐渐上升至 0.309，安全状态由非常安全级向比较安全级转变。

3. 呼伦贝尔安全问题分析

呼伦贝尔市总体呈现文化资源安全风险较高，文化生态安全风险次之，文化主权安全风险最低的状态。在文化资源安全风险方面，2010 年至 2019 年期间，呼伦贝尔市文化资源安全风险得分为 1，安全风险状态表现为重大风险级。在文化生态安全风险方面，呼伦贝尔市文化生态安全风险得分比较稳定在［0.248，0.425］区间范围内，安全状态在非常安全级、比较安全级和一般安全级之间波动。在文化主权安全风险方面，2010 年呼伦贝尔市文化主权安全风险最高，表现为重大风险级，2010 年至 2011 年期间，文化主权安全风险得分由 1 下降为 0.291，安全状态由重大风险级转变为比较安全级，2011 年至 2012 年，安全风险得分从 0.291 上升为 0.496，安全状态由比较安全级转变为临界安全级，2012 年至 2019 年期间，呼伦贝尔市文化主权安全风险得分持续下降，安全状态由临界安全级转变为非常安全级。

4. 三者安全问题对比分析

如表 5-3 所示，德宏州文化资源安全风险与文化生态安全并重、伊犁州文化主权安全风险较突出、呼伦贝尔市文化资源安全风险明显。对于德宏州而言，一方面由于其每县（市、区）拥有博物馆、文化馆、公共图书馆机构数量都较低，另一方面德宏州第三产业增加值位于三个区域最低水平，2010 年德宏州第三产业增加值不到呼伦贝尔市的六分之一，不到伊犁州的五分之一，2017 年德宏州第三产业增加值不到呼伦贝尔市的三分之一，不到伊犁州的四分之一，因此德宏州呈现出文化生态安全风险与文化资源安全风险并重的状态。对于伊犁州而言，一方面由于 2015 年至 2019 年伊犁州的地方总人口增长率持续处于负值，地域认同的模糊会导致本地居民离开原本居住的地方，地方总人口的增长率就会下降，因此总人口的增长率下降一定程度上可以代表文化认同水平的下降，另一方面由于伊犁州的全国先进基层党组织数量较少，政治认同水平较低，最终反映了伊犁州文化主权安全问题的突出。对于呼伦贝尔市而言，呼伦贝尔市每个县（市、区）拥有博物馆机构、文化馆机构、公共图书馆机构数量与其他两个地区相比都相对较低，博物馆、文化馆、公共图书馆的缺失代表呼伦贝尔市物质文化、非物质文化、公共文化得不到保障，因此在2010年至2019年呼伦贝尔市的文化资源安全风险较高。

表5-3 德宏州、伊犁州、呼伦贝尔市安全问题对比

年份＼州市	德宏州	伊犁州	呼伦贝尔市
2010	文化生态	文化生态	文化资源
2011	文化资源	文化主权	文化资源
2012	文化生态	文化主权	文化资源
2013	文化资源	文化主权	文化资源
2014	文化资源	文化主权	文化资源
2015	文化生态	文化主权	文化资源
2016	文化生态	文化主权	文化资源
2017	文化生态	文化主权	文化资源
2018	文化资源	文化主权	文化资源
2019	文化资源	文化生态	文化资源

5. Pearson 相关性分析

在统计学中，皮尔逊积矩相关系数用来度量两个变量X和Y之间的相互关系，取值范围介于-1和+1之间。本研究利用SPSS统计分析软件，对三个案例地的国家文化安全风险评估结果和该地区旅游者人数之间的相关系数进行计算，先后通过数据标准化处理、正态性检验以及Pearson相关分析处理，其中正态性检验P值不小于0.05即为符合正态分布，可以进行相关分析。根据相关系数的大小以及显著性检验结果确定相应的分析结果，相关系数r取其绝对值，若为0.8以上，表示两变量高度相关；介于0.5-0.8，表示中度相关；介于0.3-0.5低度相关；小于0.3则可视为不相关。同时相关系数r值为正，则表示两变量正向相关，为负值则表示两变量负向相关。

6. 相关性分析结果

（1）伊犁州分析结果。

根据上述步骤，得出伊犁州相关系数如表5-4所示。

表 5-4 伊犁州相关性分析结果

		Zscore（文化风险综合系数）	Zscore（文化资源风险系数）	Zscore（文化生态风险系数）	Zscore（文化主权风险系数）	Zscore（旅游者人数）
Zscore（文化风险综合系数）	Pearson 相关性	1	0.617	0.452	0.456	−0.815**
	显著性（双侧）		0.058	0.190	0.185	0.004
	N	10	10	10	10	10
Zscore（文化资源风险系数）	Pearson 相关性	0.617	1	−0.119	0.174	−0.676*
	显著性（双侧）	0.058		0.743	0.630	0.032
	N	10	10	10	10	10
Zscore（文化生态风险系数）	Pearson 相关性	0.452	−0.119	1	0.074	−0.355
	显著性（双侧）	0.190	0.743		0.838	0.314
	N	10	10	10	10	10
Zscore（文化主权风险系数）	Pearson 相关性	0.456	0.174	0.074	1	−0.486
	显著性（双侧）	0.185	0.630	0.838		0.154
	N	10	10	10	10	10
Zscore（旅游者人数）	Pearson 相关性	−0.815**	−0.676*	−0.355	−0.486	1
	显著性（双侧）	0.004	0.032	0.314	0.154	
	N	10	10	10	10	10
**. 在 .01 水平（双侧）上显著相关。						
*. 在 0.05 水平（双侧）上显著相关。						

根据分析结果，伊犁州边境旅游发展对国家文化安全存在显著的负向强相关关系，即该地区旅游者人数的增加与国家文化安全风险的减小有较强的关系；同时，旅游者人数的增加对文化资源安全风险的有利影响最为突出，具有中度的负向相关关系。另外，在文化生态安全风险和文化主权安全风险方面，虽然旅游者人数对此两类安全风险可能存在较低的负向相关关系，但结果未能通过显著性检验，不存在统计学意义。

（2）呼伦贝尔分析结果。

根据上述步骤，得出呼伦贝尔市相关系数如表 5-5 所示。

表 5–5　呼伦贝尔市相关性分析结果

		Zscore（文化风险综合系数）	Zscore（文化资源风险系数）	Zscore（文化生态风险系数）	Zscore（文化主权风险系数）	Zscore（旅游者人数）
Zscore（文化风险综合系数）	Pearson 相关性	1	0.865**	−0.212	0.637*	0.837**
	显著性（双侧）		0.001	0.556	0.047	0.003
	N	10	10	10	10	10
Zscore（文化资源风险系数）	Pearson 相关性	0.865**	1	−0.122	0.496	0.814**
	显著性（双侧）	0.001		0.737	0.145	0.004
	N	10	10	10	10	10
Zscore（文化生态风险系数）	Pearson 相关性	−0.212	−0.122	1	−0.050	−0.280
	显著性（双侧）	0.556	0.737		0.891	0.433
	N	10	10	10	10	10
Zscore（文化主权风险系数）	Pearson 相关性	0.637*	0.496	−0.050	1	0.745*
	显著性（双侧）	0.047	0.145	0.891		0.013
	N	10	10	10	10	10
Zscore（旅游者人数）	Pearson 相关性	0.837**	0.814**	−0.280	0.745*	1
	显著性（双侧）	0.003	0.004	0.433	0.013	
	N	10	10	10	10	10
**. 在 .01 水平（双侧）上显著相关。						
*. 在 0.05 水平（双侧）上显著相关。						

根据分析结果，呼伦贝尔边境旅游发展对国家文化安全存在显著的正向强相关关系，即该地区旅游者人数的增加与国家文化安全风险的增加有较强的关系；同时，旅游者人数的增加对文化资源安全风险和文化主权安全风险的增加也具有中度的相关关系。另外，在文化生态安全风险方面，虽然旅游者人数对此类安全风险可能存在较低的负向相关关系，但结果未能通过显著性检验，不具有统计学意义。

（3）德宏分析结果。

根据上述步骤，得出德宏州相关系数如表 5–6。

表 5-6　德宏州相关性分析结果

		Zscore（文化风险综合系数）	Zscore（文化资源风险系数）	Zscore（文化生态风险系数）	Zscore（文化主权风险系数）	Zscore（旅游者人数）
Zscore（文化风险综合系数）	Pearson 相关性	1	0.623	0.586	−0.178	−0.299
	显著性（双侧）		0.054	0.075	0.623	0.402
	N	10	10	10	10	10
Zscore（文化资源风险系数）	Pearson 相关性	0.623	1	0.004	−0.529	−0.419
	显著性（双侧）	0.054		0.991	0.116	0.229
	N	10	10	10	10	10
Zscore（文化生态风险系数）	Pearson 相关性	0.586	0.004	1	0.180	0.349
	显著性（双侧）	0.075	0.991		0.620	0.323
	N	10	10	10	10	10
Zscore（文化主权风险系数）	Pearson 相关性	−0.178	−0.529	0.180	1	0.770**
	显著性（双侧）	0.623	0.116	0.620		0.009
	N	10	10	10	10	10
Zscore（旅游者人数）	Pearson 相关性	−0.299	−0.419	0.349	0.770**	1
	显著性（双侧）	0.402	0.229	0.323	0.009	
	N	10	10	10	10	10

**. 在 .01 水平（双侧）上显著相关。

根据分析结果，德宏边境旅游发展对国家文化安全不明显，存在未能通过显著性检验的负向的弱相关关系，同时，该地区旅游人数的增加对文化资源安全风险可能存在较低的负向相关关系，对文化生态安全风险可能存在较低的正向相关关系，但均未通过显著性检验，不具有统计学意义。可以肯定的是，该地区旅游人数的增加对文化主权安全风险具有中度的正向相关关系。

7. 三个案例的分析结果比较

（1）旅游者人数与国家文化安全风险的相关性。

根据比较三个案例地的结果，可以发现旅游者人数与国家文化安全风险在不同的地区呈现不同的相关程度。对于西部地区的伊犁，旅游者人数的增加有助于国家文化安全风险的减小；对于东北边境的呼伦贝尔，旅游者人数的增加会促使国家文化安全风险的提升；而在西南边境的德宏地区，这一相关关系未能得到显著观察。

（2）旅游者人数与文化资源安全风险的相关性。

根据比较三个案例地的结果，可以发现旅游者人数与文化资源安全风险在不同的地区同样呈现不同的相关程度。对于西部地区的伊犁，旅游者人数的增加会促使文化资源安全风险的提升；对于东北边境的呼伦贝尔，旅游者人数的增加有助于国家文化资源安全风险的减小；而在西南边境的德宏地区，这一相关关系未能得到显著观察。

（3）旅游者人数与文化主权安全风险的相关性。

根据比较三个案例地的结果，可以发现除了未能显著观察到的伊犁地区，在呼伦贝尔和德宏地区，旅游者人数与文化主权安全风险呈现了较为一致的正向中度相关关系，即旅游者人数的增加会增加国家文化主权方面的安全风险。

（4）旅游者人数与文化生态安全风险的相关性。

根据比较三个案例地的结果见表 5-7，可以发现旅游者人数与文化生态安全风险的相关性在三个案例地中均未能被显著观察到。

表 5-7　三地相关分析结果比较

		Zscore（文化风险综合系数）	Zscore（文化资源风险系数）	Zscore（文化生态风险系数）	Zscore（文化主权风险系数）
伊犁	Zscore（旅游者人数）	负向强相关	负向中度相关	不显著	不显著
呼伦贝尔	Zscore（旅游者人数）	正向强相关	正向强相关	不显著	正向中度相关
德宏	Zscore（旅游者人数）	不显著	不显著	不显著	正向中度相关

六、边境旅游对文化安全影响治理建议

在国家文化安全背景下，边境旅游发展的目标应为处理好边境旅游资源的协同开发、加强边境旅游市场的开放水平、完善边境旅游的合作机制、处理好边境旅游经济利益的分配问题、建立边境旅游安全警示系统，进而通过边境旅游的发展实现边境地区文化资源、文化生态、文化主权的总体安全。

（一）协同边境旅游资源开发合作

边境资源开发是边境旅游发展的根基，其主要任务是要在旅游开发中确保其文化价值和精神内涵不受破坏，进一步加强边境地区文化资源的吸引力。

具体而言，边境资源协同开发的目标在于保障文化资源精神内涵、提升资源活态利用程度、制定共同开发标准细则。

1. 保障文化资源精神内涵

首先要在边境旅游的发展过程中建立对民族文化多样性的保护意识，这既是边境地区旅游经济与文化产业发展的共同需要，又是保障国家文化安全和民族团结和谐的必要手段。在旅游经济发展的过程中，地方政府要特别重视强调民族保护意识的提升，把传统民族文化和民族文化传承人列入保护范围，充分认识民族文化多样性保护对国家统一、民族团结、社会稳定的重要价值，提升文化自觉。其次，树立对边境红色文化的保护意识，以纪念地、国际和平公园等为实物载体，以革命理论、对外友好政策等为意象载体，其所包含的历史事件、情谊价值需要得以保留并加以传承。再次，加强边境地区景观的文化内涵，边境景观是指具有边境特质的边界标志，既包括人造景观，如界碑、界桩、国门口岸等，又涵盖自然景致，边境景观文化具有体量大、分布广、种类多的特点，开发时应注意因地制宜，特色开发，从自身的实际情况出发，科学制订旅游资源开发计划；循序渐进，择优进行，提高边境旅游资源的开发效率，参考资源评价结果，确定开发顺序，优先开发品质高、利用条件好的景观文化资源。

2. 提升资源活态利用程度

提升文化资源活态利用程度是强化文化资源安全的理论路径，也是推进边境旅游开发的关键环节。实现资源活化利用，需要遵循“以创新理念赋能资源活化、以高新技术支撑资源活化”两条路径。培育发展节事旅游、会议旅游等新型旅游业态，通过“市场+”增加旅游市场上的文化内涵。助力塑造全新边境文化名片，打造边境旅游文化新品牌，深挖文化资源内化，孵化特色文化 IP，提升边境地区本身造血能力。依托不同边境地区文化资源的实际情况，开发具有鲜明区域边境特色、民族风情特色、历史文化特色的旅游项目与产品，传承优秀的文化基因。同时，借助数字化、信息化、智能化手段，将文化资源所蕴含的价值内容与时代精神以崭新面貌呈现出来。通过新媒体技术，增强传播效果，丰富传播手段，充分发挥新媒体平台传播媒介作用，将创新活化成果传播出去，构建立体的、现代化的资源活化利用宣传空间。

3. 制定共同开发标准细则

形成共同开发标准细则是保障文化资源安全的实践举措，也是提升边境旅游合作绩效的有效做法。制定共同开发标准细则，需要从领导层面的统筹组织、实践层面的识别分类两个方面进行开展。一方面要制定针对性的文化资源开发政策，坚持文化底线和文化边界意识，提升各方对当地文化资源价值的理解认识，建立保护思维，坚决维护本土文化资源产权，严厉打击文物走私，谨防文化资源危机；严肃对待通过非法途径入境而造成的资源损毁问题，严防文化生态危机；坚守主权红线，通过文化资源开发展现其价值内涵，增进国家、民族、文化认同感，维护文化主权安全。同时，掌握边境旅游区内资源的种类、数量、分布等情况，对民族文化、红色文化、景观文化等不同类别的资源进行归类划分，实施针对性开发，评估不同跨境地区资源体量、质量，根据等级指标逐步进行开发。加强监督检查，对于资源开发进展情况进行督促检查，强化问责问效，对于资源违规开发或造成资源损毁等现象进行惩处，文旅部门、国土资源部门等有关机构在掌握资源的开发、保护和利用状况的基础上，协调、督促有关政策的落实，对开发情况定期组织实施情况审核，遇到重大问题及时向上级部门报告。

（二）加强边境旅游市场对外开放

边境地区旅游市场开放的主要任务是以旅游为途径促进边境地区对外交流，提升边境地区的外向型程度，最终实现边境居民文化认同的强化提升，保障文化主权安全。打开国内外交流沟通的新窗口，主要包括市场循环格局的构建、市场规范秩序的管控、市场管理办法的实施三大领域。

1. 构建边境旅游循环格局

构建边境旅游市场循环格局，统筹国际旅游与国内旅游两大市场，协调旅游内需与旅游外需的关系，促进合作双方友好互济。边境旅游市场开放格局构建是对国家发展战略部署的积极响应，与此相对应，边境旅游市场的循环格局构建同样要统筹好国内旅游、国际旅游两个市场，利用好两种资源，形成良性联动的新格局。首先立足国内情况，抢抓机遇，促进旅游经济内循环，以国内旅游者需求释放作为边境旅游发展的出发点和落脚点，发挥我国国内旅游市场的规模优势，充分挖掘我国旅游内需的市场潜力，串联旅游产品生产、旅游要素流通、经济利益分配各个环节，疏通市场循环的梗阻。通过良好运行的国内边境旅游市场，吸收境外资源要素，进一步有序引导国际旅游外循环健康发展，改善原有我国旅游市场被动参与国际循环的态势，形成跨境旅游国内国际双循环的良性发展格局。

2. 规范旅游市场管控秩序

规范边境旅游市场管控秩序，为边境旅游发展营造良好发展环境。具体来说，首先要从制度层面入手，完善法律法规体系；结合实际情况，同公安部门、海关单位共同制定边境旅游市场管理法律法规；建立健全管理机制体系，制定组织与经营细则，疏导旅游关联企业或组织无序参与边境旅游业务经营乱象；协调地方政府与企业组织之间的利益冲突，充分发挥政府在旅游经济发展中的稳定器作用，通过财税政策补贴等举措保持旅游市场发展的稳定性；其次着眼行业秩序建立，文旅主管部门及相关部门合理适度对边境旅游发展进行指导、调控和干预，对边境旅游实施统一的领导、部署、管理、协调，合理调控干预，遏制因低端边境旅游经营单位泛滥而造成的竞相压价、抢夺客源、无序竞争等恶劣现象。最后关注人员要素，提升管理素质水平，引进高素质管理人才，搭建专业化市场管理队伍，形成示范效应；定期开展管理培训，通过讲座、课程等形式提高管理者业务能力与管理水平，组织不同区域内市场管理人员进行学习交流，传授管理知识与经验；增强其管理规范化、法律化意识，学习相关法律法规知识；对管理人员进行等级资质评定，保证管理人才队伍的先进性。

3. 落实边境市场管理办法

落实边境市场管理办法，为边境旅游市场规范化提供具体参考依据，重点从边境旅游市场联动治理体系、文化和旅游市场执法重点两个方面开展。首先，大力推动边境旅游市场管理相关政策的颁布实施，针对不同主体制定不同法规，规范旅行社以及相关旅游企业行为。引入第三方机构，以自律、监督、协调为主要职能，负责监管市场中诸多企业的行为，平衡企业与旅游者利益、维护旅游者权益。其次，完善边境旅游行政执法的监督政策，健全边境旅游中审查重要案件的政策，强化边境旅游企业和从业工作者的培训工作，推动创建边境旅游行业的诚信机制，在政府主导的旅游市场治理模式下，治理主体兼具政策制定与敦促实行的职能。建立市场管理责任追究机制，将市场上各种侵权、破坏秩序行为的多少与相应治理部门的工作绩效相互联系起来，纵向整合政府内部治理职能，最大限度地节约公共管理资源，为组织结构的调整做好准备；有关职能部门之间进行充分的沟通，做好横向的治理职能整合，精简管理机构，实现一体化整合治理。

（三）完善边境旅游组织合作机制

1. 建立部门间边界联控机制

建立旅游相关部门间的边界联控机制，旨在防范边境旅游发展中可能产生的威胁国家文化安全因素。培育“大联防”的思想意识，由地方政府牵头，各级各部门积极响应，巩固和完善多层次、全领域边境旅游合作管理长效机制，促进旅游、边防、海关、公安、卫生、反恐办、网信办等各个部门之间的无障碍沟通与协调，同时发动广大民众积极参与，从而构建一个多元化、网络化安全治理体系。成立边境旅游合作安全数据库，记录不同时期下边界管理重要事件及管理难点，整合分析得出最优解决方案，分析其背后逻辑，拟合事件发生规律，提前做好应急预案。从时间、地段、力量调配等方面创新管控手段，积极地发动群众、依靠群众，形成人人参与边防管理的工作格局。通过会议、培训等多种形式，在不同层面上与相关国家建立起有效的双边或多边交流与合作机制，从而为跨境旅游合作区建设提供有力保障。

2. 推行示范性边境旅游项目

推行示范性边境旅游项目，旨在制造边境旅游合作增长极，逐步过渡延伸带动整个区域高速发展。边境地区存在众多边境（跨境）旅游合作区，同频发展难度极大。为此，应优先选择发展条件较成熟的试点示范项目工程，打造边境旅游合作的成功案例，为其他边境地区旅游业的发展提供参考方案。根据现有区域划分，在东北、西部、西南三个跨境带中，满洲里、霍尔果斯、瑞丽三地跨境旅游合作具有较好的基础，可以作为示范性区域重点打造。东北边境以满洲里为代表，强调本地旅游经济发展。加大资金投入，完善旅游基础设施建设，解决景区景点交通不便、配套设施不全等问题；积极发展经济型旅馆、度假酒店和民宿等社会旅馆，解决旺季住宿供需不平衡的问题；西部边境以霍尔果斯为代表，强调跨境通道建设。助力霍尔果斯成为国际物流中转大通道，有计划打造中哈边境合作中心国际重点产业集群链样板工程，构建中哈边境合作中心产业园及配套区产业发展规划，推进农产品深加工企业、轻纺企业、旅游产品企业的质量品牌升级。引进发展电子、生物医药、媒体影视娱乐产业和教育培训等新科技和未来发展产业，打造园区产业升级版工程。西南边境以瑞丽为代表，强调跨境旅游品牌营造。政府主动引导，鼓励更多元和更新兴的力量参与旅游资源的开发和利用；以旅游产业为核心，深化“旅游+产业”融合，推动边境旅游产业走上集约发展之路。

3. 提升旅游地设施接待能力

提升边境旅游目的地的旅游设施的接待能力，主要从旅游接待设施的改善、基础服务设施的完善以及安全保障设施的设置三个方面入手。在旅游接待设施方面，要联系边境旅游交通立体化网络构建，形成跨境旅游合作区内连外通交通体系，拓宽道路类型，增设步道、骑行道、自驾通道等，合理增设交通标识系统，开通在线租赁单车、汽车项目；搭建精品住宿体系，积极引进国际豪华酒店、精品酒店、连锁酒店企业入驻，同时开发特色住宿产品，结合边境地区风土人情、气候地形，因地制宜，打造营地、民宿等特色住宿集群；建成特色餐饮体系，推动餐厅主题化建设，鼓励企业和个人把边境地区丰富的文化底蕴融入饮食制作与品鉴当中，改善边境餐饮文化发展环境。在基础服务设施方面，要推进边境旅游景区的厕所亮化、美化、智能化工作，充分改善电信通信条件，实现跨境旅游合作区 5G 网络的景区全覆盖，结合边境地区独特地理地貌，制定专门化的水、电、气系列设计规范与验收标准，实行工程施工主体责任制，切实保障管道、电缆、应急设备等基础设施科学布局、合理运作。在安全保障设施方面，要专门成立安全指挥协调机构，主要负责安全事务保障与应急事件处置，设置日常安全工作领导小组，管理基础设施、配套的维护及抢修事宜，提高安全管理人员基本素质，具备交通事故、治安管理、医疗救援、自然灾害等突发情况的紧急处理能力，能够在事件发生的第一时间控制局面防止恶化，最大限度保护游客生命财产安全。

（四）处理边境旅游利益分配问题

1. 构建利益分配机制

利益分配机制的构建要以“公平公正、权利均等、风险共担、互利共赢”作为核心。在科学的理论基础之上建立利益分配方案，按照公平公正、平等互惠的原则，各方所得利益应与所做创新贡献程度成正比，如资金、人力资本、物质资本等要素的投入，以及管理经验、努力水平等无形资产的投入，可量化的要素与不可量化的资产贡献多者获得更大的收益。在合作范畴内，政策和规章的制定应享有平等的参与权、话语权与决策力。本着风险共担的原则，在贡献相当、平等互利的条件下，利益应倾向于承担风险更大的一方。政治环境、社会治安、市场运作、管理水平、道德意识等风险因素的存在会使参与合作的一方或多方面临更大的压力与阻碍，利益分配机制应协调好各方收益与风险之间的关系，调动风险承受系数较大一方的合作积极性。

2. 旅游企业利益分配

旅游企业在不同的发展阶段追求不同的利益诉求，主要包括利润最大化、企业可持续发展和企业竞争力提高等目标。因此，要建立沟通便捷、高效运转的利益表达机制，通过制度化的手段让企业表达合法权益，并给予保护；进一步扩大利益表达渠道，完善大型事件社会公示制度、政府决策信息披露制度、企业诉求反映制度等与各利益主体利益密切相关的制度，建立健全社会协商对话制度。

3. 地方社区利益补偿

在利益分配中，补偿机制的设立能够调和地方社区与领导层面的利益矛盾，有效激励深化参与主体配合互助的动力。地方政府倾向于关注能否借此提高财政收入、加快经济增长；居民则更多寻求适宜的环境空间、丰厚的工资待遇。地方政府位于中层，起着承上启下的连接作用，不应过分关注经济利益，而是强调社会环境、就业环境、舆论环境等无形要素所带来的巨大潜在收益，适度下放经济收益，利用专有的决策能力为中层与基层的利益获取铺路搭桥、拓路清障；一方面要充分利用好政策导向，响应号召创造自身经济效益，另一方面要将中央与地方思想进一步下沉，落实到社区居民，带动居民创收；社区居民作为基层的边缘利益相关者，若想充分发挥其能动性，则必须使其获得实实在在的政策优惠和经济收益，同时还应享有良好的社会治安与生态环境。如政府援助、低息贷款、设立基金等方式，将利益进行再分配，使得弱势群体利益有所保障并得以补偿。

（五）建立边境旅游安全警示系统

1. 文化资源流失触发熔断

构建文化资源流失熔断机制，收紧文化资源开发口径。通过数字化、信息化手段，对文物工艺品进行虚拟编号，规范数据标准，连通文化资源数据平台，实时监控文物动态，设置安全红区，一旦文物进入安全红区立刻触发警报；出台相关管理办法，规定在任何时间、任何情况下、任何地点，旅游文化资源开发不得涉及包括文物走私、文化产权和知识产权流失的原则和底线；明确管理底线，注重文化产权界定的情况，严格管控任何人员假借任何理由对跨境地区文化遗产数字化建模，致使文化知识产权遭遇危机，如有发现，立即中止合作，启动责任追查模式；严防资源消耗增加和资源再生弱化现象，严格把控因自然因素、开发不当、游客行为等原因造成的对文化资源的消耗，定期对文化古迹展开检查修复，设置最低红线标准，一旦损耗超过红线，应及时暂停旅游合作，启动应急修复预案；严格把控旅游文化资源开发过程中资源属性归属问题，树立正确文化属性观念，严禁出现意识形态上的偏差，一旦发现文化资源属性中经济属性大于文化属性，出现文化资源属性失衡问题，应暂停合作，及时对其属性内涵进行修正。

2. 文化生态侵蚀触发熔断

构建文化生态侵蚀触发熔断机制，保护边境地区弱势文化免受强势异质文化入侵。严格管控边境地区边民的流动问题，结合大数据技术，建立边民人口流动云端数据库，谨防边境出现“空心化”，积极引导边境地区与中央地区两者文化生态交流，避免出现分层或分裂现象，消除形成中央地区与跨境地区的文化隔膜，巩固边境地区文化自信，求同存异，在寻求合作交流的基础上保持独有文化特质，鼓励边民扎根边疆兴边富边，设置边民人口流动警戒线，一旦人口低于警戒线即触发文化生态整合警报，则暂停旅游合作；建立健全文化产品入境筛查过滤机制，切断异质文化生态的入侵渠道，建立专门的边境旅游合作互联网、外网、暗网管理中心，严格管控“黄赌毒”等不良文化通过网络等新型传播手段进行入侵，通过在一定时空范围内处理的“黄赌毒”相关案件数量来设立警戒线，一旦数量超出，触发文化生态污染熔断机制，中止合作；设立边境旅游合作承载力指标，设置文化生态承受极限，合理管控人流量，避免超载运转给文化生态带来巨大供给压力；严格管控因电影、电视、广播、学术会议、学术著作等现象而带来的文化入侵，制定文化产品入境审查的相关工作条例，明示准入条件与政策取向，明确我国文化产品输入审查标准。

3. 文化主权动摇触发熔断

构建文化主权动摇触发熔断机制，增强边境居民的文化认同。设置文化主权风险评估准则，通过对话交流、网络数据分析等传统与现代化手段并行的方式，监控我国边境地区文化主权意识形态牢固程度，重视地理环境封闭所带来的族群话语固化问题，打通交通通达性症结，及时为边境闭塞地区传播新鲜思想，活化边境社区居民思维意识形态，鼓励社区之间文化交流，杜绝分裂意识的形成；树立少数民族文化自信，增进传统文化传统的归属感和认同感，定期开展文化自信、家国一体的文化宣教会议和教育培训。从社区基层入手，设立监督机制，一旦察觉有文化主权动摇倾向，即可停止合作。

七、研究结论与讨论

（一）研究结论

1. 国家文化安全存在三类安全风险类型

国家文化安全是指国家文化发展和文化利益处于免于危险和未受威胁的状态，以及保障持续文化安全状态的能力，具有限制性、隐蔽性、多样性和演进性四个基本特征，可按照风险来源、风险强度、风险属性、文化威胁、文化战略来具体划分。国家文化安全是围绕物质文化、精神文化和制度文化的安全，具体表现为文化资源安全、文化生态安全和文化主权安全。其中，文化资源安全是物质层面的国家文化安全，核心是文化流失问题；文化生态安全是精神层面的国家文化安全，核心是文化入侵问题；文化主权安全是制度层面的国家文化安全，核心是文化认同问题。

2. 边境旅游发展下国家文化安全风险存在区域差异

结合边境旅游对国家文化安全的影响表现，遵循科学性、系统性、可操作、动态性的原则，从文化资源安全、文化生态安全、文化主权安全三个维度形成跨境旅游合作下国家文化安全风险评估指标选取框架，采用德尔菲法对具体指标进行专家评价，最终确定跨境旅游合作下国家文化安全风险评估指标体系。基于熵值法、TOPSIS 模型等方法构建国家文化安全的风险评估模型，选择伊犁州、呼伦贝尔市、德宏州作为研究区域实证研究，确定指标数据来源并计算细分指标权重，结果显示：呼伦贝尔市文化资源安全风险最高，德宏州文化生态安全风险最高，伊犁州文化主权安全方面风险最高。

3. 边境旅游对国家文化安全的影响具有显著的相关性

选用 Stata 分析软件，对伊犁州、呼伦贝尔市、德宏州旅游者总数与国家文化安全评估系数依次进行标准化处理、正态性检验和双变量 Pearson 相关分析处理得到相关系数结果，可以发现，边境旅游发展对国家文化安全的三个风险类型中的某一类型或某几种类型有显著关联。对伊犁州和呼伦贝尔市而言，边境旅游发展与文化资源风险相关性较强；对于德宏州而言，边境旅游发展与文化主权风险相关性较强。

（二）研究展望

此次研究中，三个案例地的实证结果均证明了边境旅游发展与国家文化安全的相关性，但此次仍存在一些问题值得更加深入研究与完善。一方面，边境旅游发展与国家文化安全的正负相关性不一致；另一方面，边境旅游发展与三个安全风险类型呈现的相关性、显著性也不一致。此次研究可能受数据样本数量、旅游发展差异、地缘文化环境影响等因素影响，未能将上述问题做出合理解释，未能总结普适性相关规律，也指明了下一步的研究方向。

参考文献

[1] Anaman K A，Ismail R A. CROSS-BORDER TOURISM FROM BRUNEI DARUSSALAM TO EASTERN MALAYSIA：AN EMPIRICAL ANALYSIS [J]. The Singapore Economic Review，2002，47（1）：65-87.

[2] Church A，Reid P. Cross-border Co-operation，Institutionalization and Political Space Across the English Channel [J]. Regional Studies，1999，33（7）：643-655.

[3] Eeva-Kaisa P. Cross-border Regionalization and Tourism Development at the Swedish-Finnish Border："Destination Arctic Circle" [J]. Scandinavian Journal of Hospitality and Tourism，2007（8）.

[4] Hampton M. Enclaves and ethnic ties：The local impacts of Singaporean cross-border tourism in Malaysia and Indonesia [J]. Singapore Journal of Tropical Geography，2010，31（2）：239-253.

[5] Ilbery B，Saxena G. Integrated Rural Tourism in the English-Welsh Cross-border Region：An Analysis of Strategic，Administrative and Personal Challenges [J]. Regional Studies，2011，45（8）：1139-1155.

[6] Perkmann，Markus. Cross-border regions in Europe：significance and drivers of regional cross-border co-operation [J]. Social Science Electronic Publishing，2003，10（2）：153-171.

[7] Sofield，H.B. T. Border Tourism and Border Communities：An Overview [J].

Tourism Geographies，2006，8（2）：102-121.

［8］Timothy D J. Political boundaries and tourism：borders as tourist attractions［J］. Tourism Management，1995，16（7）：525-532.

［9］Timothy D J. Cross-Border Partnership in Tourism Resource Management：International Parks along the US-Canada Border［J］. Journal of Sustainable Tourism，1999，7（3）：182-205.

［10］Timothy D J. Supranationalist Alliances and Tourism：Insights from ASEAN and SAARC［J］. Current Issues in Tourism，2003，6（3）：250-266.

［11］Vodeb K. Cross-border regions as potential tourist destinations along the Slovene Croatian frontier［J］. Tourism & Hospitality Management，2012，16：219-228.

［12］包仕国，陈锡喜.试论信息技术条件下的国家文化安全［J］.宁夏社会科学，2006（01）：117-122.

［13］陈乔之，李仕燕.西方文化霸权威胁与中国国家文化安全选择［J］.暨南学报（哲学社会科学版），2006（01）：1-7.

［14］陈宇宙.文化软实力与当代中国的国家文化安全［J］.天府新论，2008（06）：113-117.

［15］关进礼.新形势下国家文化安全威胁及对策研究［J］.思想理论教育导刊，2013（10）：58-61.

［16］郭辉.论出版全球化和国家文化安全的互动与制衡［J］.青海社会科学，2009（04）：171-174.

［17］郭向阳.云南边境地区旅游发展时空演变及驱动机制研究［D］.昆明：云南师范大学，2018.

［18］郭向阳，明庆忠，穆学青，等.云南省边境地区州市旅游竞争力差异与整合研究［J］.世界地理研究，2017，26（05）：147-156.

［19］韩源.中国国家文化安全形势评析［J］.当代世界与社会主义，2004（04）：103-107.

［20］韩源.国家文化安全引论［J］.当代世界与社会主义，2008（06）：90-94.

［21］郝良华.论全球化背景下中国国家文化安全与文化创新［J］.理论学刊，2004（10）：106-109.

［22］郝良华.论全球化背景下的中国国家文化安全［J］.江淮论坛，2006（06）：94-98.

［23］胡惠林.国家文化安全：经济全球化背景下中国文化产业发展策论［J］.学术月刊，2000a（02）：10-18.

［24］胡惠林.文化产业发展与国家文化安全——全球化背景下中国文化产业发

展问题思考［J］. 上海社会科学院学术季刊，2000b（02）：114–122.

［25］胡惠林 . 中国国家文化安全论［M］. 上海：上海人民出版社，2005.

［26］胡惠林 . 非传统安全与中国国家文化安全研究新范式——兼论“第三种安全”［J］. 新疆师范大学学报（哲学社会科学版），2012，33（04）：1-6+118.

［27］胡惠林 . 文化生态安全：国家文化安全现代性的新认知系统［J］. 国际安全研究，2017，35（03）：36–56+156–157.

［28］胡惠林 . 中国国家文化安全论（第二版）［M］. 上海：上海人民出版社，2011.

［29］贾英健 . 积极应对全球化趋势下的国家文化安全问题［J］. 内部文稿，2001（14）：13–14+23.

［30］蒋满元 . 广西边境旅游发展中存在的问题分析及对策探讨［J］. 旅游论坛，2008（04）：86–89.

［31］靳利华 . 论两类层面上文化利益与文化安全的关系［J］. 邯郸学院学报，2006（02）：71–74.

［32］李凤丹 . 国家文化安全五要素探析［J］. 中共天津市委党校学报，2019，21（01）：32–39.

［33］李金蓉 . 全球化条件下的我国文化安全［J］. 发展论坛，2002（04）：43–45.

［34］李明 . 中俄边境旅游发展研究［D］. 上海：上海师范大学，2006.

［35］李细归，吴清，周勇 . 中国省域旅游生态安全时空格局与空间效应［J］. 经济地理，2017，37（03）：210–217.

［36］刘荣 . 全球化时代中国文化安全问题及其应对［J］. 西北民族研究，2015（03）：218–223.

［37］刘小蓓 . 广西边境旅游发展研究——以广西东兴市为例［D］. 成都：四川大学，2004.

［38］刘跃进 . 国家安全学［M］. 北京：中国政法大学出版社，2004.

［39］罗明义 . 国际旅游发展导论［M］. 天津：南开大学出版社，2002.

［40］彭新良 . 论中国的“文化大国”战略选择［J］. 贵州社会科学，2007（03）：30–34.

［41］沈洪波 . 经济全球化与我国国家文化安全问题［J］. 云南社会科学，2004（04）：114–117.

［42］沈洪波 . 全球化进程中的国家文化安全问题研究［D］. 济南：山东大学，2005.

［43］石中英 . 论国家文化安全［J］. 北京师范大学学报（社会科学版），2004

（03）：5-14.

［44］孙华玉．全球语境下维护我国文化安全的策略［J］．学术交流，2011（12）：5-9.

［45］田里．边境旅游面临的国家安全问题研究［J］．湖湘论坛，2022，35（02）：66-77.

［46］王丹彤，明庆忠，王峰．云南边境旅游安全治理模式与对策研究［J］．旅游论坛，2012，5（01）：64-69.

［47］吴腾飞．新时代国家文化安全建设研究［D］．长春：吉林大学，2020.

［48］吴长清，王霞．新时代中国国家文化安全面临的挑战及对策［J］．湖南工业大学学报（社会科学版），2018，23（02）：72-77.

［49］武丽丽．21 世纪以来中国国家文化安全研究回顾与展望——基于中国知网收录文献的计量分析［J］．绵阳师范学院学报，2020，39（12）：18-25+30.

［50］夏文贵．边境安全问题及其治理［J］．西北民族大学学报（哲学社会科学版），2017（06）：64-70.

［51］谢贵平．中国边疆跨境非传统安全：挑战与应对［J］．国际安全研究，2020，38（01）：131-156+160.

［52］徐蔼婷．德尔菲法的应用及其难点［J］．中国统计，2006（09）：57-59.

［53］徐国祥．统计预测和决策第 5 版［M］．上海：上海财经大学出版社，2016.

［54］严兴文．试论国家文化安全的内涵、特点和作用［J］．韶关学院学报，2007（02）：138-141.

［55］杨恕．分裂主义产生的前提及动因分析［J］．世界经济与政治，2011（12）：4-18+155.

［56］叶金宝．文化安全及其实现途径［J］．学术研究，2008（08）：11-18.

［57］于炳贵，郝良华．文化帝国主义与国家文化安全［J］．中共中央党校学报，2003（03）：103-107.

［58］张春霞．边疆文化旅游开发与文化安全［J］．广西民族研究，2010（02）：185-191.

［59］张广瑞．中国边境旅游发展的战略与政策选择［J］．财贸经济，1997（03）：55-58.

［60］赵波，高德良．西方文化渗透对我国文化安全的影响［M］．北京：中国传媒大学出版社，2012.

［61］赵子林．近年来国家文化安全研究的回顾与思考［J］．兰州学刊，2011（02）：29-33.

［62］郑辽吉．丹东市赴朝边境旅游发展研究［J］．世界地理研究，2002（03）：

71-78.

［63］郑淑芬，闫明明.基于网络信息化时代的国家文化安全研究［J］.理论探讨，2014（06）：156-158.

［64］钟林生，张生瑞，时雨晴，等.中国陆地边境县域旅游资源特征评价及其开发策略［J］.资源科学，2014，36（06）：1117-1124.

［65］周彬，钟林生，陈田，等.浙江省旅游生态安全的时空格局及障碍因子［J］.地理科学，2015，35（05）：599-607.

第六章
边境旅游对社会安全影响测度及治理研究

黄　蕊

一、选题背景与意义

（一）选题背景

边境旅游是国家战略的重要内容，社会安全是国家安全的重要保障。边境旅游与社会安全密不可分，社会安全是边境旅游发展的基本保障，边境旅游在社会安全中的作用日益凸显，在新的开放要求下，需要进一步探究边境旅游对社会安全的影响，实现边境旅游与社会安全的协同发展。

1. 边境旅游是国家战略的重要内容

在全球一体化趋势下，各项沿边政策持续推进，边境旅游成为国家对外开放的重要渠道，对于促进区域协调发展、构建和谐稳定社会，具有重大战略意义。中国陆地边境线长 2.2 万千米，黑龙江、辽宁、吉林等九个省（自治区）分别与 14 个国家接壤，具有丰富独特的旅游资源和发展旅游业的巨大潜力。边境旅游起始于 20 世纪 80 年代后期，1992 年为加快对外开放、扩大与周边国家的合作，国务院批准设立了内蒙古满洲里、辽宁丹东等 14 个边境经济合作区，2011 年国务院办公厅发布《兴边富民行动规划（2011—2015 年）》，鼓励开展边境旅游业态，大力开放边境地区特色旅游线路。2013 年通过的《中共中央关于全面深化改革若干重大问题的决定》中明确提出构建开放型经济新体制，允许边境口岸和城市在旅游方面实行特殊政策，促进国际国内要素高效流动。2016 年印发的《国务院关于支持沿边重点地区开发开放若干政策措施的意见》在放宽边境旅游管制、提升边境旅游开发水平、打造边境旅游试验区等方面提出了措施，支持满洲里、阿勒泰等地区研究设立跨境旅游合作区，提升边境地区对外开放水平，促进边境旅游繁荣发展。在这样的政策背景下，内蒙古满洲里、广西防城港边境旅游试验区得以建立，边境旅游试验区成为边境地区从中转地向目的地转变的重要手段。2020 年 5 月，国务院发布《关于新时代推进西部大开发形成新格局的指导意见》，提出推进边境旅游合作、创新跨境旅游等业态，深化旅游资源开放，由此可见边境旅游的发展与国家战略密不可分，在西部大开发战略、中国—东盟合作战略、“一带一路”倡议等的支持下，边境地区从发展末梢转变为发展前沿，建立了东盟等区域次区域合作关系。边境旅游作为特殊的区域旅游业态，逐步成为至关重要的旅游市场之一。2019 年中国 45 个边境陆地市（地区、自治州、盟）实现旅游总收入超过 12000 亿元，旅游总人数超过 12 亿人次。边境旅游不仅是提升经济社会发展水平的重要手段、国际合作的重要领域，更是增强国际话语权、提升对外开放水平、稳定沿边环境的重要渠道。

2. 社会安全是国家安全的重要保障

社会安全不仅是国家安全不可或缺的部分，更是国家安全的重要保障。2014 年 4 月 15 日，习近平总书记首次提出了总体国家安全观，构建了社会安全在内的国家安全体系。党的十九大报告提出加快边疆发展，确保边疆巩固、边疆安全，确保国家长治久安、人民安居乐业。边境地区地缘政治环境较为特殊复杂，边境冲突、跨境犯罪、非法宗教等社会安全事件成为影响社会安全的重要因素。21 世纪以来，社会安全事件在边境地区均有爆发，2008 年拉萨、2009 年乌鲁木齐、2014 年昆明火车站严重暴力事件的发生不仅严重危害社会安全，更对国家安全造成重大威胁。边境地区位于国家政权辐射末端，国内国外的社会风险交叉集中于此，特殊的地理环境使得边境地区成为毒品等非传统安全问题侵袭的最前沿，不断推进的开放进程则使边境安全问题解决的独立性下降，处于国境线两侧的边民交往频繁一方面使人口环境更加复杂，另一方面使人口流动速度加快，加剧了社会风险的产生与传递，交往广度和深度拓展的同时也意味着境外社会风险传递潜在危险的增加。此外，社会迅速发展，各种社会要素的流速和流量都不断加快，社会利益矛盾与冲突不断爆发，新的社会安全隐患凸显，引发社会秩序混乱、社会结构不平衡、社会阶层不稳定等问题，社会安全问题从产生到解决的每个阶段都更加复杂，加强边境社会安全治理成为捍卫国家主权、稳定边境社会的现实需要，在深化对外开放的过程中，边境地区的社会安全建构进入新的转折时期。

3. 边境旅游与社会安全密不可分

社会安全是边境旅游发展的基本保障。边境旅游的发展是国内环境和国外环境相互作用、相互影响的结果，地理、政治、社会等多种要素在其中交叉影响，边境地区旅游业越来越多地呈现出复杂化与多元化局面。社会安全是人民安居乐业的基础，对边境旅游的发展起着决定性的作用，社会安全的状态和长治久安的环境不仅有利于边境旅游的开展、扩大边境旅游发展的空间，也有利于增强边境旅游抵御风险的能力，不安全、不稳定的社会状态则会阻碍旅游业发展，甚至对边境旅游业产生毁灭性打击。社会安全是发展边境旅游的基础和前提，目前边境地区毒品走私、“三非”、非法务工、跨境婚姻、“三股势力”等问题交织在一起，不仅严重危害边境地区社会稳定和谐的局面，也不利于边境旅游的开展，边境社会安全与边境旅游密切相关，边境旅游的稳定发展需要社会安全作为基础保障。

边境旅游在社会安全中的作用日益凸显。随着边境旅游的不断发展，国与国之间的交流逐渐加深，边境线的阻碍作用逐渐减弱，商品贸易、人员交流等跨境事务在新的开放格局下不断发展，跨境旅游合作等机制不断建立，在相互合作、相互依赖的基础上国与国建立了友好的睦邻关系，对于边境地区的和平稳定具有良好的促进作用。然而，在推进边境地区发展的同时，边境社会安全也迎来了新的挑战。从动态性视角看，首先是社会安全的复杂性增强，边境地区多层次、多主体的跨境关系使得边境社会安全面临的威胁多元化，边境地区逐渐增强的流动性使安全问题的治理困难化，边境地区既面临着跨境交往深度和广度增加带来的社会认同问题，经济社会发展加快、社会利益分配不均衡产生的社会公正问题，也面临着社会资源不足引发的社会保障问题，呈现出社会认同、社会公正与社会保障问题交叉重叠的复杂局面。上述几方面因素的动态震荡在边境地区形成了一种共振效应，深刻影响边境地区的社会稳定，面对边境地区逐渐开放的格局及安全的新挑战，需要在边境旅游发展下构建更加有效的安全治理措施应对新时代边境社会安全面临的新挑战。

（二）研究意义

1. 理论意义

以实证研究为方法，针对学界对边境旅游对社会安全的影响缺乏定量研究的现状，从社会脆弱性视角构建社会安全测度指标，探究边境地区社会安全的变化状态，从而为边境旅游目的地的社会安全研究提供借鉴。同时，综合旅游、社会、安全等多个不同学科的研究成果，引入边界效应、社会脆弱性的理论视角，分析边境旅游对社会安全的影响机理，确定边境旅游对社会安全的影响效应，既有助于增加学科与学科之间的联系，又有助于丰富边境旅游研究视角。

2. 现实意义

对于边境地区来说，发展旅游业不仅可以实现人员的合理配置和资源的高效利用，更有着提振沿边经济、整合相关产业的作用，从理论上和实证上深度剖析边境旅游对社会安全的影响成因、影响效应和影响机制，具有促进边境旅游业健康可持续发展、稳定边境安全、保障国家安全的重要作用。同时，边境旅游导致的社会安全问题是将边境作为一种特殊的影响因素，结合当前边境地区旅游发展和社会安全现状，研究如何通过边境旅游的发展促进边境地区社会的安全和稳定，有利于为边境地区的社会安全工作提供一定的参考。

二、国内外文献回顾

（一）边境旅游

边境旅游是连接国内旅游市场与国外旅游市场的桥梁与纽带，具有促进边境繁荣、保障边境稳定、推动对外开放的重要作用，边境旅游相关研究是必不可少的理论基础，本研究将从边界与旅游、边境旅游影响、边境旅游管控三个方面进行文献梳理。

1. 边界与旅游研究

边界作为国与国之间的分割界限，会对边界两边的要素交流产生影响，这种影响被称为边界效应，旅游发展与边界效应之间存在相互作用的关系。边界效应对旅游具有促进和阻碍两方面的作用，Timothy、Tosun（2003）认为边界效应既会对旅游产生正面影响，也会对其产生负面影响，正面影响取决于边境双方政府的合作效果，正面的合作会有效促进边境旅游的发展，负面影响归因于边境地区敏感的地缘政治环境，复杂敏感的政治环境会对边境旅游产生暂停、终止等影响。Lord 等（2008）认为边境两边的文化差异对边境旅游有正面效应，但容易产生跨境赌博等违法犯罪活动。Smith（2003）通过测算边境对居民出境旅游的影响，得出跨越边境的难度相当于人们额外跨越 1650 千米的距离，可见边界会对人们出行产生巨大的阻碍作用。杨效忠等（2013）通过测度行政边界对不同种类交通设施可达性的影响程度，发现其对低等级的交通设施的作用效果更强，也就是交通设施的等级越低，行政边界的阻碍作用就越强。王子超等（2017）认为边界包括地理边界、心理边界及经济边界，边界效应对当地传统文化具有保护作用，对旅游发展具有阻碍作用。孙蕊（2017）认为边界会对商品交流产生障碍，即产生贸易壁垒，这种阻碍会影响旅游的发展。旅游可以促进边界效应的转换，靳诚、陆玉麒（2008）基础设施和制度方面的旅游合作有利于打破行政区界限，从而消除边界对旅游的阻碍作用。杨效忠等（2010）认为旅游区域一体化水平的高低能够促进屏蔽效应向中介效应转变。张凯等（2013）认为旅游资源开发程度、旅游要素整合程度等是边界效应的重要影响因素。

2. 边境旅游影响研究

国内外许多学者对边境旅游影响概念、社会影响、文化影响及经济影响进行了探讨，在概念界定方面，王桀（2021）提出边境旅游影响指边境旅游者、旅游产业和边境旅游目的地三者之间的社会交换而引起的社会文化、经济和政策条件、环境的种种变化。在影响内容方面，包括社会、文化、经济等方面的影响。在社会影响方面，从社会尺度上来说，边境旅游的发展会对家庭、群体、社会组织等社会单位产生影响，从空间尺度上来说，边境旅游的发展会对社区、城市和区域等空间单元产生影响。Felsenstein、Freeman（2001）认为边境旅游会对当地带来负面社会效应。Jauregui 等（2003）等系统测量了在边境地区开展旅游活动对病毒传播的影响。在文化影响方面，Prokkola（2007）认为边境旅游业的发展不仅可以增加居民对当地的认同，还能塑造无边界的旅游区域形象。在经济影响方面，Anderson、Dimon（1995）通过对比美国与墨西哥的边境地区发现边境旅游对女性就业的改变更大，边境旅游对女性带来了就业机会的增多和就业收入的增加两方面的改变。文彤（2014）认为一定规模与强度的跨境旅游会对当地商业设施及产业发展产生持续稳定的影响。高俊等（2020）边境乡村地区旅游开发会为当地带来经济、社会和空间上的影响，具体表现在经济上的收入增加，社会方面的民族界限减弱和管理方式变革，空间上的耕地减少及生态变化。

3. 边境旅游管控研究

战略政策选择、旅游合作开发是边境旅游开发与管控的重要方式。在战略政策选择方面，学者多是基于边境旅游发展现实提出了具体的管理措施。杨丽（2001）在分析云南边境旅游市场的基础上提出强化法规建设、加强内联外拓、放宽边境限制、确定重点区域等管控措施。蒋满元（2008）认为拓展开发模式、放宽人员限制等措施对边境旅游的可持续发展大有裨益。旅游合作开发成为近年来研究的热点领域，李飞（2013）认为跨境旅游合作区对于维护国家安全具有重要的价值和作用。何战、张磊（2016）认为在开展边境旅游合作的过程中，存在着合作产品、合作模式单一、旅游安全问题突出等问题，未来应创新合作内容与方式、保障边境旅游安全。时雨晴、虞虎（2018）通过分析边境旅游的影响因素，提出发展边境旅游从实施差异化战略、促进区域合作、完善管理体制等方面着手。国外关于边境旅游合作的研究较早，Lovelock、Boyd（2006）建立了包括个体、组织、国家三个维度的边境旅游合作影响框架，探究了不同合作层面的影响因子对跨境合作产生的作用。Prokkola（2010）通过研究芬兰—瑞典的边境旅游合作，认为边境旅游合作具有消解边界的作用，在物质上表现为边境景观重组、边境障碍减退，在精神上表现为边界组织重构和区域差异消退。

（二）社会安全

社会安全既关乎每个社会成员的切实利益，也关乎整个国家的安全稳定，是连接人民和国家的重要桥梁和纽带，社会安全相关研究是必不可少的理论基础，本研究将从社会安全、边境社会安全、社会安全治理三个方面进行文献梳理。

1. 社会安全研究

社会安全研究的基本内容包括社会安全特征、社会安全影响因素、社会安全问题分类等。在社会安全特征方面，李丽华等（2020）认为社会安全问题无时不在并且其出现的原因较复杂，安全问题发生后传播速度快、发展态势不稳定、容易发生连锁反应，因此将其特征概括为不确定性、传染性等六个特征。在社会安全影响因素方面，李钰莹（2019）认为社会安全问题是社会矛盾的表现方式。也有部分学者从现实角度出发，李明明（2006）从现实问题出发，认为移民政策等外部环境的变化会导致社会安全问题的产生。在社会安全分类方面，李忠杰（2012）从安全问题发生领域着手将社会不安全因素分为自然灾害类、事故灾害类、卫生事件类、社会事件类四种。颜朝辉（2010）将社会安全问题分为违法犯罪等权益侵犯行为、工矿事故等生产生活事故、非法聚集等群体冲突事件、报复社会等捣乱破坏活动、气象灾害等自然灾害事故五类。

2. 边境社会安全研究

边境产生社会安全的因素包括非法入境导致的“三非”人员增多、人口流失导致的空心化等。边境人口流动速度加快、非法入出境增多不仅会增大边防管控难度，也容易引发毒品走私、跨境赌博等社会安全问题。王晓丹（2011）认为由于跨国婚姻中的妇女由于无法享受中国公民的合法权益，不可避免地会成为“三非人员”，由此给边境社会带来不利影响，同时也增加了社会治理的难度。靳美玲（2013）以吉林边境为研究区域，研究了人口跨境流出对边境社会的影响，认为其加快了经济发展的同时也给边境安全增加了不稳定因素。黄彩文、和光翰（2016）认为随着中国国力增强，边境地区外籍劳务人员也逐渐增多，他们给边境带来了经济收入增长的同时也带来了社会不稳定因素的增加。边境地理位置特殊，就业机会相对较少，为了获得更好的职业生涯发展空间，许多年轻人会选择离开边境，这导致了边境地区人口的空心化和老龄化。贾玉梅（2012）认为人口安全是国家安全的重要基础，边境人口不断减少不仅会对当地经济产生影响，同时也会危及社会安全及国家安全。朴今海、王春荣（2015）认为边境空心化和人口结构失衡影响边境的社会安全。马振超（2018）认为边境空心化是一种新的边境社会安全隐患，它来源于人口缺少所导致的边防力量不足，这将导致非法越境、毒品走私、宗教渗透等社会安全事件增多。

3. 社会安全治理研究

社会安全治理研究多集中于国家权力的规范（法治）、公民认同的一致

（德治）、技术工具的完善（技治）三方面。在国家权力方面，刘守芬（1995）认为立法是保障社会安全的重中之重。程锦（2014）认为，社会安全事件的发生机制，应该建立事前预警与事后处置双重治理体系来实现对社会安全风险的科学管控。杨海坤、马迅（2014）提出要以总体国家安全观为引领通过法治手段重点治理社会安全事件，把公众参与、整体联动、完善法律等切实融入社会安全治理中。在公民认同方面，谢志强、王剑莹（2018）认为社会安全包含内容繁多，涉及经济、文化、生态等多方面，社会治理的完善不仅需要合理的制度体系，完备的技术条件、科学的法律法规，更重要的是人民的认同。谢贵平（2019）认为认同是社会安全的核心，生存感、归属感、历史感和安全感的获得与否决定了社会主体间认同的一致或不一致，长久地认同不一致不仅容易滋生社会矛盾，更会对社会安全造成威胁，因此需要从生存感、归属感、历史感和安全感四个方面建构社会治理措施。在技术工具方面，李宏（2019）提出增加在安全、教育、社会福利等方面的支出能够有效提升社会安全治理水平，因此需要持续加大投入来维持这一趋势。彭向刚、刘振军（2020）通过分析中国目前存在的社会矛盾，提出了搭建信息平台、优化机构配置、完善队伍建设、应用科技手段等治理措施。贾鼎、赵家正（2020）从问题的角度出发认为社会治理中存在技术治理异化、权利边界不清、公众参与不足等问题。

（三）边境旅游与社会安全

在边境旅游不断发展，社会安全逐步受学者关注的当下，更要明确边境旅游对社会安全的影响效应和影响机制，需要厘清边境旅游与社会安全之间的关系，本研究从边境旅游安全研究、边境旅游下社会安全研究进行文献梳理。

1. 边境旅游安全研究

边境旅游安全研究主要包括边境旅游安全类型、影响、治理、评价等。杨芳、方旭红（2010）通过分析边境旅游安全案例，从问题发生原因将边境旅游安全类型包括为由于自然灾害产生的安全问题、由于交通产生的安全问题、由于他人伤害产生的安全问题和在特殊环境下产生的安全问题。王丹彤等（2012）认为边境旅游安全表现为当地居民与旅游者之间的主客矛盾，旅游产品开发过程中的民族文化冲突，跨境民族、宗教等邻国问题，多头管理、无序管理等管理问题、“黄”“赌”“毒”等社会问题，这些安全问题不仅会影响当地旅游业，造成旅游市场秩序混乱，甚至会影响国际关系。在边境旅游安全的治理方面，王丹彤等（2012）认为针对传统治理模式的不足，提出了政府、企业、旅游者、社区四元主体共同治理的模式，各主体在各自领域内承担相应的责任，以此达到安全治理的完善和全面。汪进芳（2020）通过构建 PSRSEE 模型对云南和广西的边境旅游生态安全状况进行测评，得出边境旅游对云南和广西两地的边境旅游生态安全影响较大。邹永广（2015）基于社会脆弱性等理论分析了影响旅游安全的因素和影响机理，并针对性地提出了目的地旅游安全的对策建议。

2. 边境旅游下社会安全研究

一方面边境旅游与社会安全之间存在互动关系，另一方面边境地区主体之间的利益关系也影响着边境旅游与社会安全。边境旅游与社会安全之间存在一定的互动关系，两者通过中介要素互相影响（程刚，2014）。一方面边境旅游的发展离不开社会安全，社会安全是旅游业长久发展的基础，健康稳定的社会环境会对边境旅游产生积极正面的影响，混乱复杂的社会环境会对边境旅游产生阻碍作用；另一方面边境旅游会通过影响收入分配、就业结构、个人素质等中间媒介对社会产生积极作用，例如，基础设施的完善、居民素质的提高、生活环境的改善等，也会通过旅游发展中产生的土地纠纷、客流纠纷、搬迁纠纷、补偿纠纷、环境纠纷等冲突对社会安全产生不利影响，例如，社会结构分化、贫富差距过大、犯罪现象增多等。边境地区旅游业利益相关者包括政府、企业、旅游者、边境居民等，各方利益诉求不同则构成利益协作和利益冲突两种关系（王丹等，2020）。协作关系来源于各主体不以追求个人利益为唯一目标规范有序地参与边境旅游，这样的关系对边境旅游及社会稳定起着积极作用；冲突关系来源于各方利益诉求差异，利益诉求得不到满足与平衡最终影响旅游业发展，产生社会矛盾与冲突。

（四）研究述评

在边境旅游研究方面，边境旅游研究基础较为薄弱，存在概念不明、内涵不清等问题，研究较多以案例研究为主，缺乏更为深入的理论框架的构建，边界效应、边境旅游影响效应研究还有待深化，边境旅游管理措施方面理论落后于实践发展的问题也较为明显。在社会安全研究方面，目前社会安全的研究的范畴较为分散，系统性、整体性有待加强，研究成果较为匮乏，多为理论性描述，缺乏关于社会安全评价的实证性研究，虽然社会安全研究有政治学、社会学等多学科支撑，但社会安全理论仍需要进一步深化和拓展。在边境旅游对社会安全影响方面，当前边境旅游影响研究主要针对在经济、社会、生态等影响领域方面，个案研究较多，对比性研究较少，其中在边境旅游对社会影响中，主要停留于人口流动与就业流动、身份认同、毒品健康等方面，较少聚焦于边境旅游对社会安全的影响研究，而影响类型、层次、路径、机理等深度研究更少，探析如何通过边界管控与治理来促进边境旅游发展与社会安全的稳定的研究也较为缺乏。

三、研究设计与框架

（一）研究内容

本研究是针对边境旅游对社会安全影响及治理的研究，综合旅游学、社会学的相关理论与实证方法，以“内涵—模型—评估—影响—治理”为研究思路，将定性分析与定量分析结合，以43个边境市（地区、自治州、盟）为研究区域，分析不同边境地区安全水平，测度边境旅游对社会安全的影响，然后围绕边境旅游对社会安全影响的论题对边境旅游发展下社会安全治理给出相关的结论和建议。

（二）研究方法

文献研究法。基于CNKI等数据库，综合运用社会脆弱性、边界效应等多学科的理论与方法，搜集了解国内外边境旅游研究现状及社会安全相关研究动态，并对其进行评述和分析。基于相关研究，通过各省统计年鉴、各地区统计公报搜集了基础数据，为之后的实证分析提供数据支撑。

定量分析法。运用Excel、Stata等计量分析软件，本研究首先对边境地区社会安全风险进行评估，其次通过个体固定效应模型分析了边境旅游对社会安全的影响效应，并通过非线性机制分析和调节机制检验对其影响机制进行了分析，最近进一步检验了研究结果的稳健性，为相关研究提供了实证经验。

对比分析法。首先，在对边境地区社会安全风险进行评估时，本研究通过对比分析法比较了不同地区在时间上和空间上的发展差异和特征。其次，基于不同时间、不同地区等差异性，本研究分析了边境旅游对不同地区的影响及不同发展水平的边境旅游对社会安全的影响，并进一步探究了边境旅游对社会安全的演变规律。

系统分析法。系统分析法要求在研究时明确研究对象的整体性和内部要素之间的关系，在探讨边境旅游与社会安全的互动机制时，采用系统分析法将社会安全所涉及的要素与边境旅游的发展要素相联系，更加深刻全面地反映了边境旅游与社会安全的相互作用关系。

（三）研究框架

本研究将边境旅游对社会安全的影响效应和影响机制作为研究核心，定位于边境旅游影响研究，通过文献研究、定量分析、对比分析、系统分析相结合的综合研究方法，将研究思路确定为“内涵—模型—评估—影响—治理”。本研究首先从社会脆弱性视角构建社会安全的指标体系并进行安全评估，其次采用固定效应模型测度边境旅游对社会安全的影响，最后提出相关对策建议（见图 6-1）。

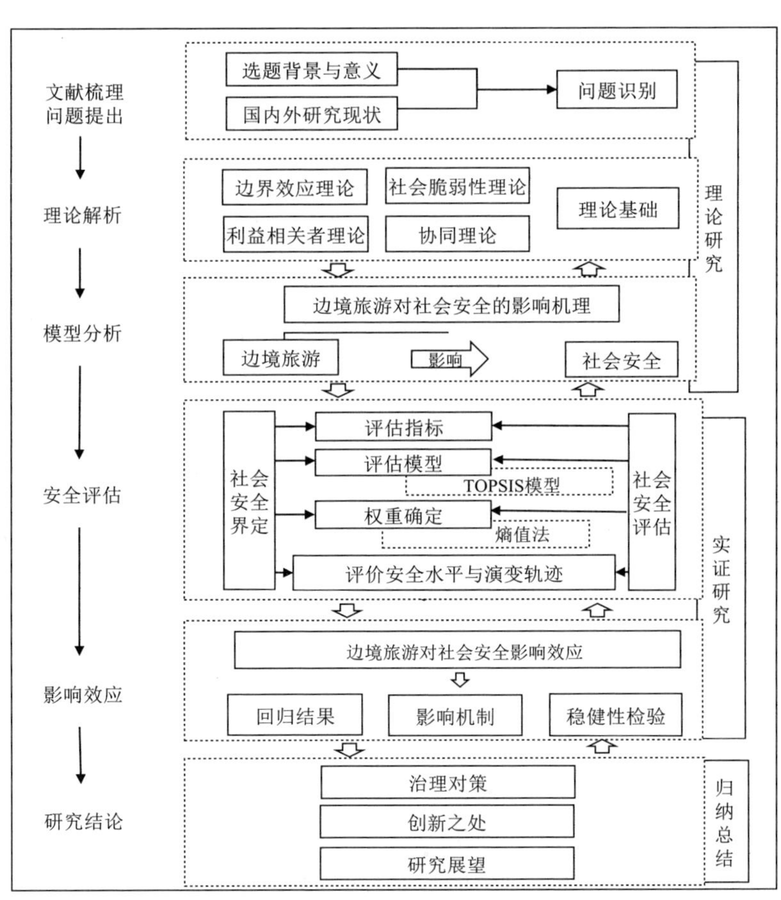

图 6-1　技术路线图

四、边境旅游对社会安全影响机理构建

在分析边境旅游系统与边境旅游效应基础上，构建了边境旅游对社会安全分析模型，边境旅游对社会安全的影响遵循“系统作用—边界效应—界限变化—社会安全”的路径。在影响表现方面，边境旅游对社会安全的影响表现在社会人口安全、社会结构安全、社会资源安全三方面。在测度形式方面，社会安全根据社会脆弱性理论构建指标体系，社会人口安全的测度形式是暴露度，社会结构安全的测度形式是敏感性，社会资源安全的测度形式是适应性。

（一）边境旅游系统

探究边境旅游系统的组成要素是构建边境旅游对社会安全影响分析模型的基础，边境旅游系统是特殊的旅游系统，包括边境旅游需求子系统、边境子系统、边境旅游供给子系统。

1. 需求子系统

边境旅游需求子系统是客源地旅游者对边境旅游系统及其他要素提出的旅游需求，也被称为边境旅游客源地子系统或旅游者子系统，受到边境政策环境和旅游者消费习惯等因素影响。边境旅游需求子系统是边境旅游发展的重要基础力量，可以在一定程度上反映旅游目的地的发展阶段、资源状况和设施水平，当旅游目的地处于较低发展阶段时、资源状况较差、设施水平较低时，客源地旅游者对边境旅游目的地的需求也会相应降低。边境旅游需求子系统受外部环境因素和内部游客因素影响，环境因素包括两国或多国边境制度、政策环境、国际关系、文化差异、市场环境等；游客因素包括游客收入、旅游动机、消费习惯、闲暇时间等。

2. 边境子系统

边境子系统是连接边境旅游需求子系统和边境旅游供给子系统的纽带，包括通关要素和交通要素两部分，通关要素包括口岸边检、旅客通关等，通关手续是否复杂烦琐也会对旅游者的需求产生影响，为了保障边境地区社会安全与稳定，过去边防检查较为严格、通关手续也较为复杂，这也导致了边境旅游发展程度较低，随着边境地区对外开放程度增加，在国家政策的引导下，边境地区的通关手续逐渐简化，边境旅游呈现出较好的发展趋势；交通

要素包括对内和对外的交通，对内的交通实现边境内的畅通与便捷等目的，对外的交通实现国家与国家或国家与地区之间的互动与交流等目的，公路、铁路等交通工具的相互配合与联系是旅游者及商品物流、资金信息等其他要素的交流与互动的基础。

3. 供给子系统

边境旅游供给子系统是边境旅游区为游客提供的资源、服务、设施的集合，也被称为边境旅游资源子系统或边境旅游吸引力子系统，即利用边境地区的资源优势对旅游者产生吸引作用，达到将资源优势转化为发展优势的目的。资源要素包括社会资源、经济资源、民族文化、公共资源、信息资源等；服务要素包括导游服务、演艺服务、讲解服务等，设施要素包括酒店、餐饮、景区等。资源、服务、设施等要素的质量高低影响边境旅游目的地对客源地的吸引力大小，质量高对旅游目的地的吸引力就大，那么就会吸引更多的人来边境旅游目的地，为当地带来更多的经济收入。经济收入越高，就会投入更多的资金去发展边境旅游，为旅游者提供更好的资源、服务与设施，从而形成良性循环。

（二）边境旅游效应

边境旅游效应体现在社会、文化、环境等方面，在社会效应方面，边境旅游的发展主要对社会人口、社会结构、社会资源产生影响；在文化效应方面，边境旅游的发展主要对物质文化、精神文化、制度文化产生影响；在环境效应方面，边境旅游的发展主要对地质环境、生物环境、空气环境产生影响。

1. 社会效应

在社会效应方面，边境旅游的发展主要对社会人口、社会结构、社会资源产生影响。在社会人口方面，边境旅游的发展会带来人口流速、流量的增快和增多，也会吸引中国其他城市人口来到边境地区、外出务工青壮年回到家乡、边境邻国或第三国的居民跨境来到中国。中国其他城市人口来到边境地区会为当地带来资金和资源上的补充；外出务工青壮年回到家乡会减少边境空心化程度，增加边防力量；边境邻国或第三国的居民跨境来到中国则容易产生跨境犯罪问题，例如，跨国贩毒、人口拐卖、非法移民、跨境赌博等。在社会结构方面，由于难以平衡边境旅游收入差异问题，因此容易产生利益冲突等问题，加速边境地区的贫富差距，最终导致社会结构分化。在社会资源方面，表现为社会资源分配与社会资源使用之间的矛盾与冲突，在人口增多的情况下，如何分配有限的社会资源使大多数人能够得到应有的保障是值得思考的问题。

2. 文化效应

在文化效应方面，边境旅游的发展主要对物质文化、精神文化、制度文化产生影响。在物质文化方面，边境旅游活动不加节制地开发不仅极容易造成传统建筑、文物保护单位等物质文化的破坏，而且文物走私分子也容易通过旅游等方式来到边境地区，由于边境地区地域广袤、高山丘陵较多，人口较少，形成了较好的空间屏障，因此难以发现边境地区的文物偷盗活动。在精神文化方面，相对于国内其他城市而言，边境地区文化属于弱势文化，外来人口产生的示范效应容易对边境传统文化产生影响，为了迎合旅游者的需要，当地旅游企业甚至会改变传统文化表现形式。例如，将原本一年开展一次的民俗活动改变为每月甚至每天都开展，长此以往则会导致边境传统文化被侵蚀，另一方面跨境邻国地区不好的文化习惯也会对边境地区产生负面影响，甚至产生文化冲突。在制度文化方面，边境地区是国外分裂主义等思想的传播的重要领域，这种分裂主义思想极容易通过旅游等途径传入边境地区，产生较大危害。

3. 环境效应

在环境效应方面，边境旅游的发展主要对地质环境、生物环境、空气环境产生影响。在地质环境方面，包含土壤环境和水环境两方面的内容。边境旅游持续地开发不仅会造成原本的土壤状态变化，产生水土流失、重金属含量增加等影响；而且会导致边境地区土壤受到更多人的踩踏，增加土壤的破坏程度，边境旅游对水环境会造成水质污染、水源短缺等影响。在生物环境方面，边境旅游的开发必然会砍伐大量的树木，严重破坏边境生物的栖息环境，大量动物被迫迁徙，最终造成动植物的减少。在空气环境方面，边境旅游会对空气的质量和成分产生影响，边境旅游一方面会导致人口的增加，另一方面也会带来生产活动的增加，人口的增多必然会增加空气中二氧化碳含量，生产活动的增多则会增加边境地区废弃物排放量，最终破坏边境地区空气质量。

（三）社会安全影响路径

边境旅游对社会安全的影响遵循“系统作用—边界效应—界限变化—社会安全”的路径。边境旅游系统是驱动性因素，包括需求子系统、边境子系统、供给子系统；边界效应是传导性因素，包括扩散效应、阻滞效应、集聚效应；边界变化是状态性因素，包括人口边界、行政边界、空间边境。需求子系统作用产生扩散效应，边境旅游发展使扩散效应减弱，导致人口边界模糊，最终产生人口安全问题；边境子系统作用产生阻滞效应，边境旅游发展使阻滞效应减弱，导致行政边界模糊，产生结构安全问题；供给子系统作用产生集聚效应，边境旅游发展使集聚效应增强，导致空间界限模糊，产生资源安全问题。

1. 驱动性因素：系统作用

边境旅游系统是作用于社会安全的驱动性因素，在客源地推动力、边境线阻碍力、目的地吸引力相互作用下，使旅游流在系统中呈现出扩散形态、阻滞形态和集聚形态，表现为扩散效应、阻滞效应和集聚效应。

（1）需求子系统。边境旅游需求子系统对旅游流产生推动作用，使旅游流在系统中呈现出扩散形态，最终表现为扩散效应。旅游流是旅游者从客源地前往目的地产生的空间位移现象（张佑印等，2013）。从边境旅游需求方面分析，国际旅游需求以往多集中于滨海旅游、度假旅游等，随着人们生活水平和生活压力的提高，旅游动机转变为放松身心、化解压力，旅游者也就更倾向于体验自然山水和民俗文化，这也促进了国际旅游流向生态资源优势明显的中西部地区转变（纪小美等，2015），减弱了入境客流的极化格局，产生旅游流在边境地区的扩散效应。

（2）边境子系统。边境子系统对旅游流产生阻碍作用，使旅游流在系统中呈现阻滞形态，最终表现为阻滞效应（王桀等，2018）。国家边境是国家领土、主权的分隔线，在功能上具有筛选、过滤作用，在空间上具有隔离、连接作用。边境旅游地区处于国家边防第一线，受双边政治、经济、环境影响，任何政治因素、政策因素的变化都会影响边境旅游的发展探索。国家边界对边境旅游流的流量、流速和流向都会产生影响，不仅会阻碍旅游流在边境内的集聚，也会影响旅游流在边境外的扩散。由于边境线本身具有吸引物属性，对旅游流产生吸引作用，因此旅游流在边境地区的阻滞效应是外力作用的结果。

（3）供给子系统。边境旅游供给子系统对旅游流产生集聚作用（王桀等，2018），使旅游流在系统中呈现聚集状态，最终表现为集聚效应。在边境旅游流形成过程中，边境旅游目的地的设施、资源、服务等都会对旅游流产生吸引作用。章锦河等（2005）利用中国国内旅游抽样调查资料分析了旅游流产生、扩散、集聚等情况，提出旅游目的地资源对旅游流产生拉力作用，从而使旅游流呈现空间聚集形态，滇川渝则是旅游流的主要输入地之一。

2. 传导性因素：边界效应

边界效应是边境旅游需求子系统、边境子系统、边境旅游供给子系统相互作用的结果，随着边境旅游不断发展，边境旅游需求子系统推力加强，边境子系统阻力减弱、边境旅游供给子系统拉力加强，使扩散效应、阻碍效应减弱、集聚效应增强。边界效应是作用于社会安全的传导性因素，在边界效应作用下，边境地区呈现出社会、制度、物理三个层次的变化，社会层面表现为扩散效应减弱导致人口边界变模糊，制度层面表现为阻滞效应减弱导致行政边界模糊，物理层面表现为集聚效应增强导致空间边界模糊。

（1）扩散效应。扩散效应减弱导致人口边界模糊。扩散效应是旅游流向边境地区流向国内其他城市或第三方国家的现象，这种情况下边境地区起着中转作用（陈永涛，2018）。近年来边境欠发达地区政府在国家政策的引导下积极培育旅游业，沿边口岸逐渐开放，基础设施建设逐步完善，边境地区对游客吸引力随之增大，边境地区实现从中转站向目的地的转变，扩散效应随之减弱。扩散效应减弱使区域间旅游流的流量和流向也随之改变，国内其他城市人口和邻国人口不再是短暂在边境停留，带来的是人口流量的增大和流速的增快，最终导致人口边界模糊。

（2）阻滞效应。阻滞效应减弱导致行政边界模糊。阻滞效应是边界具有阻碍旅游流在边境集聚的作用（陈永涛，2018），目的是保护国家主权和领土不受侵犯。阻滞效应是边境旅游发展的推动力和阻滞力作用的结果，边境旅游发展的推动力包括国家政策支持、国际关系良好等，边境旅游发展的阻滞力包括国际形势紧张、国家关系恶化等（陈永涛，2018），在全面开放格局的促进下，边境旅游发展的推动力要强于边境旅游发展的阻滞力，导致边界对旅游流的阻滞效应减弱，加之边境旅游试验区、跨境旅游合作区的推进，区域一体化进程加快，行政边界的分割作用减弱，导致行政边界模糊。

（3）集聚效应。集聚效应增强导致空间边界模糊。集聚效应是旅游流在边境地区集聚的现象（陈永涛，2018），这种情况下边境地区作为旅游目的地存在。集聚效应是在旅游目的地的拉力、旅游客源地的推力、边境吸引物的引力等多种力共同作用下产生的，随着对边境旅游的投入越来越多，边境旅游发展越来越好，旅游目的地的拉力、旅游客源地的推力、边境吸引物的引力逐渐增强，集聚效应随之增强。集聚效应的增强一方面会吸引设施、技术等资源向旅游核心区聚集，边境土地利用结构和空间格局发生变化，之前的城市中心得不到合理的投入和资源的倾斜，导致空间边界模糊。

3. 状态性因素：界限变化

边界变化是作用于社会安全的状态性因素，在人口边界变化下，社会人口呈现出复杂化趋势，产生人口安全问题；在行政边界变化下，行政权力呈现让渡趋势，产生结构安全问题；在空间边界变化下，社会资源呈现被侵占趋势，产生资源安全问题。

（1）人口边界。人口边界模糊导致社会人口复杂化，产生人口安全问题。人口边界模糊会导致外来流动人口增多，社会人口呈现复杂化、多元化趋势，社会人口的不确定性增加，由于边境地区特殊的地缘位置，人口跨境产生的问题也随之凸显，集中表现为“三非”问题。由于外来人口的流动性和身份的不确定性，边境外来流动人口与本地居民之间难以产生真正的融合，最终导致人口安全问题。

（2）行政边界。行政边界模糊导致行政权力被让渡，产生结构安全问题。从行政权力的存在形态可以划分为应有权力、法定权力和实有权力（石佑启、陈咏梅，2014）。应有权力是法定权力的依据，法定权力决定实有权力。行政权力边界由政府与市场、政府与社会、政府与公民的关系决定，因此对于行政权力的分配问题，行政权力不仅是权力在行政机关内部纵向与横向的分配，还包括在政府组织与非政府组织、非政府组织内部纵向与横向的分配。当旅游介入边境地区，边境地区权力结构发生变化，边境地区利益关系失衡，导致结构安全问题。

（3）空间边界。空间边界模糊导致社会资源被侵占，产生资源安全问题。社会资源包括基础设施、土地空间等有形资源、技术知识等无形资源方面，边境旅游在促进基础设施完善的同时也会引发土地空间被侵占、生态空间缩减等问题，在提高个人素质和教育水平的同时也会引发边境居民价值观、行为等发生变化。因此社会资源被侵占一方面表现在土地空间、生态空间等方面，另一方面新的社会资源投入时会倾向于旅游发展核心区，旅游发展边缘区的居民既不能享受到旅游发展带来的正面影响，又会受到旅游发展带来的负面影响。

（四）社会安全影响表现

边境旅游对社会安全的影响表现在人口安全、结构安全、资源安全三方面。人口安全问题主要表现为人口流动安全问题、人口贫困安全问题、人口事故安全问题等；结构安全问题主要表现在收入结构、产业结构、人口结构等方面；资源安全问题主要表现在基础设施、土地空间等有形资源、技术知识等无形资源方面。

1. 社会人口安全

边境旅游产生的人口安全问题主要表现为人口流动安全问题、人口贫困安全问题、人口事故安全问题等（王恒，2013）。对于人口流动安全问题而言，边境旅游的开展可能会增加边境人口的非法跨境行为，产生跨国婚姻、非法偷渡、移民难民、洗钱贩毒等问题。由于地区人口构成、收入差异等因素，出现了较多缅甸、越南、老挝等国家的女性跨越边境嫁到中国边境的现象，也滋生了拐卖妇女的产业链。由于这种婚姻属于不合法范畴，不受法律的保护，会产生户籍管理、田地分配等一系列社会问题。另一方面非法入境、非法就业、非法滞留或者经由中国非法前往第三方国家的行为也会给边境地区社会安全带来较大隐患。对于人口贫困安全问题而言，边境旅游的开展会给当地居民带来较好的经济收入，增加当地的就业率；边境“三非人员”无法享有土地、就业、医疗等基本权利，其子女也无法享受基本的教育权利，双方生活的巨大差异难以让其形成社会认同，由于大多数非法入境人员法律意识淡薄、文化素质不高、经济收入较低，长此以往既容易与边民发生矛盾冲突，也容易产生社会报复心理，引发一系列社会安全问题。对于人口事故安全问题而言，边境特殊的地理位置为罪犯提供了空间上的屏障，旅游者的流动性和彼此相互不认识的特点为罪犯提供了心理上的屏障，因此容易产生民族宗教事件、恐怖袭击事件等威胁社会安全的事件。

2. 社会结构安全

边境旅游产生的结构安全问题主要表现在收入结构、产业结构、人口结构等方面。在收入结构方面，边境旅游容易加剧贫富差距。边境旅游发展带来的收益往往不是集中于边境地区普通居民之中，而是集中于旅游企业及相关上层人士之中，部分边境普通居民可能因为旅游开发意识较为薄弱或其他不利条件没有参与到旅游开发过程中，从而无法从边境旅游中获利，部分参与了边境旅游的居民即使获利也相对较少，随着边境旅游发展越快，加速旅游地贫富悬殊的进程也会随之加快，不仅会造成区域性社会结构的严重分化，更会提升犯罪治理成本（吴士炜、汪小勤，2016）。同时由于各方利益诉求不同，容易产生征地纠纷、搬迁纠纷、补偿纠纷、客源纠纷等社会安全问题。对于产业结构而言，边境会从传统农业主导转向以商品农业为主、非农产业为辅的多元产业结构。边境旅游发展带来的人流、资金流、信息流极大地推动当地商品农业的发展，橡胶、茶叶等农产品受到当地居民的青睐，并将其制作为旅游特产来售卖，以旅游带动种植经济。对于人口结构而言，边境旅游会吸引许多外出务工的青壮年回到家乡，减弱因人口大量流出的人口空心化问题，另外，边境旅游为邻国女性带来了更多的就业机会，改变了妇女在家庭中的经济地位，同时也会带来婚姻状况、家庭状况和人际关系的改变。

3. 社会资源安全

边境旅游产生的社会资源安全问题主要表现在基础设施、土地空间等有形资源、技术知识等无形资源方面。在基础设施方面，边境旅游开发过程中需要建设大量的基础设施，一方面目的地居民生活的环境不断改善、基础设施不断完善，另一方面现代化的建设也会造成边境地区原有城市、村庄历史风貌的变化，从而对地方设施和资源形成压力。在空间资源方面，随着边境旅游的开展，边境地区的土地利用结构和空间格局也随之变化，例如，原有耕地为了适应旅游的发展改变了其主要种植物，产生耕地面积减少等问题；为了观赏性和经济性，旅游开发过程中常常大面积铺陈一种农作物，这一过程难免对生物多样性造成威胁，导致边境生态空间缩减；边境基础设施建设多集中于口岸附近以发展边境旅游及口岸商贸，原有城镇中心无法得到资源的倾斜，双边发展差异较大。在技术知识方面，通过外来旅游者的示范效应，边境地区居民的价值观、态度等会逐渐变化，这种示范效应可能是有益的，也可能是有害的。一方面示范效应会为居民带来个人素质和教育水平的提高，增强当地居民的经济意识和商品意识，另一方面由于双方经济收入差距较大，这种交流具有不平衡性，目的地居民容易产生不满、嫉妒等情绪，造成针对旅游者的犯罪率上升和边境地区的过度商业化、庸俗化。

（五）社会安全影响测度

社会安全是人口安全、结构安全与资源安全的集合，社会脆弱性是暴露度、敏感性与适应性的集合，暴露度指社会系统受到外界干扰的强度，表现为社会人口安全的测度形式；敏感性指干扰对社会结构产生的影响程度，表现为社会结构安全的测度形式；适应性系统应对干扰以及从干扰中恢复的能力，表现为社会资源安全的测度形式。

1. 社会人口安全：社会暴露度

暴露度指社会系统受到外界干扰的强度，表现为社会人口安全的测度形式。暴露度可以通过受到扰动的强度、频率等指标来反映，由于边境旅游产生的人口安全问题主要表现为社会治安问题，包括违法犯罪问题、社会民生问题、群体性事件等，是社会系统受到干扰的表现，因此用暴露度作为人口安全的测度形式。暴露度越高社会安全风险越高，社会安全程度越低。

2. 社会结构安全：社会敏感性

敏感性指干扰对社会结构产生的影响程度，表现为社会结构安全的测度形式。敏感性取决于社会系统结构的内在特征，可以通过反映社会系统内在结构和功能的指标来测度（黄晓军等，2018），包括人口结构、经济结构等。由于边境旅游产生的社会结构问题主要表现在收入结构、产业结构、人口结构等方面，因此用敏感性作为结构安全的测度形式。敏感性与社会安全呈负相关，说明敏感性越高社会安全风险越高，社会安全程度越低。

3. 社会资源安全：社会适应性

适应性系统应对干扰以及从干扰中恢复的能力，表现为社会资源安全的测度形式。适应性由资源禀赋、管理水平、社会资本等决定，与边境地区的基础设施、公共服务水平等密切相关（黄晓军等，2018）。由于边境旅游产生的社会资源安全问题主要表现在基础设施、土地空间等有形资源、技术知识等无形资源方面，因此用适应性作为资源安全的测度形式。适应性与社会安全呈正相关，说明适应性越高社会安全风险越低，社会安全程度越高。

五、边境旅游对社会安全影响大小测度

以边境旅游对社会安全影响分析模型为核心，基于社会脆弱性理论构建社会安全指标体系框架并确定 TOPSIS 模型和回归模型。

（一）指标体系选取与构建

以科学性、系统性、可操作性、动态性为基本原则，基于社会脆弱性理论构建包含社会暴露度、社会敏感性和社会适应性的社会安全指标框架。

1. 指标选取依据

（1）科学性原则。

科学性原则要求在明确研究对象概念及相关理论的基础上进行实证分析。在指标选取阶段，要求根据问题和现状入手，依托社会安全的本质和特点来选择明确的、具有代表性的指标，使其能够对社会安全进行客观深入的描述；在安全评估阶段，要求评估数据处理、评估标准设定、指标权重确定等方面都需要严谨的科学理论来支撑，能够通过定量分析得出明确结论；在结果分析阶段，要求通过指标分析出的结果能够反映社会安全关键要素，并为下一步研究的开展提供科学的支撑。

（2）系统性原则。

系统性原则要求指标与指标之间、指标与评估目标之间要组成一个系统的逻辑体系。社会安全是一个复杂的系统，涵盖面广，内涵复杂，对指标体系的选择提出了较高的要求。因此在社会安全评估指标体系选择中，以边境旅游发展下社会安全评估为目标，将社会安全相关研究与社会脆弱性理论相衔接，构建暴露度、敏感性、适应性三个子系统，用暴露度表示人口安全、敏感性表示结构安全、适应性表示资源安全，并在暴露度、敏感性、适应性三个子系统下选择细分指标，使得各细分指标与评估目标之间具有明确的逻辑关系和内在因果关系。

（3）可操作性原则。

可操作性原则要求实现数据的获得、标准的明确、评估的量化三个方面的统一。在数据获得方面，要求选取的指标能够用数据进行表达，避免不易获得的指标，并且所选取指标的数据尽量来自各城市官方的统计年鉴与统计公报，少数缺失的数据可以通过科学的计算方法获得；在标准明确方面，需

要指标名称、计算口径等一致统一，格式规范合理，数据真实有效，避免数据误差对结论产生影响；在评估量化方面，要求指标能够便于客观分析及计量模型的运用，以实现研究的可操作性。

（4）动态性原则。

动态性原则要求选取指标能够反映社会安全在空间和时间上动态变化情况。在空间方面，由于社会安全的评估是一个基于比较的相对概念，单个区域的评估无法实现这种比较，因此需要选择多个具有代表性的边境陆地市（地区、自治州、盟），反映不同地区的社会安全水平差异；在时间方面，某一节点的时间不能准确反映地区的社会安全水平，因此需要将时间线延长，反映一段时间内社会安全水平在旅游发展下动态变化的过程。

2. 指标选取框架

目前关于社会安全的评价较少，多位学者借助脆弱性理论构建了公共安全、粮食安全等评价框架，因此边境地区社会安全风险评估框架的构建是在丰富社会安全相关理论、衔接社会脆弱性理论的基础上形成的。边境旅游通过边界效应对社会安全产生影响，影响结果表现为社会人口安全、社会结构安全和社会资源安全，社会脆弱性是暴露度、敏感性与适应性的集合，暴露度指社会系统受到外界干扰的强度，表现为社会人口安全的测度形式；敏感性指干扰对社会结构产生的影响程度，表现为社会结构安全的测度形式；适应性系统应对干扰以及从干扰中恢复的能力，表现为社会资源安全的测度形式。因此以边境地区社会安全风险评估为目标，构建暴露度、敏感性、适应性三个维度的子系统，从时间和空间上对比分析边境地区社会安全状况，如图 6-2 所示。

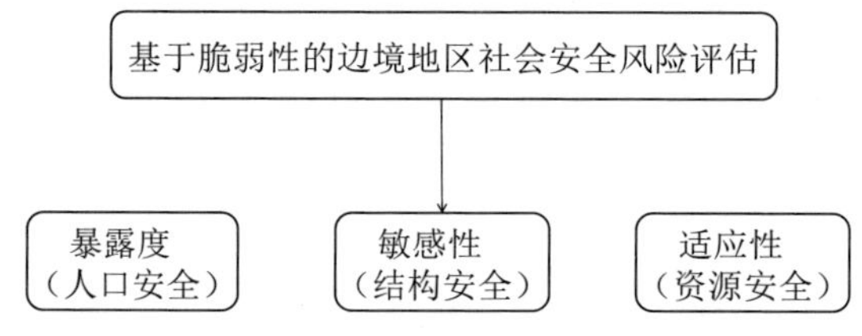

图 6-2　评估指标选取框架图

3. 指标体系构建

作者以科学性、系统性、可操作性、动态性为指标体系的基本构建原则，基于社会脆弱性理论，构建暴露度、敏感性、适应性三个维度的子系统，并从这三个维度分别构建细分指标，最终搭建了一个评价指标三层叠加并具有内在逻辑关系和因果关系的边境地区社会安全风险评估指标体系。具体的评价指标体系如表 6-1 所示。其中，第一列是目标层，是通过该指标体系需要达成的目标——基于脆弱性的边境地区社会安全风险评估；第二列是系统层，把社会安全分成暴露度、敏感性、适应性三个子系统，分析各系统的动态变化；第三列是指标层，系统层基础下选取的细分指标，可通过量化分析对上层进行具体的描述，暴露度包括城镇登记失业率、每亿元 GDP 道路交通事故死亡人数、城镇化率，敏感性包括人口密度、第三产业增加值占 GDP 比重、城乡居民收入比，适应性包括每万人拥有卫生机构数、每万人中等职业学校在校学生数、人均 GDP。

表 6-1　国家社会安全风险评估指标体系

目标层	系统层	指标层	指标释义	编号
基于脆弱性的边境地区社会安全风险评估	暴露度（人口安全）	城镇登记失业率	反映社会稳定水平	S1
		每亿元 GDP 道路交通事故死亡人数	反映社会治安水平	S2
		城镇化率	反映城镇化水平	S3
	敏感性（结构安全）	人口密度	反映人口结构状态	E1
		第三产业增加值占 GDP 比重	反映产业结构状态	E2
		城乡居民收入比	反映收入结构状态	E3
	适应性（资源安全）	每万人拥有卫生机构数	反映医疗设施水平	Z1
		每万人中等职业学校在校学生数	反映人口受教育水平	Z2
		人均 GDP	反映经济发展水平	Z3

（二）数据来源与研究设计

1. 数据来源

边境地区是国家战略的重要区域，中国边境 45 个陆地市（地区、自治州、盟）、九个省（自治区）与 14 个国家毗邻，旅游资源丰富，拥有极高的战略价值。在确定研究区域方面，本研究区域包括包头市、呼伦贝尔市等 43 个边境陆地市（地区、自治州、盟），阿里地区及克孜勒苏柯尔克孜自治州因数据收集不便等原因不作为研究区域选择。本研究数据主要来源于2010—2020年《内蒙古统计年鉴》《辽宁统计年鉴》等九个省（自治区）统计年鉴、《包头国民经济和社会发展统计公报》等43个市（地区、自治州、盟）统计公报，另一部分数据根据现有搜集到的数据计算处理后得到，如第三产业增加值占GDP比重、每万人拥有卫生机构数、每万人中等职业学校在校学生数等，缺失的数据通过插值法、移动平均法进行计算补全。

2. 评估数据处理

将社会安全的各项指标进行汇总计算时，需要确定每个指标对目标结果的影响程度来实现评估结果的真实科学，因此需要对城镇登记失业率、人口密度等指标进行赋权，包括主观赋权法与客观赋权法两类。主观赋权法是基于专业知识、既往经验来确定指标权重的方法，具体包括层次分析法、最小平方法等，这类方法具有较强的主观随意性、客观性较差。客观赋权法是基于数据之间的关系来确定指标权重的方法，包括熵值法、主成分分析法、聚类分析法等，为了对社会安全进行准确客观的评估，本研究选择熵值法来确定评估指标的权重。

熵值法通过计算指标离散程度来评估指标对目标结果的影响程度，离散程度越大，对目标结果的影响就越大。在信息论中，“熵”代表了无序性和不确定性的程度，熵越小表明数据包含的信息量越大，那么指标的不确定性就会越小，对目标结果产生的作用就越大，权重也就越大。因此采用熵值法确定各指标的权重，避免因主观因素产生的误差和遗漏重要信息，具体步骤如下。

（1）决策矩阵构建。在进行社会安全风险评估时，第一步就是根据社会安全风险评估指标体系构建决策矩阵。假设有 m 个年份组成的社会安全风险评估单元集 U_i，有 n 个指标构成的社会安全风险评估指标集合 V_j，则 $X_{ij}\,(i=1, \ldots, m; j=1, \ldots, n)$ 表示 U_i 对 V_j 的决策样本值，那么决策矩阵就可以表示为：

$$X=(x_{ij})\,m\times n=\begin{bmatrix} X_{11} & \cdots & X_{1n} \\ \vdots & \ddots & \vdots \\ X_{m1} & \cdots & X_{mn} \end{bmatrix} \tag{1}$$

（2）数据标准化处理。通过对原始数据 X_{ij} 的线性变换，也就是离差标准化，对数据进行标准化处理，在本质上保持数据的客观性并使最终结果归于

[0, 1] 区间。考虑到指标的不同属性，当 X_{ij} 属于正向指标时和负向指标时采取不同的处理方式，由此获得的新序列 $Y_{ij} \in [0, 1]$ 且无量纲化，具体公式如下：

$$Y_{ij}=\begin{cases}\dfrac{X_{ij}-minX_{ij}}{maxX_{ij}-minX_{ij}} & （当 X_{ij} 为正向指标时）\\ \dfrac{maxX_{ij}-X_{ij}}{maxX_{ij}-minX_{ij}} & （当 X_{ij} 为负向指标时）\end{cases} \tag{2}$$

其中，Y_{ij} 是 X_{ij} 经过标准化处理得到的值，X_{ij} 表示第 j 项指标原始值，$minX_{ij}$ 是第 j 项指标中的最小值，$maxX_{ij}$ 是第 j 项指标中的最大值，为消除 0 的影响，最终结果都加上一个相同的值 t，也就是 $y_{ij}+t$。

（3）计算熵值。第 j 项指标的熵值 e_j 的计算公式如下：

$$p_{ij}=\frac{y_{ij}}{\sum_{i=1}^{m} y_{ij}} \tag{3}$$

$$e_j=-k\sum_{i=1}^{m} p_{ij}\ln p_{ij} \tag{4}$$

其中，$k=\dfrac{1}{\ln n}$，n 代表指标数量。

（4）计算差异性系数。公式如下：

$$d_j=1-e_j \tag{5}$$

（5）计算权重。将差异性系数进行归一化处理，具体公式如下：

$$w_{ij}=\frac{d_{ij}}{\sum_{j=1}^{n} d_j} \tag{6}$$

在解释变量旅游总收入的处理中，为了消除物价因素的影响，以 2010 年为基期，采用居民消费价格指数（CPI）对旅游总收入进行平减（瞿华、刘荣荣，2016）；为了消除异方差对回归模型的影响，对旅游总收入和旅游总人次数据进行对数化处理（周学军，2019）。

3. TOPSIS 模型

TOPSIS 模型（technique for order preference by similarity to ideal solution）是由 C.L.Hwang 和 K.Yoon 是由 C.L.Hwang 和 K.Yoon 两位学者在 1981 年首次提出，作为一种常用的组内综合评价方法，它具有操作简单、对数据量没

有严格限制等优点。通过熵值法等方法进行数据标准化处理及权重计算之后，采用余弦法计算出正理想解与负理想解，正理想解代表最优评估方案，负理想解代表最差评估方案，最后通过计算各评价对象与正理想解、负理想解的距离并进行排序来解决有限方案多目标决策问题。因此在正负理想解的基础上，距离正理想解最近、负理想解最远的方案便是最优方案。

目前已有多位学者将 TOPSIS 模型应用于社会系统恢复力、社会脆弱性、社会治理等方面，并取得了较好成果。李观凤等（2022）利用 TOPSIS 等评估模型探究了文化旅游地社会—生态系统恢复力时序变化特征。温晓金等（2016）以秦岭山地的商洛市为例构建社会—生态系统脆弱性评价体系并通过 TOPSIS 模型对其进行时间和空间上的分析。张永领和游温娇（2014）利用 TOPSIS 模型对上海区县的社会脆弱性进行评价并分析其存在的区域特征。南锐和汪大海（2017）采用 TOPSIS 模型测度划分了中国区域社会治理水平的等级。王际科等（2014）将 TOPSIS 模型与灰色关联度模型结合对烟台市社会发展水平进行实证研究。在多位学者研究的基础上，本研究依据 TOPSIS 模型构建社会安全的风险评估模型，从而对社会安全在空间和时间上的变化状态进行分析。

TOPSIS 模型的计算步骤如下。

（1）构建加权标准化评估矩阵 $Z=(z_{ij})_{m\times n}$

$$Z=(z_{ij})_{m\times n}=\begin{bmatrix}\omega_1(Y_1)\cdot y_{11} & \omega_2(Y_1)\cdot y_{12} & \cdots & \omega_n(Y_1)\cdot y_{1n}\\ \omega_2(Y_2)\cdot y_{21} & \omega_2(Y_2)\cdot y_{22} & \cdots & \omega_n(Y_2)\cdot y_{2n}\\ \vdots & \vdots & & \vdots\\ \omega_1(Y_m)\cdot y_{m1} & \omega_2(Y_m)\cdot y_{m2} & \cdots & \omega_n(Y_m)\cdot y_{mn}\end{bmatrix} \tag{7}$$

其中，Z_i 表示评估对象 U_i 所有指标的加权标准化值。

（2）计算加权矩阵中的最大值和最小值：

$$Z^+=\max(z_{ij})=(max\{Z_{1j},Z_{2j},\cdots,Z_{ij}\}=(Z_1^+,Z_2^+,\cdots,Z_j^+) \tag{8}$$

$$Z^-=\text{mix}(z_{ij})=(mix\{Z_{1j},Z_{2j},\cdots,Z_{ij}\}=(Z_1^-,Z_2^-,\cdots,Z_j^-) \tag{9}$$

其中，加权标准化评估矩阵中的最大值 Z^+ 和最小值 Z^- 可用来表示正、负理想解。

（3）计算各评估对象到正负理想解的距离。

$$D_i^+=\sqrt{\sum_j^n(Z_j^+-Z_{ij})^2} \tag{10}$$

$$D_i^- = \sqrt{\sum_j^n (Z_j^+ - Z_{ij})^2} \quad (11)$$

其中，D_i^+ 的值越大，表明该评估方案越接近正理想解，D_i^- 的值越大，表明该评估方案越接近负理想解，也就是离正理想解越远。

（4）计算各评估对象与理想方案的相对接近度。

$$C_i = \frac{D_i^+}{D_i^+ + D_i^-} \quad (12)$$

其中，C_i 取值范围在［0, 1］，C_i 的值越接近 1，表明该区域的社会安全风险越高，与之相反的是，C_i 的值与 0 的距离越小，表明该区域的社会安全风险越小。

4. 回归模型

通过对混合回归模型、固定效应模型、随机效应模型进行分析，为下文确定合适的回归模型提供理论依据。

（1）混合回归模型。

混合回归模型（Mixture Regression Model）是一种特殊的回归模型，通过假设不同的时期所有个体具有相同的斜率与截距来进行参数估计，是传统回归模型的拓展和延伸。传统的回归问题均假设样本来自固定总体，当样本来自不同的总体时使用传统回归模型会产生较大的误差，使用混合回归模型则可以减小这一误差。混合体现在总体服从于多个不同的条件分布，它不仅需要计算出不同模型的参数，还需要解决样本与总体的问题，即样本点的聚类问题，混合回归问题就是回归问题与聚类问题的集合，因此混合回归模型（Mixture Regression Model）也被称为模型聚类（Model-based Clustering）（Ingrassia 等，2014）。具体公式如下：

$$y_{it} = \alpha + \beta_1 x_{1,it} + \beta_2 x_{2,it} \cdots + \beta_k x_{k,it} + \mu_{it} \quad (13)$$

（2）固定效应模型。

固定效应模型（Fixed Effects Model）是非观测效应模型的一种，它假定全部研究结果方向与效应大小基本一致，即各独立研究的结果趋于一致，一致性检验差异无显著性，适用于各独立研究间无差异，或差异较小的研究。固定效应模型认为包含个体影响效果的变量是内生的，默认了那些不随时间变化而变化的自变量不会对因变量造成影响，因而不允许这类变量出现在模型之中。固定效应模型与混合回归模型的主要区别在于固定效应模型假设有 n 个不同的截距，每个截距对应不同的个体，并且其截距项不随时间变化，更倾向于更适合研究样本之间的区别及其相互作用关系。具体公式如下：

$$y_{it} = \alpha_i + \beta_1 x_{1,it} + \beta_2 x_{2,it} \cdots + \beta_k x_{k,it} + \mu_{it} \quad (13)$$

（3）随机效应模型。

随机效应模型（Random Effects Models）是线性模型的一种延伸，它将原来固定效应模型的回归系数看作随机变量，假设包含个体随机影响的全部回归变量是外生的。固定效应模型和随机效应模型之间最大的不同就在于基本假设不同，固定效应模型假设变量间不存在差异，随机效应模型认为部分变量间存在随机抽样误差，从而将这类变量引入到回归模型之中。随机效应适合由样本来推断总体特征。具体公式如下：

$$y_{it} = \alpha_i + \beta_1 x_{1,it} + \beta_2 x_{2,it} \cdots + \beta_k x_{k,it} + \mu_{it} \quad (14)$$

（三）研究过程与结果分析

1. 主要变量

（1）被解释变量。

被解释变量包括社会安全（SS）、暴露度（SSE）、敏感性（SSS）、适应性（SSA）。其中社会安全变量是基于社会脆弱性理论构建，包括暴露度、敏感性、适应性三个子维度，四个变量的数据值根据指标体系测算得出。

（2）解释变量。

以边境陆地市（地区、自治州、盟）的旅游总收入表征边境旅游发展水平（tr），作为边境旅游的替代指标，纳入回归模型形成核心解释变量，将旅游总人数（ta）作为稳健性检验的解释变量。

（3）控制变量。

控制变量包括开放度（op）、路网密度（ro）、市场活跃度（ma）、政府干预程度（go）、投资水平（iv）。开放度由进出口总额占 GDP 比重来表示（郭鲁芳、李如友，2016），路网密度由公路里程与区域面积的比值表示（郝凤霞、张诗葭，2021），市场活跃度由社会消费品零售总额占 GDP 的比重表示（沈国兵、张鑫，2015），政府干预程度由一般公共预算支出占 GDP 比重表示（王明康、刘彦平，2019），地区投资水平由固定资产投资占 GDP 比重表示（李光勤等，2018）。

2. 模型确定

边境旅游对社会安全的影响研究需要选择合适的回归模型进行实证分析，在对混合回归模型、固定效应模型、随机效应模型进行比较的基础上，对基本模型进行 Hausman 检验以确定适合的回归模型。

如表 6-2 所示，Hausman 的原假设是个体随机效应模型，备择假设为个体固定效应，模型检验拒绝原假设，说明应该建立个体固定效应模型。

表 6-2　Hausman 检验

	OLS	FE	RE
lntr	−0.009 （−0.006）	−0.033*** （−0.007）	−0.030*** （−0.006）
op	0.025 （−0.020）	0.128*** （−0.032）	0.093*** （−0.027）
ro	0.204*** （−0.034）	0.101 （−0.130）	0.146** （−0.064）
ma	−0.079* （−0.044）	0.252*** （−0.061）	0.142*** （−0.053）
go	0.136*** （−0.019）	−0.009 （−0.035）	0.061** （−0.027）
iv	−0.020 （−0.016）	−0.0920*** （−0.017）	−0.069*** （−0.016）
_cons	0.335*** （−0.025）	0.454*** （−0.033）	0.423*** （−0.029）
N	430	430	430
Hausman	–	31.71***	

注：括号内为标准差，*p ＜ 0.1，** p ＜ 0.05，***p ＜ 0.01。

3. 总体回归结果

表 6-3 是对社会安全、暴露度、敏感性、适应性的估计结果，结果显示总体社会安全风险的回归系数为负且显著，这说明边境旅游对社会安全风险的影响效果明显，边境旅游有利于降低社会安全风险。

表 6–3　总体回归结果

	（1）	（2）	（3）	（4）
lntr	−0.033*** （−0.007）	−0.045*** （−0.011）	0.041*** （−0.006）	0.028*** （−0.010）
op	0.128*** （−0.032）	0.223*** （−0.046）	−0.116*** （−0.025）	0.038 （−0.043）
ro	0.101 （−0.130）	0.299 （−0.189）	−0.059 （−0.104）	0.156 （−0.178）
ma	0.252*** （−0.061）	0.418*** （−0.089）	0.057 （−0.049）	0.351*** （−0.084）
go	−0.009 （−0.035）	−0.021 （−0.050）	0.006 （−0.028）	−0.060 （−0.047）
iv	−0.0920*** （−0.017）	−0.108*** （−0.024）	−0.025* （−0.013）	−0.054** （−0.023）
_cons	0.454*** （−0.033）	0.316*** （−0.048）	0.366*** （−0.026）	0.423*** （−0.045）
N	430	430	430	430

注：括号内为标准差，*p ＜ 0.1，** p ＜ 0.05，***p ＜ 0.01。

暴露度的回归系数为负且显著，这说明边境旅游有助于降低社会暴露度，对社会人口安全有正面影响。旅游业是解决结构性失业最有效的途径之一，旅游业作为劳动密集型产业，可以为边境居民提供大量就业机会。边境旅游会通过提高资源利用率、加速产业变革等方式促进边境城镇化发展。

敏感性的回归系数为正且显著，这说明边境旅游会降低社会敏感性，对社会结构安全有负面影响。一方面，边境旅游的发展为当地带来劳动收入增加的同时，也会因为劳动分工、社会资源和组织资源分配不均等因素拉大社会贫富差距；另一方面，边境旅游改变了当地的人口结构与社会关系，边境旅游发展核心区域的居民获得大量财富，外来人口不断迁入，最终导致社区结构和社会阶层的重构。

适应性的回归系数为正且显著，这说明边境旅游会降低社会适应性，对社会资源安全有负面影响。在边境旅游开发的背景下，当地教育会受到经济发展水平提高带来的正面影响，也面临旅游发展带来的负面影响。边境旅游发展会产生教学空间被挤压、生源萎缩、经费被压缩，师生群体分化等影响（盖媛瑾，2018）。在旅游对医疗的作用方面，旅游业的发展不会对本地区或相邻地区的医疗发展产生直接或者间接的作用，但由于医疗具有较强的公共产品特性，政府财政支出、固定资产投资、社会发展水平的提高会对区域医疗事业的发展起到推动作用（王松茂等，2020）。

4. 分地区回归结果

西部边境地区开展边境旅游可以有效减少社会安全风险，提高社会安全水平。如表 6–4 所示，分别对东北、西部、西南地区进行回归分析，结果显示边境旅游对西部地区的社会安全有显著的负向影响，表明西部边境地区开展边境旅游可以有效减少社会安全风险，提高社会安全水平。2019 年西部地区边境旅游总收入不到 2300 亿元，旅游发展水平较低，边境旅游的开发可以有效提高当地的经济、生活水平，有助于边境人口回流，降低农村空心化水平，提高边境安全水平。同时边境旅游带来的社会效应不仅体现在经济收入的增加，更与边境产业融合、交通改善等密切相关，社会产业的和谐发展有利于社会稳定和良好社会秩序的构建。可能由于统计数据的不完整、样本量不够等原因，边境旅游对东北、西南地区的安全水平影响不显著，但是对于整个边境地区而言，边境旅游有利于降低社会安全风险。

表 6–4　分地区回归结果

	（1）	（5）	（6）	（7）
lntr	−0.033*** （0.007）	−0.014 （0.013）	−0.049*** （0.013）	0.005 （0.031）
op	0.128*** （0.032）	0.110** （0.044）	−0.108 （0.110）	0.155** （0.056）
ro	0.101 （0.130）	0.199 （0.122）	−0.035 （0.753）	−0.506 （0.562）
ma	0.252*** （0.061）	0.099 （0.082）	0.253 （0.548）	0.401*** （0.150）
go	−0.009 （0.035）	−0.074 （0.115）	−0.002 （0.041）	−0.412* （0.218）
iv	−0.092*** （0.017）	−0.044** （0.020）	−0.136*** （0.033）	−0.103** （0.046）
_cons	0.454*** （0.033）	0.327*** （0.043）	0.640*** （0.145）	0.772*** （0.193）
N	430	200	120	110

注：括号内为标准差，*p ＜ 0.1，** p ＜ 0.05，***p ＜ 0.01。

5. 影响机制分析

（1）非线性机制分析。

如表 6-5 所示，边境旅游对社会安全风险的影响系数在 1% 的显著性水平为 0.01，边境旅游二次项系数为正，这表明边境旅游与社会安全风险存在“U”形影响，说明边境旅游发展在初期有助于减少边境地区的安全风险。如图 6-3 所示，当 lntr=5.147 时，即旅游总收入为 171.915 亿元时，旅游发展对安全影响迎来拐点，随后旅游发展会加剧安全影响。包头市、丹东市、通化市等大部分东北边境地区、防城港市、保山市等大部分西南边境地区 2019 年旅游总收入已超过 171.915 亿元，处于拐点右侧，日喀则市、哈密市等大部分西部边境地区 2019 年旅游总收入低于 171.915 亿元，处于拐点右侧，因此东北边境及西部边境地区需要在社会安全方面采取合理措施，西部边境地区则需要鼓励边境旅游发展，以降低社会安全风险。

表 6-5　非线性机制检验

	（1）	（8）	（8–1）	（8–2）	（8–3）
lntr	−0.033*** （0.007）	−0.105*** （0.020）	−0.041 （0.049）	−0.084** （0.033）	−0.132 （0.116）
$lntr^2$		0.010*** （0.003）	0.003 （0.006）	0.007 （0.006）	0.014 （0.012）
op	0.128*** （0.032）	0.107*** （0.031）	0.107* （0.045）	−0.061 （0.117）	0.146** （0.056）
ro	0.101 （0.130）	0.106 （0.128）	0.23* （0.134）	−0.58 （0.884）	−0.227 （0.605）
ma	0.252*** （0.061）	0.155** （0.065）	0.0748 （0.093）	−0.038 （0.601）	0.27 （0.184）
go	−0.009 （0.035）	0.005 （0.034）	−0.060 （0.118）	0.004 （0.041）	−0.342 （0.225）
iv	−0.092*** （0.017）	−0.087*** （0.016）	−0.043** （0.021）	−0.117*** （0.037）	−0.109** （0.046）
_cons	0.454*** （0.033）	0.591*** （0.047）	0.374*** （0.093）	0.772*** （0.183）	0.962*** （0.248）
N	430	430	200	120	110

注：括号内为标准差，*p ＜ 0.1，** p ＜ 0.05，***p ＜ 0.01。

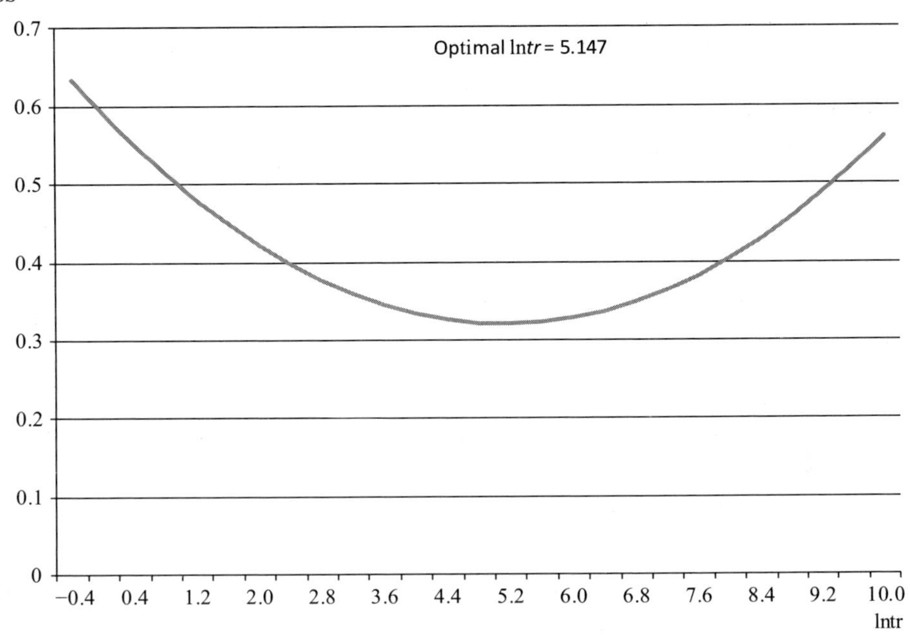

图 6–3　非线性机制图

（2）调节机制检验。

基础设施、市场发展有助于强化边境旅游的安全效应，而宏观调控则会减弱这一效应。如表 6–6 所示，通过依次引入解释变量与开放度、路网密度、市场活跃度、政府干预度、投资水平的交互项，检验调节效应的存在。边境旅游发展能够减少社会安全风险，开放度、路网密度、市场活跃度能够正向强化这一影响过程，表明应进一步深化边境地区对外开放、加快道路交通建设、繁荣商品市场；相反，边境旅游发展能够减少安全风险，而政府干预度、投资水平对这一效应具有负面影响，表明在边境地区旅游发展中，需要坚持市场导向的基本原则，减少政府的宏观调控。

表 6–6　调节机制检验

	（1）	（9）	（10）	（11）	（12）	（13）
lntr	−0.033*** （0.007）	−0.040*** （0.008）	−0.048*** （0.009）	−0.044*** （0.008）	−0.018* （0.009）	−0.021** （0.009）
lntrxop		0.031*** （0.007）				

续表

	(1)	(9)	(10)	(11)	(12)	(13)
lntrxro			0.050** (0.019)			
lntrxma				0.045*** (0.010)		
lntrxgo					−0.030*** (0.012)	
lntrxiv						−0.018*** (0.004)
op	0.128*** (0.032)		0.116*** (0.032)	0.124*** (0.031)	0.123*** (0.031)	0.135*** (0.032)
ro	0.101 (0.130)	0.101 (0.129)		0.129 (0.127)	0.079 (0.129)	0.104 (0.131)
ma	0.252*** (0.061)	0.255*** (0.060)	0.206*** (0.061)		0.281*** (0.061)	0.260*** (0.062)
go	−0.009 (0.035)	−0.011 (0.034)	−0.004 (0.034)	0.001 (0.034)		−0.001 (0.035)
iv	−0.092*** (0.017)	−0.093*** (0.017)	−0.094*** (0.017)	−0.091*** (0.017)	−0.094*** (0.016)	
_cons	0.454*** (0.033)	0.482*** (0.032)	0.498*** (0.029)	0.509*** (0.036)	0.436*** (0.031)	0.382*** (0.032)
N	430	430	430	430	430	430

注：括号内为标准差，*p < 0.1，** p < 0.05，***p < 0.01。

6. 稳健性检验

如表 6-7 所示，通过更换被解释变量，使用旅游总人数的对数进行稳健性检验，结果显示仍然有负向影响，说明实证结论是稳健的。

表 6-7 稳健性检验

	模型 1	模型 2
lntr	−0.033*** (0.007)	
lnta		−0.021*** (0.008)
op	0.128*** (0.032)	0.125*** (0.032)

续表

	模型 1	模型 2
ro	0.101 （0.130）	0.002 （0.131）
ma	0.252*** （0.061）	0.228*** （0.062）
go	−0.009 （0.035）	−0.022 （0.035）
iv	−0.092*** （0.017）	−0.105*** （0.017）
_cons	0.454*** （0.033）	0.516*** （0.045）
N	430	430

注：括号内为标准差，*p ＜ 0.1，** p ＜ 0.05，***p ＜ 0.01。

7. 研究结果分析

基于边境旅游对社会安全的实证分析，可以得出以下结果。

（1）在边境旅游对总体社会安全风险影响方面，边境旅游可以降低社会安全风险，提高边境地区社会安全水平。通过个体固定效应模型总体社会安全风险的回归系数为负且显著，说明边境旅游对社会安全风险存在负面效应，表明边境旅游对边境地区的社会安全具有正面促进作用。

（2）在边境旅游对社会安全子系统影响方面，边境旅游有利于提高人口安全水平，但会降低结构安全与资源安全水平。通过分维回归模型得出暴露度的回归系数为负且显著、敏感性的回归系数为正且显著，说明边境旅游对暴露度存在负面效应，对敏感性和适应性存在正面效应，表明边境旅游有利于提高人口安全水平，但会降低结构安全与资源安全水平。

（3）在边境旅游对社会安全的影响机制方面，边境旅游与社会安全风险存在“U”形影响。基于非线性模型方法，边境旅游发展在初期有助于减少边境地区的安全风险，当 lntr=5.147 时，即旅游总收入为 171.915 亿元时，旅游发展对安全影响迎来拐点，随后边境旅游发展对社会安全水平的提高效应会减弱。

（4）在边境旅游对社会安全的调节机制方面，基础设施、市场发展有助于强化边境旅游的安全效应，而宏观调控则会减弱这一效应。通过引入开放度、路网密度、市场活跃度、投资水平、政府干预度的交互项，得出开放度、路网密度、市场活跃度的回归系数显著为正，说明基础设施、市场发展正向强化这一影响过程，政府干预度、投资水平的回归系数显著为负，说明政府干预度、投资水平对这一效应具有负面影响。

六、边境旅游对社会安全影响治理对策

在新的沿边开放格局下，社会越来越多元化，非传统安全问题层出不穷，要实现边境地区的社会安全稳定，就要实现人口安全、结构安全、资源安全的统一，人口安全问题核心是社会认同不足，结构安全问题核心是社会公正失衡，资源安全问题核心是社会保障缺失，因此要从维持边境社会整体认同、协调社会群体利益关系、提升边境地区保障能力三方面入手实现边境社会安全治理目标。

（一）社会人口安全：维持边境社会整体认同

人口安全问题本质上是社会认同问题，社会认同缺乏就易发生危害社会稳定的违法犯罪事件（谢贵平，2019），因此要建立减少西南边境人口安全问题的治理目标，从制度、实践、旅游三个层面提出治理措施，制度层面要完善政府人口安全治理职能，从根源解决边境人民社会认同问题；实践层面要搭建边境安全事件控制体系，预防社会安全事件的发生；旅游层面要加强边境旅游发展宏观调控，减少旅游安全事件的发生。

1. 治理目标：减少西南边境人口安全问题

西南边境地区人口安全问题较为突出，非法入出境、人口贩卖、毒品走私等问题较为严重。西南边境包括云南和广西两个省（自治区），云南4060千米长的边境线上分布着西双版纳傣族自治州、怒江傈僳族自治州等八个边境自治州（市）和缅甸、老挝、越南等邻国，纳西族、景颇族等多个少数民族居于此地，存在错综复杂的民族、宗教、跨国犯罪、毒品走私、人口贩卖等问题（鲁刚，2018）；广西边境线长1020千米，与越南接壤，仫佬族、侗族等少数民族居于此，拥有防城港市、百色市、崇左市三个边境陆地市，存在严重的毒品、人口贩卖以及走私犯罪等问题。

2. 制度层面：完善政府人口安全治理职能

创新户籍管理登记工作。很多非户籍常住人口难以享受到同等居民待遇，

他们对社会的认同感存在极大的不确定性，因此需要采取一定的措施解决边境群众的户籍问题。创新人才引进政策，设置人才管理条例，吸引人才落户到边境地区，进一步放宽户籍迁移政策，调整城市与农村的户口迁移条件，提供较为丰厚的待遇条件吸引高层次人才建设边疆，使个人落户意愿与城市发展相适应，为创新创业增添动力，推动边境地区人口良性发展。实行户籍办理便捷服务，推行“户籍代办”“上门服务”“特事特办”等便民新举措，减少户籍办理手续，缩短户籍办理时间，解决偏远地区村民办理户籍业务路途往返带来的不便，为身体不便、行动不便的村民解决最后一千米的问题，力争让村民足不出户解决户籍难度，将村民的事情作为政府工作的头等大事，解决村民的切实困难。此外还需要解决边境通婚生育子女落户、非婚生子女落户、既成收养事实落户、跨境婚姻落户、回流边民落户等问题（陆海发，2016），这一类特殊的户口问题应建立严谨的责任追究、审批审查制度，以解决无户口人员的户籍登记问题。

健全涉外婚姻法律法规。随着云南广西边境地区生活水平提高，相似的社会文化环境和较高的生活水平对邻国边民具有较大的吸引力，这就导致跨国婚姻现象的普遍，但同时邻国边民一方面面临着本国国籍、户口被原所在国政府吊销的局面，一方面面临着在中国的婚姻登记问题得不到解决的困难，因此容易产生“三非”人员、输入性传染病等问题，甚至出现诈婚、骗婚、抢婚、买卖婚姻等情况，给中国的婚姻管理也带来较多困难。目前边境地区居民与邻国居民的婚姻登记是根据 2012 年颁布的登记办法实行的，相对于目前的边境婚姻登记现实具有一定的滞后性与不完善性，具有婚姻登记手续复杂、登记成本高等特点（雷明光、王保同，2016），因此需要就边民通婚带来的一系列问题制定规范的法律法规，搭建跨国婚姻服务平台，解决涉外婚姻问题。

规范非法移民法律法规。对于境内非法移民的去留问题，设立明确的规章制度，实现有章可循、有法可依、违法必究、执法必严，严格按照相关法律规定采取拘留查看、遣返回国等处罚措施，积极开展“三非”人员清查行动，同时严禁非法容留、非法聘用“三非”人员，对违法人员严格处罚，提高违法犯罪成本，呼吁社会大众有偿举报揭发“三非”人员和聘用、容留“三非”人员的企业和个人，构建打击震慑力度强的法治环境。同时加强与邻国的警务合作，完善“三非”人员移交机制，对于已经构成犯罪的，制定跨国案件信息共享、嫌疑人协作抓捕机制，联手打击非法跨境活动、人口拐卖、毒品走私、疾病传染等跨国犯罪行为，严防因非法入出境产生的社会安全问题。

3. 实践层面：搭建边境安全事件控制体系

建立安全风险预警系统。为了防止重大社会安全事件的发生，需要构建社会安全风险预警系统，实现对风险的监测、预警和研判，监测就是通过数据收集、信息管理、信息分析等过程检查、测度可能出现的风险，预警通过安全事故发生之前的风险迹象监测对可能发生的危险进行预示警告，研判就是根据监测和预警信息判断风险并提前制定应对方案，降低事故发生之后造成的损失，控制风险传播的区域和程度，包括调查研究、数据收集、信息分析、模拟演示等过程。在此过程中应充分考虑社会安全事件发生的原因、目前已经发生过的安全事件、未来可能产生的安全风险，通过风险测量、脆弱性分析、概率分析等方法预测评估潜在社会安全风险的大小，按风险程度高低和风险类别制定不同的预警方案，对风险进行分类分级管控，使政府部门动态掌握边境区域的全部情况，使之在决策过程中能够准确进行调控，遏制重大社会安全事件的发生，保证社会健康发展。

完善安全风险化解方案。为了提高打击违法犯罪活动的效率，需要完善安全风险化解方案。第一需要加强对边民的风险教育（曹能秀、王凌，2018），增强危机意识，使其在遇见社会安全事件时能够听从指挥、临危不乱，有效防止社会安全事件复杂化；第二需要整合边防力量（周俊华、周丽华，2020），整合解放军与公安边防部队、边境居民力量，实现边防信息共享，避免因为缺乏信息带来的边防混乱局面，提升各机构在日常训练、指挥作战、配合作战、快速反应、应急处理等方面的能力，当发生事故时，确保短时间内能够到达事故现场，有效控制社会治安；第三是加强执法投入和扩充边境执法人员数量，加强执法投入用于改善边境安全的技术环境，通过配备无人侦察机、雷达通信设备等使边防部门能够第一时间对非法入境等行为进行拦截，减少因“三非人员”产生的社会安全问题，扩充边境执法人员数量有利于减少边境执法漏洞，加强边境巡逻警戒，减少非法入境人员活动的空间。

建立健全常态管理机制。为了夯实社会安全管理基础，需要建立健全常态化管理机制，包括宣传社会安全理念、健全社会安全的管理体制、加大社会安全考核问责力度等内容。对于宣传社会安全理念，需要利用各自方式开展以“社会安全”为主题的安全风险应急演练、社会安全教育等活动，推动安全宣传教育周、社会安全专项整治月的开展，扩大宣传教育对象。因为社会安全关系到每一个人，因此宣传教育的对象应包括边境居民、旅游者、旅游企业管理人员等，提升边境居民、旅游者的安全意识（孙保全、常玲，2021）。对于健全社会安全的管理体制，由于社会安全关系到边境地区的各行各业，因此安全责任不能只落在边防部队身上，而是要落实到每个行业的每一家企业，强调边境居民、旅游企业等对于社会安全的作用。对于加大社会安全考核问责力度，需要建立自查、互查、盲查等检查制度，通过社会安全专项治理、安全风险临时抽查等活动及时排查边境区域安全隐患。

4. *旅游层面：加强边境旅游发展宏观调控*

完善边境旅游管理制度。根据现行国家法律法规设置区域性的边境旅游管理暂行办法，规定旅游活动及业务主体的权利和义务，成立边境旅游管理领导小组，协调相关部门开展边境旅游管理工作，定期与邻国边境旅游管理部门会晤，协商边境旅游合作事项，同时设置旅游审批点，对边境旅游团队进行管理和审批，防止任意扩大参游范围、出境不归、入境不返等行为，重点区域做好保密工作，杜绝泄密行为，任何企业和个人必须严格遵守国家和地区关于入出境的法律法规规定。落实公安局、财政局、外侨办、口岸联检等部门的主体责任，公安局负责办理入出境证件和打击非法入出境、非法居住、非法就业等违法犯罪行为；财政局负责入出境证件的收费问题；外侨办负责明确我方人员境外遇难救助机制，口岸联检相关部门加强对入出境人员、货物和运输工具的检查。

加强边境旅游行业监管。制定边境旅游行业监管方案，各级旅游管理和监督部门共同建立旅游监察与监管互动机制，加强对边境旅游行业的监督检查，严格按照法律规定定期查处违法违规案例并及时披露不合规行为，向公众公开查处进程和阶段性成果，做到规范化、法治化、透明化。加强与工商等部门的协作联动，重视以往投诉比较集中的服务环节的监管，设置诚信档案和黑名单，淘汰不达标的企业或个人。密切关注新业态发展，在深入调查研究的基础上，建立相关制度，实施监管服务。加强面向边境居民和旅游者的公共信息服务，解决政府与公众之间的信息不对称问题，提醒边境居民、旅游者依法举报不合规行为和防范旅游陷阱，发挥边境居民和旅游者的监督、举报作用（刘红春、李顺彩，2021）。

整顿边境旅游市场秩序。目前入出境旅游中存在非法经营入出境业务，无序竞争、诱导游客参加非法活动等问题，不仅严重危害旅游市场秩序，也影响边境地区的社会秩序，更不利于国家形象。因此要严格查处旅行社组织公民到非旅游目的地国家旅游行为和利用中介机构非法购买入出境旅游服务行为，尤其重点关注利用旅游名义非法偷渡行为，一旦发现绝不姑息。整治旅游客运秩序，严厉打击在口岸集散点等游客集散中心发生的争夺游客等违反市场秩序的行为；净化游览环境，打击有损旅游者权益和破坏旅游地形象行为的发生，重点查处在旅行社、景区、景点发生的诱导购物、强迫购物、降低服务质量等行为（罗正雄、董耀武，2020）；打击非法经营业务，取缔无证经营的黑店、黑车、黑社、黑导。规范整顿跨境赌博、走私等违法犯罪行为，加强对旅游者的宣传教育，增强其防骗意识，杜绝游客参与非法活动的情况发生。

（二）社会结构安全：协调社会群体利益关系

结构安全问题本质上是社会公正问题，蕴含着社会公众对构建平等的利益关系的追求，因此要建立缓解边境结构安全问题的治理目标，从制度、实践、旅游三个层面提出治理措施，制度层面要搭建多元主体合作管理体系，保障不同参与主体权利与利益的实现（刘雪莲、杨雪，2021）；实践层面要优化社会结构促进社会公正，提高社会安全治理的质量和效率；旅游层面要拓展边境地区旅游发展空间，促进边境地区繁荣开放。

1. 治理目标：缓解西部边境结构安全问题

西部边境地区结构安全问题较为突出，城乡二元结构现象较为严重。西部边境包括新疆和西藏两个自治区，新疆长达 5600 千米的边境线上分布着哈密市、阿克苏地区、喀什地区、和田地区、塔城地区、阿勒泰地区、昌吉回族自治州、博尔塔拉蒙古自治州、克孜勒苏柯尔克孜自治州、伊犁哈萨克自治州十个边境陆地市（地区、自治州）和俄罗斯、蒙古国、吉尔吉斯斯坦、巴基斯坦、塔吉克斯坦等国家，新疆少数民族众多，拥有柯尔克孜族、乌孜别克族等少数民族。西藏面积仅次于新疆，边境线长 3842 千米，与缅甸、印度、不丹、尼泊尔等接壤，拥有日喀则市、林芝市、山南市、阿里地区四个边境陆地市（地区），新疆与西藏存在城乡居民收入差距大、城乡二元结构现象较为严重等问题，发展加快与发展能力不足的矛盾会影响各社会群体之间的关系，长此以往则会引发一系列的社会问题。

2. 制度层面：搭建多元主体合作管理体系

发挥政府主导作用。以平衡各主体利益为核心，发挥政府在社会安全中的引导和统筹作用，通过精准施策，将人民群众关心的社会现实问题纳入治理计划并设为重点问题，针对性解决人民群众关心的社会问题。平衡其利益诉求，提升政府的公信力和行政效率。面对各种复杂的社会形式，针对社会安全中不平衡、不协调的问题，要改进执政理念，不断突破陈规，平衡利益协调、诉求表达、权益保障之间的关系，制定符合社会发展、符合人民利益的政策，正确合理的社会安全政策可以有效缓解各利益主体之间的矛盾，为社会安全创造有利条件。深化政府部门的改革，打破城乡治理、区域治理中的体制机制壁垒，加强不同部门之间的信息共享和协同共治（曾维和，2016），减少因为政策冲突、重复、无序等给社会安全带来的不利影响。畅通参与社会安全治理的渠道，利用两微一端等现代媒体，构筑政府与群众、社会组织互动的渠道。加强政府监督职能，理清政府与个体、群众、社会之间的关系，对社会安全风险进行严格监控，预防潜在的社会安全问题。

鼓励社会群众参与。社会安全本质上是为社会群众服务的，人民群众是社会安全的主体，没有群众，社会安全也没有意义，因此要明确政府职能边界，动员人民参与到社会安全治理中来，依靠群众推动治理、激发其积极性，以顺民意、解民忧、惠民生为基本出发点，践行群众路线，建立社会治理群众参与机制，让群众参与到谋划治理思路、查找安全问题、寻求改进措施、落实治理任务、评判治理成效的各个环节，把群众的合理建议运用到实践治理中。搭建群众参与的平台，通过政务公开、集体表决等方式，增强人民群众的知情权、参与权与决定权，提供村级事务自治等自主权，提升人民群众参与治理的责任感与使命感，形成共建共治的社会安全治理新模式。

动员社会组织参与。社会组织也被称为非政府组织或第三方组织，具有灵活性、公益性、志愿性等特点，在重大社会安全事件中，各类社会组织提供了多样化的支持和帮助，是社会安全治理中不可缺少的力量。社会组织群众基础广，可以实现和人民群众的平等对话，满足群众的多样化需求，因此可以将社会组织作为人民群众与政府之间的纽带，培育基层自治组织和民间组织，引进专业化社会组织，通过社会组织传递人民群众的诉求。许多国家在社会治理中通过赋予社会组织一定权力，使其发挥对政府和市场的补充作用。在社会安全治理中，政府处于主导地位，社会组织发挥补充和调节作用，因此政府需要引导规范社会组织的行为，建立稳定的政府与社会组织互动机制，政府与社会组织协调度的大小直接决定了社会治理效能的高低。

3. 实践层面：优化社会结构促进社会公正

优化城乡结构。目前大多数地区是生产要素向城市单向流动的模式，这种模式容易扩大城乡差距，因此首先要推动生产要素城乡双向流动，实现生产要素在城乡间平等交换，打破城乡间制度壁垒，使农村居民享受和城市居民一样的权益，保证城乡良性互动，协调平衡发展。其次要继续提升城市化水平，优化城镇空间布局，改革城镇身份制度，创新本地农民融入城镇制度，探索异地务工人员身份进城制度，增强劳动者进城的归属感和安全感。最后要大力实施因地制宜的乡村振兴战略，改善边境地区民生，推动农业现代化，加强和创新农村社会治理，加强当地产业发展以激发外出务工人员回乡就业热情，实施“村改居”工程，改善农村环境和景观治理，提升农村的舒适度和宜居性，构建人与自然和谐共生的乡村发展新格局（曹昶辉，2018）。

优化收入结构。优化收入结构是促进公平、协调关系的重要途径，因此要妥善解决收入差距问题，建立和谐劳动关系。完善劳动力市场，提高劳动效率，增加低收入群体收入，拓宽农民收入渠道，运用农业农村资源和现代经营方式增加其收入，提高农民土地被征收之后的补偿金额，扩大中等收入者比重，提高职业院校毕业生、技能型劳动者就业匹配率，增加劳动者劳动报酬，提高其待遇水平和社会地位，打击非法收入，对非法所得按现有法律进行处置。深化土地、资本等要素市场改革，降低外地企业进入门槛，以便于为边境提供更多优质岗位，保障劳动者权益，给予劳动者平等发展的空间，缩小行业差距，促进边境地区就业市场良性发展。促进边境贸易可持续发展，完善边境贸易结算体系，在保证边境安全的前提下促进边境地区生产要素和人员流动，提升边境贸易发展水平。

优化产业结构。在巩固壮大农业的基础上，优化发展第二产业，积极培育第三产业，形成平衡健康的产业格局。整合土地资源，发展特色生态农业，构建特色农产品供应链，加大农产品的科技投入，提高农业的机械化、现代化水平和加工转化能力，促进产业升级，打造跨境产业链供应链，将地缘优势转变为经济优势，提高本地企业竞争力。以旅游业为主体，加大资源整合力度，提升产品档次和附加值，加快旅游城市创建工作，打造以边境贸易为基础的现代服务业，提高第三产业占 GDP 的比重，以第三产业带动小型工业发展，形成辐射效应。

4. 旅游层面：拓展边境地区旅游发展空间

探索旅游合作路径。探索边境旅游合作路径，完善国内国际旅游合作机制，建设国际旅游目的地。以"一带一路"、中亚区域经济合作等区域次区域合作为依托，加强边境陆地市（地区、自治州、盟）与相邻国家、国际城市的旅游合作，通过搭建旅游合作平台、完善旅游基础设施合作、推进旅游企业合作，促进旅游合作区建设等方式推动边境地区形成开放新格局，将边境旅游发展成为优化社会结构、转变发展方式的新动力。在旅游合作平台方面，与相邻国家共同搭建旅游合作投资平台、信息平台，加强旅游信息交流，促进边境地区人文交流和技术交流，打造稳定和平的边境环境。在旅游基础设施合作方面，通过建立互联互通的一体化网络，完善跨境旅客互送服务，促进旅游合作开展。在旅游企业合作方面，发挥龙头企业的引领作用，推进旅游企业合作，通过合资合营等方式组建跨国旅游集团，扩大旅游资源利用范围，实现资源高效配置。在旅游合作区方面，在特定环境背景、制度条件下建设跨境旅游合作区与边境旅游试验区，促进边境人员和经济要素自由流动。

促进边境贸易发展。促进边境贸易高质量发展，发挥边境贸易富民安邦作用。延伸边境旅游产业链，带动交通、邮电、电器、农产品加工等相关产业发展，提升就业率，促进边境地区旅游业、农业等行业的发展。挖掘边境商品进出口潜力，鼓励出口当地特色手工艺品、农产品，增加贫困边民贸易收入，培育具有边境特色和国家特色的贸易市场和商贸中心，完善贸易中心展示销售、批发零售、配送物流等功能。鼓励发展边境电商新业态，创新"边境贸易 + 互联网"新模式，利用现代信息物流和大数据技术建设电商平台，拓宽边境商品销售渠道，降低贸易服务交易成本。优化边境地区营商环境，加大对边境贸易的财政支出，落实中央补助资金，加大信贷资源倾斜，降低或减免进口关税，推动建立边境贸易结算中心，创新边境贸易金融服务。鼓励支持边贸企业发展，开展贸易投资促进活动，激发边境贸易主体活力，加强双方企业的交流互动。

规范旅游利益分配。边境旅游是多方主体共同参与的旅游系统，不同的参与主体具有不同的利益诉求，在这种背景下可能产生合作共赢，也可能产生冲突矛盾，只有明确各方利益诉求，解决责任主体之间的利益冲突，通过建立利益表达、边民参与、利益分配机制，完善利益补偿机制，才能有效促进旅游的健康、可持续发展。建立利益表达机制，畅通表达渠道，实现相关信息的披露和公示，解决公众疑虑，既能够提升旅游主体沟通效率，又能为政府决策提供依据。建立边民参与机制，在旅游的规划开发过程中邀请边民参与，以维护全体边民的利益。完善利益补偿机制，在土地流转和土地征用方面，提升补偿标准，优先为被征用土地的农民提供就业机会，允许居民利用土地资源或旅游资源参股，保障居民基本生活水平。建立合理的利益分配与补偿机制，使边境旅游参与主体共享旅游收益，提升旅游企业社会责任感，建立公平公正的边境旅游发展环境。

（三）社会资源安全：提升边境地区保障能力

资源安全问题本质上是社会保障问题，社会保障缺乏影响社会和谐，因此要建立控制东北边境资源安全问题的治理目标，从制度、实践、旅游三个层面提出治理措施，制度层面要完善社会群体安全保障制度，满足边境居民基本生活需要；实践层面要推进社会公共服务体系建设，提升社会管理水平；旅游层面要创建边境地区和谐安全氛围，增强旅游安全保障软实力。

1. 治理目标：控制东北边境资源安全问题

东北边境地区资源安全问题较为突出，社会保障体系还有待完善。东北边境包括内蒙古、辽宁、吉林、黑龙江、甘肃[①]五个省（自治区）。内蒙古长达 4200 千米的边境线上分布着包头市、呼伦贝尔市、巴彦淖尔市、乌兰察布市、兴安盟、锡林郭勒盟、阿拉善盟七个陆地边境市（盟）和俄罗斯、蒙古两个国家。对于辽宁，在 1334 千米长的边境线上丹东与朝鲜接壤。对于吉

① 由于甘肃与蒙古国接壤的边境线长66千米，是我国边境线最短的沿边省区，本书将甘肃划分“东北边境”。

林，在 1608.7 千米长的边境线上与俄罗斯接壤，与朝鲜隔江相望，拥有通化市、白山市、延边朝鲜族自治州三个边境陆地市（自治州）。黑龙江 2981.26 千米长的边境线上分布着鸡西市、鹤岗市、双鸭山市、伊春市、佳木斯市、牡丹江市、黑河市、大兴安岭地区八个陆地边境市（地区）与俄罗斯接壤。甘肃拥有全国九个边境省（自治区）中最短的边境线，酒泉市是甘肃唯一的边境陆地市，66 千米长的边境线上酒泉和蒙古国接壤。近年来东北地区社会保障和医疗支出呈现出资金缺口扩大的趋势，黑龙江省也成为我国社保基金亏空的第一大省份，在企业职工基本养老保险基金方面，东北也是中央“输血”最多的地区（晋江艳，2021），因此亟须采取一系列对策来解决社会保障问题。

2. 制度层面：完善社会群体安全保障制度

完善社会保险制度。在养老保险方面，制定养老保险基金运行体系，缩小城乡养老保险差距，鼓励农民尽早参保，完善失地农民养老保险形式及困难人群补贴制度。在医疗保险方面，针对边境地区流动人口的现状，解决城镇居民与农村居民医疗困境，满足其基本医疗健康需求，缩小城乡医疗差距，重点帮助弱势群体抵御个人难以承担的疾病风险。在失业保险方面，要根据就业形势上调失业保险金标准，探索非标准就业人员的失业保险制度并采取积极的就业措施，解决边境居民的后顾之忧。

发展社会救助体系。以兜好儿童、老人、家庭基本保障底线、保障困难群众基本生活为原则，统筹民政教育、社工组织、儿童福利等保障资源，建立健全以基本生活救助为主体，专项救助为支撑，其他社会力量补充参与的社会救助体系。促进社会救助政策与乡村振兴战略衔接，巩固脱贫攻坚成果，提升农业人口社会救助和临时性生活救助待遇，提升农村社会治理效能，建立稳定脱贫长效机制。促进救助程序便捷化，加大资金保障，针对特殊人群采取特殊办法，健全物质保障和服务保障，对生活不能自理的儿童、老年人、残疾人提供上门帮扶照料、定期回访等专业细致化的服务，满足困难群众基本需求，提升民生保障能力，搭建救助帮扶平台，鼓励建立专业化救助帮扶机构，构建救助与被救助之间畅通快捷的通道，做到弱有所扶、难有所帮、困有所助、应救尽救。

健全社会福利制度。社会福利支出的增加可以有效降低社会犯罪治理成本，从而提高社会安全水平（吴士炜、汪小勤，2016）。健全面向孤寡老人、孤儿、残疾人、精神病患者的民政福利和面向职工的职工福利制度。在民政福利方面，搭建养老院、儿童福利院等社会福利机构，养老院为老人配备齐全的医疗设施和娱乐设施，满足其基本医疗需求和娱乐需求；保育院、托儿所、儿童教养院、孤儿学校等儿童福利院收养被遗弃的或无家可归的孤儿，在保障其基本生活条件的基础上，为他们提供文化教育服务。精神病患者疗养院主要解决无家可归、无生活来源精神病患者的基本生活问题，并对他们提供医疗服务。在职工福利方面，为职工增加交通补贴、取暖补贴、困难补助等福利，完善职工福利制度。

3. 实践层面：推进社会公共服务体系建设

加大公共卫生投入。在邻国卫生安全水平偏低和边境卫生治理能力有待提高的双重压力下，边境地区高强度的人口流动使得公共卫生风险逐渐增大，因此需要采取加强口岸卫生检验检疫能力、提升医疗服务水平、构建公共卫生协同治理机制、增加信息技术投入、加强国际合作等措施提升边境公共卫生安全水平。口岸卫生检验检疫能力的提高一方面依赖于卫生检疫工作人员的专业水平的提升，另一方面需要卫生检验检疫设备和技术的更新。医疗服务水平的提升有赖于财政在医疗方面的投入、边境卫生机构对口支援的增加和高水平“国门”医疗卫生机构事务建设。公共卫生协同治理机制的构建需要边境政府、部队、警察、民众的多方努力，防止因边民日常交流或偷渡带来的公共卫生风险。信息技术投入的增加可以为边境社会安全提供重要技术支撑，因此可以通过建立入境人员数据库、构建人口健康信息平台等方式发挥大数据治理的作用。公共卫生安全方面的国际合作不仅优化边境卫生环境，也有利于赢得更多的国际资源和机遇。

加大基础设施投入。加大在农村、城市、交通等方面的基础设施投入，在农村基础设施方面，提高农村道路硬化率，推进农村贸易点、农村饮水工程、农村厕所工程、电网改造、危房改造、路面拓宽改造等项目，推进边境民族地区农村光纤、4G 基站、5G 网络建设；在城市基础设施方面，推进市政设施、污水和垃圾处理设施建设、加快城市风貌提升改造、城区排水管网工程建设等过程；在交通基础设施方面，以沿边公路环线建设为重点，打造沿边快速交通网络，以外联内通为目标建设通村畅乡的农村交通运输网络，推进国际客运中心及口岸检验大楼、口岸查验货场等基础设施建设，加强边境监控、拦阻设施等技防物防建设。

加大义务教育经费投入。在学校布局方面，优化不同阶段的学校布局，保障学生就近入学的需要，在边境教学设施方面，改善教师、学生宿舍，厕所、食堂等附属设施，配齐教学仪器、图书、体育器材、桌椅等设备，增加学校教学资源，提升办学条件。推进数字化校园建设，加强教师的信息技术培训，通过提升偏远地区网络覆盖率为教学提高技术支撑，利用数字教育平台提升农村及偏远地区的教育资源共享水平，打破地理位置为学生带来的教育桎梏。提升边境地区的教育质量，树立科学、全面的教育观，大力实施素质教育工程，引进和培育优秀的教师人才，保障贫困学生、农村留守儿童、进城务工子女受教育权利，重视多样性课程设置，设置教学质量评估制度，随时掌握教育水平变化趋势。根据地区资源特点和民俗文化，发展职业技术教育，为各行各业培养应用型人才。

4. 旅游层面：创建边境旅游和谐安全氛围

提升旅游信息服务。利用大数据、电子信息、互联网技术，加强对安全风险的识别和评估，整合旅游景点、旅行社、酒店、交通、气候等信息并转换成文字、声音、图片、视频等方便公众阅读和理解的形式，通过微信、微博、抖音等渠道加速信息的传播速度，以便于边境居民、旅游者、旅游企业能够更快速地接收到相关信息，增强旅游者和边境居民旅游安全意识，提升旅游企业管理效率，增强防范和应对能力。重视提升旅游安全警示信息服务，在特殊节假日增加安全提示服务，提醒游客相关注意事项，呼吁旅游者遵守安全管理规定，遵守社会公共秩序，号召旅游企业检查高风险旅游项目，严格落实安全措施。

完善旅游安全设施。加强边境旅游地区向游客提供的安全设施设备的管理，增加旅游安全防护设施，增加公众在可能到来的事故风险中的抵御对抗能力；重视对人身安全有较大威胁的大型娱乐设施、电梯、索道、机动车辆、游览船的维护保养和监督检查，及时更换老旧或者不合规的设施设备。落实安全责任制度，设置安全故障应急预案，同时完善旅游场所安全标志，在窄路、急弯、临崖、陡坡、积雪路段、积冰路段、易燃易爆产品等构成一定危险的区域和公众不能进入的区域通过文字、图形、符号等形式设置通俗易懂的安全标志，增加减速带、凸面镜、防护墙、防护栏杆、安全隔离带等安全设施，注意安全设施与环境协调，使其既能与环境融合又能起到提醒公众的目的。

营造旅游安全环境。树立安全文明的边境旅游目的地形象，增加安全保障的软实力。针对旅游景区、司机、导游等定期开展旅游安全警示的教育培训活动，加强对国家、省、市安全法规的学习，创新安全教育的方式和内容，邀请专业老师进行教学授课，将理论和实践结合，理论方面通过分析旅游安全典型案例、宣传安全急救的先进经验使安全教育常态化，实践方面将安全急救培训加入旅游安全教育中，定期组织安全知识比赛和安全技能竞赛，使公众能够系统掌握安全理论知识和安全操作技能。同时扩大安全教育的内容和受众面，通过墙报、贴画等形式宣传安全知识，让旅游安全管理人员、边境居民、旅游者都参与到旅游安全培训，提升旅游经营者的安全保障义务和旅游者的安全防范意识，增强社会公众自我防护、自我救助、协同救助的能力。

七、研究结论与讨论

（一）研究结论

基于边境旅游与社会安全相关理论，分析了边境旅游对社会安全的影响成因、影响路径、影响表现与测度形式，选取了 43 个边境陆地市（地区、自治州、盟）作为研究区域，以 2009—2019 年为研究区间，从理论分析到实证分析，从时间和空间上测度了边境地区社会安全风险状态，深入研究了边境旅游对社会安全的影响，得出了以下的结论。

（1）边境旅游对社会安全的影响机理。边境旅游系统表现形式为供给子系统、边境子系统、需求子系统，社会安全的表现形式为人口安全、结构安全、资源安全。其中，社会认同是人口安全的核心要素，社会公正是结构安全的核心要素，社会保障是资源安全的核心要素。在影响路径方面，边境旅游对社会安全的影响遵循“系统作用—边界效应—边界变化—社会安全”的路径。在影响表现方面，边境旅游对社会安全的影响表现在人口安全、结构安全、资源安全三方面。在测度形式方面，社会安全根据社会脆弱性理论构建指标体系，人口安全的测度形式是暴露度，结构安全的测度形式是敏感性，资源安全的测度形式是适应性。

（2）边境地区社会安全风险评估。对目标层分析得出，社会安全风险总体呈现：西南边境高于西部边境、西部边境高于东北边境的递减分布规律，云南、西藏、广西、新疆、甘肃、辽宁、内蒙古、吉林、黑龙江递减分布规律，安全风险区呈现出西部→西南→东北转移的趋势。对系统层分析得出：在社会安全暴露度方面，以云南为代表的西南地区人口安全风险较为突出；在社会安全敏感性方面，以西藏为代表的西部地区社会结构风险较为突出；在社会适应性方面，以黑龙江为代表的东北地区社会资源安全风险较为突出。

（3）边境旅游对社会安全影响效应。边境旅游可以降低总体社会安全风险，提高边境地区总体社会安全水平。在边境旅游对社会安全子系统影响方面，边境旅游有利于提高人口安全水平，但会降低结构安全与资源安全水平。

（4）边境旅游对社会安全影响机制。边境旅游与社会安全风险存在“U”形影响，旅游总收入为 171.915 亿元时，旅游发展对安全影响迎来拐点，随后边境旅游发展对社会安全水平的提高效应会减弱。在边境旅游对社会安全的调节机制方面，基础设施、市场发展有助于强化边境旅游的安全效应，而宏观调控则会减弱这一效应。

（二）创新与贡献

本研究的创新贡献主要体现在以下方面。

（1）研究视角新颖。为社会安全提供了新的研究视角，在边境旅游与社会安全相关理论分析基础上，提出了边境旅游对社会安全的影响路径和影响表现，探讨影响社会安全的因素和社会安全的测度形式。

（2）研究方法创新。本研究基于社会脆弱性理论和社会安全理论构建了社会安全的指标体系，并借助 TOPSIS 模型和回归模型，测度了边境地区时间上和空间上的社会安全水平变化状态，分析了边境旅游对社会安全的影响效应和机制。

（三）不足与展望

本研究的不足主要体现在以下方面：①指标体系不足。本研究选择的研究区域是 43 个边境陆地市（地区、自治州、盟），由于位于边境偏远地区，很多数据由于客观原因并没有公布，因此本研究选择的指标数据较为有限。②缺乏实地调研。边境地区是疫情防控的重要地带，国外疫情仍然较为严峻，因此由于疫情等多方面原因不能前往边境地区进行实地调研，导致本研究缺乏边境旅游与社会安全的实际案例。针对本研究的不足，需要在以下方面进行更深入的探索：①丰富理论研究。未来需要进一步分析边境旅游与社会安全的影响理论，并在此基础上寻找更多衡量边境旅游与社会安全的指标，以全面地分析边境旅游与社会安全，使研究更加深入。②深入实地调研。在边境旅游与社会安全理论分析的基础上，选取边境地区进行实地调研，通过实地调研搜集第一手资料和数据，总结归纳边境地区旅游与社会安全的情况与问题。

参考文献

［1］Anderson J B，Dimon D. The impact of opening markets on Mexican male/female wage and occupational differentials［J］. The Social Science Journal，1995，32（34）：309-326.

［2］Felsenstein D，Freeman D. Estimating the impacts of crossborder competition：the case of gambling in Israel and Egypt［J］. Tourism Management，2001，22（25）：511-521.

［3］Ingrassia S，Minotti S C，Punzo A. Model-based clustering via linear cluster-weighted models［J］. Computational Statistics & Data Analysis，2014，71：159-182.

［4］Jauregui C，Cristobal-Salas A，Rodriguez-Diaz A，et al. 2003. Simulation of contagion by tuberculosis in public places at US-Mexico border area［C］//；City. 348-352.

［5］Lord K R，Putrevu S，Shi Y Z. Cultural influences on cross-border vacationing［J］. Journal of Business Research，2008，61（3）：183-190.

［6］Lovelock B，Boyd S. Impediments to a Cross-Border Collaborative Model of Destination Management in the Catlins，New Zealand［J］. Tourism Geographies，2006，8（2）：143-161.

［7］Prokkola E-K. Cross-border regionalization and tourism development at the Swedish-Finnish border："Destination Arctic Circle"［J］. Scandinavian Journal of Hospitality and Tourism，2007，7（2）：120-138.

［8］Prokkola E-K. Borders in tourism：the transformation of the Swedish-Finnish border landscape［J］. Current Issues in Tourism，2010，13（3）：223-238.

［9］Smith S L J. Estimating the Distance Equivalence of the Canada-U.S. Border on

U.S.-to-Canada Visitor Flows［J］. Journal of Travel Research，2003，42（42）：191-194.

［10］Timothy D J，Tosun C. Tourists' perceptions of the Canada-USA border as a barrier to tourism at the International Peace Garden［J］. Tourism Management，2003，24（4）：411-421.

［11］曹昶辉 . 当前边疆民族地区乡村振兴的阻滞因素及应对策略［J］. 广西民族研究，2018（04）：115-123.

［12］曹能秀，王凌 . 边境教育安全：内涵、要素与研究视角［J］. 云南师范大学学报（哲学社会科学版），2018，50（03）：94-101.

［13］陈永涛 . 边境旅游阻滞效应研究［D］. 昆明：云南大学，2018.

［14］程刚 . 边疆民族地区旅游业发展与社会稳定之关系探析［J］. 中华文化论坛，2014（02）：174-177.

［15］程锦 . 国家治理视域下的社会安全事件及其应对策略［J］. 理论导刊，2014（09）：26-31.

［16］盖媛瑾 . 少数民族村寨旅游开发对当地基础教育的影响研究——以雷山县西江中学为例［J］. 贵州师范学院学报，2018，34（01）：18-24.

［17］高俊，王灵恩，黄巧 . 边境旅游地乡村转型及可持续发展路径——云南打洛口岸地区的民族志研究［J］. 地理研究，2020，39（10）：2233-2248.

［18］郭鲁芳，李如友 . 旅游减贫效应的门槛特征分析及实证检验——基于中国省际面板数据的研究［J］. 商业经济与管理，2016（06）：81-91.

［19］郝凤霞，张诗葭 . 长三角城市群交通基础设施、经济联系和集聚——基于空间视角的分析［J］. 经济问题探索，2021（03）：80-91.

［20］何战，张磊 . 中越两国边境旅游开发合作研究［J］. 东南亚南亚研究，2016（01）：53-57+109.

［21］黄彩文，和光翰 . 中缅边境地区外籍劳务人员与边疆安全［J］. 学术探索，2016（08）：56-61.

［22］黄晓军，王晨，胡凯丽 . 快速空间扩张下西安市边缘区社会脆弱性多尺度评估［J］. 地理学报，2018，73（06）：1002-1017.

［23］纪小美，陈金华，付业勤 . 中国入境旅游流的收敛与空间溢出效应分析［J］. 旅游科学，2015，29（04）：47-60.

［24］贾鼎，赵家正 . 调适与演进：城市基层社会安全治理的结构、问题与进路［J］. 公安学研究，2020，3（03）：70-86+123-124.

［25］贾玉梅 . 边境地区人口安全与经济社会发展研究——以黑龙江省边境地区为例［J］. 人口学刊，2012（05）：22-29.

［26］蒋满元．广西边境旅游发展中存在的问题分析及对策探讨［J］．旅游论坛，2008（04）：86-89.

［27］晋江艳．中国东北地区社会保障研究（1949-1956）［D］．长春：吉林大学，2021.

［28］靳诚，陆玉麒．区域旅游一体化进程中边界效应的定量化研究——以长江三角洲地区入境旅游为例［J］．旅游学刊，2008（10）：34-39.

［29］靳美玲．吉林省边境地区人口跨境流出状况及其影响因素分析［D］．长春：吉林大学，2013.

［30］雷明光，王保同．我国边民跨境婚姻家庭的困境与思考——以云南、广西边境地区为例［J］．中央民族大学学报（哲学社会科学版），2016，43（02）：72-78.

［31］李飞．跨境旅游合作区：探索中的边境旅游发展新模式［J］．旅游科学，2013，27（05）：10-21+41.

［32］李观凤，焦华富，王群．干旱区文化旅游地社会－生态系统恢复力年际变化及影响因素——以甘肃省敦煌市为例［J］．干旱区地理，2022，45（03）：1-16.

［33］李光勤，胡志高，曹建华．制度变迁与旅游经济增长——基于双重差分方法的“局改委”政策评估［J］．旅游学刊，2018，33（01）：13-24.

［34］李宏．公共财政支出的社会安全治理效应：理论逻辑、实证检验与动态分析［J］．宁夏社会科学，2019（02）：93-100.

［35］李丽华，丁姿，肖延辉．社会安全问题研究新视角：大数据视域下的特征、挑战及对策［J］．中国人民公安大学学报（社会科学版），2020，36（01）：121-127.

［36］李明明．社会安全理论探析［J］．欧洲研究，2006（05）：37-51+158.

［37］李钰莹．基于马克思主义社会矛盾理论视域研究突发社会安全事件［J］．科教导刊（上旬刊），2019（10）：154-156.

［38］李忠杰．切实加强社会安全建设［J］．科学社会主义，2012（04）：7-9.

［39］刘红春，李顺彩．协同治理：旅游市场综合监管的新路径［J］．云南大学学报（社会科学版），2021，20（01）：128-136.

［40］刘守芬．关于社会安全立法的比较研究［J］．中外法学，1995（03）：44-47.

［41］刘雪莲，杨雪．新时期维护我国边境安全的思路转向与精准治理［J］．云南师范大学学报（哲学社会科学版），2021，53（05）：21-32.

［42］鲁刚．当前云南边疆问题综合治理研究——以维护社会稳定为中心［J］．云南师范大学学报（哲学社会科学版），2018，50（01）：14-21.

［43］陆海发．边境跨国婚姻移民治理：挑战与破解之道［J］．西南民族大学学报（人文社科版），2016，37（03）：48-53.

［44］罗正雄，董耀武．联合体视角下“导游强迫购物”治理困境及破解路径研究［J］．贵州社会科学，2020（05）：42-47.

［45］马振超．边境安全视角下朝鲜族乡村空心化问题探析——以中朝边境地区延边段为例［J］．武警学院学报，2018，34（09）：20-25.

［46］南锐，汪大海．基于 TOPSIS 模型的中国省域社会治理水平评价的实证研究［J］．东北大学学报（社会科学版），2017，19（03）：284-291.

［47］彭向刚，刘振军．论我国社会安全治理现代化的推进路径——以矛盾论为分析工具［J］．理论探讨，2020（04）：145-151.

［48］朴今海，王春荣．流动的困惑：朝鲜族跨国流动与边疆地区社会稳定——以延边朝鲜族自治州边境地区为例［J］．中南民族大学学报（人文社会科学版），2015，35（02）：12-16.

［49］瞿华，刘荣荣．入境旅游与经济增长、人民币汇率的动态关系研究——基于中国 1985~2014 年数据的实证分析［J］．西南民族大学学报（人文社科版），2016，37（08）：137-141.

［50］沈国兵，张鑫．开放程度和经济增长对中国省级工业污染排放的影响［J］．世界经济，2015，38（04）：99-125.

［51］石佑启，陈咏梅．论法治社会下行政权力的配置与运行［J］．江海学刊，2014（02）：132-139.

［52］时雨晴，虞虎．我国边境旅游发展的影响因素、机理及现状特征研究［J］．宁波大学学报（人文科学版），2018，31（02）：114-120.

［53］孙保全，常玲．家国共同体：边民守土固边的基础性逻辑［J］．西北民族大学学报（哲学社会科学版），2021（02）：28-35.

［54］孙蕊．京津服务贸易引力模型与边界效应——以旅游业为例［J］．商业经济研究，2017（11）：136-138.

［55］汪进芳．桂滇边境地区旅游生态安全测评及障碍度分析［J］．贺州学院学报，2020，36（04）：132-140.

［56］王丹，韦智华，张云帆，等．西南边疆跨境民族文化旅游合作利益关系研究［J］．河池学院学报，2020，40（05）：45-55.

［57］王丹彤，明庆忠，王峰．云南边境旅游安全治理模式与对策研究［J］．旅游论坛，2012，5（01）：64-69.

［58］王恒．中国城市人口安全问题研究［D］．成都：西南财经大学，2013.

［59］王际科，杨正丽，杜小军．基于灰色关联度—TOPSIS 的县域经济社会发展综合评价研究［J］．数学的实践与认识，2014，44（19）：146-154.

［60］王桀．边境旅游：理论探索与实证研究［M］．北京：人民出版社，2021.

[61] 王桀，田里，吴信值 . 边境旅游系统空间结构与集散模式研究 [J]. 资源开发与市场，2018，34（01）：123-127+138.

[62] 王明康，刘彦平 . 休闲农业发展对城乡收入差距的非线性效应研究——基于中国 249 个县域的面板数据 [J]. 农业技术经济，2019（01）：40-53.

[63] 王松茂，何昭丽，郭英之，等 . 旅游减贫具有空间溢出效应吗？[J]. 经济管理，2020，42（05）：103-119.

[64] 王晓丹 . 中越边境跨国婚姻的动机和社会影响——以云南省麻栗坡县为例 [J]. 云南师范大学学报（哲学社会科学版），2011，43（01）：117-120.

[65] 王子超，王子岚，贾勤 ."边界"效应下的乡村旅游产业发展模式研究——以贵州岜沙苗寨为例 [J]. 中南财经政法大学学报，2017（02）：14-21.

[66] 温晓金，杨新军，王子侨 . 多适应目标下的山地城市社会—生态系统脆弱性评价 [J]. 地理研究，2016，35（02）：299-312.

[67] 文彤 . 跨境旅游与边境城市口岸地区发展——以深圳罗湖口岸为例 [J]. 社会科学家，2014（11）：75-79.

[68] 吴士炜，汪小勤 . 城乡收入差距、社会保障与犯罪治理成本——基于动态空间面板模型的实证研究 [J]. 财经论丛，2016（01）：105-112.

[69] 谢贵平 . 认同建构与边疆民族地区社会安全治理 [J]. 西南民族大学学报（人文社科版），2019，40（09）：31-37.

[70] 谢志强，王剑莹 . 总体国家安全观指导下的社会安全问题研究——以社会治理为评价角度 [J]. 社会治理，2018（03）：10-19.

[71] 颜朝辉 2010. 社会安全风险分析与危机应对 [C] //；City. 6.

[72] 杨芳，方旭红 . 我国边境旅游安全问题探析 [J]. 乐山师范学院学报，2010，25（09）：87-91.

[73] 杨海坤，马迅 . 总体国家安全观下的应急法治新视野——以社会安全事件为视角 [J]. 行政法学研究，2014（04）：121-130.

[74] 杨丽 . 边境旅游市场分析与开发战略 [J]. 思想战线，2001（05）：63-66.

[75] 杨效忠，冯立新，张凯 . 交通方式对跨界旅游区景区可达性影响及边界效应测度——以大别山为例 [J]. 地理科学，2013，33（06）：693-702.

[76] 杨效忠，张捷，叶舒娟 . 基于社会网络的跨界旅游区边界效应测度及转化 [J]. 地理科学，2010，30（06）：826-832.

[77] 张凯，杨效忠，张文静 . 跨界旅游区旅游经济联系度及其网络特征——以环太湖地区为例 [J]. 人文地理，2013，28（06）：126-132.

[78] 张永领，游温娇 . 基于 TOPSIS 的城市自然灾害社会脆弱性评价研究——以上海市为例 [J]. 灾害学，2014，29（01）：109-114.

［79］张佑印，顾静，马耀峰．旅游流研究的进展、评价与展望［J］．旅游学刊，2013，28（06）：38-46.

［80］章锦河，张捷，李娜，等．中国国内旅游流空间场效应分析［J］．地理研究，2005（02）：293-303.

［81］周俊华，周丽华．边疆政治学视角下边境县政府守边固边机制研究——以云南省金平县为例［J］．西北民族大学学报（哲学社会科学版），2020（04）：38-47.

［82］周学军．中国旅游业发展与经济增长的相关性实证研究［J］．旅游研究，2019，11（06）：66-81.

［83］邹永广．目的地旅游安全自组织运行机理研究［J］．西南民族大学学报（人文社科版），2015，36（11）：144-150.

［84］曾维和．共建共享社会治理格局：理论创新、体系构筑、实践推进［J］．理论探索，2016（03）：65-69.

第七章
边境旅游对区域经济安全影响及调适研究

郭乙树

一、选题背景与意义

（一）选题背景

1. 旅游产业成为边境地区经济发展引擎

旅游业一直以来都被视作地区实现经济增长和结构调整的有效切入点和重要突破口，具有综合性强、关联度大、产业链长、涉及行业广等特点。边疆经济落后地区更是如此，我国众多边境地区都拥有高品质的旅游资源，灿烂的民族风情和悠久的历史文化；且长期远离国家政治、经济中心，受约束力弱，有利于文化的多元发展，极富旅游产业发展潜力。因此一直以来旅游业都被视作缩小边境地区与内地经济差距，促成边境地区由对外开放末端转变为发展前沿的重要突破口。党的十九大同样做出了“加大力度支持革命老区、民族地区、边疆地区、贫困地区加快发展”，落实国务院关于“改革创新边境旅游发展制度体系，积极推动将旅游业打造成边境支柱产业”的重要部署，可见旅游产业已经成为扭转边疆地区发展劣势的重要产业。

2. 经济安全成为区域经济战略转型核心

维护经济安全与秩序是构建区域经济发展新格局的根本价值取向。中国疆域幅员辽阔、地形条件复杂多样、资源禀赋差异明显，经济空间具有高度异质性，统筹区域发展，保障区域经济安全关系重大。一直以来国家都始终重视区域经济建设安全问题，国家“十四五社会经济发展规划”指出应逐步提升对边境经济落后区域扶持，加快形成主体功能明显、优势互补、高质量发展的区域经济布局。除此之外，疫情全球大流行加速了世界百年未有之变革，经济全球化遭遇逆流，保护主义、单边主义上升，世界经济陷入低迷，国际贸易和投资大幅萎缩，给人类生产生活带来前所未有的挑战和考验，新形势下区域经济系统风险预警、防范和化解成为突出问题。早在 2014 年 4 月 15 日，习近平总书记在中央国家安全委员会第一次会议上阐释“总体国家安全”概念时，就已经围绕统筹和保障经济安全做出了“新时代经济建设不仅呼唤改革与发展，更需要稳定与安全”的重要指示。随后党的十九届五中全会更是明确提出，要“统筹发展和安全，建设更高水平的平安中国”。经济安全作为实现国家总体安全目标达成的基础，对于当前中国应对中美贸易摩擦、新冠疫情冲击、抵制霸权等问题具有重要意义。解除制约经济发展的制度障碍，优化生产要素循环水平，扎实稳步拓展对外开放，实现国内国际双循环互促共进等安全追求，已然成为推动经济转型升级面临的核心问题。

3. 边境旅游发展边疆经济安全关系密切

边境地区一直以来都是我国重要的国土安全屏障和经济开放门户。伴随着世界秩序的变革和全球化力量的凸显，作为国家管理的边缘地带，地缘冲突和双（多）边合作成为近年来的主要趋势。党的十九大报告中明确指出：“加快边疆发展、确保边疆巩固、维系边境安全”。边境安全是总体国家安全格局中的重要组成部分，而经济安全作为总体国家安全观的核心要素，同样亦是边疆地区产业建设的前提与基本目标。一直以来我国边疆地区对经济建设都有着殷切的希望，因此旅游产业作为经济要素驱动的强力引擎，备受地区建设青睐。然而受制于历史束缚与现实缺陷，长期以来我国陆地边境口岸经济社会发展依旧普遍落后，旅游产业发展质量不高，旅游产业的经济贡献度与优越性并未完全激活。相反，伴随着跨国区域合作深入，旅游产业对于我国陆路边境地区经济发展影响越来越大，区域经济发展面临越来越多的风险与挑战，现阶段如何推动旅游产业与边境地区经济深度融合，激发沿边地区内源性增长动力、实现边疆经济安全可持续发展成为无法规避的现实难题。

（二）选题意义

1. 理论意义

拓展边境地区旅游产业与经济安全治理的理论研究。第一，丰富旅游对经济安全影响内在机理的分析。目前从产业层面探究经济安全相关内容虽已成为研究热点，但研究对象以制造业革新、农业粮食安全、生产性服务领域居多，对以旅游业为典型的消费型产业研究尚待完善，后疫情时代旅游产业作为经济复苏与维稳的关键力量应该得到更多关注。此外，当前学界对旅游经济效应的实证研究中，以单一指标评价为主流，对于旅游发展与区域经济系统之间的协调关系与内在机理的验证尚待补充。第二，弥补风险视角下边境地区旅游产业影响研究。当前学界多聚焦于旅游兴边富民正向效应的探究，多关注旅游发展与居民增收、交通基建设施改善、生态环境修复等方面，除少部分基于旅游产业积弱特质的研究外，对边境地区旅游开发带来的经济隐患研究欠缺。第三，补足产业关联视角下旅游经济影响研究。目前学界对于旅游产业贡献的关注度往往局限在本产业之内，将研究对象定义为独立的观察值，考察旅游发展对地区资源要素的微观意义，容易将旅游产业关联性强、波及效应明显的特性割裂开来，进而忽视旅游对地区产业层面及综合经济生态等中宏观作用。而旅游产业内部以及旅游产业与农业、工业制造业之间的经济互动是必然而持久的，这将深刻影响区域经济协调发展，因此有必要在经济安全背景下对旅游的经济影响进行分析。

2. 现实意义

回应边境地区旅游产业建设与经济健康发展的现实问题。第一，保障边境区域经济系统安全性需要。当前国际国内经济环境复杂多变，在经济全球化框架下区域之间的经济链条紧密联系在一起，边境地区作为国际区域合作的先导和经济条件弱势区被放置于多元开放的环境中，面临诸多难以预测的风险与威胁，旅游对于边疆经济建设是具有多重性影响，只有凝练出边境旅游对国家经济安全的影响机理及作用规律，从深层认知我国边境旅游发展全貌，建立区域经济安全预警体系，才能有效规避旅游开发潜在的经济安全风险，帮助政府部门明确本地旅游产业建设方向，提高区域经济系统安全性。第二，边境地区旅游产业健康发展需要。鉴于当前国内外经济形势变动，边境地区迫切需要寻找强劲的内生动力，但我国边境地区旅游发展不平衡、不充分的问题长期存在。本研究通过判别边境旅游在沿边区域经济系统中扮演的角色地位，以及旅游产业与区域内其他产业之间相互作用，探索如何使边境旅游产业在强化边疆经济实力的同时帮助地区经济系统提升风险应对能力，厘清安全发展次序与预警等级，为边境区域精准制定安全调适政策，进而追求更高水平、更协调、更全面的旅游经济效益。

二、国内外文献回顾

（一）边境旅游

边境旅游兼有国内、国际旅游的双重属性，历来凭借特殊的政治、社会地理站位，被视作国内外旅游市场融会的重要阵地。在繁荣地方经济、促成区域合作、巩固治安边防等领域具有重要的战略意义，20 世纪 70 年代以来逐渐成为国内外研究热点，研究内容涉及边境旅游概念及类型、功能作用和产品规划开发、区域合作与目的地管理等（张广瑞，1997；王新歌等，2014；杨效忠、彭敏，2012），关注点集中在边界功能与地位、边境旅游要素与影响、目的地合作管理。

1. 边界功能与地位相关

早期分析以边界障碍物与旅游吸引力研究为盛，Matznetter 最早注意到行政边界（Political boundary）与旅游吸引物（Tourism attraction）之间的作用关系（Timothy，2001）。随后边界功能与影响成为主流，Timothy（1995）通过调查美国大学生前往墨西哥旅游产生的认知差异，分析了边界对游客安全认知、制度差异识别、出行意愿及满意度等因素的影响。进一步他得出国家边境作为文化标尺，能构成文化风俗、语言习惯等异质性资源，吸引游客兴趣。在此基础上，学者们尝试借助量化工具验证二者关系，Werenfridus、Felisisima（2020）以印度尼西亚—东帝汶跨境旅游为例，得出国际边界对旅游发展具有优势，同时边界效应也能显著增强区域旅游经济效益。国内方面重点探讨通过行政合作、交通通达性、区域资源一体化等手段强化边界优势。靳诚、陆玉麒（2008）以长三角区域旅游一体化发展为例，实证得出行政边界是旅游建设的长期障碍，打破行政束缚，加强区域间制度、交通及经济合作才能强化区域资源优势。杨效忠等（2013）发现行政级别越高，边界对景区交通设施的屏蔽效应越低，且景区通达性越强，边界负向效果越不突出。

彭红松等（2014）借助社会网络分析法研究提出建立川滇景区共管组织，统一资源产品开发、建立统一营销品牌等资源整合方式是增强边界优势的重要路径。

2. 边境旅游影响相关

随着跨境旅游购物、境外博彩、跨区域合作等现象兴起，大量边境旅游案例积累助推旅游业发展影响分析成为主流。政治影响方面强调旅游外交功能，Gupta、Dada（2011）通过分析克什米尔地区跨境旅游现象，发现跨境旅游热度越高，政治主体越注重维护双方政治关系，缓解地区冲突。文化影响层面，Gelbman（2008）分析以色列为例得出大量游客通过观览边境遗址能加深对邻国文化的理解，从而促进双方政治往来与交流。经济效应分析热度最高，Pauline 等（2012）以墨西哥为例，通过测算跨境购物旅游者支出贡献指数，证明跨境旅游购物为当地创造了收入和就业机会。Anderson、Dimon（1995）利用 Tijuana 地区的案例调查结果，证实了跨境旅游发展为原住民尤其是女性就业提供渠道，从而使男女之间的收入差距得以改善，提高女性经济地位。Aytuğ、Mikaeili（2017）则重点关注了边境旅游发展在刺激区域资金流动方面的效能。近年来生态方面内容逐渐增多，Milenković（2012）证实了跨境地区生态管理问题更为复杂，而借助邻国人员流动与经济往来关系一体化管控能使其改善。国内学者更倾向于利用定量分析，实证不同因素对边境旅游时空格局的影响。姚利民等（2015）借助引力模型测度了文化亲疏距离对跨境旅游的影响。于国政等（2015）通过评述中国与周边国家的跨境旅游的空间特征和发展现状，分析了地缘政治、经济、文化以及旅游者个人因素对跨境旅游业的影响，预测了未来发展趋势。穆学青等（2019）对云南边境地区经济和旅游强度时空演化特征进行实证，结果表明云南边境各州市形成了“诸侯旅游经济格局”，地区经济强度与云南“多中心辐射式网络”旅游空间结构特征大致吻合。此外，跨境旅游产业效应亦是研究重点，黄爱莲、罗平雨（2018）选取云南瑞丽口岸为例，发现开展跨境旅游对于瑞丽口岸经济社会发展具有明显的推动作用，也直接影响到了其城市商业布局及当地民族的构成。耿桂红等人以云南的德宏及广西崇左边境县为例，指出边境旅游业的聚集效应带动了边境地区各项产业发展，在促进产业结构升级、带动就业，以及富民睦邻过程中发挥了重要作用。

3. 跨境旅游合作与管理相关

边境地区特殊的地缘政治因素与资源要素跨界流动属性，对地区资源配置与调控方面提出更高的要求。因此，跨境旅游目的地管理与合作问题无可避免。Timothy、Butler（1995）从概念上界定了疏离型、共生型、依赖型、合作型与整合型五种区域间边境旅游交流形态。Blasco 等（2014）提出相邻国家制度差异、经济实力、合作形式以及跨国企业的运营能力与竞争力是构成跨境旅游合作机遇与挑战的源头。结合实践经验，Sofield、H.B.（2006）以澜湄次区域合作为例，指出人的流动性与政治关系亲疏深刻影响旅游合作。Schindler 等（2011）探究了欧洲南部六个自然保护区管理案例，提出跨境环保局在优化管理方面具有积极意义，但同时区域利益分割又会激化内部矛盾。Stoffelen、Vanneste（2018）认为互惠互利的利益激励机制与共荣互通的文化认同有助于调节跨境旅游合作关系。国内方面，2010 年我国政策语系中出现“跨境旅游合作区”的概念，并迅速成为研究热点。李飞（2013）指出发展跨境旅游是关系国家安全的重大问题，并立足研究国内外跨境旅游合作研究成果，对比定义了我国跨境旅游合作内涵、类型、特点等基础内容，提出了我国发展模式与战略建议。目的地调控政策研究方面，焦爱丽等（2022）指出当前区域旅游合作还存在国家配套政策措施不够完善、旅游合作机制尚不健全、旅游产业发展基础较为薄弱、旅游安全保障措施不足等问题，应树立一体化建设理念，促成政策共用、平台共享、环境共建、服务共管。

（二）经济安全

国内外对于经济安全的关注起源于 20 世纪 90 年代，随着冷战结束、和平与发展成为时代主题，经济安全取代军事安全成为各国政治领域的核心议题。依据研究尺度差异，主要分为“国家经济安全”与“区域经济安全”两大阵营，研究内容涉及经济安全内涵及层次、水平测度、风险识别、影响调控等方面。

1. 国家经济安全

“国家经济安全”议题相对宏观，以概念界定、影响阐释、理论追溯居多。1980 年日本政府最先发布了《国家综合安全报告》，将经济安全基本立场表述为“确保海外资源、能源的稳定供给和国际市场的开放，以实现维护国家经济生存必须环境为目标”（郭锐、许菲，2021）。1992 年全球爆发了世界性金融危机，以美国为首的资本主义国家金融环境遭遇重大变故，经济体系安全性能损害严重，随即美国政府将“经济安全”定位为“恢复、保持、提升经济实力，以此保障经济强国地位，同时增强全球经济竞争力”，追求经济霸权之心凸显。相较之下，我国经济安全界定源自 2014 年习近平总书记对“总体国家安全观”做出的科学研判，“经济安全”是以当前我国经济发展所面临的增速放缓、结构转型阵痛、前期政策刺激内化以及国际环境紧张等现实问题为背景，以我国的经济运行实践特征为依据做出的解释，包括经济主权安全、资源能源安全、金融安全、粮食安全、科技安全、产业与贸易安全等维度，层次更丰富、体系更完整。由此可窥知，国家层面考量经济安全是以经济发展宏观环境与自身国情的匹配度为出发点，与“经济独立与依附、稳定与脆弱、自主与压迫、革新与守旧”等经济能力范畴相关联，当主权国家经济发展遭遇“不安全”因素扰动时，经济系统必须主动采取调整适应措施，历经维持抵御、恢复重构、转型更新等程序进行安全治理（温俊萍，2006）。

国家经济安全治理层面，尤传明以经济全球化为背景探讨了对外贸易为改善国际经济环境以及扩大生产要素投入创造条件，但引发了风险防范难度加大、国际垄断势力构成产业安全威胁、经济依附性增加挑战等问题（尤传明，2013）。匡增杰、孙浩（2016）将贸易安全视作战略性复杂动态系统，影响因素对应包括政治、经济甚至社会等层面，其中以贸易保护主义政策、外商直接投资、国际政治形势为主，各种因素之间相互影响作用、不断变化。丁敏潇（2020）从经济、战略和安全三个视角出发，对比日美经贸摩擦异同，指明经济依存背景下经济体之间的竞争与合作关系内含安全冲突隐患，开放贸易与国际经济体系不平衡是产生风险的根本来源。

2. 区域经济安全

“区域经济安全”与国家经济安全之间是从属关系，即当地区经济自身安全防范能力与区域内外各种直接或间接的外部冲击相持失衡时，区域经济安全状态不断积弱至阈值便可能威胁国家经济安全（顾海兵、张安军，2012）。区域经济安全相关研究内容主要涉及：一是区域经济安全理论逻辑建构，二是区位因素对经济安全的影响分析，三是区域经济安全状态时空演化及评价。

理论建构分为“能力说”“状态说”“抗风险”三大学派。史忠良（2002）和舒展、刘墨渊（2014）强调经济安全指独立经济体维持主权独立、基础稳固、健康运行、稳健增长、持续发展不受外来势力根本威胁的状态；欧阳俊、邱琼（2015）认为经济安全是指在开放的经济条件下，经济运行主体免受内外各种不利因素的干扰、威胁、破坏，而不断提高经济竞争力，从而实现可持续发展、保持经济优势的能力。“抗风险说”支持者张幼文（1999）指出经济安全关系经济体如何防范短期冲击引发的经济大幅度波动，如何防范经济财富大幅度流失，具体而言包括具备抗衡市场垄断、抵御跨境公司转移外部风险等能力。风险论是建立在区域经济安全存在风险的前提之下，更多地强调商业环境中潜在的贸易隐患对经济安全构成的不利影响。

区域经济安全评估方面，由于区域经济安全包含高质量发展与长效稳健两大指向，因此已有研究多侧重进行达标评估，其中更以指标评价法及耦合协调分析为主。陈洁（2014）分别从产业发展力、产业竞争力、产业控制力和产业对外依存度构建产业安全综合评价指标体系，计算出中国商贸服务业产业安全处于“基本安全”的下档，随即利用神经网络和遗传算法，对该模型的有效性进行检验。苏斌、丁文婷（2022）通过实证得出产业结构升级与经济高质量发展之间存在长期协整关系。李强、王琰（2019）探究了环境规制模式与我国经济增长质量皆存在“U”形关系，即在短期内环境规制会抑制经济增长质量的提升，但在长期环境规制对经济增长质量有促进作用。

区域经济安全治理层面，围绕经济系统发展自主性、风险自卫性以及增长持续性诉求，学者们以区域产业性能提升为突破口，探索区域经济发展与维稳要素。曹秋菊（2007）通过梳理全球化经济和区域经济一体化进程中产生的“国际贸易与国际投资风险”，提出由外商投资扩大引发的行业和市场占有、品牌及技术控制以及行业规模不经济是构成产业安全威胁的主要方式。顾海兵、张安军（2012）以东部沿海经济发达城市为例，将经济安全实现过程与区域产业发展稳定相对应，认为统筹三产协调发展，把握好农业的基础性作用、高新产业的引导作用、服务业的促进作用，努力构建产业结构与消费结构、资源结构、科技创新相匹配的经济发展，最终能够为我国经济安全提供丰厚的物质基础。吴敏芳（2011）以经济安全的基础产业农业为例，分析了外商直接投资对农业可持续发展能力、国际竞争力以及产业控制力的影响，梳理了外商投资影响农业安全主要借助资本挤出、贸易依赖、环境破坏与资源掠夺四个方面。服务业建设角度，陈洁（2014）以商贸服务业为例，基于商贸业存在的区域发展失衡、业态创新艰难、外资依赖加深以及国际竞争力较低等现实困境，指出市场开放共享背景下，产业内部发展潜力及动能一定程度上构成商贸产业安全威胁。

（三）边境旅游与经济安全

1. 边疆与经济安全

国外学者早在1940年就发现边境特殊的地理区位对经济发展的限制作用，边界隔离使区域间经济流动不再连贯，区域资金交流的边际成本增加。近年来我国边境在政策引导下，经济数据表现十分突出，但随着经济社会风险激增、地缘环境日益复杂，边境地区经济系统的内生性束缚却被逐渐放大，并逐渐上升至经济安全层面，引起学界重视。夏文贵（2017）强调边境是国家疆域的边缘性区域，这种空间上的距离使得边境在国家权力管控中处于薄弱环节，“权力真空地带”的经济政治问题往往更突出。王辉（2021）分析了中国西南边疆总体经济韧性水平，认为区域内部经济安全性能较强，且临界区域大于腹地，存在明显的空间差异，而地方旅游资源、对外开放程度、产业结构与政府管理能力是关键因素。方盛举、张增勇（2021）发现随着边境开放政策深入实施，国民流动更加频繁方便，非边境地区人员前往当地经商、旅游、就业、定居或从事其他活动，给边境地区带来活力和繁荣的同时，也给边境安全带来隐患，部分非法活动增加了边境安全治理成本。

2. 旅游与经济安全

旅游产业的经济效应一直是旅游研究领域的经典内容之一，“安全”分析框架下，研究方向主要是：旅游对目的地经济发展贡献分析、旅游业经济特征分析。围绕旅游与经济增长、旅游产业与经济结构、旅游与区域建设等议题展开。在旅游影响经济规模方面，Canina 等（2005）指出旅游产业集聚能够通过提升区域旅游经济竞争力，从而提高企业经济效益，带动地区经济繁荣。而 Futagami、Ohkusa（2003）提出反对观点，认为旅游产业发展对于经济的促进效应存在显著的门槛特征，认为只有当区域旅游市场体量恰当时才能实现增收，超过或小于市场饱和阈值都不能完全激发其经济效益，特别是在发展后期，旅游产业过度集中甚至会演变成为区域经济停滞的隐患之一。

马国强（2019）从要素驱动经济增长视角分别探究了旅游产业集聚通过扩大生产要素投入规模、提升全要素生产率以及发挥空间溢出效应等途径从而实现对区域经济增长的促进作用。李竹等（2022）论证了旅游产业对经济增长贡献度与地区旅游产业依赖性高度相关，较低旅游产业依赖度地区通过“红利效应”驱动经济增长，而较高旅游产业依赖度地区则会通过“挤出效应”抑制经济增长，但仍然表现出强劲的复兴态势。在此基础上，常美龄以省际旅游产业样本为对象研究旅游产业结构优化带来的经济影响，得出旅游产业优化与经济增长之间存在倒 U 形非线性关系，且旅游结构变迁对于区域经济波动的解释力度较大，旅游产业结构落后是拉大区域经济发展差距的主要原因之一（常美龄，2019）。进而从区域整体环境而言，李永平（2020）以山西省为例通过旅游产业、区域经济和生态环境协调评价，得出山西省旅游产业、区域经济与生态环境的关系已由负相关转变为较同步的协调一致性，但总体发展水平欠佳。郑伯铭等（2022）运用空间分析方法实证了西部省区旅游经济效率与区域经济水平互动关系，发现区域发展水平对旅游经济效率方差贡献度较低，而旅游地对区域经济的意义更突出。

3. 边境旅游与经济安全

目前学界对于二者的相关性分析聚焦人员流动、产业性质、权力限制、边境旅游与经济安全的相关分析以定性为主，内容以评估二者的互动关系、探究影响因素为主。黄华（2012）从边疆省区旅游空间结构要素入手，探讨陆疆省区旅游空间结构形成与演进的动力机制、机理及优化模式，发现薄弱的经济基础使得边疆省区对外部旅游客源、资金、技术、政策和口岸等有着较大的依赖性，缺乏常规经济产业发展基础的地方往往会更加重视旅游发展。黄新华（2016）指出西部边疆地区旅游资源本身具有较强的经济发展潜力，而且更重要的是西部边疆地区的经济发展与东部发达地区具有很强的互补性和联动性，因此积极有效的边疆治理既能够充分发挥边疆地区的地缘资源优势，又可以促进东部与西部地区经济发展的合作，进一步缩小区域间经济发展水平差距，促进区域经济一体化的进程，维护国家经济安全。周瑜（2017）研究了中国东北地区与俄罗斯远东地区的区域经济合作问题，经济引力模型测度得出在具有一定地理区位优势和经济发展水平接近的条件下，空间经济联系强度基本反映出空间经济联系程度和经贸合作关系，并且交通运输网络是否发达直接决定空间经济联系强度。田里（2022）提出边境旅游面临的经济安全问题主要是经济利益安全，具体为边境走私和跨境赌博，是一种流失型安全风险。贺灿飞等（2019）构建了区域—产品层面的出口贸易韧性指标，得出区域产业结构、税收政策类型、外企占比以及加工贸易方式对区域出口贸易韧性水平影响显著。

（四）研究述评

首先，关于研究内容，边境旅游中边界的作用及产业管理等内容已经相对成熟，且围绕边界效应对跨境旅游合作与地区冲突的探讨也逐渐深入。在传统区域经济理论模型支撑以及区域协同战略影响下，关于边境旅游产业与区域经济协调的分析也日益增多。但学界对于边境旅游经济的概念框架争议颇多，理论分析基础薄弱，“边境特色”不突出，较难体现边境地域特殊性与复杂性，对现实指导意义较弱。且由于我国区域行政分制、资源配置、产业归属等制度特性，往往无法直接借鉴国外研究经验，因而学界倾向探讨区域单一要素，如经济水平、体制层级、税收外汇、文化差异等对边境旅游的单向作用，而边境旅游在区域系统中的多重贡献往往是盲点，为数不多的双向研究中也主要关注二者的协调关系，忽视其内在的关联机制。

其次，在研究尺度的选择上，虽然研究对象的微观化趋势明显，边境旅游供给主体的行为成为核心，调控目标也不再局限于需求适配而是强调发挥旅游产业的联动效应，探索如何将旅游发展为经济撬动点。但切入点较为聚焦，从旅游供给侧改革出发，以促成设施建设、市场联动、技术合作等单一要素优化为主，对于多要素影响框架下的配合机制、传导路径，以及外部效应等系统性研究不多。不仅如此，考虑数据可得性，游客感知分析仍是主流，县域尺度、基于宏观数据的成果不多，多是针对单个省区或跨界合作区展开的案例研究。

最后，研究方法方面，在主流定性研究基础上，空间分析发展成为新趋向，实证旅游流的空间布局及跨境流动趋势成为大部分学者的选择。关系性研究尚待补充，方法以指标评价及耦合协调分析为主，评估体系较为单薄，且对成因及关系检验的定量分析不多。

三、研究设计与框架

（一）研究内容

本论文基于对边境旅游、旅游产业效应、区域经济安全内涵等概念梳理背景，总结前人研究文献与理论著作的系统梳理基础上，以“理论解析—实证评估—效应检验—治理建议”为研究思路，以边境地区经济发展现实为背景，建立包含边境系统与经济安全系统的分析框架，探究边境旅游产业发展与区域经济安全之间的相互作用，验证边境旅游发展对案例地经济安全的影响程度、影响机制、影响表现及调控手段等，以期在“国家安全发展观”“兴边富民行动”以及区域经济协调发展背景下，提出边境旅游治理目标，完善区域经济安全机制相关对策。

（二）研究方法

1. 定量与定性相结合

通过检索中国知网（CNKI）以及 Web of science（WOS）文献数据库，梳理边境旅游与经济安全相关概念，探索符合二者相互关系的基础理论，厘清边境旅游影响经济安全的内在逻辑。选取已有成熟定量评测指标，构建边境旅游与经济安全影响评价模型。运用 STATA、SPSS、ArcGIS 等定量分析工具，收集地市宏观产业数据，通过熵值评估边境地区经济安全时空特征，利用地区固定面板回归模型探索两大系统的扰动关系，衡量边境旅游对经济安全影响的传导机制，探究关键因素对系统表现的调节机制，解释地区影响差异与趋同成因。

2. 归纳演绎法

边境旅游产业与区域经济安全问题归属于交叉学科范畴，探究二者的相互关系及影响机理。一方面需要明晰研究对象自身的要素构成，另一方面更需要建立互动性关联分析框架。因此，有必要借鉴旅游产业分析、区域经济发展等多学科成果，对相关内容进行理论推演与逻辑梳理。此外，还需采纳系统研究范式，构建边境旅游产业与经济安全要素系统，全方位、多层次、多维度刻画要素间联系。

3. 对比分析法

首先收集不同边境旅游目的地的数据资料，依据样本区域的旅游经济系统与经济安全系统评估结果，对比分析其在不同空间与时序上的发展特征。在此基础上，总结关键因素对影响表现异同的解释力度，探究边境旅游影响区域经济安全的内生动力。

（三）研究框架

本研究从经济安全治理的全新视角，将边境旅游与区域经济安全之间的动态互动关系作为研究对象，通过文献分析、归纳演绎、定量评估、对比分析相结合，建构边境地区经济安全评估框架，测度 2009—2019 年我国西南、东北及西部边境地区共 43 个边境（地区、自治州、盟）地市区域经济安全状态，对其时空演化规律进行探索。在此基础上，围绕边境旅游经济与经济安全核心要素之间的理论关联，利用固定面板回归模型验证边境旅游与经济安全的扰动关系，通过检验中介效应分析边境旅游对经济安全的影响机制，并通过识别调节效应最终确定了边境旅游治理发展背景下地区经济安全调适的关键路径，为我国边境地区旅游产业发展以及区域经济安全防控提供学理依据和事实支撑。技术路线如图 7-1 所示。

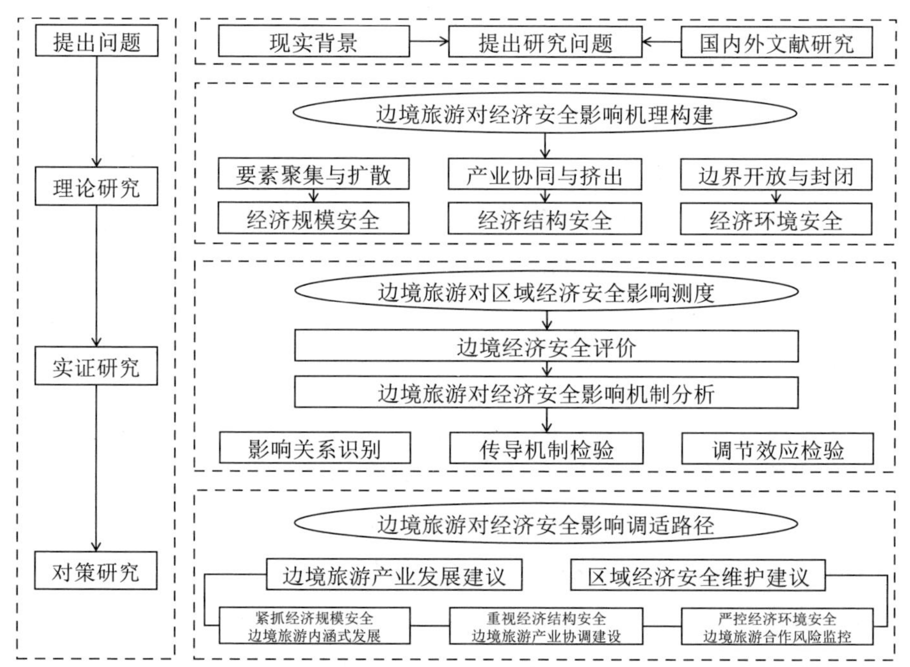

图 7-1　技术路线图

四、边境旅游对经济安全影响机理构建

目前学界关于边境旅游对经济安全的影响分析框架尚未成熟，本研究对边境旅游影响经济安全模型及机理进行推演。首先梳理边境旅游经济影响过程明确边境旅游系统构成。其次围绕经济安全实现的条件确立经济安全系统维度。在此基础上从“影响因素—传导机制—影响表现—安全测度”四个层面厘清二者相互作用的原因机制。

（一）边境旅游系统

流动性是旅游的基本属性之一，从经济学角度出发，旅游系统的运行过程可以视作旅游要素流以产品供需的形式在客源地与目的地之间完成资源交换与转化，具有明显的产业融合性和区域交互性。在此基础上，边境旅游系统更加特殊，其在空间上依托特定的国家边界而存在，边界作为介体将直接关系要素流通性能，同时边界放缩也直接决定旅游经营与活动开展的可能性和范围，边境旅游发展必须遵循一定的边界动态管控要求。因此本研究将边境旅游系统视作由客源地系统、目的地系统、边界子系统三个部分共同组成的复杂开放系统。

1. 客源地系统

边境旅游系统中的客源地系统是由旅游者、旅游偏好及活动背景等因素构成，实际上是旅游需求的外在显现。从地理类型上区分，主要包括本地需求、国内需求以及国际需求。客源地系统的类型、规模、质量直接反映出目的地旅游业的市场影响力。对于客源系统的分析主要包括旅游人次、重游率、人均消费、收入乘数、毛利率等内容。边境旅游客源地系统的类型囊括了以上三种，游客需求来源更为复杂多元，交汇性突出。此外，从系统特征而论，现阶段我国边境旅游客源规模比较小、大部分游客复游可能性不高，游客开支较少，停留时间较短，除瑞丽、延边等成熟目的地之外。从经济安全影响视角分析，客源地系统的发展水平是决定边境旅游经济效应大小的主要因素，客源地体系越完善，边境旅游流所带来的经济要素规模越大、质量越好、持续性越强，因而在拉动地区经济增长、强化产业合作、刺激技术创新等方面的效果更突出，反之客源地系统层次越单薄，其经济安全的作用力度越小。

2. 目的地系统

边境旅游系统中的目的地系统又被称为旅游供给系统，依据前人研究，它是旅游项目开展的主要场所，是地区为满足和激发游客需求为其提供的行程中所包含的全部资源、产品、设施及服务综合体。从“要素论”来看，其配套内容主要分为住宿、餐饮、娱乐、购物、观览等。从层次上区分又主要包含吸引物、设施与服务三种类型。对于目的地系统的分析主要从资源禀赋、景区等级、产品质量、软硬件设施水平、信息咨询服务、会员支持等展开。目的地系统的状态、潜力、开放程度是刻画旅游业发展水平的关键指标。边境旅游目的地系统当前还处在成长上升期，供给配套内容较少、质量有待提升、合作开放趋势不断加强。从经济安全影响视角分析，目的地系统完善水平是决定边境旅游经济方向的主要因素，目的地系统的原生状态越佳，产业体系越成熟，旅游产业对于地区其他经济要素的风险扰动更少，且通过技术引进、市场共享等形式能进一步带动其他产业发展，有利于经济可持续性，反之目的地系统越落后对于外部经济要素的吸引力越低，且需要借助其他产业力量弥合自身缺陷因此可能威胁其他产业发展，进而威胁地区经济安全。

3. 边界子系统

边界子系统属于边境旅游系统中特有的一个维度，实际上反映的是边境旅游作为“第三种旅游”的多重属性。虽然“边界”是对边境地区口岸、国门、界碑等客观事物的界定，但“边界系统”的语义更丰富，它是将境内外目的地与客源地之间所有的物质和非物质要素进行划分的标志，它既指边境旅游活动进行所具备的通关手续以及跨境交通等条件，也代表由地理分割所产生的人口区别、文化差异、经济差距、权力管理分歧等抽象要素。边界系统的开放程度直接决定边境地区及接触类型，Oscar J.Martinez 依据开放性由低到高，将其分为疏离型、共存型、依赖型、整合型四种类型。对于边界系统的分析主要是参考口岸合作区数目、际间交通周转量、国际贸易水平、关税优惠、合作项目量等。边界子系统的开合力度直接影响边境旅游经营的时空范围。我国边界旅游子系统现阶段的发展程度主要受到我国外交、国防、经贸共同体建设等因素影响，国家之间存在明显的区别，比如中国对缅甸、越南、老挝为主的东南亚盟国边界开放程度较高，但与北朝鲜以及中亚地区的合作意向有待提升。从经济安全影响视角来看，边界子系统的开放时长、通关难易度、交通距离等是决定边境旅游经济的主要因素，边界系统开放性能越好、手续越简洁、距离越短则境内外经济交易成本越低，地区间、产业间经贸合作欲望越强，因而跨境经济交流内容越丰富、程度越深，对于建立境外优势环境，争取外部经济资源更有利。但长期闭关或过度开放都会产生隐患，断绝合作往来会阻碍资金、信息、贸易等新要素加入，不利于经济成长，甚至拉大差距，而过度开放又容易滋生权力不明、非法交易、外部风险入侵等问题。

（二）经济安全系统

经济安全系统运行的过程是经济要素为实现最优组合在地区之间、产业之间、经营主体之间动态流动、整合与转换，客观上要求经济体满足增长持续性、发展稳定性与风险自卫性的特征。边境地区作为特殊功能区域具有内地差异性与对外开放性（王辉，2021）。一方面，与经济发达的内陆腹地相比，边境地区经济基础薄弱，经济要素流通成本较高，因而不同层级的经济系统"马太效应"突出；另一方面，边疆地理位置邻近边界线、彼此唇齿相依，国家间的区位差异使得彼此在社会经济、文化生态、安全管理等方面既存在区别又紧密相关，因而"交流与冲突"现象频繁。综上，本研究将边境地区经济安全系统视作包括经济规模安全、结构安全、环境安全三大子系统的动态调和系统，其发展状态不仅受制于系统内部要素质量，更与外部环境息息相关。

1. 规模安全系统

经济发展是实现国家经济安全的基础，当前边境地区的经济发展机遇与挑战并存。一方面，边疆地区特殊的区位优势以及丰厚的资源存量，可以为国家的经济发展提供充足的资源支持，而且还能为提升国家经济发展能力以及维护国家经济安全奠定坚实的物力保障。另一方面，当前中国的边境经济类型主要包括旅游服务经济、口岸贸易经济、高山牧区经济、矿产开采经济等几类，但整体而言资源依赖性明显，资源禀赋是地区经济水平的决定性因素，经济脆弱性突出，并且不具备水平优势。因此边境地区经济系统规模提升往往是经济安全的基础内容，其主要表征是地区经济的整体增长性。

2. 结构安全系统

结构稳定是维护国家经济安全的抓手，当前边境地区产业体系尚待提升且发展空间巨大。从产业建设层面来看，我国边境地区的旅游业、农业（畜牧、特色林果、棉花烟草等）、矿采业等优势产业都为国家经济安全与边疆稳定作出了突出贡献。但由于边境地区基础条件十分有限，且存在一定程度的政绩“功利导向”，因此虽然前期集中力量建设先导产业能够帮助地区实现经济腾飞，但部分屏蔽了其他产业的经济发展，特别是进入后期，产业之间的创收差距会不断激化彼此的矛盾，甚至挤出弱势产业，导致地区产业经济结构失衡，威胁经济系统安全。此外从区域经济结构来看，考察边境地区经济安全必须关注产业协调现状，了解内陆腹地、边境地区、临界区域之间企业、政府是如何借助资本、信息、知识等为载体实现内外产业关联、技术创新、结构调整的循环过程十分重要，这集中表现为区域间产业经验借鉴、地区内部产业间协同发展、优势产业排他性发展等。因此边境地区经济系统结构优化是经济安全的关键内容，其表征的是地区经济整体运行的稳定性。

3. 环境安全系统

环境开放和谐是国家经济安全的重要目标，当前边境的跨国合作优势明显但也显露出隐患。一方面，从国内外风险管制来看，全球经济风险主要来源于全球性的经济危机和国际的竞争，而与周边国家的贸易往来直接影响着国家应对全球经济风险的能力。边疆地区作为国家对外经济交往的门户，在国际经济竞争中发挥着桥头堡的作用，边疆省区与周边国家地缘关系的加深也将大大拓展我国经济的发展空间和产业容量。另一方面，从国内区域环境协调而言，关注帮扶边境地区经济复兴，推动边境特色产业建设能够进一步缩小东西部地区差距，提高全国资源利用水平和效率，进而增强国家对外经济交往的整体实力，提升我国应对全球性经济危机和国际竞争风险的综合能力。因此边境地区经济环境调控是经济安全的长期目标，其直接关系地区经济环境的和谐性能。

（三）边境旅游与经济安全关系

边境旅游发展产生的各种经济现象及其对应的关系是复杂变化的，在前文理论依据与模型推演基础上，本研究尝试从微观经济要素层—中观产业建设层—宏观经济环境层对其与经济安全的关系进行梳理。与此相对应，得出经济安全影响产生的来源也与目的地、客源地以及边界系统的综合相关性，构建旅游经济要素水平、旅游产业发展水平、跨境边界开放水平三个维度的关系模型。

1. 要素层次因素

由新古典经济均衡理论得知，要素的自由流动可有助于实现区域经济的均衡发展。基于此从旅游资源不可移动性方面考量，边境旅游活动只有通过旅游者的跨区域流动才得以开展，且往往使旅游者由发达地区向落后地区流动，流动落差尤为明显。伴随旅游者的跨区域流动过程，区域间的人流、物流、资金流和信息流等生产要素也在不断进行转换，并通过影响其他要素价格和收益而间接影响区域经济安全。国际的服务贸易能够通过资源产品交换完成要素互补，而后产生专门负责区域合作的组织载体，如“加工贸易免税区”“经济合作区”“境外开发区”等，以保证相邻区域资源开放共享、要素优化组合。在这一过程中能够依托边境地区生产要素的互补技能催化经济近距效应，同时提升资金、技术、基础设施等利用效率，实现边境地区经济超常规发展。因此，从经济要素层面而言，本研究认为旅游要素流入边境地区对于改善地区经济条件至关重要，并通过资金、人才、政策、技术等“外部要素流入”形式提升地区经济规模。

具体而言：第一，基于跨区域旅游消费现象，边境旅游业可以为目的地带来大量资金流，并进一步促进基础服务设施、住宿餐饮、商贸流通等其他相关产业的发展。第二，劳务性旅游移民前往生产力相对落后、人才储备相对欠缺的边境地区，有助于减轻嵌入地区人力资源压力，促进劳动市场分工细化。第三，旅游业创收对于缩小地区收入差距具有明显的积极意义，而当入境旅游收入相对于 GDP 具有累退性时能够改善区域收入不平等。第四，边境旅游发展过程的主客共享和信息沟通可增进区域间的熟悉程度和技术交流，为地区内部革新与区域协作奠定基础。基于旅游空间交互性以及经济要素流动性视角，本研究认为边境旅游对区域经济安全存在深刻影响。

2. 产业层次因素

林毅夫（2011）提出了“新结构经济学”观点，认为经济发展的本质是一个技术、产业结构不断创新变化的过程，只有打造与经济体基础设置相适应的产业结构才能实现利益最大化。对于资源相对匮乏的边境地区而言，强行走资本集中的工业化道路是难以实现的，而旅游业这种典型的服务经济刚好契合其要素缺口，具有极强的自生能力。综上，从产业层面出发，本研究认为旅游产业在优化与调整地区产业结构方面发挥着重要作用，具体表现在通过“内部产业重组”的形式促进地区产业实现市场共享、供给升级，进而破解边境地区经济结构僵化的难题。

具体而言，第一，旅游市场开放共享能够为其他产业供应商带来经营机遇，多元化的旅游需求在一定程度上对标了农业、工业、信息产业等产品和服务内容，进而扩大其市场空间。第二，旅游产业的到来打破了传统家庭自然分工模式，分工细化不断驱使土地、人力、资本等资源突破原有产业边界，并不断通过集中流转、技术创新、服务升级、组织合并等方式改变原有生产投入结构，打造出相互关联的产业供给体系。第三，旅游业发展创造并激活了大量就业岗位，使得原有产业“去内卷化”的同时通过培育“新乡贤”的形式提升原生劳动竞争力，增加其他产业的资本存量。

3. 边界层次因素

边界因素向来是经济分析的重点内容，认为从经济属性出发，边界效应可归纳为“屏蔽效应和中介效应”。边界屏蔽作用下，生产要素通常被假定为在国际范围流动难度更大。“边界”作为经济系统的地域分界线是贸易管控措施的直接目标，如“海关规制、关税汇率、产品偏好”等不适配都会障碍相邻区域经济联系，而距离、语言等信息传递隔阂也会提高贸易成本。边界中介作用下，生产要素的国际流动具备天然的开放特性。山水相连的地理优势与同源相亲的情感联结使得经济合作更加便利，区域间市场、资源、技术等的梯度差异也利于激发经济发展动力。因此如何削弱边界阻碍促进跨境开放具有重要意义。而旅游活动作为典型的跨越空间进行的交往行为，客观上要求降低目的地进入门槛，目的地政治边界的开放程度与旅游经营的渗透性直接关系边境旅游业存亡。此外，游客与经营者的国际流动有利于增进区域友好，帮助实现合作“破冰”。综上，从边界因素出发，本研究认为边境旅游业催生的跨境需求客观上提升了边界开放程度，以“区域间环境互通”的形式，带来了降低交易成本、拓展合作渠道、消融政策壁垒等积极影响，但也存在违法经济行为入侵的风险，如非法交易、避税漏税、违法集融资以及“黄赌毒”等经营行为污染地区经济环境。

具体而言，第一，区域间的旅游边界开放有助于形成政策沟通、民心相通、资金融通、贸易畅通的利益和责任共同体，产生吸引和辐射作用促进自身与其他地区经济发展。第二，边界开放为经济犯罪提供了生存土壤，不符合国家质检标准、违反检验检疫法规或国家禁止、限制入出境的物品，如珍贵文物、稀缺动植物资源、翡翠原石等走私活动猖獗，不仅如此，边界管控过于宽松时还有可能诱发经济资源，如边境土地、矿产、畜牧牲口等经济资源主权争夺问题。第三，由于边境地区地处偏远，且管理组织交叉复杂，因此对于旅游市场的监督管控相对薄弱，假借跨境旅游的名义去境外的赌场参与赌博、自设赌场、国人去境外开设赌场等非法娱乐活动增多，冲击原有经济秩序。

（四）边境旅游影响经济安全机制

边境旅游作为一种产业行为，其经济效果与其他产业相同是通过控制生产要素来实现的，并呈现出明显的阶段性规律。因此，旅游业是通过干预区域内外经济要素，以要素集散、产业关联、边界开合的形式传导至地方经济安全体系。具体表现在三个方面：一是旅游投资消费增减对原生经济规模与格局的直接效应；二是旅游业与本土产业通过供需关联产生的调节原生经济结构的间接效应；三是跨境旅游边界放缩扰动原生经济环境后催生出传导效应（见图 7-2）。

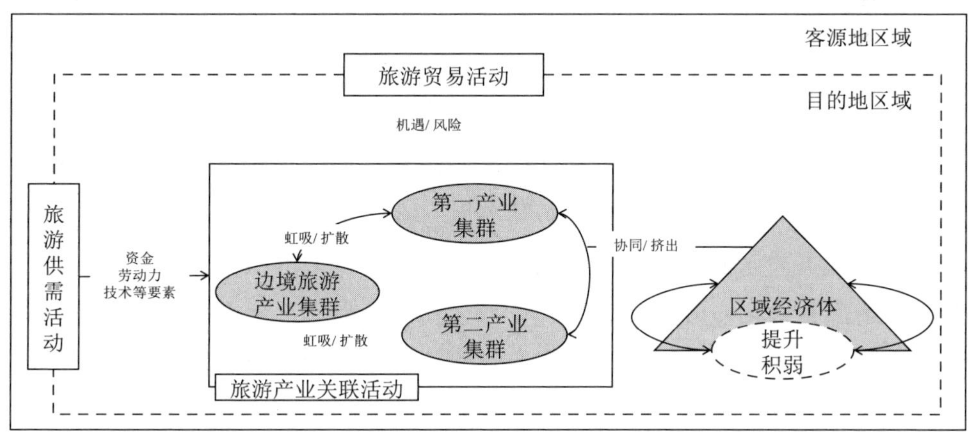

图 7-2 边境旅游影响经济安全机制示意图

1. 旅游消费增减—经济规模安全

边境旅游活动对地区经济产生影响，最直接的体现就是调和了本地投资与消费缺口。边境旅游建设初期以正向效果为主：①在产业基础相对薄弱的边境地区、经营者必须进行大规模投资建设，从而形成对社会物质产品与劳务的生产性需求，并随着食、住、行、游、购、娱等产业建设推进，不断扩大对当地土地、劳动力、资本等生产要素的购买量。外来投资的加入不断提高原有资本流量，且根据凯恩斯乘数理论，这些资本在生产部门之间的流动最终能够实现地区GDP的倍数增长。②旅游者的体验是依托消费食品、住宿、观光景点、游娱项目等产品来获得的，旅游消费伴随旅游行为全过程，且研究表明旅游消费往往具有轻奢化和非理性的特征，因此会带来极大的收入效益，刺激本地消费。边境旅游发展中后期负面影响开始显露：①旅游投资往往带有"景点集聚"倾向，尤其是在旅游业介入初期，其产业布局是以核心吸引物为核向邻近区域辐射，中心区域产业的"马太效应"不断发挥作用，中后期会产生虹吸其他区域要素的潜在威胁。②旅游景点开发所产生的经济效益往往集中在掌控核心资源的相关者手中，旅游收入分配往往是不均衡的，在旅游外部效应的作用下甚至进一步损害边缘地区居民原有利益，造成区域内财富集中化程度越来越高，居民收入分配差距进一步拉大。

2. 旅游产业关联—经济结构安全

边境旅游产业作为个体融入地区产业体系，会间接产生对其他产业的协同或挤出效应。依据目的地生命周期理论，随着旅游产业参与度、关联度及影响力逐步提高，会呈现出旅游促进、抑制、复兴、内化等阶段性效果。在旅游产业介入初期，产品供给关联产生的积极影响突出：①旅游产业作为国家政策及地区政府重点帮扶对象，在进入初期能为地区其他产业带来大量资源，争取国际合作机会，进而拉动其发展。②旅游产业为满足市场需求会联动其他产业参与完成配套产品的供给，在强大的价值链传导作用下，旅游产业也能增加其他产业收益，刺激其技术创新，帮助实现生产升级。旅游产业加入中后期其他产业对旅游的依赖度不断加深，问题逐渐凸显：①旅游产业的持续扩张会侵占其他产业生存空间与机会，目的地制造业逐渐萎缩进而加重原生地区产业结构单一化、脆弱化程度，出现"荷兰病"等现象。②旅游产业自身可观的收益可能会诱导政府、投资者产生短视的"寻租行为"，进一步将资源过度分配到旅游业，而忽视其他产业发展，长此以往资源损耗不断加大，地区经济结构进一步僵化。

3. 跨境边界放缩—经济环境安全

边境旅游跨境（跨界）属性使其成为国际间经济来往通道，因此边境旅游综合效益将影响地区政府对于边界开合的管控，而边界的中介效应会以风险传导的形式干预整体经济环境。在边境旅游发展初期，借助“软外交”优势，旅游能起到刺激边界开放的效果，并伴随着活化资源、缔结合作、刺激创新等环境促进作用，区域内部的就业岗位不断增加，技术支持与人才孵化项目越来越多，进一步吸引大批国内外投资者加大开发力度，进而激活地区经济持续发展动力。随着跨境旅游知名度、开放度越来越高，由此滋生出一系列产业管控与边界管理的问题。一方面跨境博彩旅游、避税贸易等产业内部违法行为层出不穷，边界模糊化趋势下，资源争夺事件频出，干扰地方正常经济管理秩序。不仅如此，跨境旅游通道可能成为不法分子从事“黄赌毒”、走私、非法移民等交易的载体，进而影响地区经济健康发展。

（五）边境旅游影响经济安全表现

经济安全属性是地区系统内部的本质属性，其驱动因素对应的是系统内部的条件优势，因而具有复杂性、层次性、动态调适性。从经济增长层面来看，边境地区经济发展问题主要归结于：生产资本、劳务市场、外商投资、政府支出等经济要素规模与效率。从经济结构稳定层面理解，问题主要取决于：地域结构与治理成本、经济差距与产业联系、收入分配等调整变化。环境安全问题则是源于边界开放后：医疗教育、交通信息基建、口岸开放合作等地区发展所需的支撑条件及资源形态的变化。

1. 经济规模安全：要素增长性

增长性是对边境旅游发展背景下地区原生经济规模受到旅游要素驱动程度的解释，体现了目的地生产要素以旅游流（广义）的形式加入客源地经济系统，从而扩大原有规模，提高基本效率。对于增长性的测量维度主要与旅游要素性能相关，包括资本投入量、外来劳务、外商直接投资、政府支出四大渠道。要素增长性与地区经济规模安全正相关，即边境旅游流进入后，目的地的资金、人力、财政支出等实现规模性增长时，经济规模安全状态得到巩固。反之，旅游要素的跨区域流动并未产生扩大当地财政支出、吸引外资及劳务、促进生产等积极作用时，旅游加入目的地会造成一定的资源浪费，增加地区经济负担，进而产生安全威胁。

2. 经济结构安全：产业稳定性

稳定性是对边境旅游发展背景下地区原生产业结构受到旅游生产的影响程度的解释，刻画了包括其他产业合并重组、转换退出、融合升级等多种情况。对于稳定性的测量维度主要与旅游产业效应相关，而表征旅游产业经济影响力最为突出的特征为：收入结构、就业结构、投资结构、产业比重等。产业稳定性与地区经济结构安全水平正相关，即当边境旅游产业效果以增收创岗、促进收入分配公平、延长产业价值链等为主导，边境旅游发展对经济结构起到正向安全维稳的作用，反之，当边境旅游产业发展过度且未达到专业化水平时，其会激发出拉大收入差距、排斥其他产业、驱赶当地居民就业等消极效果，此时边境旅游发展会污染原有起产业生态到负向的安全冲击作用。

3. 经济环境安全：环境适应性

适应性是对边境旅游发展背景下地区经济环境受到旅游进出口贸易风险扰动程度的解释，描述了借由跨境旅游服务贸易渠道开闭带来的合作机会与产生的经济风险对地区内部经济环境的影响。适应性的测量维度主要与旅游边界管控相关，而边界管控的对象主要是目的地经济支撑条件，包括：交通设施建置、教育医疗机构、信息配套服务等内容。环境适应性与经济环境安全水平正相关，即当旅游服务贸易合作与管理适度且和谐时，对外开放能进一步在资金、技术、基建等方面提供良好的支持，在改善当地经贸环境的同时带动地区医疗卫生、教育监督、环境绿化等外部条件发展。反之，当跨境旅游服务出现管理失察或过度开放时，旅游发展会模糊原本的行政边界，进而产生本土资源流失、外部市场风险入侵以及旅游相关的非法经营活动等威胁，此时边境旅游会成为经济风险的孵化器。

（六）经济安全测度与地域类型

1. 经济安全属性测度

经济安全属性是由地区内部的条件基础、外部环境支持、际间关系共同驱动的，因而具有复杂性、层次性、动态调适性。

从地区内部条件支撑来看，影响边境地区经济安全的内容主要为资源基础、产业收益、社会支持等，这些因素共同决定了地区经济增长动力。①边境地区的资源条件是进行经济开发的前提，直接关系地区经济整体增长潜力与优势。②产业效益直接体现了内部产业体系的完整程度与结构协调性，是经济水平持续提升的关键，一般而言地区产业类型越丰富、专业化程度越高所产生的经济效果越好、时间越长。③社会支持主要代表了区域内“人—地—资源”的和谐程度，其直接关系区域内经济资源的利用效率，当区域内交通信息基建、社会医疗保障、教育绿化等条件得到提升时，地区经济发展的驱动力和保障会越强。

从外部环境层面来看，影响边境地区经济安全性能的主要因素包括区位空间、制度距离、经济差距等，这些条件共同组成支撑经济系统稳定发展的基石。①边境地区的地域结构、方位、距离等空间特征很大程度上决定了经济要素流通成本，一般而言地区与经济核心区交通距离越近，经济优势越明显。②边境地区制度支持水平体现了地方政府与中央政府的关系，将影响国家层面经济战略的政策倾向，是评估内地经济效益助力边境发展效果的重要内容。③边境地区周围区域的经济差距是缔结合作的前提，一般而言区域间经济差距越大，经济资源互补性越佳，双方的交流空间越充足。

边境地区是国家间、边境—腹地之间关系变化最明显的感应器，因此无论是内部安全优势或是外部安全支撑条件，其积极效果是否得到充分发挥都与国际间经济、社会、文化流通性与和谐度相关，双边关系决定了经济系统的风险应对能力。从量化指标层面考虑，经济流通性可以借助口岸经济繁荣度表示，包括口岸密度、临界国家经济自由指数、发展等级等。

因此，本研究认为边境地区经济安全性能的测度指标是内含经济增长性、稳定性、风险适应性的综合指标，可以用数学公式表达为：

$$FS_{ij} = f(ED, ES, ER)$$

其中，FS_{ij} 为地区经济安全水平，ED 表示地区经济增长能力，ES 表示地区经济稳定能力，ER 表示地区经济风险适应能力。从指标性能来看，ED、ES 共同影响地区经济安全实力，ER 的表现则与经济安全潜力密切相关。

2. 经济安全类型

当前学界对于经济安全类型的划分尚未提出明确观点，但从顾海兵等（2014）的经济安全测度研究中可以发现，将系统论作为研究经济安全问题的框架是当前学界较为普遍且成熟的分析思路，经济系统的综合得分可以作为评判地区经济安全等级的依据。此外，田里等人将边境地区面临的系列安全问题统一划分为“认同型安全风险、入侵型安全风险、流失型安全风险”，并提出“育引结合、五位一体、协作管控”的对应治理思路，这一系列研究都体现出将安全系统作为受制于内外因素扰动的开放系统。

从地理学角度进一步考虑，我国边境地区所处的战略位置、环境特征以及经济背景差异明显，因而其面临的经济安全问题也各不相同，经济系统的安全性能也与此相连。参考前文区域划分标准，初步对中国东北边境、西部边境、西南边境面临的经济安全风险进行探索。东北地区是我国经济发展的先导地区之一，黑吉辽三省作为中华人民共和国成立以后工业化建设的核心，其区域经济发展的时间及规模都远远优于其他省份，而甘肃、内蒙古地区的畜牧资源充裕，基础农业发展良好，因此东北地区的经济安全实力与基础条件都不容小觑。但是随着我国经济战略转型升级和对外开放政策倾斜，当前东北地区经济发展呈现出疲态，具体表现为产业结构单一老化、新兴产业后劲不足，经济增长乏力。同时我国东北地区临界朝鲜、蒙古、韩国、日本，受到朝鲜、蒙古“闭关锁国”、韩国“核事件”、日本“钓鱼岛等领土之争”的影响，地缘政治格局不稳，导致区域间经济合作空间拓展受阻，经济形势动荡。西部地区长期以来经济发展水平落后，主要归结于西部地区产业基础薄弱，人口稀少劳动力不足、物资供给匮乏等。不仅如此，近年来我国与印度、中亚诸国的国际关系并不稳定，特别是中印边界的领土摩擦频繁，不少恐怖组织和极端分子长期在边界挑起纷争，屡次制造非法入境、偷渡资源、非法武器交易等事件侵犯我国主权，严重干扰西部地区正常经济秩序。近年来我国西南地区经济发展势头迅猛，依托良好的自然资源禀赋以及灿烂的民族文化特色，西南地区的农业、旅游业、轻工业等都具有极大的发展潜力。且在国家政策导向下西南地区陆续建立起了瑞丽、河口、打洛、东兴、凭祥等一众国家级贸易口岸，极大促进我国与东南亚经济联盟国家的贸易合作，边境区域之间的人流、物流交往频繁，资金渠道畅通，经济发展态势良好。

综上，本研究结合经济安全影响因素及区域安全问题差异，认为经济安全的核心要义既要体现出经济系统增长能力强、稳定性良好的状态，也要表现出经济系统内外关系良好，发展潜力巨大的势头，因此从经济系统实力和潜力两个维度将经济安全划分为五种类型。

Ⅰ状态佳、风险低→安全良好型

Ⅱ状态适中、风险较低→安全平稳型

Ⅲ状态佳、风险高→安全敏感型

Ⅳ状态差、风险低→安全停滞型

Ⅴ状态差、风险高→安全失调型

从边境地区经济安全维护与问题治理方面来看，地区经济安全提升的理想路径应该是由Ⅱ、Ⅳ、Ⅴ向Ⅲ、Ⅰ转化发展，从而提升安全等级。

五、边境旅游对区域经济安全影响测度

本研究从产业层面研究我国边境地区经济安全格局演化与影响因素，尝试结合当前我国边境旅游产业运行实践，剖析在不同的时空前提下边境地区经济安全状态的表现过程，为论题寻找现实依据。

（一）构建评估体系

构建科学有效、可行合理的评价指标体系是客观测度边境旅游发展对经济安全影响的前提。因此参照边境旅游影响经济安全的因素、路径及表现，本研究确立了包含经济增长性、经济稳定性、经济适应性三个维度的安全状态评估框架，并以这三大领域的理论研究与发展现状为基础进行指标筛选、数据收集、体系构建。

1. 选取原则

（1）逻辑性与科学性相结合。

实证研究开展的前置条件是科学掌握研究对象概念、内涵及分析范畴。因此本研究坚持逻辑性与科学性相结合的基本原则，在指标选取过程中以理论依据为出发点，以现实背景为落脚点，保证评价指标体系能够客观反映边境旅游发展与经济安全状态的真实水平。在数据测算阶段，参照前人研究经验，选择应用成熟且与主题契合的评估方法，保证所涉及的数据处理、评估步骤、权重赋值等都严谨符合模型设置要求。在结果讨论阶段，严格依照理论前提为测度结果匹配合理解释。

（2）可量性与可行性相结合。

实证研究的开展需要数据的支持以及选择可操作性佳的方法。由于本研究的研究案例地为边境地区，而长期以来该类型地区的社会经济统计工作进展缓慢，数据缺失、漏损情况严重，因此本研究在选取测度指标时严格遵循

指标同类可比、可操作、可量化原则，选择统计口径一致、测算方法相似、数据真实可测的内容。在出现部分城市、部分类目数据统计缺漏偏失的情况时应用普适方法进行调补，从而保证指标体系测度的可行性与有效性。

（3）系统性与动态性相结合。

由于本研究研究问题是针对边境旅游及经济安全这两大复杂系统提出的，对其关系的探索也是开放互动的，所以关于指标的选择需要考察这两大系统的因果关系和演化规律，参照系统性分析思路，确定相关的影响层次与关系衔接，综合从多个维度选取典型性、可靠性、适配性高的分析要素。此外本研究的研究内容本身就是随着产业实践及贸易往来动态变化的，且确定研究样本及时间范畴覆盖较广，因此有必要从时间及空间角度对其进行对比论证，分析不同地区、不同时限的水平差异，提取异质性因素。

2. 评估框架

从产业层面分析经济安全驱动因素发现，其评估内容不再局限于传统经济安全构成中的粮食安全、经贸摩擦、产业竞争等量化性较低的部分，而是以体现经济系统应对内外安全扰动维持稳定、均衡、持续发展的正常状态为核心，这一要求与“区域经济韧性”的调适目标不谋而合，且已经受到学者们的认可。鉴于此本研究吸纳了“经济韧性”影响因素分析中运用比较成熟的评估框架，作为表征经济安全性能的指标层。同时将其与经济安全系统中的“经济增长性、经济稳定性、经济适应性”三个维度相对应。参考孙久文、孙翔宇（2017）关于边疆地区经济安全驱动因素的评估指标，作为描述边境地区经济安全状态的依据，构建了由目标层、系统层、指标层相互衔接的综合评估框架，如表 7-1 所示。

表 7-1　边境地区经济安全评价指标体系

目标层	系统层	准则层	指标层	性质
区域经济系统安全性能	增长性（规模安全）	反映经济增长条件	年末人均耕地面积	+
		反映经济增长潜力	社会固定投资额占 GDP 比重	+
		反映经济增长优势	外商直接投资实际使用金额	+
		反映经济创新动力	发明专利授权总量	+

续表

目标层	系统层	准则层	指标层	性质
区域经济系统安全性能	稳定性（结构安全）	反映产业结构稳定性	第三产业增加值占 GDP 的比重	+
		反映人口结构稳定性	城镇化率	+
		反映收入结构稳定性	城乡收入比重	−
		反映就业结构稳定性	城镇登记失业率	−
	适应性（环境安全）	反映管理安全系数	财政收入占财政支出的比重	+
		反映外贸依存风险	进出口贸易总额占地区 GDP 比重	−
		反映要素流失风险	铁路旅客运量	−
		反映开放安全系数	经济自由度指数	+

3. 指标释义

本节对经济安全系统中，经济规模安全子系统、经济结构安全子系统、经济环境安全子系统中的指标选择依据与测算方法进行说明。

（1）经济增长性指标。

近年来，关于边境地区经济增长驱动因子及动力机制的理论分析较丰富，从多因素角度出发，学者们将边境地区经济发展与资本、劳动力、技术创新等生产优势联系起来。资本在以外向型驱动为主的边境地区经济效果明显，外商直接投资使用额能反映出地区吸引外资的能力，外资流动性越好经济增速越快。社会固定资产投资能够体现地区经济支撑水平，一般情况下基础设施配套条件越佳，经济发展空间越充分。年末人均耕地资源则表征地区常态生产要素规模，土地资源是进行经济开发的前提条件。地区技术条件支持是实现经济持续优化的关键因素，发明专利越丰富，地区经济活力越强。

（2）经济稳定性指标。

当前学界关注的区域经济结构问题主要包含产业结构、就业结构、收入结构以及人口结构几个方面。其中，产业结构是对宏观经济运行稳定与升级转型潜力的考察，第三产业生产值在地区生产总值中的比重高低刻画了地区非农产业的比例结构，相较于一、二产业，第三产业的价值关联性更高，所提供的市场与服务支持也是维系经济发展的基础内容。就业结构是从微观层面反映经济运行的底层支持力度，用城镇登记失业人员数来表示就业需求与供给的适配度，城镇失业人员越少代表地区劳动力市场化程度越高，本地人才储备越充足。收入结构主要反映了经济发展效益的公平性，城乡收入差距系数越大表示城乡收益分配越不公平。此外用城镇人口占总人口比重来表征地区非农人口比例，体现了城乡人口平衡问题主要指标计算与来源。

（3）经济适应性指标。

经济适应性是边境地区经济系统风险性与安全维系能力的体现。系统开放所带来的风险主要是内部要素流失与对外部要素依赖所引发的，用铁路客运量来表征区域间生产要素的流通性，一般而言客运量越大则区域间经济往来越频繁，其连锁反应激化的资源流失风险与违法经营隐患越大。而外资依存度（IEM/GDP）可表征经济依赖性，区域进出口贸易额对地区生产价值的贡献度越高，则说明地区经济发展所面临的全球风险越大，外部经济形势对内部运行状态的扰动力度大。系统管理所提供的安全保障主要与内部自主管理水平和国际间合作水平相关，用财政自给水平（PFE/PFR）来代表地方政府对经济发展的支持力度，财政自给能力越好，则地区吸引外资条件越好，经济运行的内部话语权越大，风险管理效果越好。在区域开放测度方面采用美国传统基金会公布的经济自由度指数衡量来表示，该标准参考了国家（地区）经济法治规范、监管效率、公开市场等综合表现，经济自由度系数越高代表区域经济开放性能越好，潜在经济风险越低，主要指标计算与来源。

4. 评估方法

本节是对数据处理和指标测度过程的描述，介绍本研究应用的 TOPSIS 熵值评估处理过程以及等级分析中所涉及的安全界定标准。

（1）指标权重处理。

构建数据矩阵：根据边境旅游发展背景下经济安全评价指标体系，建立原始数据评价矩阵 P。假设有 m 个年份组成的边境地区单元集 Ui，有 n 个指标构成的经济安全评估指标集合 Vj，那么决策矩阵就可以表示为下图所示：

$$P=(X)_{m\times n}=\begin{bmatrix} P_{11} & \cdots\cdots & P_{1n} \\ P_{m1} & \cdots\cdots & P_{mn} \end{bmatrix} \tag{1}$$

其中 i=1, 2, ⋯, m；m 为我国 43 个边境旅游地市；j=1, 2, ⋯, n；n 为评价指标所处年份。

构建标准化矩阵：为克服指标之间量纲差异对结果的影响，考虑通过极差标准化法将原始数据统一转换为无量纲值，由于评价指标皆为正向指标，

由此获得的新序列 Z_{aij} 数值范围∈［0, 1］且无量纲，具体公式如下：

$$Z_{aij}=\frac{x_{aij}-x_{min}}{x_{max}-x_{min}} \quad (2)$$

最后得到标准化归一化数据矩阵 PB。

$$PB=(X)_{m\times n}=\begin{bmatrix} PB_{11} & \cdots\cdots & PB_{1n} \\ PB_{m1} & \cdots\cdots & PB_{mn} \end{bmatrix} \quad (3)$$

测算熵值：依靠数据自身的信息熵因子，利用标准化归一化之后的数据矩阵计算指标熵值处理，公式如下：

$$E_{ij}=-K_1\sum_{a=1}^{m}\sum_{i=1}^{k}P_{aij}\,lnP_{aij} \quad (4)$$

$$K_1=\frac{1}{ln(m\times n)}$$

在此基础上各项指标计算冗余度，公式为：

$$D_j=1-E_j \quad (5)$$

最后得到各项指标权重，公式为：

$$W_j=\frac{D_j}{\sum_{j=1}^{n}D_j} \quad (6)$$

（2）TOPSIS 评价排序。

依据 Topsis 评价排序原理对加权处理后的评价矩阵使用公式（4-7 至 4-8）测算评估对象的正负理想解，使用公式（4-9 至 4-10）计算向量与优劣解之间的距离，最后使用公式（4-11）得到评估对象的综合得分及位次序列。

计算指标正负理想解：在已有的规范化矩阵基础上，结合熵值法测算出的指标权重，得到加权评价矩阵 χ

$$\chi=\begin{bmatrix} \chi_{11} & \cdots\cdots & \chi_{1n} \\ \chi_{m1} & \cdots\cdots & \chi_{mn} \end{bmatrix}$$

在此基础上计算加权矩阵中指标的最大值与最小值，计算公式如下：

$$Z^{+}=max(z_{ij})=max(Z_{1j},Z_{2j},\cdots,Z_{ij})=(Z_1^{-},Z_2^{-},\cdots,Z_j^{-}) \quad (7)$$

$$Z^{-}=min(z_{ij})=min(Z_{1j},Z_{2j},\cdots,Z_{ij})=(Z_1^{-},Z_2^{-},\cdots,Z_j^{-}) \quad (8)$$

测算差异距离：利用价值评价矩阵 χ 测算的正负理想解结果，运用欧氏距离法分析样本区域经济安全表征向量与优劣解之间的距离 L^{++} 和 L^{-}，计算公式如下：

$$L^{+}=\sqrt{\sum_{j}^{n}(v_{ij}-v_{j}^{+})^{2}}, (i=1, 2, \cdots, m) \tag{9}$$

$$L^{-}=\sqrt{\sum_{j}^{n}(v_{ij}-v_{j}^{-})^{2}} \tag{10}$$

确定 Topsis 排序及相对贴近度：最后得到目标区域经济系统安全评价结果与最优评价方案之间的相对贴近度，测算公式为：

$$Y_{ij}=\frac{L_{ij}^{-}}{L_{ij}^{+}+L_{ij}^{-}} \tag{11}$$

分析结果中 Y_{ij} 的取值范围在 0 到 1 之间，测算值越接近于 1，则说明该区域经济安全性能越佳，反之当 Y_{ij} 越接近于 0，则说明当前该区域经济安全提升空间较大。

（3）确定安全等级

熵权 TOPSIS 法求得的边境地区经济安全系统维稳值是一个综合评分值，其值越大说明样本区域经济安全状况越好，系统质量越高，反之则说明该地区经济健康备受挑战。因此根据前文对经济安全测度及类型的划分逻辑，本研究参考各地区经济系统的最终得分，将五种经济安全状态对应划分至五大安全等级阈值区间，由此划定如表 7–2 所示的经济安全类型。

表 7–2　边境地区经济安全等级标准

等级阈值	安全水平	安全表现
[1，0.8]	Ⅰ	经济安全良好型
(0.8，0.65]	Ⅱ	经济安全平稳型
(0.65，0.5]	Ⅲ	经济安全敏感型
(0.5，0.35]	Ⅳ	经济安全停滞型
(0.35，0.2]	Ⅴ	经济安全失调型

（二）研究区域及数据来源

1. 研究区域

陆路边境地区是本研究探讨的案例区域，指我国广西、云南、西藏、新疆、甘肃、内蒙古、黑龙江、吉林、辽宁 9 个沿边省区，共计面积约 354 万平方千米，占整个国土面积的 37% 左右。研究区域内的陆上邻国包括了俄罗斯、朝鲜、蒙古、哈萨克斯坦、吉尔吉斯斯坦、塔吉克斯坦、阿富汗、巴基斯坦、印度、尼泊尔、不丹、缅甸、老挝、越南共计 14 个国家，边境线长达 2.28 万千米。

2. 数据来源

考虑到边境部分地市数据缺失过于严重，因此本研究初始样本的基础上通过剔值处理，最终选出了 35 个边境地市作为实证研究案例地，主要分析其 2009—2019 年共 11 年间的经济数据，将 385 个样本作为初始样本。其中边境地区旅游收入、旅游人数等产业数据主要源于各省、地市统计年鉴及国民经济和社会发展统计公报。公路客运量、固定资产投资额、社会零售商品消费额等宏观经济数据参考地方统计年鉴，部分缺失数据由作者整理前人研究所得，口岸数据主要援引于《2009—2019 年中国口岸统计年鉴》。

（三）模型设定与选择

1. 基础回归模型设定

本研究主要探究的是边境旅游发展与经济安全质变的关系，二者之间的影响水平及方向都是多种因素共同作用的结果。基于前文研究可得旅游发展背景下的边境地区的经济安全是一个复杂函数，与其相对应的安全维度主要包括经济增长性能、经济结构稳定性能和经济环境风险适应性能。但就旅游发展之外的安全驱动因素而言涉及了地区资本条件、市场基础、基建水平、政府管理、区域开放等。参考相关文献将本研究的基础回归模型设定如（11）所示。

$$SE_{it}=\beta_0+\beta_1 TC1_{it}+\beta_2 Control_{it}+\mu_i+\alpha_{it}+\varepsilon_{it} \quad (11)$$

基础回归模型中下标 i 代表边境地区，t 为样本所居年份，SE_{it} 代表了某一地区在 t 年的经济安全水平；$Tc1_{it}$ 为本研究的核心解释变量；$Control_{it}$ 为各控制变量的总称；α_{it} 为年份层面的时间固定效应，μ_i 为地区层面的个体固定效应，ε_{it} 为随机误差项。

被解释变量：SE 为本研究的被解释变量，是一个囊括多个维度的复杂函数，具体的数值源于前文经济安全评估得分。

解释变量：本研究主要考察的是边境旅游的经济影响，因此在核心解释变量选择上面以边境地区旅游总收入为依据（$Tc1_{it}$）。此外在后续的稳健性检验环节中，本研究采用边境地区旅游总人次作为替代指标（$Tc2_{it}$），该指标也能有效反映出边境地区旅游经济效果。

控制变量：结合前人经验以及本研究对经济安全影响因素的研究结果，主要选取了社会固定资产投资占比（$\ln v_{it}$）代表边境地区的基础资本实力；外资实际使用金额 Fdi_{it} 代表边境地区的市场活跃水平；城镇化率（Res_{it}）代表边境地区基本生产条件；地区专利授权总量 Cre_{it} 代表地区经济创新能力；地区城乡收入差距（$Fair_{it}$）代表地区经济效益分配效率；口岸数量（$Free_{it}$）代表地区经济自由度。将这六个经济系统内部属性因素作为控制变量，以此减少因遗漏变量带来的内生性偏误，同时为消除量纲及影响趋势对回归结果的扰动，进一步将所有的比重型变量进行了百化分处理，此外还对外商直接投资进行了对数化处理，生成（$\ln fdi_{it}$）。

2. 中介效应模型设定

中介变量：边境旅游产生的经济效应并非直接作用于经济系统安全本身，而是通过中介渠道传导的，因此为解开边境旅游与经济安全之间影响机制的黑匣子，本研究基于前面理论分析设计了三条路径对其安全影响机制进行探究：①边境旅游通过刺激本地消费，促进区域经济增长进而对经济安全产生影响，在地区消费能力上选用对数处理后的社会消费品零售总额（$lnscg$）来表征；②边境旅游通过产业关联，调整地区产业结构进而对经济安全产生影响，在地区产业结构调整度上选用百化分处理后的第三产业产值占 GDP 的比重（$Stru$）来表征；③边境旅游通过调控边界开放水平，扰动地区经济环境进而对经济安全产生影响，在边界开放水平方面选用百化分处理后的进出口总额占 GDP 的比重（Ope）来表征。在此基础上本研究将包括中介变量的回归模型设定如（12）、（13）所示：

$$Men_{it}=b_0+b_1TC1_{it}+b_2Control_{it}+\mu_i+\alpha_{it}+\varepsilon_{it} \tag{12}$$

$$SE_{it}=\beta_0+\beta_1Men_{it}+\beta_2TC1_{it}+\beta_3Control_{it}+\mu_i+\alpha_{it}+\varepsilon_{it} \tag{13}$$

其中，Men_{it} 代表上述三个中介变量，控制变量 $\mathrm{Control}_{it}$ 与基础模型设定一致，μ_i 为地区固定效应，ε_{it} 为随机误差项。

3. 调节效应模型设定

按照前文逻辑推理发现，边境旅游影响经济安全的过程中除了三大中介变量的传导效应之外，边境旅游对经济安全的作用强度还与地方政府管理能力、地区经济优势、地区经济流动性相关，据此本研究引入地区经济优势的代理变量（Jc1），该变量值有地区生产总值取对数后得出；地区政府管理能力的代理变量（Jc2），该变量计算方法为地区财政收支比例；地区经济流动性的代理变量为（Jc3）是对地区经济要素流动性的解释，而人是地方最具价值的生产要素，因此该变量数值参照地区公路客运量。在此基础上本研究将包含中介变量的回归模型设定如（14）、（15）所示：

$$JC_{it}=c_0+c_1JC_{it}+C_2TC1_{it}\times JC_{it}+C_3Control_{it}+\mu_i+\alpha_{it}+\varepsilon_{it} \quad (14)$$

$$SE_{it}=C_0+C_1JC_{it}+C_2TC1_{it}+C_3Control_{it}+\mu_i+\alpha_{it}+\varepsilon_{it} \quad (15)$$

其中，JC_{it} 代表上述三个中介变量，$TC1_{it}\times JC_{it}$ 代表边境旅游收入与调节变量的交互项，控制变量 $Control_{it}$ 设定不变，μ_i 为地区固定效应，ε_{it} 为随机误差项。

整合之后本研究最终的实证模型设定（16）所示：

$$SE_{it}=D_0+D_2TC1_{it}+D_2Men_{it}+D_3JC_{it}+D_4Control_{it}+\mu_i+\alpha_{it}+\varepsilon_{it} \quad (16)$$

4. 基础回归模型选择

本研究在基础回归模型设定基础上，结合 Hausman 检验结果如表 7-3 所示，最终选择了地区固定效应模型进行回归分析，前文经济安全分析得知边境地区的经济表现具有极强的区域异质性，因此通过控制地区固定效应，从而达到控制不随时间变化而因个体差异导致的遗漏变量的影响。

表 7-3　Hausman 检验

	FE	RE	OLS
tc1	0.0227471***	0.0263994**	0.0858143***
inv	0.0058261***	0.0066699	0.0107231
Lnfdi	1.45E-06**	1.63E-06	0.0006465*
res	0.0002945*	0.0005801**	0.0000012
cre	9.03E-06*	9.88E-06	-8.52E-07
fair	-0.00164977**	-0.0094064	0 .0022347
free	0.0123603***	0.0311097	0.07735***
N	385	385	385
Hausman	Prob ＞ chi2 =0.0000　64.23***		

（四）实证结果分析

1. 基准回归分析

基准回归分析主要是探究边境旅游对经济安全的直接影响，主要通过运用模型对边境旅游与经济安全之间的扰动关系进行检验，分别加入控制变量后得到分析结果如表 7-4 所示。

表 7-4 基准回归检验

	（1）	（2）	（3）	（4）	（5）	（6）	（7）
tc1	0.0000*** （-4.95）	0.0000*** （-4.91）	0.0000*** （-5.04）	0.0000*** （-6.19）	0.0000*** （-6.36）	0.00000112*** （-5.75）	0.00000112*** （5.75）
inv		0.0112** （-2.01）	0.0116** （-2.11）	0.0181*** （-3.43）	0.0167*** （-3.19）	0.0140*** （-2.62）	0.0140*** （-2.61）
lnfdi			0.0082*** （-3.55）	0.0087*** （-4.36）	0.0091*** （-4.61）	0.00883*** （-4.51）	0.00882*** （-4.49）
res				0.0009** （-2.38）	0.0010** （-2.58）	0.00101*** （-2.6）	0.00101*** （-2.6）
cre					0.0000*** （-2.81）	0.0000130*** （-2.71）	0.0000130*** （-2.71）
fair						0.0127** （-2.42）	0.0128** （-2.43）
free							0.00315* （-0.017）
_cons	0.4544*** -118.96	0.4439*** -68.39	0.3783*** -19.36	0.3242*** -11.93	0.3135*** -11.54	0.350*** -11.35	0.336*** -4.06
个体固定	Yes	Yes	Yes	Yes	Yes	Yes	Yes
时间固定	Yes	Yes	Yes	Yes	Yes	Yes	Yes
观测值	385	385	385	385	385	385	385
F	24.464	14.3542	14.0983	16.9576	15.4289	140.0288	11.9929
观测值 R^2	0.8654	0.8666	0.8711	0.9049	0.9068	0.9082	0.9079

注：* p ＜ 0.1，** p ＜ 0.05，*** p ＜ 0.01。

表中第（1）—（7）列是依次加入控制变量后边境旅游与经济安全的回归结果，可以发现边境旅游与经济安全之间的关系与本研究的基本研究设想一致，即边境旅游发展与地区经济安全之间存在显著的正相关关系，即边境旅游发展水平越高地区经济系统越安全，反之边境旅游发展受阻也会阻碍地区经济安全推进。并且在控制了地区社会固定投资、外商直接投资、城镇化水平、创新基础之后边境旅游对经济安全的正向促进作用得到加强。且无论添加多少控制变量边境旅游与经济安全两者间的正相关关系始终在 1% 的置信水平上高度显著，说明相关回归分析的结果是稳定的。

2. 渠道机制回归分析

边境旅游产业发展实际上是一个横向空间扩展、纵向产业延伸的动态调整过程，具有明显的区域交互性和产业融合性。在旅游流聚集扩散引导下，地区之间、产业之间的要素资源及产品实现交换转化。因此边境旅游对经济安全的影响并非直接体现在经济安全层面，而是通过影响传导中介实现的。结合前文理论研究得知二者关系的载体包括："刺激消费—拉动经济增长""协同产业—优化结构""开放边界—改善环境"三大路径实现的。因此基础模型上分别引入社会消费品零售总额（*lnscg*）、第三产业产值占 GDP 的比重（*Stru*）、进出口总额占 GDP 的比重（*Ope*）三个代理变量，验证其传导效应。

（1）消费拉动传导机制检验。

第一种边境旅游是通过"刺激消费—拉动经济增长"的理论设定下，结果显示发现旅游对消费的拉动能力对于地区经济安全目标是明显有所助力的，且在其传导作用下边境旅游对经济安全的效果仍然是积极促进的。边境旅游对地区经济安全的影响显著为正，而且可以看到当地区内部消费能力（Lnscg）上升后，会削弱外来资本（lnfdi）对原生经济系统的影响效果，放大本地资本投入（inv）的效果；同时当地区消费、生活水平上升后，（res）所代表的地方基建条件对经济安全的影响更加显著，效力更加突出，这佐证了当地区经济规模提升时地方经济系统的内部条件也会随之得到改善（见表 7-5）。但是旅游的收入效应在一定程度上会遮蔽地方经济创新对安全的促进效果，这可能与收入提升后出现的人才流失现象有关，这也启发政府应该重视旅游兴在边富民之后，如何稳定内部人才队伍根基，缓解创新资源流失的内生性问题。此外，当地区消费能力得到强化时，地区经济的自由化程度也会随之上升，这是因为当地原住民的生活水平改善后能更加主动地参与地方经济建设，从而活化生产要素流动性能，口岸经济所具备的区域间产品资源交换优势也能得到进一步强化，其对经济安全的促进效果更加显著。

表 7-5　消费拉动传导机制回归检验

	Lncpi	se
tc1	0.0000*** （-4.36）	0.0000*** （-4.95）
inv	0.0492* （-1.68）	0.0101* （-1.91）
lnfdi	0.0001 （-0.01）*	0.0088*** （-4.59）
res	0.0122*** （-5.44）	0.0005 （-1.26）
cre	0.0000 （-0.04）	0.0000*** （-2.76）
fair	-0.0063 （-0.22）	-0.0130** （-2.50）
free	0.1740* （-1.75）	0.0001 （-0.01）
Lnscg		0.0282*** （-2.73）
_cons	12.8608*** -28.43	-0.0225 （-0.14）
个体固定	Yes	Yes
时间固定	Yes	Yes
观测值	385	385
F	6.9028	11.0307
观测值 R^2	0.9677	0.917

注：* p ＜ 0.1，** p ＜ 0.05，*** p ＜ 0.01。

（2）产业关联传导机制检验。

第二种边境旅游是通过“协同产业—优化结构”的理论设定下，发现旅游产业协同能力对经济安全的影响是正向显著相关的，且在其传导作用下边境旅游对经济安全的效果仍然是积极促进的。但是可以发现，旅游产业在产业调整层面会削弱地方资本、外来资本、基建设施等对经济安全的促进作用，甚至让技术创新成为安全实现的障碍，这应该是与前文所推导的边境旅游产业发展后对地方其他经济要素产生的虹吸效果进而造成其他生产部门积弱，长此以往地方资本、技术、基建的集中化程度会越来越高，由于其资源利用效率大大削弱，建设成本不断提高，因而其对经济系统安全性能的贡献度越来越不明显，甚至发展成为地方经济安全隐患。此外可以看到在引入“产业协同”渠道以后，地方口岸条件（free）进一步发挥其对安全的促进作用，这主要是由于旅游产业跨区域流动对需求扩大口岸经济的驱动结果。而且旅游产业能够通过削弱城乡经济差距（fair）强化其对经济安全的正向促进作用，其现实依据为边境地区乡村旅游市场热度极高，边境旅游产业建设能够帮助县域乡村居民脱贫致富，进而发挥安全巩固作用（见表 7–6）。

表 7–6　产业关联传导机制回归检验

	stru	se
tc1	0.0000*** （−4.9）	0.0000*** （−5.93）
inv	−0.3027 （−0.54）	0.0135** （−2.55）
lnfdi	−0.1418 （−0.69）	0.0086*** （−4.43）
res	0.0568 （−1.38）	0.0011*** （−2.82）
cre	−0.0002* （−0.142）	0.0000*** （−2.67）
fair	1.1839** （−2.14）	−0.0111** （−2.12）
free	3.5653* （−1.84）	0.0082 （−0.45）
stru		0.0014*** （−2.68）
_cons	21.2847** （−2.44）	0.3663*** （−4.43）
个体固定	Yes	Yes
时间固定	Yes	Yes
观测值	385	385
F	1.7866	11.5941
观测值 R^2	0.8547	0.9097

注：* $p < 0.1$，** $p < 0.05$，*** $p < 0.01$。

（2）边界开放传导机制检验。

第三种边境旅游是通过“开放边界—改善环境”的理论设定下，发现边境旅游发展后产生的边界开放的刺激效果对于地区经济安全而言是显著负面，也就是说边界开放程度越高，地方经济系统的安全状态越被动、波折，虽然其影响系数并不高，但是足以成为地方政府加强边界管控的警示。在前文分析中已经得出边境旅游会打破原有的国际间界限，而当安全保护层开放时，外部经济威胁与隐患也随之而来，无论是跨境经济犯罪、又或是非法资源输送、更或是借由旅游载体缔结的暴力动乱事件，这些都是令地方经济系统随时陷入困境的威胁要素，其对经济安全的负面效果不容忽视。与上述结论一致，当前旅游对于边界开放的刺激也会让口岸经济流动（free）因素从经济系统安全的守护者转变成为安全实现的障碍，阻碍边境地区经济系统的健康发展。但是作者总结前人经验发现，虽然当前边境旅游对边界的开放效果可能会成为外部经济风险流入的渠道，但这并不意味着应该放弃或收缩边境旅游边界的空间范围，因为当前的负向影响很大程度上是源自各个边境地市的产业、边防管理缺失以及基础设施保障滞后的原因，正是因为地方内部对边界风险的防范预警以及应急处理措施不到位，才弱化了边界开放所具备的推动区域经济合作、带动际间要素互补的正向功能，这也是地方政府在后续的边境旅游管理与边界管控中应该着重思考的解决问题（见表 7–7）。

表 7–7　边界开放传导机制回归检验

	ope	se
tc1	0.0000** （−2.15）	0.0000*** （−5.79）
inv	0.0625 （−1.47）	0.0143*** （−2.66）
lnfdi	0.0034 （−0.22）	0.0088*** （−4.49）
res	−0.002 （−0.63）	0.0010** （−2.57）
cre	0 （−0.08）	0.0000*** （−2.7）
fair	0.002 （−0.05）	−0.0127** （−2.42）

续表

	ope	se
free	−0.4079*** (−2.79)	0.0011 (−0.06)
ope		−0.0051** (−0.223)
cons	1.9938*** (−3.03)	0.3467*** (−4.13)
个体固定	Yes	Yes
时间固定	Yes	Yes
观测值	385	385
F	2.3194	10.5461
观测值 R^2	0.8213	0.9078

注：* p ＜ 0.1，** p ＜ 0.05，*** p ＜ 0.01。

3. 调节效应检验分析

在调节机制检验环节，对前文所探讨的经济优势（tj1）、政府管控（tj2）、人员流动（tj3）在边境旅游影响经济安全中的调节效果做进一步检验分析，结果例如表 7–8 所示，（1）（2）（3）分别是加入三大调节变量之后的回归结果。首先将这三大要素引入基础模型发现其对经济安全的影响都是正向显著的，所以经济安全的强化离不开打造经济优势、加强政府管理与推动要素流动。其次，在实证中通过引入三大窗口变量与核心解释变量旅游收入的交互项验证其调节效果。结论显示，地方经济优势、政府管理能力以及人员流动性都能显著强化边境旅游对经济安全的促进作用，据此建立地方经济产业优势、提升政府服务管理能力、疏解区域人员流动障碍是未来地方政府发展边境旅游与强化经济安全的落脚点和突破口。

表 7–8　调节机制检验

	（1）	（2）	（3）
tc1	0.0000*** (−4.65) (2.54)	0.0000*** (−4.34)	0.0000*** (−4.74)
inv	0.0123** (−2.31)	0.0117** (−2.25)	0.0130** (−2.48)

续表

	（1）	（2）	（3）
lnfdi	0.0079*** （-3.98）	0.0072*** （-3.71）	0.0084*** （-4.34）
res	0.0006 （-1.57）	0.0003 （-0.81）	0.0006 （-1.41）
cre	0.0000** （-2.57）	0.0000** （-2.57）	0.0000*** （-2.66）
fair	-0.0139*** （-2.65）	-0.0136*** （-2.67）	-0.0129** （-2.50）
free	0.002 （-0.11）	0.007 （-0.39）	0.0106 （-0.58）
tj1	0.0167**		
tj2		0.0252*** （4.65）	
tj3			0.0168*** （3.66）
_cons	0.1822* （-1.78）	0.1889** （-2.19）	0.1045 （-1.01）
个体固定	Yes	Yes	Yes
时间固定	Yes	Yes	Yes
观测值	385	385	385
F	11.4764	13.8599	12.5667
观测值 R^2	0.9095	0.9135	0.9113

注：* p ＜ 0.1，** p ＜ 0.05，*** p ＜ 0.01。

4. 区域异质性分析

在前文的边境地区经济安全演化分析中已经发现边境地区的经济表现具有极强的区域异质性，因此在探索边境旅游对地区经济安全的作用时也需要对其影响的区域异质性进行研究。依据前文对于九大边境省份的划分标准，将异质性分析单元确定为西南边境地区（标号 idd=1）、东北边境地区（标号 idd=2）、西部边境地区（标号 idd=3），进行回归分析，结果如表 7-9 所示。研究发现边境旅游发展对三大边境地区的经济安全效果均是正向显著的。但是在经济安全驱动因素的异质性表现上，可以发现西南及西部地区的社会投资（inv）对于经济安全的促进显著性明显强于东部，且西南地区的相关系数达到了 0.04 左右的水平，这主要是由于当前东北地区的基建红利对于经济发展带来的效果在慢慢削减，而西南和西部边境地区的投资缺口比较大，设施障碍对于经济发展的阻碍程度更高，因此通过加大社会投资能够极大地强化其安全固稳作用，因此在后续的旅游产业建设中应强化旅游投资对于地区经济基础的改造力度。外来投资（lnfdi）方面对于经济安全的促进表现中只有东北边境地区是正向显著的，这主要是因为当前西部和西南部的外资引入水平都达不到一定高度，部分西部地区如山南、林芝等外资参与度基本维持在 5 万美元以下，因此这两大边境地区的外资优势并不突出。此外城镇化率（res）对于经济安全的影响也存在区域分异，主要体现在影响方向上，东北地区的城镇化对于经济安全的阻碍可能是由于本研究所探讨的东北边境地是包括蒙古、甘肃、辽宁、黑龙江在内的广义范围，而这些大部分区域存在地广人稀、土地利用率较低，且该区域经济要素的空间布局较为分散，而城市化会使得人员劳务在特定区域集聚，进而加大经济开发成本，进而可能不利于区域内部经济系统的协调发展，无法将区域经济资源优势显露出来。在经济创新方面可以看到东北地区的经济创新（cre）对安全强化的效果尤为显著，这也有现实背景相呼应，当前东北边境地区普遍面临产业结构转型升级以及多元化发展的现实困境，而问题疏解的良方便是提升地区创新能力。对于西部地区而言推进城乡公平建设、缩减城乡经济差距（fair）对于安全实现是至关重要的，西部地区当前仍是我国经济发展较为困难且乡村内生性贫困问题严重的地区，未来对于西部地区乡村进行针对性的旅游开发是具有极高价值意义的。在口岸经济指标表现上看到当前只有西南边境地区的口岸发展对于经济安全的强化效果是极为显著的，说明可以借鉴西南地区通过增加口岸等级、数量、要素流动条件强化东北及西部边境经济安全。

表 7–9　区域异质性分析

	idd=1	idd=2	idd=3
变量	se	se	se
tc1	0.0000*** （−3.97）	0.0000*** （−2.57）	0.0000** （−2.6）
inv	0.0405** （−2.29）	0.0101* （−1.68）	0.0077*** （−3.82）

续表

	idd=1	idd=2	idd=3
lnfdi	0.0022 （-0.52）	0.0151*** （-7.41）	0.0013 （-1.4）
res	0.0004* （-0.172）	-0.0010** （-2.25）	0.0006** （-2.07）
cre	0 （-0.27）	0.0000*** （-2.82）	0 （-0.72）
fair	0.0006 （-0.06）	0.0033 （-0.50）	0.0188*** （-3.88）
free	0.1344*** （-2.92）	-0.0254 （-1.33）	-0.0027 （-0.29）
_cons	-0.1422 （-0.69）	0.4970*** （-5.7）	0.3968*** （-9.3）
个体固定	Yes	Yes	Yes
时间固定	Yes	Yes	Yes
观测值	137	186	62
观测值 R^2	0.950	0.866	0.971

注：* $p < 0.1$，** $p < 0.05$，*** $p < 0.01$。

5. 稳健性检验

稳健性检验环节，本研究引入了边境旅游经济效果的另一表征变量（intc2）边境旅游总人数作为核心解释变量的替代变量，在此基础上分别引入控制变量进行回归，结果如表 7-10 显示：边境旅游对经济安全的正向促进作用仍然长效显著，而在稳健性检验中外商投资（lnfdi）、经济创新能力（cre）与城乡收入公平（fair）对于经济安全的强化功能更加显著了，可能是基于旅游要素流在此时为人流的形态，其区别于基准回归中作为核心解释变量的旅游收入所表征的资金流更具“人格优势”，在提高投资利用率、活化创新以及体现公平这三个维度上的强化功能更加突出。

表 7-10　稳健性检验分析

变量	（1）	（2）	（3）	（4）	（5）	（6）	（7）
intc2	0.0532*** （0.0203）	0.0455** （0.0210）	0.0449** （0.0207）	0.0503*** （0.0190）	0.0481** （0.0189）	0.0643*** （0.0188）	0.0642*** （0.0189）

续表

变量	（1）	（2）	（3）	（4）	（5）	（6）	（7）
inv		0.00869 （0.00593）	0.00913 （0.00584）	0.0130** （0.00571）	0.0120** （0.00569）	0.00605 （0.00573）	0.00610 （0.00574）
lnfdi			0.00805*** （0.00239）	0.00828*** （0.00208）	0.00866*** （0.00207）	0.00816*** （0.00202）	0.00817*** （0.00203）
res				0.000432 （0.000430）	0.000504 （0.000428）	0.000430 （0.000418）	0.000427 （0.000419）
cre					1.16e-05** （5.06e-06）	1.06e-05** （4.94e-06）	1.06e-05** （4.94e-06）
fair						0.0228*** （0.00540）	0.0227*** （0.00543）
free							0.00320 （0.0189）
Constant	0.266*** （0.0777）	0.288*** （0.0789）	0.226*** （0.0799）	0.181** （0.0707）	0.180** （0.0703）	0.185*** （0.0685）	0.198* （0.105）
个体固定	Yes	Yes	Yes	Yes	Yes	Yes	Yes
时间固定	Yes	Yes	Yes	Yes	Yes	Yes	Yes
观测值	385	385	385	385	385	385	385
观测值 R^2	0.875	0.876	0.880	0.909	0.910	0.915	0.915

六、边境旅游对经济安全影响调适路径

经济安全作为国家安全实现的基础是国家发展的命脉所在，必须摆在地方产业建设、区域交往的重要位置。要破解边境地区经济安全难题就必须在综合考量区域特质、现实基础的前提下，从强化经济规模安全、协调经济结构安全、优化经济环境安全入手寻求科学合理的安全调控路径。经济规模安全调控的关键在于“提升地方经济增长能力”，经济结构安全调控的关键在于“稳定区域产业结构体系”、经济环境安全调控的路径为“优化区域要素环境”。与此相对应边境旅游发展路径为注重“内涵式发展”“协同式发展”与“安全化发展”。

（一）经济规模安全：注重地区经济内涵式发展

经济规模安全问题的本质是要实现地区经济可持续增长，当地方经济体量发展停滞时便会引发经济系统运行的“根源性”风险。三大边境区域中，

西部边境地区的经济规模安全问题尤为显著，是长期困扰其发展的瓶颈之一，因此必须从经济建设与旅游优化则两个层面强化其经济规模安全，帮助其实现经济腾飞。

1. 经济建设层面："补短板、强优势"

（1）重视固基工程、激发经济活力。

科学利用资本，重点强化基建。国家层面对于边境地区经济发展的关注度一直居高不下，但西部地区长期以来都难以突破发展障碍。很大一部分原因归结于其对建设资金的使用方式不科学合理进而引发的效率不高、公平缺失问题。因此有必要通过提升和规范边境地区固定投资使用机制，确保其形成经济增长"造血功能"而非始终保持外部依赖下的"输血式"发展模式。具体实施办法包括：注重项目考察，在基建项目设立、推进、审核过程中建立长效监督管理机制，主张"成果导向"，重点布局优势产业与基本民生，高效统筹地区资金分配布局；在强化基建方面应该密切关注有效投资，补齐资金短板、夯实设施条件促进地区经济均衡发展。

（2）强化产业工程、打造经济优势。

完善产业体系，塑造品牌优势。产业建设是地方经济发展的基础工程，地方就业民生与此息息相关，因此西部边境地区重视产业开发与优势培育。具体实施办法包括，地方政府应扎根本地资源优势，以新疆现代化特色农业、西藏民族风情旅游为突破口，深挖区域内部优势资源，打造区域产业品牌，形成经济竞争优势。集中力量整合区域要素，强化产业引领和关联效应，通过产品共销、市场共享、运营共管等途径疏通产业之间的沟通障碍，进而加强区域间要素沟通与产业关系，延长地区产业价值链；推动地区产业体系向高级化、多元化方向发展，鼓励外来企业加入，为本地中小微企业提供专项资金支持。

（3）重视人才工程、提升经济机能。

激活劳动要素、防止人才流失。劳动力资源是地方经济建设必不可少的基础条件，研究得知，当前西部边境地区的人员外流现象严重，加之该区域地广人稀的历史背景，劳动力不足问题突出。因此西部边境地区必须高度重视人才的"培、引、流"建设，具体实施办法包括：深入考察地方产业特质，提高劳动的供需适配度，进而优化劳动力流动与配置效率。建立跨境、跨界人才流动管理机制，周期性反馈区域内劳动力流动规律，及时排查非常态流动风险，同时开展政企合作，鼓励企业孵化更多的就业岗位，从而承接区域内部劳动力，加快构建常住边民补贴机制或鼓励宣传村民自主创业，同时定期开展宣讲活动，让原住民感悟就地就业的价值与意义，从而防治“空心村、异乡人家园”等问题出现；拓展和创新人才培育、引入、孵化方式，保证地区基础劳务储备。

2. 旅游优化层面：“促开发、防极化”

（1）兴举旅游边贸、强化集散功能。

发挥引流优势、防范低效开发。利用边境旅游对经济要素的聚合优势，激发边境地区的市场潜能，弥合边境地区经济条件的先天性缺失。具体实施办法包括：深入推进跨区域旅游服务贸易，利用旅游际间来往的渠道优势，扶持农副产品加工、邮电通信、特色制造等其他产业链发展，提升旅游引流的利用效率，进一步放大经济效益；科学规治旅游产业非必要的同质化建设，加强旅游行业监管，取缔或限制运营风险大、开发形式不合理、要素利用不充分的经营企业，同时排查同质化过于严重的区域，鼓励商户开展整改活动，避免对地区资源设施造成浪费。

（2）拓展旅游合作、巩固要素支持。

发挥促合功能、提高资源效率。利用边境旅游在推动区域合作，加强国际间交往的优势，筑牢地区经济要素储备，强化边境地区经济增长内生动力。具体实施办法包括：加快形成国内外旅游合作规范制度，化解双边区域合作开发的制度障碍，调动跨境、跨区域经济主体共同开发积极性；由地方政府牵头围绕边境地区优势资源开发，地区基建帮扶、教育支持等多个领域搭建形式多元、内容创新、效益明显的合作平台，为双方达成经济合作提供空间。

（二）经济结构安全：注重地区经济协调性发展

经济结构安全问题的本质是要建构稳定的地区产业结构，当地方经济结构比例失调或传统产业单一老化问题过于突出时，便会引发经济系统运行的“组织性”风险。三大边境区域中，东北边境地区的经济结构安全问题尤为显著，经济转型升级背景下，东北地区因为传统产业老化、掩尾是长期困扰其发展的瓶颈之一，因此必须从经济建设与旅游优化则两个层面破解其经济结构安全障碍，帮助其实现经济转型升级。

1. 经济建设层面:“轻约束、重保障”

（1）放宽刚性约束、激发创新动力。

降低常规产业的设置门槛，扶持内部差异产业。建设多元化的产业体系是防范内外部经济风险冲击的根源性举措之一，其直接关系经济系统的结构鲁棒性。研究得知，我国边境区域自然地理条件复杂，地形地势约束性强，因而使得边境区域原生产业与其他产业的沟通来往、转移承接、合并重组受到极大限制，因此一方面，地方政府需要通过基建优化、政策衔接、缩税减息等形式降低产业发展障碍，另外一方面地区产业经营主体自身需要主动探究自身差异化竞争优势，通过专业化生产、集约式经营等创新模式争取市场与政策帮扶空间。

（2）明确产业次序、强化制度保障。

立足自身经济建设需求、保障特区产业发展条件。对于边境地区而言其产业与经济建设的选择相比于其他区域所受限制更大，加之大部分边境地区本身就存在资源劣势，因此地区产业发展必须匹配经济战略目标。地方政府应该在经济建设推进过程中，制定合理的产业次序机制，重点开发劳动力接纳度高、生态效益佳、创新动力足、要素缺口小的产业。此外还应该加强产业布局与类型划分的顶层设计，完善配套制度与政策，消除产业建设的后顾之忧。

2. 旅游优化层面:“强关联、弱差距”

（1）深化产业关联、提升产业价值。

发挥协同功能、创造经济价值。利用边境旅游在协同其他产业发展，促进区域经济增长创新，缔造新的经济价值贡献。具体实施办法包括：疏通旅游业与其他产业的业务屏障，发展旅游 + 农业、工业等，打造多种形式协同强化的价值链；发展乡村旅游、红色旅游等特色旅游产品，活化区域闲置资源，提升旅游产品等级的同时提升地区资源利用效率，从而优化地区经济规模。

（2）规范利益分配、促进城乡公平。

发挥脱贫作用、促进收入公平。边境旅游发展与地区居民、政府、企业等多主体相关，其经济效益分配也由于主体需求差异产生不同结果。因此边境旅游既具有致富的正向可能，也存在拉大差距，激发矛盾的负向隐患，因此边境旅游发展过程中应该明确各方利益诉求，推进形成边民共同参与、利益公开公平分配、意见传达畅通自由、过失举报监督到位的利益分配机制，让边境城乡公民都能公平地享受到旅游发展带来的好处，同时能提前规避旅游开发建设过程中可能出现的土地纠纷、利益冲突等问题，保障边境旅游发展权益。

（三）经济环境安全：注重地区经济安全化发展

经济环境安全问题的本质是要保障地区经济生态安全，消除或弱化外部风险对地区经济系统正常运行秩序的扰动。当区域外部的不确定因素激增或内部风险传导渠道放大时，便会引发经济系统运行的“统筹性”风险。三大边境区域中，西南边境地区的经济环境安全问题尤为显著，在口岸经济与次区域合作加强背景下，西南地区因为内部要素环境不佳，所催生的有形或无形边界障碍是其发展面临的主要问题，因此必须从经济建设与旅游优化则两个层面探索优化路径。

1. 经济建设层面：“强管控、重防范”

（1）弱化物理边界障碍、发挥跨境边界优势。

边界因素是边境地区经济特性与优势所在，在实际的边境开放与旅游发展中地方政府应致力于弱化物理边界（广义），从而降低经济要素流动成本，激发经济安全活力。具体实施办法包括：减少边境通关障碍，尽快释放边境口岸县市的消费活力，完善跨境贸易、消费等经贸活动的硬件支撑，畅通边境口岸流量经济提振效应的传导渠道，提升边境口岸流量等。

（2）强化抽象边界障碍、预防外部风险扰动。

边界因素是阻隔区域间经济风险，防止其相互感染的物理保护层，而当为获得跨境要素支持而开放边界时还需要建立经济安全风险预警系统，实现对外部风险的实时预防、监测、紧急处理。具体实施办法包括：完善区域经济风险数据库、打造常态化实施监测平台网站、制定针对性强的预警方案与解决办法、强化常态管理，通过社区宣讲、教育呼吁、政府宣发等多措并举，严格将潜在经济安全风险化解在最初。

2. 旅游优化层面：“抓监管、整秩序”

（1）重视旅游行业监管、防止非法经营。

边界因素在旅游发展背景下有可能转换为地方非法经营活动的“盔甲”，

从而让违反法律法规、破坏经济秩序的经营行为有了可乘之机。因此必须加强区域经济风险管理。而在大数据时代，可以通过现代信息技术，建立市场经济监测体系，识别区域经济风险。同时，为关注周边国家发展，应该推崇的双方建立跨国旅游管理大数据库，从而实现区域间经济信息互通、利益机制互联。不仅如此还应建立完备的非法经营活动处罚办法与认罪标准，威慑不法商户，降低其犯罪主动性。

（2）规范旅游市场秩序、创建和谐经济氛围。

边境旅游作为跨境（跨界）的经济行为其始终是地方经济系统内部与外部联系的纽带和桥梁，跨境旅游把控程度将直接关系地区经济环境安全，只有当旅游市场把控得当时，边境旅游的“安全强化”效果突出。具体的市场管理措施包括：严厉打击非法偷渡资源文物、非法赌博、非法倒卖等违法行为，制定严苛的处置办法与标准；定期常态化进行旅游市场抽样检查，重点关注强迫消费、虚假购物或劣质品专卖等旅游经济违法行为，通过系列违法查处震慑犯罪分子的同时强化地方居民的相关法律意识，从而减少经济安全隐患。

七、研究结论与讨论

（一）主要研究结论

边境地区具有浓郁的异域风情，旅游体验异质性极强，对国内外旅游者具有极强的吸引力，旅游产业发展优势明显；同时边境地区地处政治经济边缘地带，经济发展条件不足，基础设施扶持力度欠佳，长期存在兴边富民的现实要求，不论是官方还是民间对于旅游经济建设的期待较高；此外边境地旅游流动性更高，经济犯罪、资源流失及冲突隔阂等不安全因素根深蒂固，加之受到政治阻隔、交通不便、经济落后、疫情防控等特殊条件限制，旅游经济不安全特征明显，因此边境地区经济安全调适是回应边境地区如何破除发展障碍的同时兼顾自身安全性能的必然选择。

鉴于此，本研究从边境旅游与地区经济安全的理论关系出发，首先建构了包括“影响因素—互动关系—影响机制—影响表现—影响类型及测度”在内的边境旅游对经济安全影响的理论研究框架，厘清了边境旅游与经济安全的系统构成、内部属性、逻辑关联与外显特征。在此基础上，本研究从地区经济安全的状态评价及时空演化规律分析入手，探究三大边境地区经济安全的现实表现与主导因素，同时识别区域经济安全问题特性帮助提供针对性调适建议。在此基础上，本研究利用固定效应面板回归模型验证了边境旅游与经济安全的相关性，并佐证其影响机制与调控方式，为后续探索如何进一步强化边境旅游的“兴边富民”经济效益与提升边境旅游的“安全强化”经济功能提供参考依据。通过上述研究本研究主要发现了以下几类典型事实。

（1）边境旅游对地区经济安全的影响机理：首先，安全是地区经济系统综合性能高低的体现，而其发展层级与地方经济增长性能、结构稳定性能、环境适应性能息息相关，安全水平的变化发展需要内外部经济要素的充分配合。其次，边境旅游的经济影响既体现在微观要素集散方面，也显露于区域产业多元协同方面，此外基于边界特殊属性，边境旅游的经济效果还与边境开放相关。再者，边境旅游对经济安全的影响并非直接作用于安全系统本身，而是借助消费拉动—经济规模成长、产业关联—稳定经济结构、边界开放—优化经济环境来实现的，但是边境旅游发展也存在安全隐患，包括要素虹吸与极化、产业挤出与屏蔽、外部风险传导以及产业自身的经济缺陷等。最后，边境旅游发展背景下的地区经济安全状态是一个动态演化的过程，不同时期会呈现出良好—失调的五种表现，地方经济系统能够通过内部调节与外部管控实现安全目标。

（2）边境地区经济安全发展格局与演化规律：首先，当前我国九大边境省份经济安全成长轨迹各异，区域间安全状态聚集性、交替性明显，“经济安全绿灯区”大致由辽宁省、内蒙古自治区向广西壮族自治区、云南省转移。“经济安全红灯区”则相对固定在西藏自治区和新疆维吾尔自治区。其次，2010—2019 年间我国各大边境地区经济安全演化路径基本符合经济系统失衡—复苏—提升的发展规律，2009—2013 年间各地区经济安全水平呈现波动下跌的特征，地缘政治与经贸关系为主导因素；2013—2016 年间各地区处于复苏调整阶段，经济活力不明显，边境政策与资源结构为主导因素；2016—2019 年间各地区经济安全迅速发展由忧转安，要素回流和口岸区位为主导因素。最后，西南地区的经济安全问题主要是边界开放造成的区域经济环境风险加大。东北地区的经济安全问题主要是产业结构失衡以及边界流通不畅造成的经济结构僵化问题。西部边境地区的经济安全问题主要是经济基础条件不足、要素缺失所引发的经济规模增长的问题。

（3）边境旅游对经济安全的影响效应：首先，边境旅游对经济安全存在显著的正向促进效果，发展边境旅游是保障边疆经济安全的重要举措。其次，边境旅游的“兴边富民”效果突出，对于扩大地方经济规模缩小城乡差距具有极大裨益，但是政府应防范局部致富后出现的人才、资金、技术流失问题。再者，边境旅游的产业协同功能强大，能够帮助地区吸引经济要素提供投资援助，但是地方政府应把控旅游产业内部的要素分配，削弱其屏蔽、挤出、恶性竞争等潜在的对地区产业结构稳定造成的威胁。最后，当前边境旅游通过开放边界产生安全的促进功能还没有显现出来，跨境边界的开放需要配套的设施、政策、制度支撑，因此地方政府应进一步提升其经济产业优势、管理服务能力、纾解人员流通障碍进而完善口岸经济功能，使其更好地为地方经济建设做贡献。

（二）创新与贡献

研究视角创新：①本研究从经济安全治理的全新视角，将边境旅游与区域经济安全之间的动态互动关系作为研究对象，扩展了旅游经济综合效应的研究思路。②通过理论梳理建构了边疆地区经济安全评估分析框架，综合应用熵权 Topsis 评价、Arcgis 空间分析方法测度了 2009—2019 年我国西南、东北及西部边境地区共 43 个边境地市（地区、自治州、盟）区域经济安全状态与边境旅游经济发展水平。③围绕边境旅游经济效应与经济安全核心要义之间的理论关联，将边境旅游对区域经济安全的影响进行逻辑推演，明确边境旅游对于经济规模安全、经济结构安全以及经济环境安全三个维度的影响机理及效果，构建边境旅游对区域经济安全影响的实证回归模型。④结合理论前提为我国边境地区旅游产业建设以及区域经济发展经提供学理依据和事实支撑。

研究内容创新：①丰富理论研究，界定边境旅游产业、区域经济安全等系统概念，从微观—中观—宏观层面尝试探究旅游产业发展对边境地区经济安全的理论机理。②拓展研究领域，关注中国 43 个边境地级市边境旅游产业发展表现，科学划分三大边境旅游战略区域，考量区域间社会经济背景、资源配置方式、社会管理制度等背景条件，测定区域经济安全水平。选用 2010—2019 年期间两大系统的宏观数据，遵循传统经济研究范式，客观衡量时序演化规律。③探索研究方法，建立系统的、多维度、符合边境旅游特质与边境地区条件的评价指标体系，定量测度边境地区经济安全的客观表现。④拓展实证研究深度，设定含中介效应、调节效应在内的固定面板回归模型深入分析边境旅游影响经济安全的过程与效果，并识别调控依据，为边境地区旅游发展背景下的经济安全调适提供经验参考。

（三）不足与展望

此次研究对边境地区经济安全等级评价与演化规律作出初步探究，回应了当前边境地区经济建设面临的现实问题。并从边境旅游的视角探索了经济安全实现的路径，揭示了旅游影响经济安全的一般规律。但是仍有一些不足之处，希望在以后的研究中做进一步探索，具体包括以下几个方面：在研究方法上，应重视补充实地调研的相关结论。在今后尝试结合理论中的异质性分析结果，选择典型的边境旅游案例地深入开展调研，通过获取一手资料，补充现有数据，同时验证现实情况，完善理论分析。在研究内容上，应关注经济安全相关的理论分析，积累研究经验，丰富现有的对于边境旅游与经济安全影响相关的理论逻辑，进一步补齐理论依据，使得边境旅游对经济安全影响测度与评价过程更加科学合理。

参考文献

[1] Anderson J B，Dimon D. The impact of opening markets on Mexican male/female wage and occupational differentials [J]. The Social Science Journal，1995，32(4).

[2] Aytuğ H K，Mikaeili M. Evaluation of Hopa's Rural Tourism Potential in the Context of European Union Tourism Policy [J]. Procedia Environmental Sciences，2017，37.

[3] Blasco D，Guia J，Prats L. Emergence of governance in cross-border destinations [J]. Annals of Tourism Research，2014 (49)：159-173.

[4] Canina L，Enz C A，Harrison J S. Agglomeration efects and strategic orientations：Evidence from the US lodging industry [J]. Academy of management journal，2005，48 (4)：565-581.

[5] Futagami K，Ohkusa Y. The quality ladder and product variety：Larger economies may not grow faster [J]. The Japanese Economic Review，2003，54：336-351.

[6] Gelbman A. Border Tourism in Israel：Conflict，Peace，Fear and Hope [J]. Tourism Geographies，2008，10（2）：193–213.

[7] Gupta D R，Dada Z A. Rehabilitating Borderland Destinations：A Strategic Framework Towards Cross-Border Tourism Collaboration [J]. The Journal of Tourism and Peace Research，2011，2（1）：38–54.

[8] Milenković M M. Ecoregionalism – Factor Cross-Border Cooperation and Tourism Development [J]. Procedia – Social and Behavioral Sciences，2012，44.

[9] Pauline S，Mark A B，Vertica B，et al. Mexican national cross-border shopping：Exploration of retail tourism [J]. Journal of Retailing and Consumer Services，2012.1.

[10] Schindler S，Curado N，Nikolov S C，et al. From research to implementation：Nature conservation in the Eastern Rhodopes mountains（Greece and Bulgaria），European Green Belt [J]. Journal for Nature Conservation，2011，19（4）.

[11] Sofield，H.B. T. Border Tourism and Border Communities：An Overview [J]. Tourism Geographies，2006，8（2）：102–121.

[12] Stoffelen A，Vanneste D. The role of history and identity discourses in cross-border tourism destination development：A Vogtland case study [J]. Journal of Destination Marketing & Management，2018，8.

[13] Timothy D J. Political boundaries and tourism：borders as tourist attractions [J]. Tourism Management，1995，16（7）：525–532.

[14] Timothy D J. Tourism and Political Boundaries [M]. London：Routledge，2001.

[15] Timothy D J，Butler R W. Cross-boder shopping：A North American perspective [J]. Annals of Tourism Research，1995，22（1）：16–34.

[16] Werenfridus T，Felisisima A. Cross Border Tourism and Regional Development：Case Indonesia-Timor Leste Cross Border [J]. Ekuilibrium ：Jurnal Ilmiah Bidang Ilmu Ekonomi，2020，15（1）.

[17] 曹秋菊 . 经济开放条件下中国产业安全问题研究 [D]. 长沙：湖南大学，2007.

[18] 常美龄 . 旅游产业结构优化对我国区域旅游经济增长影响研究 [D]. 天津：天津财经大学，2019.

[19] 陈洁 . 经济全球化背景下中国商贸服务业产业安全研究 [D]. 长沙：湖南大学，2014.

[20] 丁敏潇 . 经贸摩擦与国家安全 [D]. 南京：南京大学，2020.

[21] 方盛举，张增勇 . 总体国家安全观视角下的边境安全及其治理 [J]. 云南

社会科学，2021（02）：100-108+188.

［22］顾海兵，詹莎莎，孙挺．国家经济安全的战略性审视［J］．南京社会科学，2014，319（05）：20-26.

［23］顾海兵，张安军．我国区域经济安全的内涵与评价方法研究［J］．社会科学辑刊，2012，201（04）：131-136.

［24］郭锐，许菲．日本东亚区域合作动向及其经济安全策略调整［J］．现代日本经济，2021，239（05）：1-14.

［25］贺灿飞，夏昕鸣，黎明．中国出口贸易韧性空间差异性研究［J］．地理科学进展，2019，38（10）：1558-1570.

［26］黄爱莲，罗平雨．跨境旅游与边境口岸地区产业发展的影响研究——以云南瑞丽口岸为例［J］．东南亚纵横，2018，291（01）：91-96.

［27］黄华．边疆省区旅游空间结构的形成与演进研究［D］．上海：华东师范大学，2012.

［28］黄新华．我国国家经济安全视阈中的边疆经济治理研究［J］．探索，2016，190（04）：55-62.

［29］焦爱丽，黄彩虹，朱圣卉．"一带一路"背景下跨境旅游合作区高质量发展研究［J］．经济纵横，2022，445（12）：81-87.

［30］靳诚，陆玉麒．区域旅游一体化进程中边界效应的定量化研究——以长江三角洲地区入境旅游为例［J］．旅游学刊，2008（10）：34-39.

［31］匡增杰，孙浩．贸易安全的理论框架：内涵、特点与影响因素分析［J］．海关与经贸研究，2016，37（04）：105-112.

［32］李飞．跨境旅游合作区：探索中的边境旅游发展新模式［J］．旅游科学，2013，27（05）：10-21+41.

［33］李强，王琰．环境规制与经济增长质量的U型关系：理论机理与实证检验［J］．江海学刊，2019（04）：102-108.

［34］李永平．旅游产业、区域经济与生态环境协调发展研究［J］．经济问题，2020，492（08）：122-129.

［35］李竹，吴卫，王兆峰．长江经济带旅游产业依赖对经济增长的影响及其传导机制［J］．经济地理，2022，42（05）：223-232.

［36］林毅夫．新结构经济学——重构发展经济学的框架［J］．经济学（季刊），2011，10（01）：1-32.

［37］马国强．中国旅游产业集聚、要素积累与旅游经济增长关系的实证研究［D］．兰州：兰州大学，2019.

［38］穆学青，郭向阳，明庆忠．边境地区旅游强度时空演化特征分析［J］．经

济地理，2019，39（01）：233-240.

［39］欧阳俊，邱琼．国家经济安全刍议［J］．科学社会主义，2015，164（02）：16-21.

［40］彭红松，陆林，路幸福，等．基于旅游客流的跨界旅游区空间网络结构优化——以泸沽湖为例［J］．地理科学进展，2014，33（03）：422-431.

［41］史忠良．参与经济全球化必须注意国家经济安全［J］．经济经纬，2002（01）：22-24.

［42］舒展，刘墨渊．国家经济安全与经济自主性［J］．当代经济研究，2014，230（10）：29-34.

［43］苏斌，丁文婷．产业结构升级与经济高质量发展的互动关系研究——基于VAR模型的实证分析［J］．新疆财经，2022，235（02）：29-38.

［44］孙久文，孙翔宇．区域经济韧性研究进展和在中国应用的探索［J］．经济地理，2017，37（10）：1-9.

［45］田里．边境旅游面临的国家安全问题研究［J］．湖湘论坛，2022，35（02）：66-77.

［46］王辉．边疆性视角下中国西南边疆经济韧性格局演化研究［D］．西安：陕西师范大学，2021.

［47］王新歌，孔钦钦，席建超．边境旅游研究进展及其启示［J］．资源科学，2014，36（06）：1107-1116.

［48］温俊萍．经济全球化进程中发展中国家经济安全研究［D］．上海：华东师范大学，2006.

［49］吴敏芳．外商直接投资对中国农业产业安全的影响——机理、实证与案例［D］．杭州：浙江大学，2011.

［50］夏文贵．边境安全问题及其治理［J］．西北民族大学学报（哲学社会科学版），2017（06）：64-70.

［51］杨效忠，冯立新，张凯．交通方式对跨界旅游区景区可达性影响及边界效应测度——以大别山为例［J］．地理科学，2013，33（06）：693-702.

［52］杨效忠，彭敏．边境旅游研究综述及展望［J］．人文地理，2012，27（04）：19-24+93.

［53］姚利民，肖霞，余凯丽．文化亲近对双边跨境旅游影响的实证研究——以中国为例［J］．浙江工业大学学报（社会科学版），2015，14（04）：391-397+458.

［54］尤传明．全球化视域中的中国经济安全研究［D］．武汉：武汉大学，2013.

［55］于国政，陈唯，周玲．中国—周边国家跨境旅游合作研究［J］．资源开发与市场，2015，31（05）：617-621.

［56］张广瑞 . 中国边境旅游发展的战略选择［M］. 北京：经济管理出版社，1997.

［57］张幼文 . 国家经济安全问题的性质与特点［J］. 国际商务研究，1999（04）：1-8.

［58］郑伯铭，明庆忠，刘安乐等 . 西部省区旅游经济效率与区域经济水平的重心耦合及互动响应研究［J］. 世界地理研究，2022，31（02）：350-362.

［59］周瑜 . 中国东北地区与俄远东地区空间经济联系、地缘经济关系与经贸合作［D］. 大连：东北财经大学，2017.

项目策划：郭海燕
责任编辑：郭海燕
责任印制：冯冬青
封面设计：鲁　筱

图书在版编目（CIP）数据

边境旅游影响研究 / 田里，王桀主编. -- 北京 : 中国旅游出版社，2024.6

（云岭旅游经济丛书）

ISBN 978-7-5032-7313-1

Ⅰ. ①边… Ⅱ. ①田… ②王… Ⅲ. ①边疆地区－旅游业发展－研究－中国 Ⅳ. ① F592.3

中国国家版本馆CIP数据核字(2024)第077669号

书　　名：边境旅游影响研究

作　　者：田里，王桀主编
出版发行：中国旅游出版社
（北京静安东里 6 号　邮编：100028）
http://www.cttp.net.cn　E-mail:cttp@mct.gov.cn
营销中心电话：010-57377103，010-57377106
读者服务部电话：010-57377107
排　　版：北京旅教文化传播有限公司
经　　销：全国各地新华书店
印　　刷：三河市灵山芝兰印刷有限公司
版　　次：2024 年 6 月第 1 版　2024 年 6 月第 1 次印刷
开　　本：710 毫米 × 1000 毫米　1/16
印　　张：21.75
字　　数：350 千
定　　价：68.00 元
ISBN　978-7-5032-7313-1